21世纪高等院校财经管理系列实用规划教材

National Finance

国家金融学（初级）

陈云贤　黄新飞　顾浩东 / 编著

北京大学出版社
PEKING UNIVERSITY PRESS

内 容 简 介

本书侧重对国家金融学基础知识的概念解读和对世界各国国家金融的案例研究分析,力图使学生能够学习、了解、掌握和深入探讨一国国家金融行为、国家金融中心、国家金融政策、国家金融监管、国家金融发展、国家金融科技、国家金融"超车"、国家金融风险、国际金融参与等知识。本书既为大学本科生夯实了国家金融学学科的基础知识,又为大学本科生从理论上深化探讨国家金融行为对一国维护金融秩序、提升国家金融竞争力乃至对国际金融体系变革的影响拉开了序幕。

图书在版编目(CIP)数据

国家金融学:初级/陈云贤,黄新飞,顾浩东编著. 北京:北京大学出版社,2024.10. — (21世纪高等院校财经管理系列实用规划教材). — ISBN 978-7-301-35663-0

Ⅰ.F830

中国国家版本馆CIP数据核字第2024EE2715号

书　　　名	国家金融学（初级） GUOJIA JINRONGXUE（CHUJI）
著作责任者	陈云贤　黄新飞　顾浩东　编著
策划编辑	王显超
责任编辑	翟　源
标准书号	ISBN 978-7-301-35663-0
出版发行	北京大学出版社
地　　　址	北京市海淀区成府路205号　100871
网　　　址	http://www.pup.cn　新浪微博:@北京大学出版社
电子邮箱	编辑部 pup6@pup.cn　总编室 zpup@pup.cn
电　　　话	邮购部 010-62752015　发行部 010-62750672　编辑部 010-62750667
印刷者	河北滦县鑫华书刊印刷厂
经销者	新华书店
	787毫米×1092毫米　16开本　16印张　358千字
	2024年10月第1版　2024年10月第1次印刷
定　　　价	59.00元

未经许可,不得以任何方式复制或抄袭本书之部分或全部内容。
版权所有,侵权必究
举报电话:010-62752024　电子邮箱:fd@pup.cn
图书如有印装质量问题,请与出版部联系,电话:010-62756370

序　言

国家金融学作为一门新创设的金融学科，它研究的课题有别于一般的"金融学"所涉及的一些国家金融事务处置问题。国家金融学以现代金融体系条件下的世界各国国家金融行为属性为研究对象，以探讨一国金融发展中最核心而又最紧迫的问题为导向，研究政策，采取措施，促进一国金融健康稳定，推动一国经济繁荣发展。

现代金融体系包含六大功能结构：金融市场要素、金融市场组织、金融市场法治、金融市场监管、金融市场环境、金融市场基础设施。因此，现代金融体系的具体内容主要涉及：①金融市场要素，包括货币市场、资本市场、保险市场、外汇市场、衍生产品市场等，②金融市场组织，包括商业机构、管理机构、第三方机构等，③金融市场法制，包括立法、执法、司法、普法等，④金融市场监管，包括对机构、业务、市场、政策法规执行状况的督查管理等，⑤金融市场环境是指实体经济基础、企业治理结构、社会信用体系的建设发展等，⑥金融市场基础设施，既指硬件——支付清算体系等的建设与完善，又指软件——金融行业标准等的设立与健全。

国家金融行为与市场的作用主要表现在：在现代金融体系六大功能结构中，金融市场要素与金融市场组织，属现代金融体系的基础元素，它们主要体现为金融市场自身的一种活动、规则与效率；金融市场法治、金融市场监管、金融市场环境与金融市场基础设施属现代金融体系的配置元素，它们更多地体现为国家政府对金融市场的一种调节、监管与规范。现代金融体系六大功能结构的形成是个渐进的历史过程，它是一个统一的、有序的整体，其核心表现为市场决定金融资源配置，同时更好地发挥政府的作用。

在国际金融体系中，国家金融行为有中心国与外围国行为取向之分。中心国以本国货币作为国际储备货币，其份额占据5%或以上，目前主要有美国、欧盟、英国和日本。国家金融学以世界大多数发展中国家，包括中国在内的外围国向中心国进程中需要着重解决的八大问题为导向，即研究一国国家金融的顶层布局、国家金融的监管协调、国家金融的层级发展、国家金融的内外联动、国家金融的"弯道超车"、国家金融的科技创新、国家金融的风险防范和国家金融的国际参与，以促进一国金融健康稳定，推动一国经济繁荣发展。

本书侧重对国家金融学基础知识的概念解读和对世界各国国家金融的案例研究分析，力图使学生能够学习、了解、掌握和深入探讨一国国家金融行为、国家金融中心、国家金融政策、国家金融监管、国家金融发展、国家金融科技、国家金融"弯道超车"、国家金融风险防范及国家金融的国际参与等知识课题。它既为大学本科生夯实了国家金融学学科的基础知识，又为大学本科生从理论上深化探讨国家金融行为对一国维护金融秩序、提升国家金融竞争力乃至对国际金融体系变革的影响打下基础。

感谢伟大的时代，愿国家金融学初级教材的问世，能够助推国家金融业和国际金融体系的健全与发展，推动世界各国经济的可持续增长。

目　　录

第一章　国家金融行为 1

　第一节　现代金融体系 2

　　一、金融市场要素 3

　　二、金融市场组织 4

　　三、金融市场法治 5

　　四、金融市场监管 6

　　五、金融市场环境 8

　　六、金融市场基础设施 10

　　七、现代金融体系推进与国家金融行为 11

　第二节　案例分析 12

　　一、亚历山大·汉密尔顿财政金融体系五大支柱 12

　　二、罗斯福新政 14

　　三、马歇尔计划 16

　　四、布雷顿森林会议与布雷顿森林体系 17

　　五、美国与沙特阿拉伯"不可动摇协议" 19

　　六、次级房屋信贷危机 20

　　七、中国四大商业银行 23

　　八、中国四大资产管理公司 25

　　九、中国三大政策性银行 27

　　十、中央金融工作会议 28

　第三节　点评与思考讨论题 31

第二章　国家金融中心 32

　第一节　三类金融中心 33

　　一、资本市场主导型金融体系 33

　　二、银行主导型金融体系 34

　　三、两类金融体系对比及选择 35

　　四、世界金融中心 37

　　五、国际（区域）金融中心 39

　　六、国家金融中心 40

第二节　案例分析 42
　　　　一、纽约金融中心 42
　　　　二、伦敦金融中心 44
　　　　三、东京金融中心 47
　　　　四、法兰克福金融中心 49
　　　　五、香港金融中心 50
　　　　六、新加坡金融中心 53
　　　　七、上海金融中心 54
　　　　八、深圳金融中心 55
　　第三节　点评与思考讨论题 57

第三章　国家金融政策 58
　　第一节　四大金融政策 58
　　　　一、财政政策 58
　　　　二、货币政策 59
　　　　三、汇率政策 62
　　　　四、监管政策 63
　　第二节　案例分析 64
　　　　一、CPI 64
　　　　二、PPI 65
　　　　三、MMMF 66
　　　　四、QE 67
　　　　五、MMT 68
　　　　六、滞胀 69
　　　　七、通货紧缩 70
　　　　八、三元悖论 71
　　　　九、强势美元国策 73
　　　　十、压力测试 75
　　　　十一、生前遗嘱 76
　　　　十二、沃尔克法则 77
　　第三节　点评与思考讨论题 79

第四章　国家金融监管 81
　　第一节　三种监管模式 81
　　　　一、单一监管模式 81

二、多元监管模式...82
　　三、双峰监管模式...82
　　四、功能监管...83
　　五、行为监管...83
　　六、宏观审慎监管...84
　　七、微观审慎监管...85
　　八、监管沙盒...86
　　九、监管效率...87
　　十、消费者权益保护...88
　第二节　案例分析...89
　　一、美国金融监管体系..89
　　二、英国金融监管体系..93
　　三、欧盟金融监管体系..97
　　四、中国金融监管体系..101
　第三节　点评与思考讨论题..103

第五章　国家金融发展...104

　第一节　国家金融层级发展——三条路径.....................................105
　　一、金融自由化...105
　　二、金融压抑..108
　　三、规则下促竞争、稳定中求发展..110
　第二节　国家金融内外联动——四种模式.....................................114
　　一、内外混合型...114
　　二、内外分离型...116
　　三、渗透型...116
　　四、避税港型..117
　　五、内外联动模式选择..117
　第三节　案例分析..118
　　一、美国资产重组托管公司..118
　　二、华盛顿共识...120
　　三、中等收入陷阱...121
　　四、中国——地方金融"7+4"..121
　　五、国际金融枢纽——粤港澳大湾区.....................................123
　　六、伦敦金融自由港...124
　　七、美国国际银行设施..126
　　八、日本离岸金融市场..127

　　　　九、新加坡离岸金融市场 127
　　　　十、开曼群岛记账中心 128
　　　　十一、中国 OSA、FT、NRA 129
　　第四节　点评与思考讨论题 131

第六章　国家金融科技 132
　　第一节　金融科技"A、B、C、D、E" 132
　　　　一、人工智能 132
　　　　二、区块链 134
　　　　三、云计算 136
　　　　四、大数据 138
　　　　五、电子商务 141
　　　　六、网络金融 142
　　　　七、货币的形式 147
　　第二节　案例分析 151
　　　　一、SFNB 151
　　　　二、中国微众银行 152
　　　　三、比特币 153
　　　　四、Libra 155
　　　　五、ACU 157
　　　　六、CBDC 158
　　　　七、中国 DCEP 159
　　　　八、新加坡 Ubin 160
　　　　九、GSC 160
　　第三节　点评与思考讨论题 161

第七章　国家金融"超车" 162
　　第一节　一国货币国际化进程 163
　　　　一、金本位制 163
　　　　二、金块与金汇兑本位制 163
　　　　三、布雷顿森林体系 164
　　　　四、牙买加体系 164
　　　　五、汇率制度选择 165
　　　　六、支付结算货币 167
　　　　七、储备货币 167
　　　　八、锚货币 168

第二节　案例分析 168
　　　　一、"煤炭-英镑" 168
　　　　二、"石油-美元" 170
　　　　三、"碳交易-人民币结算" 172
　　第三节　点评与思考讨论题 181
第八章　国家金融风险 182
　　第一节　五大金融危机 182
　　　　一、银行危机 183
　　　　二、货币危机 187
　　　　三、债务危机 189
　　　　四、股市危机 193
　　　　五、并发性危机 195
　　第二节　案例分析 196
　　　　一、1929—1933年大萧条 196
　　　　二、1997年亚洲金融危机 198
　　　　三、2008年国际金融危机 203
　　第三节　点评与思考讨论题 208
第九章　国际金融参与 210
　　第一节　国际金融体系现状 210
　　　　一、国际金融机构体系 210
　　　　二、国际金融基础设施 215
　　　　三、国际金融监管协调 220
　　第二节　案例分析 224
　　　　一、BIS 224
　　　　二、IMF 225
　　　　三、WB 226
　　　　四、AIIB 227
　　　　五、NDB 228
　　　　六、FedWire 229
　　　　七、CHIPS 230
　　　　八、TARGET 230
　　　　九、CIPS 231
　　　　十、CHATS 231
　　　　十一、SWIFT 232

十二、CPMI 233
　　十三、FSB 234
　　十四、BCBS 234
　　十五、IOSCO 235
　　十六、IAIS 236
　第三节　点评与思考讨论题 236

参考文献 238

后记 246

第一章

国家金融行为

　　陈云贤教授作为广东省原副省长于 2011 年开始分抓广东省金融工作。广东省毗邻港澳地区，金融资产占全国 1/10 左右，领先于北京、上海等地，后又陆续超越中国香港地区、中国台湾地区，以及新加坡和韩国。身处这一改革开放前沿，陈云贤教授时有结合广东省的金融实践，向国家提出一些建议，从而对国家金融学产生一些思考。2012 年和 2014 年，陈云贤教授有幸受国家委派到美国耶鲁大学和加拿大多伦多大学参加国际金融研学，在此期间，他一方面进一步探讨了国际金融领域的相关课题，另一方面也发现了各国金融学理论与实践应用领域存在的不足：现有的金融学囊括了金融领域的方方面面，庞大而繁杂；世界各国金融从业者的精力大多聚焦在微观金融的某一技术枝节、计算公式或时间片段上，而对作为整体的国家金融非常陌生；他们面对跨国的金融布局、跨行业的金融改革和促增长的金融举措，往往很茫然，并因找不到或找不准理论与实践的切入点而踌躇不前。带着对这一问题的思考，2016 年，陈云贤教授在为中山大学的博士研究生授课时，开创了一门新学科——国家金融学，探讨各类国家金融层面迫切需要解决的问题。2017 年，陈云贤教授完成《中国金融改革发展探索》的撰写，国家金融学初步成型。2018 年《国家金融学》第 1 版、2021 年《国家金融学》第 2 版出版，标志着国家金融学这一学科的正式创设。其作为在现代金融体系条件下研究世界各国国家金融行为属性的一门新学科，将填补国内外金融学领域的空白。

　　国家金融学的学习与研究分为五个层面。

　　第一，国家金融学研究对象。即国家金融学以现代金融体系条件下的世界各国国家金融行为属性为研究对象，以探讨一国金融发展中最核心而又最紧迫的问题为导向，研究政策、采取措施，促进一国金融健康稳定，推动一国经济繁荣发展。第二，现代金融体系结构。它包括金融市场要素、金融市场组织、金融市场法治、金融市场监管、金融市场环境和金融市场基础设施。第三，现代金融体系内容。其具体内容为：金融市场要素（货币市场、资本市场、保险市场、外汇市场、衍生产品市场等）、金融市场组织（商业机构、管理机构、第三方机构等）、金融市场法治（立法、执法、司法、普法等）、金融市场监管（对机构、业务、市场、政策法规执行状况的督查管理等）、金融市场环境（实体经济基础、企业治理结构、社会信用体系的建设发展等）、金融市场基础设施（硬件——支付清算体系等，软件——金融行业标准等）。第四，政府与市场在现代金融体系中的作用。其中，金融市场要素与金融市场组织为现代金融体系的基础元素，它们更多地体现为市场自身的一种活动、规律与效率；而金融市场法治、金融市场监管、金融市场环境及金融市场基础设施为现代金融体系的配置元素——它们更多地体现为对市场活动的一种调节、监管与规范。现代金融体系六个方面功能作用的形成是一个渐进的历史过程；它是统一的、有序的，但又是脆弱的。在其中，市场决定金融资源配置，同时又需要更好地发挥政府作用。第五，国家金融行为需要着手解决的问题。即侧重分析在现有国际金融体系条件下，世界大多数发展中国家在金融经济发展进程中需要着手解决的相关问题。

本章着重介绍现代金融体系的"六要素说"及其具体内容，并通过若干国家金融行为的案例深入剖析不同国家金融行为形成的前因后果。

第一节　现代金融体系

在现代经济生活中，金融体系是一个极其庞大复杂的系统。现阶段关于金融体系的构成要素的说法有"三要素说""四要素说"及"五要素说"。

金融体系的"三要素说"是较为常见的说法：金融市场与直接融资挂钩，而金融中介与间接融资挂钩，并且金融市场和金融中介是构成金融体系实体的两个互补的部分。因此"三要素说"认为金融体系的组成部分是金融中介、金融市场以及针对这两者的监管。

金融体系"四要素说"认为金融体系是金融市场及其他金融机构的集合，这些集合被用于金融合同的订立以及资产和风险的交换；金融体系是由连接资金供给者和资金短缺者的一系列金融中介和金融市场共同构成的有机体，包括股票、债券和其他金融工具的市场、金融中介、金融服务公司及监管这些单位的管理机构等。

上述两种要素说并未将"由货币制度所规范的货币流通"这一构成要素列入金融体系，而是把它视为金融体系借以存在并无须加以论证的前提。此外，金融工具蕴含在金融中介机构和金融市场中，既不存在脱离金融市场和金融中介机构的金融工具，也不存在没有金融工具的金融市场和金融中介。因此，金融体系的"五要素说"将金融体系的构成要素拓展为五个并不是按照某一标准划分的相互独立的、并列的部分：由货币制度所规范的货币流通、金融机构、金融市场、金融工具以及制度和调控机制。

在"五要素说"中，由货币制度所规范的货币流通是覆盖整个金融体系的构成要素。

金融机构通常区分为银行和非银行金融机构，这是个种类繁多的群体。概括地描述其特征，可将其归结为经营货币或货币资本的机构，也可将其归结为充当信用中介、媒介及从事种种金融服务的组织。

金融市场是个庞大的系统。人们可以从不同角度对金融市场进行分类，但通常谈论较多的是资本市场、货币市场、外汇市场及由国家金融体系定位的保险市场、金融衍生工具市场等。这些市场的最重要参与者是金融机构，也是金融工具发行和交易的场所。

金融工具一般释义为信用关系的书面证明、债权债务的契约文书等，是金融机构中和金融市场上交易的对象。在中国，金融工具通常指从传统的商业票据、银行票据、保单，直到期货、期权和种种金融衍生工具的标准合约。如，存款、贷款等也属金融工具，它们也是信用关系的契约，在市场经济主导的国家往往用"买卖"这一概念来表述存款和吸收存款、借款和发放贷款的行为。金融工具常常被称作金融产品、金融商品，它可以在金融市场上进行交易，是金融活动的载体。

市场经济体系中，在遵守市场规律的基础上，都存在国家对金融运行的管理和在金融领域进行的政策性调节。国家对金融运行的管理由一系列制度构成，包括货币制度、汇率制度、信用制度、利率制度、金融机构制度、金融市场的种种制度，以及支付清算制度、金融监管制度及其他。这个制度系统，涉及金融活动的各个方面和各个环节，体现为有关的国家成文法和非成文法，政府法规、规章、条例，以及行业公约、约定俗成的惯例等。对金融的宏观调控则通过货币政策以及种种金融政策实施，目的是实现政府对经济的干预。

然而，在构建现代金融体系框架时，为了系统地展现国家金融体系，应强调其构成要素的体系性，尤其是功能结构的体系性。所以可将现代金融体系的功能结构分为六个要素：金融市场要素、金融市场组织、金融市场法治、金融市场监管、金融市场环境及金融市场基础设施。

一、金融市场要素

金融市场要素包括各类市场（如货币市场、资本市场、保险市场、外汇市场和金融衍生工具市场等）及各类市场的最基本元素（如价格、竞争和供求等）。

货币市场又称短期金融市场，是指期限在一年以内的金融资产交易的市场。该市场的主要功能是保持金融资产的流动性，以便随时转换成可以流通的货币。它的存在，一方面满足了借款者的短期资金需求，另一方面为暂时闲置的资金找到了出路。货币市场主要包括金融同业拆借市场、回购协议市场、商业票据市场、银行承兑汇票市场、短期政府债券市场、大面额可转让存单市场等。货币市场具有低风险且低收益、期限短但流动性高、交易量大的特征。

资本市场又称长期资金市场，是金融市场的重要组成部分。作为与货币市场相对应的理论概念，资本市场通常是指进行中长期（一年以上）资金（或资产）借贷融通活动的市场。由于在长期金融活动中，涉及资金期限长、风险大，具有长期较稳定收入，类似于资本投入，故称之为资本市场。资本市场中又包括了中长期信贷市场和证券市场。与货币市场相比，资本市场特点主要有：融资期限长、流动性相对较差、风险大但收益较高、资金借贷量大及价格变动幅度大。

保险市场是指保险商品交换关系的总和或保险商品供给与需求关系的总和。它既可以指固定的交易场所，如保险交易所，也可以指所有实现保险商品让渡的交换关系的总和。保险市场的交易对象是保险人为消费者所面临的风险提供的各种保险保障及其他保险服务，即各类保险商品。保险市场具有如下特征：保险市场交易的对象是保障产品，即对投保人转嫁于保险人的各类风险提供保障，因此保险市场与风险直接相关联；保险交易活动因为风险的不确定性和保险的射幸性使得交易双方都不可能确切知道交易结果,所以不能立刻清结,因此保险市场是非即时清结市场;由于保险的射幸性,保险市场所成交的任何一笔交易,都是保险人对未来风险事件所致经济损失进行补偿的承诺,因此保险市场同样是一种特殊的"期货"交易市场。

外汇市场是指在国际上从事外汇买卖,调剂外汇供求的交易场所。它的职能是经营货币商品,也就是不同国家的货币。国际上因贸易、投资、旅游等经济往来,总不免产生货币收支关系。但各国货币制度不同,要想在国外支付,必须先以本国货币购买外币;另外,从国外收到外币支付凭证也必须兑换成本国货币才能在国内流通。这样就发生了本国货币与外国货币的兑换问题。西方国家和中国的中央银行是执行外汇政策,影响外汇汇率,经常买卖外汇的机构。所有买卖外汇的商业银行、专营外汇业务的银行、外汇经纪人、进出口商,以及其外汇市场供求者都经营各种现汇交易及期汇交易。这些外汇业务组成一国的外汇市场。外汇市场具有有市无场、循环作业及零和游戏的特点。

金融衍生工具又称金融派生工具,是指在基础金融资产或原生金融资产(如外汇、股票、债券等金融资产)交易基础上所派生出来的金融期货、金融期权、利率期货、利率期权、股票指数期货(权)及互换业务的合约,这些合约统称为金融衍生工具;金融衍生工具的价值取决于赖以存在的基础金融资产价格及其变化。金融衍生工具市场就是金融衍生工具的交易场所,即以金融衍生工具作为交易对象的市场。金融衍生工具市场的特征包括:金融衍生工具市场交易的对象是合约,而非合约所载明的标的物;金融衍生工具市场进行交易的各金融衍生工具的价格受其产生基础的原形金融资产现货市场价格所制约,如股票指数的变化影响着股票价格指数期货的价格;金融衍生工具出入市场的运作机制具有高财务性杠杆性质的特点,即交易者必须交付一定比率的保证金或保险费进入市场,而交易的合约价值是保证金或保险费的数十倍。

金融市场要素除了市场本体外,还包括了各类市场的最基本元素,例如价格、竞争和供求等。其中,价格既是市场机制运作的开始,又是市场机制运作的结果;竞争机制为市场配置资源提供了高效率;没有供求的作用,价格的作用是不可能发挥的,并且只有在竞争性的市场上形成的价格,才能准确反映市场供求关系,才能形成准确的价格体系。这些最基本元素是市场构成以及运行中必不可少的一部分,因此也应将其纳入金融市场要素中。

二、金融市场组织

金融市场组织由金融市场要素与金融市场活动的主体或管理机构构成,包括各种类型的市场主体、各类市场中介机构及市场管理组织等。

市场主体是市场上从事交易活动的组织和个人,既包括自然人,也包括以一定组织形式出现的法人;既包括营利性机构,也包括非营利性机构,如工厂、商超、公司、店铺等各类型大中型和中小微企业及个体户等,因此企业、居民和其他非营利性机构构成了市场主体。

市场中介机构是指市场经济活动中在生产型企业之间、生产型企业和最终消费者之间提供消费服务的服务型机构,以及在最终消费者之间从事信息沟通和获取、产品传递、资金流转以及辅助决策，并为企业的生产经营提供劳动力、资金等生产要素服务的一类机构组织。市场中介机构包括了会计师事务所、审计事务所；律所、资产评估事务所、税务代理人、专利（商标）事务所、产权交易所、房屋经纪人和公证仲裁机构等。市场中介机构是构成交易环境的主要因素，为买卖双方提供越来越多可供选择的交易途径，使买卖双方可以因时、因地、因物、因人和因事制定对双方最有利的交易方式。市场中介机构是实现市场一体化机制的渠道机构，是随着市场经济的发展而逐步成长起来的。

市场管理组织是指对市场一系列经济活动进行监督管理的官方及非官方机构组织。以中国为例，其包括了中国人民银行（即中央银行）、国家金融监督管理总局、中国证券监督管理委员会（以下简称证监会）、政策性银行等一系列对市场经济活动进行监督管理职责的官方机构及第三方机构组织。

中央银行是国家中居主导地位的金融中心机构，是国家干预和调控国民经济发展的重要工具，负责制定并执行国家货币信用政策，独具货币发行权，实行金融监管，其同样是市场管理组织的一部分。

政策性银行是指由政府创立，以贯彻政府的经济政策为目标，在特定领域开展金融业务的不以营利为目的的专业性金融机构。政策性银行专门为贯彻、配合政府社会经济政策或意图，在特定的业务领域内，直接或间接地从事政策性融资活动，充当政府发展经济、促进社会进步、进行宏观经济管理的工具。设立政策性银行的主要目的是补充和完善市场融资机制、诱导和牵制商业性资金的流向以及提供专业性的金融服务。1994年中国设立了国家开发银行、中国进出口银行、中国农业发展银行三大政策性银行。

第三方组织机构，例如交易所行业协会、金融仲裁机构等，归属于市场行业自身组织起来的一种自律管理机构。由于这类组织的成立个体是金融市场的不同参与者而非政府，因此其不能归属于管理组织或政策性组织，而同样由于其不具备商业组织的营利性质，因此其单独归属于一个类别。

金融市场要素与金融市场组织两者在现代金融体系中充当的角色是基础元素，更多地体现为市场的活动、规则与效率。

三、金融市场法治

金融市场具有产权经济、契约经济和规范经济的特点，因此规范市场价值导向、交易行为、契约行为和产权行为等的法律法规的整体就构成了金融市场法治。金融作为现代市场经济的核心，必须始终以法治为基石，不断完善现代金融法治体系；狭义的金融市场法治包括立法、执法、司法和普法等；广义的金融市场法治还涵盖了金融市场和金融活动的通行规则、管理、秩序等方面。

立法，也被称为法律制定。金融市场法治中的立法也就是金融立法主要包括银行立法、证券立法、票据立法、信托立法及金融监管立法等。金融立法究其根本是为了调整金融关系，而金融关系包括了金融监管关系和金融交易关系。金融立法中的金融监管立法除了是金融市场法治的一部分，同时也是现代金融体系中金融市场监管的较为重要的前提条件之一。在整个立法活动中，由法案到法律的阶段是最为重要的立法程序，也是整个立法程序体系的重点所在。而整个金融立法程序包括：提出金融法案、审议金融法案、表决和通过金融法案、公布金融法律。金融立法是金融执法、司法乃至金融普法的前提。

执法，亦称法律执行，是指国家行政机关依照法定职权和法定程序，行使行政管理职权、履行职责、贯彻和实施法律的活动。而在金融市场法治中，金融执法意味着国家行政机关需要按照金融立法的规定及法律程序，行使行政管理职权、履行职责、贯彻和实施法律的活动。与立法、司法相比较，金融执法具有主动性、广泛性、具体性、单方性及强制性的特征。

司法，又称法的适用，通常是指国家司法机关及其司法人员依照法定职权和法定程序，具体运用法律处理案件的专门活动。而在金融市场法治中，金融司法意味着国家司法机关依照法定职权和法定程序，具体运用金融立法相关的法律处理案件的专门活动。金融司法与金融执法之间的共同点在于两者均是建立在金融立法之上进行的，而不同点在于两者的执行机构以及执行程序并不一样。与立法、执法相比较，金融司法具有中立性、权威性、被动性及独立性的特征。

相较于金融立法、金融执法和金融司法这三项更为完善的金融市场法治，普法由于其不太完善似乎游离于金融市场法治之外。而实际上普法是以普及法律常识，增强人们的法律意识，培养人们维护和遵守法律的行为习惯为目的的宣传教育活动。金融市场法治中的普法是基于金融立法之上的对个人乃至机构普及金融相关法律法规的尝试。金融普法是预防金融犯罪的重要措施，也是金融市场法治中不可或缺的一部分。因此在立法、执法及司法过程中开展实时普法也是必不可少的。

在中国的金融市场法治建设过程中，金融立法、执法、司法及普法需要坚定不移地走中国特色社会主义法治道路，奋力建设良法善治的法治中国；全面贯彻实施宪法，坚定维护宪法尊严和权威；建设完整的法律规范体系，以良法促进发展、保障善治；建设高效的法律实施体系，深入推行科学立法、严格执法、公正司法、全民守法。

四、金融市场监管

金融市场监管大致包括两个层次的含义：第一是指国家或政府对金融市场上各类参与机构和交易活动所进行的监管；第二是指金融市场上各类机构及行业组织（如证券交易所、证券业协会等）进行的自律性管理。

而在现代金融体系中金融市场监管是指建立在金融市场法律体系的基础上的、符合金融市场需要的政策执行体系，包括对金融机构、业务、市场、政策法规执行等的监管。完整的金融市场监管体系是分散金融风险、维护金融稳定的必要条件，其主要包括：对金融机构设立的监管、对金融机构资产负债业务的监管、对金融政策法规执行落实情况的监管、对金融分业的监管，以及对金融市场的监管。

金融市场监管可以分为金融市场监督和金融市场管理，金融市场监督指金融主管当局对金融机构实施的全面性、经常性的检查和督促，并以此促进金融机构依法稳健地经营和发展。金融市场管理指金融主管当局依法对金融机构及其经营活动实施的领导、组织、协调和控制等一系列的活动。

金融市场监管的目的包括：维持金融业健康运行的秩序，最大限度地减少银行业、证券业及保险业等的风险，同时保障存款人和投资者的利益，促进各行业和经济的健康发展；确保公平而有效地发放贷款，由此避免资金的乱拨乱划，防止欺诈活动或者不恰当的风险转嫁；在一定程度上避免贷款发放过度集中于某一行业；确保金融服务达到一定水平从而提高社会福利；保证实现银行在执行货币政策时的传导机制；提供交易账户，向金融市场传递违约风险信息。

由于金融市场监管的重要性，因此其必须遵守金融监管原则。首先是依法监管原则。依法监管原则又称合法性原则，这里指金融市场监管必须依据金融法律、法规进行。监管的主体、监管的职责权限、监管措施等均由金融监管法和相关行政法律、法规规定，监管活动均应依法进行，也就是金融市场监管是依托于金融市场法治上运行的。

其次是公开、公正原则。金融市场监管活动应最大限度地提高透明度。同时，金融市场监管当局应公正执法、平等对待所有金融市场参与者，做到实体公正和程序公正。实际上这也意味着金融市场监管起到了约束金融市场法治的作用。结合金融市场监管的依法监管原则，可以进一步推断出金融市场监管独立于金融市场法治的原因：金融市场监管的依法监管原则导致其在某种意义上依托于金融市场法治存在（可以参考金融市场法治中的金融立法设立监管体系和程序等具体内容），而其公开、公正原则及其本身的定义，又使金融市场监管在某种意义上是高于金融市场法治的存在（对金融市场法治中的金融执法、司法起到约束、监管的作用）。

再次是效率原则。效率原则是指金融市场监管应当提高金融体系的整体效率，不得压制金融创新与金融竞争。同时，金融市场监管当局应合理配置和利用监管资源以降低成本，减少社会支出，从而节约社会公共资源。这一原则存在的原因在于金融市场监管的设立目的是带给金融市场积极的作用，因此如若金融市场监管的设立会导致金融体系的整体效率下降亦或是增加成本、增加社会支出，那么反而会给金融市场带来更多的消极作用。

从次是独立性原则。独立性原则是指银行业监督管理机构及其从事管理监督管理工作的人员依法履行监督管理职责，受法律保护，地方政府、各级政府部门、社会团体和个人不得干涉。独立性原则进一步确保了金融市场监管能够更好地遵循公开、公正原则，且会在一定程度上确保金融市场监管的整体效率。

最后是协调性原则。协调性原则是指监管主体之间职责分明、分工合理、相互配合。这样可以节约监管成本，提高监管的效率。同样地，协调性原则在一定程度上进一步要求金融市场监管严格遵守效率原则，应该说协调性原则是效率原则的进一步具体化。

金融市场监管的方式同样可以分为三类：公告监管、规范监管、实体监管。

公告监管是指政府对金融业的经营不直接监督，只规定各金融机构必须依照政府规定的格式及内容定期将营业结果呈报政府的主管机关并予以公告，至于金融业的组织形式、金融机构的规范、金融资金的运用，都由金融机构自我管理，政府不对其多加干预。公告监管的内容包括公告财务报表、最低资本金与保证金规定、偿付能力标准规定。在公告监管下金融机构经营的好坏由其自身及一般大众自行判断,这种将政府和大众结合起来的监管方式,有利于金融机构在较为宽松的市场环境中自由发展。但是由于信息不对称,公众很难评判金融机构经营的优劣,对金融机构的不正当经营也无能为力。因此公告监管是三种金融市场监管方式中最宽松的。

规范监管又称准则监管,是指国家对金融业的经营制定一定的准则,要求其遵守的一种监管方式。在规范监管下,政府对金融机构经营的若干重大事项,如金融机构最低资本金、资产负债表的审核、资本金的运用,违反法律的处罚等,都有明确的规定,但对金融机构的业务经营、财务管理、人事等方面不加干预。这种金融市场监管方式强调金融机构经营形式上的合法性,比公告监管方式具有更大的可操作性,但由于未触及金融机构经营的实体,仅制定一些基本准则,故难以起到严格有效的监管作用。

实体监管是指国家订立完善的金融监督管理规则,金融监管机构根据法律赋予的权力,对金融市场,尤其是金融机构进行全方位、全过程的有效监督和管理。实体监管过程分为三个阶段:第一阶段是金融业设立时的监管,即金融许可证监管;第二阶段是金融业经营期间的监管,这是实体监管的核心;第三阶段是金融机构破产和清算的监管。实体监管是国家在立法的基础上通过行政手段对金融机构进行的强有力的管理,比公告监管和规范监管更为严格、具体和有效。

金融市场监管机构需要结合实际情况来判断对不同的对象采用哪种类型的金融市场监管方式。金融市场监管机构是根据法律规定对一国的金融体系进行监督管理的机构。其职责包括:按照规定监督管理金融市场;发布有关金融监督管理和业务的命令和规章;监督管理金融机构的合法合规运作;等等。中国的金融市场监管机构包括中国人民银行、国家金融监督管理总局和证监会。

金融市场监管的传统对象是国内银行业和非银行金融机构,但随着金融工具的不断创新,金融监管的对象逐步扩大到那些业务性质与银行等类似的准金融机构。

五、金融市场环境

金融市场环境主要包括实体经济基础、公司治理结构和社会信用体系三大方面。对于金融市场环境而言,首先需要确保良好的实体经济基础,脱离了实体经济的金融大概率会导致金融发展的泡沫化,进而引发经济危机;其次是建立健全金融市场信用体系,以法律制度规范和约束金融信托关系、信用工具、信用中介和其他相关信用要素,以及以完善金融市场信用保障机制为起点建立金融信用治理机制;最后是完善公司治理结构,通过完善公司治理结构理顺政企关系,可以更好地实现现代金融体系的市场化发展。

实体经济,指一个国家生产的商品价值总量,包括农业、工业、交通通信业、建筑业、文化产业等物质生产和服务部门,也包括教育、文化、知识、信息、艺术、体育等精神产品的生产和服务部门。

实体经济借助于金融市场发展，金融市场发展又依赖于实体经济，其主要表现为互相促进，相辅相成的关系。

首先，金融市场依赖于实体经济。实体经济为金融市场的发展提供物质基础。金融发展无法独立于实体经济而单独存在，实体经济为金融业的发展提供了"血液"和可能。

其次，实体经济借助于金融业发展。金融业的发展影响实体经济的外部宏观经营环境，金融业的发展为实体经济的发展增加后劲，实体经济的发展随时都需要资金的支持和金融血液的灌输，金融业的发展状况制约着实体经济的发展程度。

最后，实体经济会对金融市场提出新的要求。随着整体经济的进步，实体经济也必须向更高层次发展。实体经济在其发展过程中对金融市场产生了新的要求。正是这些要求才使得金融市场能够产生，能够发展。否则，金融市场就将成为无根之木。实体经济是检验金融市场发展程度的标志。

因此塑造一个更加完善的金融市场环境的首要前提是该国家（区域）的实体经济基础足够扎实，能够起到提供基本生产和生活资源、提高生产和生活水平及增强综合效应的作用。

公司治理结构简单地说就是企业制度安排问题。这种制度安排，狭义上指的是在企业的所有权和管理权分离的条件下，投资者与上市企业之间的利益分配和控制关系，广义上可理解为关于企业组织方式、控制机制、利益分配的所有法律、文化和制度安排，界定的不仅仅是企业与其所有者之间的关系，还包括企业与所有相关利益集团之间的关系。这种制度安排的合理与否，是企业绩效最重要的决定因素之一。

完善公司治理结构的措施包括加快实现企业产权主体多元化、大力推进政企分开、充分发挥"新三会（股东大会、董事会、监事会）"的作用、全面推行经理人员选聘制度、扩大对企业集团经营职权等。通过这些措施，可以在完善公司治理结构的同时进一步理顺政企关系，从而更好地实现现代金融体系的市场化发展。

社会信用体系也称国家信用管理体系或国家信用体系。社会信用体系的核心作用在于，记录社会主体信用状况，揭示社会主体信用优劣，警示社会主体信用风险，并整合全社会力量褒扬诚信，惩戒失信。其可以充分调动市场自身的力量净化环境，降低发展成本，降低发展风险。

完善的社会信用体系是信用发挥作用的前提，它保证授信人和受信人之间遵循一定的规则达成交易，保证经济运行的公平和效率。社会信用体系的功能有三种：记忆功能，能够保存失信者的记录；揭示功能，能够扬善惩恶，提高经济效率；预警功能，能对失信行为进行防范。

一个完整的信用体系是由一系列必不可少的部分或要素构成。这些部分或要素相互分工，相互协作，共同守护市场经济的信用圣地，促进社会信用体系的完善和发展，制约和惩罚失信行为，从而保障社会秩序和市场经济的正常运行。

从纵向延伸角度看，社会信用体系能够正常运转，必须包括以下要素：信用管理行业和信用法律体系。

信用管理行业是社会信用体系的"硬件",它拥有覆盖市场参与主体的信用信息数据库和训练有素的信用管理人员,为市场参与者提供各种信用信息产品和服务。广义的信用管理行业包括以下几个分支:机构资信调查、消费者个人信用调查、资产调查和评估、市场调查、资信评级、商账追收、信用保险、国际保理、信用管理咨询、电话查证票据。

信用法律体系是社会信用体系的"软件",它为信用管理行业的商业行为提供"游戏规则"。

从横向分割角度看,社会信用体系包括公共信用体系、机构信用体系和个人信用体系。

公共信用体系就是政府信用体系。从社会信用体系的全局来看,公共信用体系是影响社会全局的信用体系。公共信用体系的作用在于规范政府的行政行为和经济行为,避免政府做出朝令夕改、倒债等失信行为,提高政府行政和司法的公信力。

机构信用体系是社会信用体系的重要组成部分。机构信用体系的作用在于约束机构的失信行为,督促机构在市场上进行公平竞争。

个人信用体系也是社会信用体系的必不可少的组成部分。从某种意义上说,个人信用体系也是社会信用体系的基础。它至少从两个方面对社会信用体系发挥作用:第一,它为授信者的个人授信提供信用信息;第二,它弥补了公共信用体系和机构信用体系的疏漏。

现如今,世界上的社会信用体系建设主要有两种模式:一是以美国为代表的以信用中介机构为主导的模式;二是以欧洲国家为代表的以政府和中央银行为主导的模式。

六、金融市场基础设施

金融市场基础设施是指包含各类软硬件的完整的金融市场设施系统。其中,金融市场服务网络、各类市场支付清算体系、科技信息系统及配套设备技术等,是成熟的金融市场必备的基础设施,这部分也是金融市场基础设施的硬件部分。软件部分包括了与硬件相对应的金融业法律、会计、审计、评估、信用、规则、程序、标准等的设立、确定与实施。

金融市场基础设施的一个重要功能是能够有效动员储蓄向生产性资本转移,并将这种资本配置到能实现效用最大化的部门去,从而促进经济增长。金融市场基础设施的发展与一国经济发展、技术进步及金融体制的变迁息息相关。金融市场基础设施的发展能够促进规模更大、效率更高的产业资本的积累,而且金融市场基础设施越发达,其承受外部冲击的能力就越强。很明显,金融市场基础设施、金融的稳定性与经济增长密切联系;金融市场基础设施的建设对于新兴经济与转型经济的金融稳定和经济发展至关重要。

金融市场服务网络,顾名思义就是一些与金融市场相关的在网络上运行的、面向服务的、基于分布式程序的软件模块,使人们可以在不同的地方通过不同的终端设备访问金融市场的数据及享受金融服务。

支付清算系统也称支付系统,是一个国家或地区对交易者之间的债权债务关系进行清偿的系统。具体来讲，它是由提供支付服务的中介机构、管理货币转移的规则、实现支付指令传递及资金清算的专业技术手段共同组成的，用以实现债权债务清偿及资金转移的一系列组织和安排。

金融市场基础设施的软件部分也是不可或缺的，这是因为软件部分中与硬件相对应的金融业法律、会计、审计、评估、信用、规则、程序、标准等的设立、确定与实施等内容并没有完全包含在金融市场法治中（金融市场法治更多的是针对金融市场机构及行为的立法、执法、司法及普法）。

中国支付清算系统建设的目标是建立以中国现代化支付系统为核心，以各商业银行内部系统为基础，票据交换系统、卡基支付系统等并存的支付清算系统。

中国之所以可以在亚洲金融危机中力挽狂澜，就是因为当时中国政府加强了金融市场基础设施的建设，加强了对中国整个金融系统的宏观调控，使之具备了承受外部冲击的能力。可见金融市场基础设施对一个国家经济发展、金融稳定、社会安定有着十分重要的作用。

七、现代金融体系推进与国家金融行为

现代金融体系的六要素的形成是个渐进的历史过程。以美国为例，在早期的市场经济发展过程中，美国主流认可自由放任的经济理念，金融市场要素体系与金融市场组织体系得到发展和提升，反对政府干预经济的理念盛行。1890年，美国国会颁布美国历史上第一部反垄断法《保护贸易及商业免受非法限制及垄断法》（也称《谢尔曼法》），禁止垄断协议和独占行为。1913年，美国联邦储备委员会正式成立。1914年，美国颁布《联邦贸易委员会法》和《克莱顿法》，对《谢尔曼法》进行补充和完善。在大萧条之后的1933年，美国颁布《格拉斯-斯蒂格尔法案》。此后美国的反垄断制度和金融监管实践经历了近百年的演进与完善，整个金融市场形成了垄断与竞争、发展与监管动态并存的格局。20世纪90年代开始，美国的信息通信、网络技术爆发式发展，金融市场创新驱动能力和基础设施升级换代成为市场竞争的主要表现。与此同时，美国政府反垄断的目标不再局限于简单防止金融市场独占、操纵价格等行为，金融市场的技术垄断和网络寡头垄断也被纳入打击范围。这一时期，通过实行完善金融市场登记、结算、托管和备份等基础设施，提高应对重大金融灾难与技术故障的能力，提升金融市场信息系统，完善金融信用体系建设，实施金融市场监管数据信息共享等措施，美国的金融市场环境体系和金融市场基础设施得到了进一步提高与发展。这一切将金融市场体系推向现代高度，金融市场竞争发展到了全要素推动和系统参与的飞跃阶段。

现代金融体系的六要素是统一的。一方面，六个要素相互联系、相互作用，有机结合为一个成熟的金融市场体系。在金融市场的实际运行中，无论缺少哪一个要素，都会导致市场在某些方面产生缺陷，进而造成国家经济的损失。在世界各国金融市场的发展过程中，这样的典型案例比比皆是。另一方面，在现代金融体系的六要素内，各个要素之间也是相互联系、相互作用、有机统一的。比如，在金融市场要素体系中，除了各类货币市场、资本市场、保险市场、外汇市场等互相联系、互相作用，规范和

发展利率市场、汇率市场，逐步建立离岸、在岸统一的国际化金融市场，积极发展一国金融产品和金融衍生产品市场，努力提升一国金融的国际话语权和竞争力，等等，都是相互促进、共同完善现代金融体系的重要举措。

现代金融体系的六要素是有序的，有序的金融市场体系才有效率。比如，金融市场价格机制的有序，即在利率、汇率及债券、股票、期货、期权等价格的形成过程中，应充分发挥市场在资源配置中的基础性作用，根据市场反馈的供求状况形成市场定价，从而推动现代金融体系有序运转。又比如，金融市场竞争机制的有序：竞争是金融市场的必然产物，也是实现市场经济的必然要求；只有通过竞争，金融要素的价格才会产生市场波动，金融资源才能得到有效配置，从而实现市场主体的优胜劣汰。再比如，金融市场开放机制的有序：现代金融体系是开放的，但这种开放又必定是渐进的、安全的、稳定有序的。这又再次表明，现代金融体系的六要素既相互独立又相互制约，它们是对立统一的。

现代金融体系六要素的功能是脆弱的，其原因主要有以下三点。首先，是认识上的不完整。由于金融市场主体有自己的利益要求，所以在实际的市场运行中，它们往往只讲自由、竞争和需求，避讲法治、监管和均衡，这导致现代金融体系六要素的功能出现偏颇。其次，是政策上的不及时。金融市场的参与主要依靠各类投资者，金融市场的监管主要依靠世界各国政府。但在政府与市场既对立又统一的历史互动中，由于传统市场经济理论的影响，政府往往是无为的，或滞后的，或在面临世界金融大危机时采用"补丁填洞"的方式弥补，等等，这使得现代金融体系六要素的功能无法全部发挥。最后，是金融全球化的冲击。在金融立法、联合执法、协同监管措施还不完善的全球金融体系中，存在大量金融监管真空、监管套利、金融投机、不同市场跨界发展，以及造假、诈骗等行为。因此实现现代金融体系的健全及六要素功能的有效发挥，还需要一个漫长的过程。

现代金融体系六要素的功能，正在或即将逐渐作用于世界各国乃至国际金融市场的各个领域。也就是说，在历史进程中逐渐形成和完善的现代金融体系，不仅将在各国金融市场上发挥作用，而且伴随着2009年G20峰会设立的金融稳定委员会发挥作用和国际金融监管协调机制的提升与完善，也将在国际金融体系中发挥作用。世界各国的金融领域，不仅需要微观层面投资主体的参与，而且需要宏观层面国家金融行为的引导。在世界各国的理论和实践中，这都是正在逐渐完善的现代金融体系的客观、必然的发展趋向。

第二节　案例分析

一、亚历山大·汉密尔顿财政金融体系五大支柱

亚历山大·汉密尔顿为美国构建的财政金融体系有五大支柱即五大要素：第一，统一的国债市场；第二，中央银行主导的银行体系；第三，统一的铸币体系（金银复

本位制）；第四，以关税和消费税为主体的税收体系；第五，鼓励制造业发展的金融贸易政策。汉密尔顿自始至终从整体国家信用角度来设计五大支柱和制度安排。他就国家信用曾说明："一个国家的信用必须是一个完美的整体。各个部分之间必须有着最精巧的配合和协调，就像一棵枝繁叶茂的参天大树一样，一根树枝受到伤害，整棵大树就将衰败、枯萎和腐烂。"

而作为秉持自由市场经济的美国的第一任财政部部长亚历山大·汉密尔顿能提出国家层面的金融发展问题，与其生平有着密不可分的关系。

亚历山大·汉密尔顿1755年1月生于英属西印度群岛的尼维斯岛。当时，奴隶劳动盛行于该岛，大批住在伦敦的英国遥领地主，掌握着该岛的政治、经济的实权。1765年，他父亲把他和他的母亲遗弃在西印度群岛的圣克罗伊岛上，汉密尔顿依靠母亲经营的小商店不能维持生活，12岁时就到店铺当伙计，13岁时母亲去世，他便开始给会计当助手，学记账。

汉密尔顿非常关心美国殖民地所面临的问题。他参加了抗议英国统治的活动，在1774年7月作了一次公开反抗英国暴虐统治的讲演。1774—1775年，他写了三本鼓吹爱国主义的小册子，支持大陆会议通过的对英国货物采取不输入、不转口输出、不消费的决议，抨击英国蛮横无理地以牺牲殖民地利益扩大魁北克领土的政策，并在美国独立战争爆发后参与了多场战役。

他从在军队经历及战后亲眼所见的联邦政府软弱无力的窘境中认识到，美国要成为一个繁荣富强的国家，必须建立一个坚固的诸州联盟和一个强有力的中央政府。战后，他一直为实现这一目标坚持不懈地斗争。

1789年他任财政部部长时，国库空空如也，战债积累不堪重负，信用濒临崩溃。他向国会呈交一系列报告，提出了他的关于整顿财政与发展经济的纲领。按照这个纲领实行了一系列财政政策，使长期积压的债务问题得以解决，重建了美国在国内外的信用，健全了金融体系，建立了一套完备的财政管理制度，使美国有了稳定的财政收入，从根本上结束了财政混乱状况，为工商业的发展创造了有利条件。

此外，汉密尔顿积极参与外交政策的制定，因为他的财政政策与美国的外交政策紧密联系。美国独立后，在经济上仍不能摆脱对英国的依赖，进出口贸易主要与英国进行，财政收入主要依靠进口税，如果与英国发生冲突，汉密尔顿刚刚建立的"财政大厦"顷刻就会倒塌，因此他主张与英国保持友好。

汉密尔顿的金融哲学基于他对世界各国经济发展历史尤其是英国崛起经验的深刻把握。早在出任财政部部长之前，汉密尔顿就写道："17世纪90年代开始，大英帝国创建了英格兰银行、税后体系和国债市场。18世纪，英国国债市场迅猛发展。国债市场之急速扩张，不仅没有削弱英国，反而创造出数之不尽的巨大利益。国债帮助大英帝国缔造了皇家海军，支持大英帝国赢得全球战争，协助大英帝国维持全球商业帝国。与此同时，国债市场极大地促进了英国经济发展。个人和机构以国债抵押融资，银行以国债为储备扩张信用，外国投资者将英国国债视为最佳投资产品。为了美国的繁荣富强，为了从根本上摆脱美国对英国和欧洲资金和资本市场的依赖，美国必须迅速建立自己的国债市场和金融体系。"

重新审视一下亚历山大·汉密尔顿提出的五大支柱——它们共同支撑起美国金融

体系的参天大树，最终成长为主导全球经济的美元霸权体系。国债市场是国家整体信用优劣的最佳指示器；中央银行负责维持银行体系和货币供应量之稳定；统一的铸币体系（后来是美元纸币体系）极大降低金融贸易之交易成本，促进金融、贸易、产业迅速发展；税收体系确保财政健全和国债市场之良性循环；制造业则是金融货币的最终基础。

综上，亚历山大·汉密尔顿为美国构建的财政金融体系的五大支柱在某种意义上也构成了在当时看来比较完整的金融体系，并且这一体系经不断完善形成了现如今的现代金融体系，可见五大支柱能够共同支撑起美国金融体系的参天大树，并助其最终成长为主导全球经济的美元霸权体系是有迹可循的。

二、罗斯福新政

在对罗斯福新政进行详细的介绍及解读之前，需要先对罗斯福新政发布执行期间的历史背景有所了解。

1929年10月24日，在美国历史上被称为"黑色星期四"。1929年夏天，美国还是一片歌舞升平，夏季的三个月，美国通用汽车公司的股价由268美元上升到391美元，美国钢铁公司的股价从165美元上升到258美元，直至9月，美国财政部长还信誓旦旦地向公众保证："这一繁荣的景象还将继续下去。"但是，到了1929年10月24日，美国金融市场崩溃，股票市场一夜之间由顶点跌入深渊，上亿美元的资产化为乌有，股票市场的大崩溃导致了持续四年的经济大萧条。

从此，美国经济陷入了经济危机的泥淖，以往蒸蒸日上的美国社会逐渐充斥着存货山积、工人失业、商店关门的凄凉景象。86000家机构破产，5500家银行倒闭，全国金融界陷入窒息状态，千百万美国人多年的辛苦积蓄付诸东流。国内生产总值由危机爆发时的1044亿美元急降至1933年的742亿美元，失业人数由不到150万猛升到1700万以上，占整个劳动大军的四分之一还多，整体经济水平倒退至1913年。与此同时，农产品价值降到最低点，经营者将牛奶倒入大海，把粮食、棉花当众焚毁的现象屡见不鲜。

罗斯福新政核心是三个"R"，也就是救济（Relief）、复兴（Recovery）和改革（Reform），因此也称三"R"新政。救济主要针对穷人与失业者，复兴则是将经济恢复到正常水准，针对金融系统的改革则试图预防再次发生大萧条。

新政以增加政府对经济直接或间接干预的方式大大缓解了大萧条所带来的经济危机与社会矛盾。通过国会制定了《紧急银行法》《农业调整法》《国家工业复兴法》《社会保障法案》等法案。第二次世界大战（以下简称二战）爆发后，新政基本结束，但罗斯福新政时期产生的一些制度或机构如社会安全保障基金、美国证券交易委员会、美国联邦存款保险公司、联邦住房管理局、田纳西河流域管理局等仍对美国产生着影响。

罗斯福新政所涵盖的内容包括了金融、农业工业、社会保障、三权分立及炉边谈话。

在金融方面，首先，罗斯福政府开始改革与管理金融制度：为了解决银行"货币荒"，罗斯福政府委托各联邦储备银行根据各银行资产发行货币，授权复兴金融公司用购买银行优先股票的办法给银行提供流动资金；为了恢复群众对银行的信任，规定由财政部整顿银行，并监督银行的重新开业，由财政部根据要求支持有支付能力的大银行，淘汰无偿还能力的不健全银行的方针；为保护银行储备和阻止黄金外流，禁止储藏和输出黄金。其次，通过了罗斯福提出的《节约法》，缩减政府开支和退伍军人津贴共 5 亿美元。再次，先后通过《提供证券实情法》《证券交易法》及《银行法》(《格拉斯-斯蒂格尔法案》)，以加强对银行、证券市场和货币的改革和管理。最后，让美元与黄金脱钩，使美元贬值，放弃金本位制。

罗斯福新政在金融方面的措施是成功的，通过以上措施，罗斯福政府维护并加强了美国金融资本的私人所有制，也加强了国家对金融制度的管理与控制。罗斯福政府采取的整顿金融的非常措施，对收拾残局、稳定人心起了巨大的作用，同时对稳定局势，疏导经济生活的"血液循环"，产生了重要的作用。

在农业和工业方面，罗斯福竭力促使议会先后通过了《农业调整法》和《国家工业复兴法》。罗斯福要求资本家们遵守"公平竞争"的规则，规定各机构生产的规模、价格、销售范围，给工人们订出最低工资和最高工时的规定，从而限制了垄断，减少和缓和了紧张的阶级矛盾。在得到大机构的勉强支持后，罗斯福又尽力争取中小机构的支持，为美国社会的稳定、经济的复苏，发挥了积极的作用。

除此之外，新政期间，全美设立了名目繁多的工赈机关承担救济工作，综合起来可分成两大系统：以从事长期目标的工程计划为主的公共工程署和民用工程署。它们在全国范围内兴建了 18 万个小型工程项目，包括校舍、桥梁、堤坝、下水道系统及邮局和行政机关等公共建筑物，先后吸引 400 万人工作，为广大非熟练失业工人提供了工作机会。

在社会保障方面，从 1935 年开始的第二阶段新政，在第一阶段的基础上，着重通过《社会保障法案》《全国劳工关系法》《公用事业法》等法规，以立法的形式巩固新政成果。罗斯福认为，一个政府"如果对老者和病人不能给予照顾，不能为壮者提供工作，不能把年轻人注入工业体系之中，听任无保障的阴影笼罩每个家庭，那就不是一个能够存在下去，或是应该存在下去的政府"，社会保险应该负责"从摇篮到坟墓"整个一生。为此罗斯福政府制定了《社会保障法案》，该法案反映了当时美国广大劳动人民的强烈愿望，受到美国绝大多数人的欢迎和赞许。由于国会没有对法案采取行动，罗斯福再次提出《公平劳动标准法》(《工资工时法》)。这些社会立法，虽属社会改良的范畴，但对广大人民特别是工资劳动者甚有好处。

在三权分立方面，罗斯福提出建议，认为最高法院人力不足，案件过多，法官年迈，影响效率，据此联邦最高法院法官可由 9 名增加到 15 名。在新政期间，罗斯福颁布了行政命令，改组、合并和取消了一些行政机构，建立了包括白宫办公厅、预算局、国家资源计划处、人事管理联络处和政府报告署等总统的办事机构，并加强了预算局的领导作用。国会通过了《新政机构改组法》，将许多小机构合并为大机构。

在炉边谈话方面，罗斯福以浅显易懂的语言向国家民众讲述国家的政策与方针，鼓舞了美国人民，对美国从经济危机中走出起到了推动作用。

事实证明，罗斯福新政取得了巨大的成功。从 1935 年开始，美国经济指标稳步回升，国内生产总值从 1933 年的 742 亿美元增至 1939 年的 2049 亿美元，失业人数从

1700万下降至800万，恢复了国民对国家制度的信心，摆脱了法西斯主义对民主制度的威胁，使危机中的美国避免出现激烈的社会动荡，为后来美国参加反法西斯战争创造了有利的环境和条件，并在很大程度上决定了二战以后美国社会经济的发展方向。

其实在罗斯福政府采取新政对大萧条状况进行改善之前胡佛政府也曾尝试解决大萧条带来的影响，只不过胡佛政府在大萧条时期采取的政策措施无法从根本上解决大萧条带来的一系列问题。

第一次世界大战后，胡佛连续担任两届美国政府的商务部部长。以此身份，他大力推行自由放任经济政策，使美国在20世纪20年代迎来经济繁荣，最后因政绩显赫而当选为美国第31任总统。胡佛就任总统仅仅半年时间经济危机就爆发了。面对危机，一直信奉自由放任主义的胡佛顽固地拒绝政府干预经济的政策。胡佛应对经济危机的主要办法是自愿主义，即根据自愿原则，由私人机构救助失业者。当通用电气董事长提出一揽子由联邦政府参与的救市方案时，胡佛大吃一惊，认为这是法西斯主义。1931年2月胡佛声称，联邦政府的救济将摧毁美国人的品格，毁掉自治的根基，因此胡佛坚决反对政府干预经济。

胡佛政府所采取的一系列措施与凯恩斯所提出的"国家干预"理论相违背，而罗斯福新政的思想渊源是凯恩斯主义、美国的实用主义哲学思潮和进步主义等。在这些思想理论指导下，罗斯福新政增加政府对经济的直接或间接干预。后世认为，在这些思潮中，对罗斯福影响最大的是凯恩斯主义。

三、马歇尔计划

马歇尔计划实施的背景是二战期间欧洲各国基础设施在战争中被摧毁，欧洲经济持续低迷，无法恢复到战前的状态，并且无论是工业还是农业的发展都无法在短期内恢复正常，而且二战中欧洲国家的国库已经消耗殆尽，无法拿出更多的资金来刺激经济的增长，特别是外汇储备基本为零，而欧洲人民的生活受到战争的影响依然处于非常糟糕的地步，甚至无法保证基本的温饱。

当时，一方面，美国的经济迅速增长，需要广阔的海外市场；另一方面，美国需要遏制欧洲共产主义的发展。因此无论是从欧洲各国的利益考虑，还是从美国自身的利益考虑，实施马歇尔计划也就是欧洲复兴计划势在必行。

欧洲复兴计划起初是在欧洲国家参加的某些会议上提出的，它们希望得到美国政府的援助。考虑到美国的利益，美国国务院的许多官员希望向欧洲提供经济援助，特别是威廉·克莱顿和乔治·凯南更是该计划的积极推动者。后来，时任美国国务卿的马歇尔就这个计划发表了演讲，并支持美国政府向欧洲国家提供经济援助，因此欧洲复兴计划也被称为马歇尔计划，马歇尔计划于1947年正式出台。

马歇尔计划的内容主要是美国拨款援助西欧各国，作为战后复兴经济之用，但是受到援助的国家必须购置一定数量的美国商品，尽快撤除关税壁垒，取消或放松外汇限制，使用美国援助要受到美国监督，并且受援国要把本国和殖民地储藏的战略物资供给美国，设立由美国主导的对等基金，保障美国私人投资和开发的权利，削减同社会主义国家的贸易，放弃国有化计划，等等。总而言之，在这段时期内，西欧各国通过参加欧洲经济合作组织（Organization for European Economic Cooperation，OEEC）接受了美国包括金融、技术、设备等各种形式的援助 130 亿美元，但是西欧各国同样需要接受美国方面提出的诸多附带条款。

当马歇尔计划临近结束时，西欧国家中除德国以外的绝大多数参与国的国民经济都已经恢复到了战前水平。同时，马歇尔计划长期以来也被认为是促成欧洲一体化的重要因素之一。因为马歇尔计划消除，或者说减弱了历史上长期存在于西欧各国之间的关税及贸易壁垒，同时，使西欧各国的经济联系日趋紧密，并最终走向一体化。该计划同时也使西欧各国在经济管理上，系统地学习了美国的经验。

而美国政府也在马歇尔计划中得到了足够的利益，包括但不限于马歇尔计划中附带的各类条款。并且随着马歇尔计划在西欧中的顺利执行，美国在西欧的经济金融方面的影响力也逐步上涨。例如，欧洲经济合作组织是在马歇尔计划生效期间成立的，在分配款项方面发挥了主导作用，此外该组织还负责管理各国的商品流动。在 1961 年，欧洲经济合作组织转变为经济合作与发展组织，简称经合组织（Organization for Economic Cooperation and Development，OECD）。与此同时，该组织的结构及职责也发生了变化，经合组织是由 38 个市场经济国家组成的政府间国际经济组织，旨在共同应对全球化带来的经济、社会和政府治理等方面的挑战，并把握全球化带来的机遇。由于经合组织的前身是欧洲经济合作组织并且后者在马歇尔计划中承担了分配款项的职责，时至今日美国都在经合组织中拥有较大的话语权。

现在来看，马歇尔计划是一个极具战略前瞻性的计划，美国用极小的代价，换取了巨大的回报。一方面，欧洲重建达到预期效果；另一方面，美国力量成为重建后的西欧各国经济基础的一部分，从此以后欧洲繁荣必定会促进美国更加繁荣，但美国却不会承担欧洲衰落的连带恶果。这两方面最终导致马歇尔计划在加速欧美发展的同时奠定了美国的经济地位。

四、布雷顿森林会议与布雷顿森林体系

在第二次世界大战后期，美、英两国政府出于本国利益的考虑，构思和设计战后国际货币体系，分别提出了美国财政部部长助理哈里·怀特主张的怀特计划和英国著名经济学家凯恩斯主张的凯恩斯计划。怀特计划和凯恩斯计划同是以设立国际金融机构、稳定汇率、扩大国际贸易、促进世界经济发展为目的，但运营方式不同。

凯恩斯计划即"国际清算同盟计划"，其目的是维持和延续英镑的国际地位，削弱美元的影响力，并与美国分享国际金融领导权。凯恩斯的这套全新的世界货币方案中，由国际清算同盟发行统一的世界货币，货币的分配份额按照二战前三年的进出口贸易平均值计算。按照这种计算方法，英国可占有世界货币总份额的 16%，如果包括殖民地，整个英联邦的比例则高达 35%。这样的分配有利于英国在耗尽黄金储备的条件下延续英镑的地位，同时削弱美元和美国黄金储备的影响力。这个计划实际上主张恢复多边清算，取消双边结算。

凯恩斯计划的具体内容包括：建立"国际清算同盟"，相当于世界银行；会员国中央银行在"同盟"开立往来账户，各国官方对外债权债务通过该账户以转账的方式进行清算；顺差国将盈余存入账户，逆差国可按规定的份额向"同盟"申请透支或提存；"同盟"账户的记账单位为"班科"，以黄金计值。会员国可用黄金换取"班科"，但不可以用"班科"换取黄金；各国货币以"班科"标价，非经"同盟"理事会批准不得变更；会员国在"同盟"的份额，以二战前三年进出口贸易平均额的75%来计算；"同盟"总部设在伦敦和纽约，理事会会议在英、美两国轮流举行。

凯恩斯计划与怀特计划提出后，英、美两国展开了激烈的讨论。由于二战，英国经济、军事实力衰退，而美国正是当时世界最大的债权国和二战最大的得益者，所以最终怀特计划被采纳，凯恩斯计划流产。

1944年7月1日，44个国家或政府的经济特使在美国新罕布什尔州的布雷顿森林召开了联合国货币金融会议，也就是布雷顿森林会议，商讨战后国际货币体系问题。经过三周的讨论，会议通过了以怀特计划为基础制订的《联合国家货币金融会议最后决议书》以及两个附议，即《国际货币基金协定》和《国际复兴开发银行协定》，确立了以美元为中心的国际货币体系，即布雷顿森林体系。

布雷顿森林体系建立了国际货币基金组织和世界银行两大国际金融机构。前者负责向成员国提供短期资金借贷，目的是保障国际货币体系的稳定；后者提供中长期信贷来促进成员国经济复苏。布雷顿森林体系的主要内容包括美元与黄金挂钩、其他国家货币与美元挂钩、实行可调整的固定汇率、各国货币兑换性与国际支付结算原则、确定国际储备资产、国际收支的调节。

同历史上的其他国际货币制度相比，布雷顿森林体系有了明显的改进。

首先，建立了永久性的国际金融机构。布雷顿森林体系建立了国际货币基金组织、世界银行等永久性国际金融机构。通过国际金融机构的组织、协调和监督，保证统一的国际金汇兑本位制各项原则、措施的推行。

其次，各国签订了有一定约束力的《国际货币基金协定》。金本位制对汇率制度、黄金输出、输入没有一个统一的协定，货币区是在规定的地区实施宗主国、联系国的法令。《国际货币基金协定》是一种国际协议，对会员国政府具有一定的约束力。它的统一性在于把以西方国家为主的发达国家囊括在国际金汇兑本位制之下；它的严整性在于对维持货币制度运转的有关问题做了全面规定，并要求各国遵守。

最后，根据《国际货币基金协定》，建立了现代国际货币管理所必需的各项制度。例如，国际收支调节制度、国际信贷监督制度、国际金融统计制度、国际汇率制度、国际储备制度、国际清算制度等。

布雷顿森林体系以黄金为基础，以美元作为最主要的国际储备货币。在布雷顿森林体系下，美元可以兑换黄金，各国实行可调节的钉住汇率制，这是构成这一货币体系的两大支柱，国际货币基金组织则是维持这一体系正常运转的中心机构，它有监督国际汇率、提供国际信贷、协调国际货币关系三大职能。

布雷顿森林体系有助于国际金融市场的稳定，对战后的经济复苏起到了一定的作用。

首先，布雷顿森林体系的形成，暂时结束了战前货币金融领域里的混乱局面，维持了战后世界货币体系的正常运转。其次，布雷顿森林体系促进了各国国内经济的发展。再次，布雷顿森林体系的形成，在相对稳定的情况下扩大了世界贸易。从次，布雷顿森林体系形成后，国际货币基金组织和世界银行的活动对世界经济的恢复和发展起了一定的积极作用。最后，布雷顿森林体系的形成有助于生产和资本的国际化。

由于世界经济发展的不平衡性，20世纪六七十年代，以西方国家为主的发达国家的经济实力对比一再发生变化，以美元为中心的国际货币制度本身固有的矛盾和缺陷日益暴露。其中包括了金汇兑本位制本身的缺陷、储备制度不稳定、国际收支调节机制的缺陷、内外平衡难统一等，而这些矛盾和缺陷也最终导致了美元停止兑换黄金和固定汇率制的垮台，这也标志着战后以美元为中心的货币体系开始瓦解。布雷顿森林体系崩溃以后，国际货币基金组织和世界银行作为重要的国际组织仍得以存在，发挥作用。

五、美国与沙特阿拉伯"不可动摇协议"

布雷顿森林体系崩溃后，美元与黄金挂钩的金融体系解体，美元的储备货币地位受到质疑，美国的金融霸主地位发生动摇，美国急需找到一种既可以维护其本国货币权威，又可以随意增加货币数量的途径，于是，选择了石油美元挂钩体系，即将美元与各国不可或缺的石油挂钩，实行联动价格涨跌机制。沙特阿拉伯是世界石油的主要产出国和石油输出国组织的主要操纵国，美国离不开沙特阿拉伯的支持。反过来，沙特阿拉伯也面临着中东诸国对其霸权地位的挑战，急需美国的武器装备支撑和军事威慑。所以，沙特阿拉伯与美国因为利益的关联形成了联盟。

1974年，美国与沙特阿拉伯达成一项"不可动摇协议"，即美国向沙特阿拉伯提供武器装备并承诺保护沙特阿拉伯政权的安全，沙特阿拉伯则说服石油输出国组织的国家接受美元作为出口石油的唯一计价和结算货币。于是石油美元体系就此诞生。由于此后世界上的石油消费国必须先换得美元才能采购石油，美元在国际货币体系中的垄断地位在布雷顿森林体系之后再次得到巩固。

美国与沙特阿拉伯的"不可动摇协议"包含两个层面的内容：石油贸易只能以美元结算，这一层确保了全球各国都必须储备美元；沙特阿拉伯出口石油赚取的美元，除了满足国内建设之需，剩余的都投资美国国债。全球各国购买石油的美元以投资美国国债的方式回流美国，这就是石油-美元环流。由于沙特阿拉伯在石油输出国组织中的巨大影响力，美国与沙特阿拉伯的"不可动摇协议"最终成为中东产油国共同遵守的协议，全球性的石油-美元环流形成。

石油-美元环流分为三个步骤：首先，美国印刷美元，从全球购买商品，全球各国通过与美国的贸易赚到了美元；然后，各国用赚到的美元购买石油，美元被支付给了中东产油国；最后，中东产油国将赚取的美元投资美国国债，美元再次回到美国手中。

通过以上三步，美国印刷的美元都回流美国，国际贸易会因为美元短缺而无法正常运转。这样美国就能再次印刷美元，再次购买全球商品，再次开启新一轮石油-美元环流。石油-美元环流中，商品生产国付出了商品，得到了石油，石油生产国付出了石油得到了美国国债，而美国则付出了国债，得到了从全球购买的商品。石油-美元环流成功地破解了特里芬困境。由于石油-美元环流的存在，美元即使大量发行，最终也都流回美国国内，这样就不会引起国际市场的美元供给过剩，也就不会导致美元持续贬值。

在石油-美元环流的三个步骤中，第一步的主体是美国并且美国会从中受益，因此不会存在问题。由于石油的无可替代性以及"不可动摇协议"，各国必须从石油生产国也就是石油输出国组织处使用美元购买石油，形成了循环的第二步。但是循环中的第三步主体是沙特阿拉伯及其他石油输出国组织国家，为什么沙特阿拉伯及中东各国会愿意将美元再投资回美国呢？

这是因为沙特阿拉伯经济及部分中东产油国规模有限，对资金的吸收能力不足，如果大量资金流入沙特阿拉伯，那必然出现严重的通货膨胀。此外，大笔的外汇收入需要一个安全的投资渠道，低风险的美国国债是中东产油国特别是沙特阿拉伯当时最佳的投资选择。因此最终中东产油国会将赚取的美元投资美国国债，美元再次回到美国手中，这就构成了石油-美元环流中的第三步。

六、次级房屋信贷危机

次级房屋信贷危机（以下简称次贷危机）是指由美国次级房屋信贷行业违约剧增、信用紧缩问题而于2007年夏季开始引发的国际金融市场上的震荡、恐慌和危机。

美国次级抵押贷款市场通常采用固定利率和浮动利率相结合的还款方式，即购房者在购房后头几年以固定利率偿还贷款，其后以浮动利率偿还贷款。在2006年之前的5年里，由于美国住房市场持续繁荣，加上前几年美国利率水平较低，美国的次级抵押贷款市场迅速发展。随着美国住房市场的降温尤其是短期利率的提高，次贷还款利率也大幅上升，购房者的还贷负担大为加重。同时，住房市场的持续降温也使购房者出售住房或者通过抵押住房再融资变得困难。这种局面直接导致大批次贷的借款人不能按期偿还贷款，银行收回房屋，却卖不到高价，导致大面积亏损，最终引发了次贷危机。

美国次贷危机的苗头，其实早在2006年底就显现了。只不过，从问题发生、累积到危机确认，特别是到贝尔斯登、美林证券、花旗银行和汇丰银行等国际金融机构对外宣布数以百亿美元的次贷危机损失，花了半年多的时间。此次次贷危机的涉及面广、原因复杂、作用机制特殊，持续的时间较长，产生的影响比较大。具体来说，有以下三方面的成因。

第一，它与美国金融监管当局，特别是美联储的货币政策由松变紧的变化有关。持续的利率下降，是带动21世纪以来的美国房产持续繁荣、次级房贷市场泡沫产生的重要因素。因为利率下降，使很多蕴含高风险的金融创新产品在住房市场上有了产生的可能性和扩张的机会。从2004年6月起，美联储的低利率政策开始了逆转；到2006年6月，经过连续17次调高利率，标志着这轮扩张性政策完全逆转。连续升息提高了房屋借贷的成本，开始发挥抑制需求和降温市场的作用，促发了房价下跌，以及按揭违约风险的大量增加。

第二，它与美国投资市场，以及全球经济和投资环境在危机爆发前一段时间持续积极、乐观的情绪有关。进入21世纪，经济全球化的趋势加大，全球范围利率长期下降、美元贬值及资产价格上升，使流动性在全世界范围内扩张，激发追求高回报、忽视风险的金融品种和投资行为的流行。作为购买原始贷款人的按揭贷款并转手卖给投资者的贷款打包证券化投资品种，次级房贷衍生产品客观上有着投资回报的空间。在一个低利率的环境中，它能使投资者获得较高的回报率，这吸引了越来越多的投资者。面对巨大的投资需求，许多房贷机构降低了贷款条件，以提供更多的次级房贷产品，这也在客观上埋下巨大隐患。事实上，不仅是美国，一些欧亚国家的全球主要商业银行和投资银行，也参与了美国次级房贷衍生产品的投资，金额巨大，使得危机发生后影响波及全球金融系统。

第三，与部分美国银行和金融机构违规操作，忽略风险的按揭贷款、证券打包行为有关。在美国次级房贷的这一轮繁荣中，部分银行和金融机构为一己之利，利用房贷证券化可将风险转移到投资者身上的机会，有意或无意地降低贷款信用门槛，导致银行、金融和投资市场的系统风险增大。有的金融机构还故意将高风险的按揭贷款打包到证券化产品中去，向投资者推销这些有问题的按揭贷款证券。评级市场的不透明和评级机构的利益冲突，又使得这些高风险资产得以顺利进入投资市场。

纵观上面提及的导致次贷危机的三大成因，虽然直观上次贷危机是由于金融市场监管缺失导致的，是华尔街投机者利用制度的漏洞，弄虚作假，欺骗大众。然而实际上，金融市场监管缺失只是造成次贷危机的主要因素之一亦或是导火索，次贷危机还暴露出关于次级贷款的金融市场法治不完善、金融市场环境中的社会信用体系信息不完全、金融基础设施不够完备等诸多现代金融体系中的不完善之处。

次贷危机对美国各个行业都造成了一定的影响。次贷危机导致市场信心丧失，使投资者对于在美国投资的安全性产生疑虑，除了次级债，其他类型的机构债、国债、股市的安全性都使人们心存疑虑。同时，美国居民消费者信心指数下降，失业率上升。在房地产业方面，房价大幅下降，房地产投资负增长并且购买量下降。在金融业方面，鉴于美国多家银行发生巨额亏损或倒闭，市场流动性出现恐慌性的短缺。美国次贷危机的阴影同样笼罩着股市，由于股市连续的"跳水"，给美国的投资者带来了巨大损失，因此美国机构投资的意愿有所下降。由于楼市泡沫破灭，美元贬值，而美国的持续降息也加速了贬值的速度。次贷危机同样造成了美国制造业的萎缩，服务业也出现了5年内的首次收缩。次贷危机同样对美国进出口贸易产生了影响，由于美国和世界经济下行造成美国进出口同时下降，且进口下降幅度超过出口。

由于美元是世界货币，因此世界各国都共同受到了美元短期内快速贬值带来的影响，也就是间接受到了次贷危机的影响。另外，由于各国政府、机构、银行、个人都存在购买次级贷款产品的情况，因此次贷危机直接影响的并不只是美国，还包括了不同国家的投资者。这也导致各国的投资者对类似的金融产品产生疑虑。

而对于中国，次贷危机主要影响中国的出口，同时造成了中国经济增长趋缓、就业形势严峻。同时，次贷危机加大了中国的汇率风险和资本市场风险：美元大幅贬值给中国带来了巨大的汇率风险,在发达国家经济放缓、中国经济持续增长、美元持续贬值和人民币升值预期不变的情况下,国际资本加速流向中国寻找避风港,这将加剧中国资本市场的风险。

对于次贷危机的处置,各国采取的方法有所不同。因为次贷危机始于美国,因此下文将依次阐述美国、欧洲及中国对次贷危机的处置。

美国在次贷危机之初采取的政府干预行为是传统政策手段,美联储使用了传统的货币政策工具及相应的政策手段,对金融市场进行了全面的干预。

首先是公开市场操作,注入和回收流动性。除通常采用的隔夜回购交易外,根据需要,美联储还多次使用14日回购交易等满足市场持续流动性需求。

其次是降低联邦基金基准利率。尽管面临着通胀的压力,2007年9月18日,美联储将联邦基金基准利率由5.25%降为4.75%,是自2003年6月以后首次降息。此后,联邦基金基准利率多次下调至2%。

最后是降低贴现率。至2008年8月30日,美联储先后十余次降低贴现率,贴现贷款余额大幅上升,为银行业提供了大量流动性支持。

美联储采取的一系列措施暂时缓解了金融市场的流动性紧张。但到了2007年年底,陆续披露的主要金融机构的损失超过人们预期,显示金融机构盈利能力下降。同时,利率政策效应并不明显,经济走向衰退的风险进一步加大。随着次贷危机又向债券保险领域扩散,市场信心再度受挫,金融市场形势进一步恶化。

随着危机的扩散和升级,美联储从2007年12月开始,相继推出了三种新的流动性管理工具:期限拍卖融资便利、一级交易商信贷便利和定期证券借贷工具。

期限拍卖融资便利是一种通过招标拍卖方式向合格的存款类金融机构提供贷款融资的政策工具。它的融资额度固定,利率由拍卖过程决定,资金期限可长达28天,从而可为金融机构提供较长期限的资金。

一级交易商信贷便利是一种针对投资银行等市场交易商的隔夜融资机制,通过在紧急状况下为市场交易商提供援助来拯救濒临倒闭的公司。

定期证券借贷工具是一种通过招标方式向市场交易商卖出高流动性国债而买入其他抵押资产的融资方式,交易商可以提供联邦机构债、住房抵押贷款支持债券及其他一些非联邦机构债券资产。它的期限一般为28天,可用于改善银行等金融机构的资产负债表,从而提高金融市场的流动性,迄今仍被广泛使用。

美联储这些非传统工具的使用,一方面延长了流动性管理的期限,改变了以往美联储主要采用隔夜正逆回购工具等短期政策工具的惯例,增强了流动性管理的灵活性;另一方面,流动性管理大量通过国债、机构债、资产抵押债券等交易进行,增强了对市场利率的管理。

针对2007年年底次贷危机的进一步恶化,除美联储,美国政府各部门又陆续推出抵押贷款市场等若干救助措施,并最终促成了总规模1500亿美元的经济刺激方案的出台。

在不容乐观的形势面前,历经波折的《住房和经济恢复法案》终获通过。美国国会通过此法案一方面宣布拨款3000亿美元,在联邦住宅管理局管理下建立专项基金,为 40 万个逾期未还按揭贷款的家庭提供担保；另一方面授权美国财政部可以"无限度"提高房利美和房地美的贷款信用额度，并在必要时刻出资购买这两家机构的股票。此外，还向地方政府提供应急基金，用于购买空置、丧失抵押品赎回权的房产，将其出租或低价出售给低收入家庭。

美国政府的财政、监管、法治及经济部门也参与了 2008 年之后的复苏计划，它们采取的措施包括但不限于：布什政府以财政部为主导出台了"不良资产救助计划"；奥巴马政府采取了一系列措施稳定金融和加强监管，同时推行大幅快速减税、扩大赤字化开支的财政政策；及时立法为处置金融危机、促进金融稳定、振兴经济提供了完善的法律环境，制定的法律包括《2008 年紧急经济稳定法案》《2009 年美国复苏和再投资法案》以及 2010 年的《多德-弗兰克华尔街改革和消费者保护法案》等。

在欧洲方面，各国纷纷采取措施维护金融稳定。一是向本国问题金融机构注资。二是爱尔兰、英国、德国、法国、奥地利、瑞典、丹麦、冰岛等国家纷纷宣布对本国所有个人银行账户提供担保，以稳定存款人信心；2008 年 10 月 7 日，欧盟 27 国财长例会召开，决定在至少一年时间内，将欧盟各国最低储蓄担保额度提高到 5 万欧元。三是欧洲央行和英国等各国的中央银行与美联储联手，向银行体系注入流动性。

针对次贷危机，中国分别从宏观方面以及微观方面入手采取了调控措施。

在宏观调控方面，中国从财政政策和货币政策两个方面施行政策。2008 年 11 月，国务院针对次贷危机给中国出口贸易造成的影响，决定两年内增加 4 万亿元人民币的投资，刺激经济增长。这次财政政策的推出时效性很强，4 万亿元的投资中，中央政府投入 1.18 万亿元，其余部分由地方财政和民间投资负责。这种大规模的财政政策模式，有效地避免了中央由于巨大支出而出现财政赤字，这次财政政策的目的主要是改善中国的民生、促进国内的消费、加大国内的投资等，投资基本都用于实体经济。在货币政策上中国也进行了宏观调控，主要表现在施行了适度宽松的货币政策。中国通过财政政策和货币政策的结合运用，也就是采取积极的财政政策（增支减税）和宽松的货币政策（降低利率），增加了货币的流动性。从实际的效果看，在 2009 年初，中国 4 万亿元财政刺激政策的施行和连续下调存贷款利率，有效地减少了次贷危机对中国的不利影响，充分显示了财政政策和货币政策"双松"的效果。

在微观调控方面，中国所做的主要是稳定民间机构和股市。在面对次贷危机时，与宏观经济相比，中国经济的微观层面如一些机构和股市等表现得都出乎意料的脆弱。资金的流动性不足是一个重要原因。面对这种情况，中国政府及时地做出了一些微观层面的调控，其中 2007 年的家电下乡、2008 年的中央汇金注资农行、2011 年对房地产的微观调控，都取得了较好的效果。

七、中国四大商业银行

中国四大商业银行，是指由中华人民共和国财政部、中央汇金投资有限责任公司直接管控的四个大型国有银行，具体包括：中国工商银行、中国农业银行、中国银行、中国建设银行，亦称中央四大行，其代表着中国最雄厚的金融资本力量。

中国的第一家民族资本银行是 1897 年 5 月 27 日成立的中国通商银行。1905 年清政府成立的户部银行是中国最早的国家银行，1908年2月，户部银行改称"大清银行"（也叫京师总行）。1911年辛亥革命爆发，中华民国成立，1912年经孙中山先生批示，大清银行改称"中国银行"，总部设于上海。民国时期，中国银行、中央银行、中国农民银行、交通银行合称中国四大银行。

中华人民共和国成立后，国家对银行进行了全面整顿，在1948年成立中国人民银行的基础上，先后于1951年成立农业合作银行，1954年10月1日以原交通银行为基础成立中国人民建设银行。其后，又将包括中国银行在内的所有银行并入中国人民银行，使后者集中央银行、商业银行于一身，成为大陆地区唯一的银行。1978年改革开放后，国家采取了多项举措，使国内银行业呈现多元化发展，其中便包括了恢复中国建设银行、中国农业银行、中国银行，新办了中国工商银行，使工、农、中、建成为中国的四大国有商业银行。

中国银行（Bank of China，BOC）于1912年2月5日正式成立。中国银行是中央管理的大型国有银行，国家副部级单位。中国银行是中国香港和中国澳门的发钞行，业务范围涵盖商业银行、投资银行、基金、保险、航空租赁等。

中国银行是中国唯一持续经营超过百年的银行，也是中国国际化和多元化程度最高的银行。机构遍及中国及64个国家和地区，旗下有中银国际、中银投资、中银基金、中银保险、中银航空租赁、中银消费金融、中银金融商务、中银香港等控股金融机构。

而中国银行从建立至今，其职能也在随着时间发生变化。1912—1928年，中国银行履行中央银行职能，负责代理国库、承汇公款、发行钞票等。1928—1942年，中国银行作为政府特许的国际汇兑银行，积极借鉴国际先进经验改革管理机制，在中国金融界率先走向国际市场，先后在伦敦、新加坡、纽约等国际金融中心设立分行。1942—1949年，中国银行作为国际贸易专业银行，负责政府国外款项收付，发展国外贸易并办理有关贷款与投资。而在1949年以后，中国银行长期作为国家外汇外贸专业银行，统一经营管理国家外汇，开展国际贸易结算、侨汇和其他非贸易外汇业务，大力支持外贸发展和经济建设。改革开放以来，中国银行牢牢抓住国家利用国外资金和先进技术加快经济建设的历史机遇，充分发挥长期经营外汇业务的独特优势，成为国家利用外资的主渠道。相较于另外三家商业银行，中国银行最专业的业务是外汇和外贸业务。

中国农业银行（Agricultural Bank of China，ABC）成立于1951年，是国有大型商业银行，国家副部级单位。中国农业银行是中国金融体系的重要组成部分，提供各种公司银行和零售银行产品和服务，同时开展金融市场业务及资产管理业务，业务范围还涵盖投资银行、基金管理、金融租赁、人寿保险等领域。

中国农业银行成立的目的是支持和援助国家农业的发展，为农业合作化提供信贷支持。现如今，中国农业银行是中国四大商业银行当中网点分布数量最多，业务辐射范围最广的银行，许多农村地区和城镇地区都有农业银行的身影。中国农业银行业务领域已由最初的农业信贷、结算业务，发展成为品种齐全，本外币结合，能够办理国际、国内通行的各类金融业务。

中国建设银行（China Construction Bank，CCB）的前身为成立于1954年10月1日的中国人民建设银行（于1996年3月26日正式更名为中国建设银行）。中国建设银行是中央管理的国有大型商业银行，国家副部级单位。中国建设银行成立的基本背景是：中华人民共和国开始执行发展国民经济的第一个五年计划，以建设 156 项重点工程为中心的大规模经济建设在全国陆续展开，为管理好巨额建设资金，中国建设银行应运而生。

中国建设银行的主要经营领域包括公司银行业务、个人银行业务和资金业务，在 29 个国家和地区设有分支机构及子公司，拥有基金、租赁、信托、人寿、财险、投行、期货、养老金等多个行业的子公司。中国建设银行拥有较为广泛的客户基础，与多个大型机构集团及中国经济战略性行业的主导机构保持银行业务联系，营销网络覆盖全国的主要地区。

从 1954 年到 1978 年的二十多年间，中国建设银行主要承担了集中办理国家基本建设预算拨款和机构自筹资金拨付，监督资金合理使用，对施工机构发放短期贷款，办理基本业务结算业务的职责。从 20 世纪 70 年代末、80 年代初开始，中国建设银行在维持原有职能的同时，不断拓展银行职能，先后开办了信贷资金贷款、居民储蓄存款、外汇业务、信用卡业务，以及政策性房改金融和个人住房抵押贷款等多种业务。从 20 世纪 80 年代中期起，中国建设银行先后开办了现金出纳、居民储蓄、固定资产贷款、工商机构流动资金贷款、国际金融、住房贷款和各种委托代理业务。1994 年，按照政府对投资体制和金融体制改革的要求，中国建设银行将长期承担、代理的财政职能和政策性贷款职能分别移交财政部和新成立的国家开发银行，开始按照商业银行的要求，对经营管理体制进行全面改革。1994 年末，中国建设银行先后对资金管理体制、信贷管理体制、财务管理体制和会计核算体制进行一系列重大改革，总行和一级分行集中调度、统一调度和经营资金的能力增强，财务会计制度进一步向国际准则靠近。

中国工商银行（Industrial and Commercial Bank of China，ICBC）成立于 1984 年 1 月 1 日。中国工商银行同样是国有大型商业银行，国家副部级单位。中国工商银行的基本任务是依据国家的法律和法规，通过在国内外开展融资活动筹集社会资金，加强信贷资金管理，支持机构生产和技术改造，为中国经济建设服务。

与其说中国工商银行是 1984 年成立的，不如说其是 1984 年从中国人民银行剥离出来，专门开展工商业务的银行。由于剥离出来时改革开放刚开始，工商业务较多，并且从央行剥离出来"家底殷实"，在整个发展过程中中国工商银行基本是"老大哥"的地位。一直以来，中国工商银行的业务结构或职能没有发生过多的变化。

在 2022 年，中国四大商业银行位列十大国际银行中的前四名，按照名次排列是中国工商银行、中国建设银行、中国农业银行、中国银行。按照现代金融体系的分类，以上四大商业银行应属于金融市场组织中的一部分。

八、中国四大资产管理公司

中国四大资产管理公司是特殊时期的产物，直到现在还在运行。因此在对中国四大资产管理公司进行解读前，需要对其成立的历史背景也就是亚洲金融风暴有所了解。

1997年7月2日，亚洲金融风暴席卷泰国。不久，这场风暴波及印度尼西亚、马来西亚、新加坡、日本、韩国和中国等地。泰国、印度尼西亚、韩国等国的货币大幅贬值，同时造成亚洲大部分主要股市的大幅下跌；冲击亚洲各国外贸机构，造成亚洲许多大型机构的倒闭，工人失业，社会经济萧条。亚洲经济高速发展的趋势减缓。亚洲一些经济大国的经济开始萧条，一些国家的政局也开始混乱。泰国、印度尼西亚和韩国是受此次金融风暴波及最严重的国家。新加坡、马来西亚、菲律宾等地也被波及，中国大陆和中国台湾地区则几乎未受影响。

亚洲金融危机爆发后，各国政府对金融机构不良资产问题给予了极大关注。由于旧的计划经济体制和金融体制的原因，中国有相当一部分国有机构不能按期归还银行贷款的本金和利息，导致四大国有商业银行和国家开发银行等金融机构形成了大量的不良贷款。这种大规模的呆、坏账已不是银行本身所能核销解决的，特别是在中国经济市场化和加入世界贸易组织之际，如果任不良贷款累积，金融风险将逐渐扩大，成为经济运行中的一个重大隐患。若久拖不决，则有可能危及金融秩序和社会安定，从而影响中国发展和改革的进程。鉴于以上客观情况，一方面为了化解金融风险，最大限度地收回、变现不良贷款，另一方面为了推进国有机构改革，在认真分析国内金融问题和汲取国外经验教训的基础上，中国政府参考美国资产重组托管公司（Resolution Trust Corporation，RTC）的方式，剥离中国工商银行、中国农业银行、中国银行、中国建设银行这四大银行的不良资产，组建了中国华融资产管理公司、中国东方资产管理公司、中国长城资产管理公司和中国信达资产管理公司，来解决不良资产，参与资本市场运作。

当时，由财政部为四家资产管理公司分别提供巨额资本金，由央行提供巨额再贷款。同时允许四家资产管理公司分别向对口的四大行发行固定利率为 2.25%的金融债券，用于收购四大行的不良资产。

财政部给四家资产管理公司预设的年限是 10 年存续期（实际上期限是到 2006 年）。除了期限的限定，四大资产管理公司还有另外两个限定：一是政策性，二是明确干一件事——处置不良贷款。所以那段时期，也被称为四大资产管理公司的"政策性业务时期"，其特点就是：收购不良资产的价格及融资由政府确定或安排；根据财政部确定的绩效考核标准管理及处置不良资产；收购及处置政策性业务产生的亏损是以财政部建议及国务院批准的方式处理。

实际上，与美国资产重组托管公司（在第五章中的案例中会进行详细的介绍）不同的是，经过 6 年多的运营，美国资产重组托管公司基本完成了其使命并已于 1995 年底自行关闭，而中国四大资产管理公司现在仍旧在运行，只是四大资产管理公司的运营方式及职能产生了巨大的变化。1999—2006 年，也就是在政策业务时期，四大资产管理公司仅承担处置不良贷款的职责。2006—2016 年，四大资产管理公司便从政策业务时期迈向"商业化业务转型阶段"。在这个阶段，四大资产管理公司不仅限于接受政策性业务，也开始承接商业性业务，这也意味着四大资产管理公司从纯粹的政策性组织逐渐转变为商业组织。2016年至今，四大资产管理公司进入了"股份改制经营阶段"，这也意味着四大资产管理公司完全转变为商业组织。在这个阶段，四大资产管理公司更接近于综合化经营与地方资产管理公司。2024年初，响应机构改革方案，中国信达、中国东方和中国长城三家资产管理公司被划至中投公司。至此，中国四大资产管理公司中的华融并入中信系，其他三家资产管理公司并入中投系。

九、中国三大政策性银行

中国的三大政策性银行分别为中国农业发展银行、中国进出口银行和国家开发银行。

中国农业发展银行是中央金融机构，是直属国务院领导的中国唯一的一家农业政策性银行，1994年11月挂牌成立。其主要职责是按照国家的法律法规和方针政策，以国家信用为基础筹集资金，承担农业政策性金融业务，代理财政支农资金的拨付，为农业和农村经济发展服务。其经营范围包括由国务院确定、中国人民银行安排资金并由财政予以贴息的粮食、棉花、油料、猪肉、食糖、厂丝、化肥等国家专项储备贷款和地方化肥、糖、肉储备信贷等。

至2013年，中国农业发展银行已经形成了以支持国家粮棉购销储业务为主体、以支持农业产业化经营和农业农村基础设施建设为两翼的业务发展格局，初步建立现代银行框架，经营业绩实现重大跨越，有效发挥了在农村金融中的骨干和支柱作用。

中国农业发展银行在业务上接受中国人民银行和国家金融监督管理总局的指导和监督。中国农业发展银行在机构设置上实行总行、一级分行、二级分行、支行制；在管理上实行总行一级法人制，总行行长为法定代表人；系统内实行垂直领导的管理体制，各分支机构在总行授权范围内依法依规开展业务经营活动。中国农业发展银行的分支机构按照开展农业政策性金融业务的需要，并经国家金融监督管理总局批准设置。

中国进出口银行是中央金融机构，是由国家出资设立、直属国务院领导、支持中国对外经济贸易投资发展与国际经济合作、具有独立法人地位的国有政策性银行，于1994年6月成立。中国进出口银行的国际信用评级与国家主权评级一致。中国进出口银行的主要职责是贯彻执行国家产业政策、外经贸政策、金融政策和外交政策，为扩大中国机电产品、成套设备和高新技术产品出口，推动有比较优势的机构开展对外承包工程和境外投资，促进对外关系发展和国际经贸合作，提供政策性金融支持。其经营范围包括办理机电产品和成套设备等资本性货物的进出口信贷业务等。

中国进出口银行对转贷业务实行专业化管理，形成了科学高效的贷前、贷中、贷后管理体系。在国内银行中，中国进出口银行是唯一一家为外国政府贷款业务成立专门部门（即转贷部）的银行。外国政府贷款是一项政策性很强的工作，中国进出口银行作为国家政策性银行，在办理转贷业务方面具有自身的独特优势。

国家开发银行是中央金融机构，成立于1994年，是直属国务院领导的政策性银行。2008年12月改制为国家开发银行股份有限公司。2015年3月，国务院明确国家开发银行定位为开发性金融机构。国家开发银行主要通过开展中长期信贷与投资等金融业务，为国民经济重大中长期发展战略服务。同时，国家开发银行是全球最大的开发性金融机构，中国最大的对外投融资合作银行、中长期信贷银行和债券银行。

自成立以来，国家开发银行认真贯彻国家宏观经济政策，发挥宏观调控职能，支持经济发展和经济结构战略性调整，在关系国家经济发展命脉的基础设施、基础产业和支柱产业的重大项目及配套工程建设中，发挥长期融资领域主力银行作用。国家开发银行的"二十字方针"，是开发性金融原理落实到国家开发银行工作中的具体体现，即"政府热点、雪中送炭、规划先行、信用建设、融资推动"。政府热点是把经济社会发展中的热点、难点问题作为国家开发银行工作重点，包括物质瓶颈，也包括体制、社会和市场发展的瓶颈、制约；雪中送炭是指国家开发银行想政府之所想，急政府之所急，用开发性金融打通融资渠道，支持政府实现发展目标；规划先行是针对中国规划水平和市场建设比较落后，易引发经济泡沫和重复建设的情况，在更高层次将国家开发银行业务优势和政府组织优势相结合，加强产业规划、区域规划和城市规划，包括制定制度、设计融资框架、规划区域产业比较优势、整合核心竞争力，推动各地规划先行，切实推进"五个统筹"；信用建设是国家开发银行将信用建设贯穿于项目开发、评审、贷款发放、本息回收等信贷全过程和业务所及领域，大力建设市场制度和信用结构，防范金融风险，确保资产质量，这是国家开发银行成功实践的核心原则；融资推动是国家开发银行通过逐笔贷款、逐个项目为载体进行融资推动，是以优质资产质量和资金良性循环为基础，能实现比以往贷款更大规模和更高效率的融资服务支持。

这三个政策性银行的区别主要在于行使职能的对象不同：中国农业发展银行主要为农业政策服务；中国进出口银行主要是对外发放贷款；国家开发银行主要是针对基建工作和重点产业。

十、中央金融工作会议

中央金融工作会议是我国为保证宏观金融政策的稳定性和金融改革的持续性而作出的一项重大制度安排。第一次中央金融工作会议是在1997年举办的，该会议一般五年召开一次，至今已召开六次，通常都在中央政府换届选举年的年初召开，每次均对中国下一步一系列重大的金融改革政策和方向"定调"，并都推出金融改革及相应的机构改革等重大举措。

第一次中央金融工作会议的时间是1997年11月，当时国内金融混业经营不规范，亚洲金融危机爆发。为了应对危机，该会议提议并决定将13939亿元银行不良资产剥离给新成立的四家资产管理公司，以处理从四大国有银行剥离的不良资产。会议提出：

在银行改革方面，中央财政定向发行 2700 亿元特别国债，补充四大国有银行资本金，取消贷款规模控制，实行资产负债比例管理等重要改革措施，对央行自身机构进行改革，各省分行撤销，改成 9 个大区行，货币政策独立性得以加强；在金融监管方面，对金融业实行分业监管，成立证监会、保监会，分别负责证券业和保险业的监管，央行专司对银行业、信托业的监管。后来成立中央金融工作委员会（2003 年撤销）和国有大型金融机构系统党委，完善金融系统党的领导体制。

第二次中央金融工作会议的时间是 2002 年 2 月，当时国内国有银行商业化进程正在推进。会议讨论内容包括了进一步加强金融监管与国有银行改革，组建中央汇金投资有限责任公司，并主导中国银行业的重组上市。会议提出：在银行改革方面，快速推进新一轮国有商业银行改革，中国工商银行、中国建设银行、中国银行的股份制改革与海外上市项目因此得到一系列关键政策支持；在金融监管方面，撤销中央金融工委，成立银监会，并成立国有银行改革领导小组，统筹与部署国有银行改革方案，改革农村信用合作联社，为此后农信社改革的全面铺开确立了"因地制宜，分类指导"的指导方针。

第三次中央金融工作会议的时间是 2007 年 1 月，当时国内国有银行商业化取得较大进展，中国外汇储备不断增长——这是国际金融危机爆发前夕的繁荣。会议提出：在银行改革方面，对中国农业银行实行整体改制，挂牌上市，至此国有四大行全部完成股份制改革；由中央汇金投资有限责任公司注资国家开发银行，国家开发银行全面推行商业化，自主经营、自负盈亏、自担风险，主要从事中长期业务，不得从事零售业务；在外汇储备方面，设立中国版"主权财富基金"——中国投资有限责任公司，以承担外汇储备的投资管理工作；在资本市场方面，构建多层次金融市场体系，扩大直接融资规模和比重，大力发展公司债券，实施《公司债券发行试点办法》，创业板正式开启。

第四次中央金融工作会议的时间是 2012 年 1 月，当时国内金融机构改革已取得不小进展，为应对危机采取扩张性财政政策，地方政府债务规模迅速扩张，这也意味着中国正处于国际金融危机后的复苏期。会议提出：在金融开放方面，要求提高金融安全保障水平，稳步推动人民币汇率形成机制和利率市场化改革；深化内地与港澳台的金融合作，支持香港、上海建设国际金融中心，积极参与全球经济金融治理，扩大金融对外开放；在金融监管方面，防范、化解地方政府性债务风险，避免财政金融风险相互传递，加大对薄弱领域的金融支持，切实防范系统性金融风险；加强金融基础建设，改善金融发展环境；加快制定完善金融法律法规，建立金融业统一征信平台，完善登记、托管、支付、清算等金融基础设施，加强消费者权益保护；确保资金投向实体经济，防止虚拟经济过度自我循环和膨胀等。

第五次中央金融工作会议的时间是 2017 年 7 月。此时，金融防风险是主线，金融去杠杆正在进行，避免监管套利、资管等行为的发生，统一监管势在必行，债券通的开通促进金融进一步对外开放。而在国际上，全球经济温和复苏，各国央行同步收紧货币政策。会议提出：把握四项原则即"回归本源、优化结构、强化监管、市场导向"；强调服务实体经济，把发展直接融资放在重要位置，形成融资功能完备、基础制度扎实、市场监管有效、投资者合法权益得到有效保护的多层次资本市场体系；防范金融风险，推动经济去杠杆，坚定执行稳健的货币政策，处理好稳增长、调结构、控总量的关系，要把国有机构降杠杆作为重中之重，抓好处置"僵尸机构"工作，严控地方政府债务增量，终身问责，倒查责任；深化改革，设立国务院金融稳定发展委员会，强化人民银行宏观审慎管理和系统性风险防范职责。地方政府要在坚持金融管理主要是中央事权的前提下，按照中央统一规则，强化属地风险处置责任；扩大金融对外开放，深化人民币汇率形成机制改革，稳步推进人民币国际化，稳步实现资本项目可兑换，积极稳妥推动金融业对外开放，合理安排开放顺序，加快建立完善有利于保护金融消费者权益、有利于增强金融有序竞争、有利于防范金融风险的机制，推进"一带一路"建设金融创新，搞好相关制度设计；实施稳健的货币政策，创新金融调控思路和方式，继续实施稳健的货币政策，保持货币信贷适度增长和流动性基本稳定，不断改善对实体经济的金融服务；加强金融监管，强化金融监管的专业性统一性穿透性，所有金融业务都要纳入监管，及时有效识别和化解风险，坚持中央统一规则，压实地方监管责任，加强金融监管问责。

第六次中央金融工作会议的时间是2023年10月30日。本次会议提出把马克思主义金融理论同当代中国具体实际相结合、同中华优秀传统文化相结合。此次中央金融工作会议系统阐述中国特色金融发展之路的本质特征，强调"八个坚持"：坚持党中央对金融工作的集中统一领导；坚持以人民为中心的价值取向；坚持把金融服务实体经济作为根本宗旨；坚持把防控风险作为金融工作的永恒主题；坚持在市场化法治化轨道上推进金融创新发展；坚持深化金融供给侧结构性改革；坚持统筹金融开放和安全；坚持稳中求进工作总基调。这次会议鲜明提出"以加快建设金融强国为目标"，明确"以推进金融高质量发展为主题"，以金融高质量发展助力强国建设、民族复兴伟业。会议指出，"经济金融风险隐患仍然较多""金融服务实体经济的质效不高""金融监管和治理能力薄弱"等一系列问题，直击当前金融领域薄弱点。在部署金融高质量发展任务时，会议针对当前问题，提出"三个着力"，明确了发展路径——着力营造良好的货币金融环境，着力打造现代金融机构和市场体系，着力推进金融高水平开放。会议还要求"做好科技金融、绿色金融、普惠金融、养老金融、数字金融五篇大文章"，提供高质量金融服务。这次中央金融工作会议明确"以全面加强监管、防范化解风险为重点"，确定当前风险防控的重点任务：切实提高金融监管有效性、及时处置中小金融机构风险、建立防范化解地方债务风险长效机制、促进金融与房地产良性循环、维护金融市场稳健运行。"依法将所有金融活动全部纳入监管""全面强化机构监管、行为监管、功能监管、穿透式监管、持续监管""消除监管空白和盲区，严格执法、敢于亮剑，严厉打击非法金融活动"，会议就全面加强金融监管提出一系列要求，强调扎紧监管篱笆，确保风险防控有力有效。同时，此次会议就下一步如何更精准有效防范化解金融风险从方法论的角度作出部署、给出指引。

近年来，中国经济发展十分迅猛。结合时代进程，中央金融工作会议传达出的严管精神正在使中国的现代金融体系日渐完善，为今后的发展指明正确的方向。

第三节 点评与思考讨论题

点评

点评1：世界各国，尤其是处于国际金融体系和国际货币体系中心的美国，存在国家金融行为属性和国家金融行为取向，是一个不争的事实。

点评2：应了解和把握国家金融行为的表现形式及其可能产生的影响与作用。世界各国的国家金融行为既体现在各国的金融政策取向、金融政策措施上，更体现在各国金融行为结果上。它们已在并将继续直接或间接地影响着一国经济金融的发展和国际金融体系的变革。

点评3：应完整把握现代金融体系六要素的作用。现代金融体系包含六要素，即金融市场要素、金融市场组织、金融市场法治、金融市场监管、金融市场环境和金融基础设施。它的形成既是个渐进的历史过程，又是个统一、有序的功能作用整体，它在一国金融发展乃至国际金融体系的改革与完善中正发挥着越来越重要的作用。

思考讨论题

1. 国家金融学的范畴如何界定？
2. 现代金融体系的内涵、结构与特点是什么？
3. 美国与沙特阿拉伯的"不可动摇协议"是如何助推美元在国际货币体系发挥作用的？
4. 为什么说美国的国家金融行为是个有待破解的难题？
5. 在现代金融体系中，中国四大资产管理公司的定位与行为取向应该是什么？
6. 从国家金融学的角度看，中国现阶段应进一步清晰或强化哪些金融发展举措？

第二章

国家金融中心

金融体系的演变可以追溯到 1719—1720 年的欧洲：这两年发生了法国的"密西西比泡沫事件"和英国的"南海泡沫事件"。在泡沫事件发生后，两国都制定了相应的法律以对股票市场进行严格监管，但是英国在 19 世纪初期就废除了《泡沫法案》，而法国直到 20 世纪 80 年代才开始放松对资本市场的管制。与英法两国相比，德国的工业化起步较晚，当时德国的股份制机构数量很少，资本市场主要是为政府债券以及王室和城邦的贷款服务。受到法国银行模式及德国原有的因素（很多银行家都是由工业家转变而来的）的影响，德国银行与工业机构相互持股、互相渗透的现象非常普遍。机构通常会与某个特定的银行建立长期关系，相应的银行则为机构提供全方位的金融服务。在 19 世纪晚期，德国银行的金融体系得到了迅速的发展。

在美国的金融体系中，大银行始终不占支配地位。美国独立不久就有了建立大型联邦银行的提议，并据此建立了第一、第二美国银行。但是，美国作为一个移民国家，民众潜意识中对于权力集中存在根深蒂固的恐惧和反感。1832 年，美国国会围绕是否重新审核第二美国银行的执照进行讨论，反对意见占据多数，法案最终未能通过。这一事件之后，建立分散的银行体系、避免金融机构权力过大成为社会的主流意见。1933 年通过的《格拉斯-斯蒂格尔法案》使得商业银行与投资银行彻底分开，商业银行不准持有机构股票。这一法案成为分业经营、分业监管的经典。

发达国家金融体系之间的显著区别可以体现在不同国家的资本市场与金融中介的重要性不同上，因此按照金融中介和资本市场在公司融资的相对重要性或者融资形式，可以将金融体系划分为两种不同类型：资本市场主导型金融体系和银行主导型金融体系。前者的代表国家是美国，而后者的代表国家是德国。

金融中心狭义指在商品货币的运行中处于中心地位的金融市场。广义指在宏观地理区域内发挥金融活动中枢作用的大中城市。根据金融中心的影响力、完善程度、职能等因素可以将其划分为三类：世界金融中心、国际（区域）金融中心、国家金融中心。

本章首先对资本市场主导型金融体系和银行主导型金融体系进行解析，并将资本市场主导型金融体系和银行主导型金融体系进行对比，其次阐述三类金融中心及其异同，最后在案例分析中对世界著名金融中心进行介绍分析。

第一节 三类金融中心

一、资本市场主导型金融体系

资本市场主导型金融体系是指以金融市场（主要是资本市场）为基础和核心构建的金融体系。在资本市场主导型金融体系中，资本市场较为发达，机构的长期融资以资本市场为主，银行更专注于提供短期融资和结算服务，在该金融体系下，证券市场发挥了相当一部分银行所承担的融资、公司治理、减少风险的作用，资金与金融市场实现有效配置，使有限的资金投入到最优秀的机构中去，金融市场自发、高效地配置资源，从而促进经济发展。

美国是资本市场主导型金融体系的代表国家，直接融资是美国机构的主要融资方式，资本市场在为其实体经济提供金融服务方面起到了非常重要的作用。美国资本市场主导型金融体系的形成与其奉行自由主义的经济政策有着紧密的关系。在市场层面，美国政府鼓励经济主体之间进行竞争，而政府在决定资本和劳动相互作用的方式上仅起到极其有限的作用，资本积累的决策权主要在私人机构，它们可以最大限度地追求短期利润目标，通过金融市场获得资本。私人机构自由发展、优胜劣汰、追逐利润，激烈的市场竞争和以利润最大化为目标的股东资本共同形成了美国弹性很大的劳动力和产品市场。政府对经济的干预主要是对市场的间接调控，以防止机构垄断而造成市场价格扭曲，从而保证市场充分发挥功能。当然，从市场的层面来看，该体系的形成也与美国在国际金融体系中成为中心国，美元在国际货币体系中成为锚货币等因素直接相关。

正是由于美国在市场层面奉行自由主义经济模式，机构要想在激烈的市场竞争中占据优势地位，就必须通过多渠道融资扩大经营规模以保持竞争力。1933年，美国通过《格拉斯-斯蒂格尔法案》，禁止商业银行从事投资银行业务；同时，银行的跨区域经营和存款利率也受到严格限制。这项法律与自由主义经济模式相结合，推动了美国资本市场的迅速发展，却使银行机构遭遇了挑战与危机。1999年，美国又颁布了《金融服务现代化法案》，使得金融业重新回到混业经营模式，但资本市场主导型金融体系已经形成，品种丰富的债券市场和多层次的股票市场构成了美国资本市场体系。多样化的资本市场也为投资者提供了多种选择，大多数居民手中都握有公司的股票或债券。与之相比，美国商业银行的主要业务是提供短期工商机构贷款、住宅贷款、农业贷款及同业拆借，对经济影响相对较小。

世界各国在构建现代金融体系和金融中心的进程中，在国家金融层面选择何种适合自身的金融体系，该体系及其金融中心的定位又经历了怎样的内在结构演变，是与该国历史和经济的发展路径、产业经济基础和现实的国情约束分不开的。而对一国金融体系的评判，则是考察其能否在特定的时空条件下实现"效率"和"稳定性"的平衡。在效率机制的安排上，须有完善的传导和实现机制，确保满足诸如信息披露、公司治理、透明度等要求；在稳定性机制的安排上，应确保诸如存款保险、风险管理、破产等机制在金融体系内部不同单元之间顺畅运行，从而使金融体系作为一个整体形成多层次、多维度的抗冲击能力。同时，良好的社会信用体系和基础设施建设，也是现代金融体系和金融中心必不可少的组成部分。

二、银行主导型金融体系

银行主导型金融体系是以银行间接融资配置金融资源为基础的金融体系。在银行主导的金融体系中，银行体系发达，机构外部资金来源主要通过间接融资，银行在动员储蓄、配置资金、监督公司管理者的投资决策，以及在提供风险管理手段上发挥主要作用。在银行主导型金融体系中，银行在将储蓄转化为投资、分配资源、控制机构经营、提供风险管理工具方面起着领导作用；银行运用自身在资金、人才、信息等方面的优势，全面而广泛地参与经济生活，促进经济的发展。

德国是银行主导型金融体系的代表国家，银行在其金融体系中占据着很重要的地位，而金融市场的作用非常小。1993年，德国的银行资产相当于国内生产总值的152%，而股票市场总市值只相当于国内生产总值的24%。德国的银行贷款在公司负债中占较大比例，是德国公司最重要的融资手段，特别是德国三大全能银行——德意志银行、德国商业银行和德累斯顿银行更是在其银行体系中占据举足轻重的地位。在市场层面，相对银行体系，德国资本市场规模较小、流动性相对不高。具体来说，德国的银行体系是以全能银行为基础，以专业银行为补充。全能银行包括了商业银行、储蓄银行和合作银行，其中商业银行是核心，可以全面参与各种金融活动，如吸收存款、发放贷款、承销证券、直接投资包括股票在内的各种证券，既从事传统商业银行业务，又开展投资银行业务，还可以通过代理股东投票、获得机构监事会席位等方式，进一步施加对上市公司的影响，是一种多功能、全方位的银行。德国的专业银行提供的金融服务少于全能银行，如专门从事抵押贷款、农业信贷或中小机构信贷等。德国的股票市场相对不太重要，国内债券市场尽管发展良好，但参与的主体是政府和银行，一般工商机构很少发行债券，机构外部融资主要依赖于银行贷款，贷款债券化程度也比较低。

德国金融体系的形成及演变与其工业化进程和面临的经济发展环境密切关联。由于德国的产业化和工业化进程均晚于英国和美国，所以必须加速发展本国产业，才能赢得发展空间。为此，德国采取了国家调节下的市场经济模式，即政府采取控制价格形成、参与机构投资等直接和间接的干预手段来调节经济运行中的问题。其经济发展路径更着重于解决就业的诉求，更依赖实体产业，同时实行积极的劳动力市场和福利政策。与此相对应，银行主导型金融体系相比资本市场主导型金融体系而言更简单，特别是对法律体系的要求相对较低，因此，德国的中小投资者利益受到全能银行的有效保护，不像以美国为代表的资本市场主导型金融体系下的小股东利益必须由十分健全的法律体系来保障。而且德国的银行全力发展与机构的关系，不仅给机构提供长期资金，还给企业经营提供其他支援。从历史进程看，银行主导型金融体系为德国经济赶上英美作出了重要贡献。

三、两类金融体系对比及选择

在以美国为代表的资本市场主导型金融体系中资本市场作用很大,而银行的集中程度很小;在以德国为代表的银行主导型金融体系中几家大银行起到支配作用,资本市场作用较小。

在典型的资本市场主导型金融体系中,股票和债券的发行以及留存利润是投融资的主要形式,而银行贷款服务通常只是进行短期平滑。在这种体系下,大量流动的、资金饱和的金融市场提供极为广泛的金融工具;投资者主要从事组合投资,金融家与机构之间的关系主要是短期的,类似于现货交易,退出机制会对机构控制产生一定影响;监督功能则由不同的专门机构(诸如商业银行、投资银行、评级机构和风险资本家)提供。而在典型的银行主导型金融体系中,所有权结构较为集中,金融市场的流动性减弱;金融家和机构之间的关系是长期的,重复和长期的合作关系减少了信息不对称和代理成本,因此,长期银行贷款及银行长期拥有所有权是投融资的主要形式;监督功能被整合在一个单一机构(银行)中,其涉及三个监督阶段:客户和投资项目的选择、项目进展的监督及绩效不佳情况下的干预。

资本市场主导型金融体系和银行主导型金融体系所面临的风险特征和程度有所不同。银行主导型金融体系中风险的承担者主要为银行,即其风险存在形式为"累积"或"沉淀",而在资本市场主导型金融体系中风险的承担者主要为各种金融机构或个体,因此其风险存在形式更多为"流动"。在应对风险的机制方面,从宏观角度上看,对银行、保险等具有间接融资性质的金融机构,国家遵从着大而不能倒的规则,也就是说关键时刻国家政府会出手救助;而对于资本市场金融机构,国家更多的是按照市场规则处置。最典型的就是2008年美国次贷危机期间,美国联邦政府对银行、保险类金融机构都尽可能给予救助,但对雷曼兄弟公司却任由其倒闭。

在市场层面,尽管发展资本市场主导型金融体系的呼声不断高涨,但不容忽视的是,近百年来发生的历次全球性国际金融危机无不源自资本市场或与资本市场有着直接且重要的关系。这使世界各国在确立国家金融定位和国家金融行为取向时,不得不认真审视银行主导型与资本市场主导型金融体系的得与失、长与短、功与过。因此,银行主导型金融体系成为当今世界各国金融体系的主流模式,并非偶然,而是有其内在原因及合理性的。

第一,观察现代金融体系演变的内在规律可以发现,在相当长时期内银行主导型在金融体系中占据主导地位。根据耶鲁大学经济学家雷蒙德·戈德史密斯对金融发展规律的描述,现代金融增长以银行制度的发展为开端,经历了三个阶段:第一阶段,一个国家或地区金融相关比率较低,金融工具比较单一,债务凭证远远高于股权凭证,商业银行在金融机构中的主导地位比较突出;第二阶段,一些国家或地区的债权资产在金融资产总额中依然占据绝大部分,银行在金融机构中仍然发挥主导作用,而且出现了不少大型股份公司;第三阶段,股权资产占金融总资产的比例不断提高,金融机构的多元化发展趋势日益明显,银行在市场中的地位有所下降但仍占大头,证券、保险等非银行金融机构的市场地位逐渐上升。

第二，银行主导型金融体系有利于工业化、产业化加速发展。一般而言，银行主导型金融体系具有明显的规模经济效应，容易解决投资过程中所面临的信息不对称问题；同时，银行和机构之间存在着一种互相依赖的长期合作关系，能为产业发展特别是快速工业化提供强有力、可持续的资金支持。从世界各国的工业化进程来看，德国、日本等国工业的大规模发展，普遍与其银行业在金融保险体系中占据主导地位密切相关，其工业发展所需的巨量资金主要由银行系统提供，资本市场只起辅助作用。而诸如巴西、印度尼西亚等国，虽然资本市场发展较快，近年直接融资比例达到70%以上，但其工业化进程一直相对滞后，经济始终没有从"泥潭"中走出来。

第三，相比资本市场主导型金融体系，银行主导型金融体系更有利于风险管理与金融稳定。在资本市场主导型金融体系中，市场动荡的起因是资产价格的剧烈波动，市场危机源于资产价格与基本面的偏离和持续性的资产泡沫。美国的几次经济危机，如1987年股灾、2000年互联网泡沫和2008年金融危机，其诱发因素都是资产价格泡沫。诸如泰国、墨西哥等资本市场主导型金融体系国家，在金融危机中受到的冲击也远远大于银行主导型金融体系国家。值得注意的是，在资本市场主导型金融体系下，各项金融业务的界限模糊，不同种类的金融机构组成了金融风险链条的各个环节，杠杆操纵和过度交易等给资本市场带来的风险，自然地转移并分散到银行市场中，演化为整个金融体系的风险。尤其是在金融创新和信息技术革命的推动下，国际金融市场更加一体化，市场范围和影响不断外扩，金融风险不断积聚、转移并分散。如2008年美国次贷市场出现问题后，危机迅速蔓延至整个住房抵押贷款市场和中介机构（投资银行、抵押贷款担保机构等），进而冲击持有抵押贷款证券化产品的金融机构（商业银行、保险公司、共同基金等），最后升级演化为全面金融危机。而以银行为主导的金融体系中，银行系统承受了主要的金融风险，主要表现为经济不景气带来的大量机构违约风险，短时间内使银行坏账急速增加。这时，如果银行能及时获得资金注入，就可能避免更大的危机。比如，在次贷危机发生后，德国成立了5000亿欧元的金融稳定基金，主要作用是为金融业的拆借提供担保、强化银行自有资本、帮助银行处理不良资产等，有效缓解了大银行的流动性危机，明显降低了金融风险。

综上所述，世界各国在确定国家金融定位和国家金融行为取向、构建现代金融体系和金融中心的进程中，应从顶层布局的角度，谨慎考虑如下因素。首先，由于金融市场的不确定性风险，资本市场主导型金融体系及其金融中心面临更高的风险控制要求，也可能带来更大的系统性危机。由于健全完善的资本市场及其金融中心不是一朝一夕就能发展起来的，未来一段时间，银行主导型金融体系及其金融中心仍将占据主流地位。其次，要充分认识到加快发展和完善资本市场的重要性。资本市场不仅是政府、机构、个人筹措长期资金的市场，而且是培育现代产权制度和机构治理结构的市场，更是现代金融体系中服务实体经济、健全社会信用体系和完善金融基础设施的现代金融市场。它将在一国金融体系和金融中心中发挥越来越重要的作用。再次，在选择构建何种类型的金融体系和金融中心时，应充分考虑本国的经济发展水平、金融市场深度、风险管理能力和监督管理能力等现实情况，选择建设适合本国国情的金融体系和金融中心。最后，对金融体系和金融中心进行适时的改革、创新、发展是极为必要的。不管是银行主导型的金融体系，还是资本市场主导型的金融体系及其金融中心，及时建设目标明确、手段有效、信息充分的监管体系是不可或缺的环节，及时完善法律法规、建立健全金融监管和风险防范处置机制更是作用重大。

现阶段中国的金融体系更偏向于银行主导型，且现阶段中国市场正处于由外围国发展为中心国的动态变化过程中，在这阶段不乏从银行主导型转为资本主导型的可能性。

对于两类金融体系的区分同样也有需要注意的地方：区分属于资本市场主导型还是银行主导型金融体系，是通过金融市场与金融中介的重要性来区别判断的，一个国家内的不同城市的金融市场、金融中介的重要性区别可能因当地是否建有金融交易所而有所不同，因此有可能存在一个国家的各个城市有不同类型金融发展路径，也就是选择了不同类型的金融体系。

四、世界金融中心

对世界金融中心进行描述，首先需要对金融中心的形成条件，特征以及规模经济、范围经济和聚集经济有所了解。

金融中心是商品经济高度发达的产物，它的形成需要满足以下条件。

金融中心伴随经济中心的发展而形成，也是经济中心的最高形态。当商品生产和商品流通的发展形成以某一城市为中心以后，一方面从生产流通领域游离出大量的货币资金，需要寻求投资的场所；另一方面生产和流通领域又需要不断补充大量的货币资金进行运转。因此，只有一个城市的经济实力十分雄厚，已经成为一定区域的经济中心之后，它才可能产生、积聚和使用巨额资金，才使金融中心的形成有了基础。但是，金融活动的复杂性和多样性以及金融力量对于经济发展的巨大作用，使得金融中心不可能像商业中心、贸易中心那样具有普遍性，即不是每一个经济中心都有金融中心的功能，只有少数经济中心才会发展成金融中心。从这个意义上说，金融中心是经济中心的最高形态。

金融中心要依托广阔的经济腹地，形成发达的资金市场网络。城市经济本身，尚不足以支撑金融中心的形成。因为资金作为一种资源，必须有十分坚实和可靠的资源供给地，才能集中起来形成巨大的资金运动，在运动中形成调节的中心。同时，现代商品经济的发展使融资手段日益多样化，客观上要求建立完善的资金市场体系，并在区域内外形成发达的市场网络，使资金流通在更广泛的范围内进行，从而提高资金利用的效率。

金融中心要提供完善的基础设施，创造良好的流通环境。资金运动必须有充分和迅捷的信息服务作为保障，因此要求城市提供完善的交通、通信等基础设施，创造良好的流通环境，吸引尽可能多的银行和金融机构在城市活动。否则，建立金融中心只能是城市一厢情愿的空想。

虽然以上三个条件看起来有些复杂，但是从现代金融体系角度下分析就会显得浅显易懂：金融中心形成的充要条件是其现代金融体系六要素中的基础元素（金融市场要素、金融市场组织）规模足够，并且配置元素（金融市场法治、金融市场监管、金融市场环境和金融基础设施）足够完善——能够保证基础元素的正常运作。

金融中心的主要特征归纳为四个方面：金融中心需要集聚足够数量的金融机构，包括银行、证券公司（投资银行）、保险公司等各种各样的金融机构和与金融活动有关的服务业或支持性产业；金融中心的金融设施先进、金融市场发达、金融信息灵敏，是超过城市所在区域的更大地理区域的资金聚散地；中心城市的良好的基础设施、法律制度及文化环境为金融中心功能的发挥提供依托；金融中心是金融体系的枢纽，在总体金融体系中居于重要位置，发挥着总体金融体系的关键功能。

在较大的金融中心内经营的机构相较于位于较小的金融中心的机构（世界金融中心相较于国际、国家金融中心，或国际金融中心相较于国家金融中心）具有更明显的竞争优势。这是因为外部的规模经济、范围经济和聚集经济在发生作用。

但是，这些优势可能由于相反的规模不经济而减小。当机构的规模与其经营之间存在正相关时，机构就会受益于规模经济。当效率与其经营所处的金融中心的规模之间存在正向关系时，机构的外部规模经济就会积累。较大的金融中心比较小的金融中心会提供更有利的经营环境，原因是成熟劳动力的规模越大，机构越容易运作、成长和多元化发展。

金融中心的外部范围经济意味着相关金融业务的范围越大（金融中心越大越有影响力，其金融业务范围越大），就有更多的机会产生富有创造力的互动、一体化和创新。金融市场的质量与市场的流动性和效率与运行的规模存在较强的相关性，这个特性可以简述为：更合理的价格及更低的交易成本会减小市场崩盘的可能性，并且会带来正向的强化效应——流动性会吸引更多的流动性。相互竞争的金融机构的数量、熟练劳动力的数量和质量及金融业务的种类同样会刺激创新。机构之间的竞争会促使交易定价更为激烈、工作效率更高及产品创新，而更高的标准有助于位于更有影响力的金融中心的机构从位于影响力较低的金融中心的机构赢得业务。金融中心需要很多独立的机构来从事协调的业务，而这在机构和专家数量较多的情况下可以更容易、更有效率地进行。在具有较大影响力及规模的金融中心运行的机构相对于在较小的金融中心运行的机构具备声誉和可信度的优势，这是因为地点同样是金融机构品牌的重要部分。

与此同时，在具有较大影响力的金融中心运行的金融机构也享有聚集经济。聚集经济是指由于各类服务集中，交易成本降低。因此这些金融机构随时可以得到商业律师、会计师、专业印刷厂商、IT（Information Technology，信息技术）专家、金融公关咨询专家和很多其他的支持服务，提高了机构的效率和竞争能力。金融中心越大，机构能够得到的服务范围越广、种类越多、定价越激烈。一旦机构处于某个金融中心，就有充分的理由继续留在那里。沉没成本、启动成本，与客户、其他的金融机构、监管机构和员工建立关系的工作使重新选择营业场所变得很困难，成本很高，导致机构对于地点选择产生惰性。

综上，外部的规模经济和范围经济让位置优越、规模更大、影响力更大的主要金融中心，如纽约、伦敦等金融中心，具有更大的竞争优势，而聚集经济让金融机构决定在某个金融中心设立后很难重新选择。在理论上，金融中心运作的合理结果就是大多数国际批发金融业务应集中在一个全球性中心，这意味着只有一个或多个世界金融中心而没有国际（区域）金融中心和国家金融中心。但金融中心的中心化同样会产生规模不经济，如拥挤和堵塞，居住和劳动力成本增加，以及由距离的增加导致的信息成本的增加。而且在现实世界中，政治因素、监管壁垒和激励措施及时区差异都会影响中心化经济力量的作用。因此，国际（区域）金融中心和国家金融中心仍存在并且能发挥作用。并且从长期看来，这两类金融中心存在转变为影响力更大的金融中心的可能性。

世界金融中心，如纽约、伦敦、东京等，拥有先进的结算和支付系统，是大型的、全球化的、服务齐全的中心；能支持庞大的经济，拥有纵向的、流动的市场，在这个市场上，资金的来源和使用是多元的，法律与监管体系能充分保护重要的代理人的公正性和监管功能。那么显而易见，世界金融中心的现代金融体系六要素较之于另外两类金融中心更现代化且更完善。

从金融中心的特征层面看，世界金融中心已经集聚足够数量的金融机构，包括各种各样的金融机构和与金融活动有关的服务业或支持性产业；并且相较于国际（区域）金融中心和国家金融中心，其金融设施更先进、金融市场更发达、金融信息更灵敏；世界金融中心城市具有优秀且完备的基础设施、法律制度和文化环境，能够充分为金融中心的功能发挥提供依托；同时世界金融中心不仅是所在地城市的金融体系的枢纽，其在世界上的总体金融体系中也居于重要位置，发挥着关键作用。理论上所有金融机构都应该选择世界金融中心而非另两类金融中心。然而实际上在规模不经济影响下，并不是所有金融机构都会选择建立在世界金融中心：要么因为这些金融机构规模不足以支撑其支付在世界金融中心运作的费用，要么因为政治因素、监管壁垒和激励措施以及时区差异等其他因素导致这类金融机构建立在国际（区域）金融中心或国家金融中心优于建立在世界金融中心。

五、国际（区域）金融中心

国际（区域）金融中心，如中国香港、新加坡和卢森堡等，在区域内外发展其金融市场、金融基础设施与媒介资金，自身经济规模较小。国际（区域）金融中心拥有相较于国家金融中心更加先进的结算和支付系统，是国际化的、服务较为齐全的中心。虽然国际（区域）金融中心能支持庞大的经济，拥有纵向的、流动的市场，但是其经济规模或市场规模不及世界金融中心，流动性不如世界金融中心。在金融市场上，其资金的来源和使用是多元的，但是仍不及世界金融中心。法律与监管体系能保护重要的代理人关系的公正性和监管功能，但是在某些特定的领域可能不够完善。

在金融市场要素方面，国际（区域）金融中心拥有较多种类的市场，并且市场规模相较于国家金融中心更大。在金融市场组织方面，国际（区域）金融中心拥有较为先进的结算和支付系统，服务可以满足市场需求，金融市场要素丰富，相关的法律监管体系及环境能满足机构大部分要求，因此相较于国家金融中心、商业组织或机构会更倾向于在国际（区域）金融中心进行投资。国际（区域）金融中心为了确保其市场及机构运行正常，管理组织及政策性组织的职能较之于国家金融中心更广泛。在金融市场法治方面，国际（区域）金融中心的立法及普法的程序涉及的范围会较为广泛，内容也会比较完善。其执法、司法程序在大部分情况会比较公平、公开、公正。在金融市场监管方面，国际（区域）金融中心的市场监管一般会比较全面、体系足够完善、监管力度足够，足以使在区域内建立的金融机构的利益得到保证。在金融市场环境方面，其实体经济基础会比较扎实，机构治理结构会比较合理，在社会信用体系信息更完整的同时其评估信用的系统也会比较客观公正。在金融基础设施方面，国际（区域）金融中心不论是在软件方面亦或是在硬件方面均领先于国家金融中心。

国际（区域）金融中心内会集聚一定数量的金融机构，包括各种金融机构和与金融活动有关的服务业或支持性产业，但是其数量及规模一定不及世界金融中心；相较于国家金融中心，其金融设施更先进、金融市场更发达、金融信息更灵敏；国际（区域）金融中心城市具有相对完备的基础设施、法律制度及文化环境，能够基本为金融中心的功能发挥提供依托；同时国际（区域）金融中心不仅是所在地城市的金融体系的枢纽，在区域内的总体金融体系中也居于重要位置，发挥着总体金融体系的关键功能。

外部的规模经济和范围经济让国际（区域）金融中心具有相较于国家金融中心更大的竞争优势，而聚集经济让金融机构选择在一个国际（区域）金融中心后一般不会轻易更换到其他国际（区域）金融中心或国家金融中心。通常来说，金融机构要么因为规模不足以支撑其支付在世界金融中心运作的费用才会退而求其次选择国际（区域）金融中心，要么因为政治因素、监管壁垒和激励措施及时区差异等其他因素导致这类金融机构建立在国际（区域）金融中心优于在世界金融中心才会选择国际（区域）金融中心。而从长期来看，部分金融机构规模扩大到一定程度后，其建立在世界金融中心或其他更好的国际（区域）金融中心由规模经济和范围经济带来的收益大于聚集经济的影响时，便会离开目前所在的国际（区域）金融中心。如果国际（区域）金融中心不思进取、不完善自己内部的现代金融体系六要素，所在地的优秀金融机构就不会继续留在原有的金融中心，因此国际（区域）金融中心有必要也必须不断完善现代金融体系六要素，从而吸引更多的优秀金融机构或投资者——这也是国际（区域）金融中心转变为世界金融中心的必经之路。

六、国家金融中心

国家金融中心，如目前的中国上海和深圳，韩国首尔，主要是在国内发展金融市场，对于国际金融市场的影响力还比较弱。国家金融中心拥有相对完整的结算和支付系统，是服务较为齐全的金融中心。虽然国家金融中心能支持足够量的经济，拥有纵向的、流动的市场，但是其经济规模或市场规模远不及世界、国际金融中心，流动性亦是不足。在金融市场上，其资金的来源和使用是多元的，但是也远不及另外两类金融中心。其法律与监管体系能保护部分重要的代理人关系的公正性和监管功能，但是在某些方面可能不够完善。

在金融市场要素方面，国家金融中心拥有不同种类的市场。在金融市场组织方面，商业组织或机构一般会在规模不足时选择国家金融中心进行投资。国家金融中心的管理组织和政策性组织的职能是能够确保市场正常运作的。在金融市场法治方面，国家金融中心的立法及普法的程序涉及的范围及内容也会比较完善。其执法、司法程序在大部分情况会比较公平、公开、公正。在金融市场监管方面，国家金融中心的市场监管一般会尽量确保比较全面、体系足够完善、监管力度足够。在金融市场环境方面，其实体经济具有一定基础，机构治理结构合理，社会信用体系信息部分完整，评估信用的系统可能会有部分漏洞但是比较客观。在金融基础设施方面，国家金融中心不论是在软件方面亦或是硬件方面都落后于另外两类金融中心。

国家金融中心内会集聚一定数量的金融机构，但是其数量及规模一定不及另外两类金融中心，并且这些金融机构一般来自本国；其金融设施比较完善、金融市场比较完整、金融信息部分完整；国家金融中心城市具有相对完备的基础设施、法律制度及文化环境，能够基本为金融中心的功能发挥提供依托；同时国家金融中心是所在地城市及国家的金融体系的枢纽。

外部的规模经济和范围经济决定了国家金融中心相较于其他两类金融中心更缺少竞争优势，而聚集经济让金融机构在决定选择在世界金融中心或国际（区域）金融中心后一般不会再选择国家金融中心。通常来说，金融机构要么因为规模不足以支撑其支付在世界金融中心和国际（区域）金融中心的运作费用才会退而求其次选择国家金融中心，要么因为政治因素、监管壁垒和激励措施及时区差异等其他因素导致这类金融机构建立在国家金融中心优于建立在世界金融中心或国际（区域）金融中心才会选择国家金融中心。而从长期来看，部分金融机构规模扩大到一定程度后，会舍弃原有的国家金融中心。如果国家金融中心不思进取、不完善自己内部的现代金融体系六要素，优秀的金融机构就不会继续留在原有的国家金融中心，因此国家金融中心有必要也必须不断完善现代金融体系六要素，从而吸引更多的优秀金融机构或投资者——这也是国家金融中心转变为国际（区域）金融中心乃至于世界金融中心的必经之路。

纵观世界金融中心、国际（区域）金融中心和国家金融中心，不难看出从国家金融中心到国际（区域）金融中心再到世界金融中心的演变过程，也正是在国际金融体系下一国金融从外围国逐渐走向中心国的演进过程。这也是一个良性循环的过程：金融中心不断完善现代金融体系中的六要素，从而提高自己的竞争力，当满足式（2-1）的时候，越来越多其他的金融中心的机构会建立在该金融中心，进一步促进完善现代金融体系下的六要素。

$$EOS_i + SEE_i - DOS_i > EOS_j + SEE_j - DOS_j + AE_j \qquad (2-1)$$

式中，i 表示机构决定转移到的金融中心，j 表示机构原在的金融中心，EOS 表示规模经济效应（Economies Of Scaleeffect），SEE 表示范围经济效应（Scope Economy Effect），AE 表示聚集经济效应（Agglomeration Economyeffect），DOS 表示规模不经济效应（Diseconomies Of Scaleeffect）。

满足式（2-1）时，机构会重新选择建立在金融中心 i 而非金融中心 j，这个公式成立的情况是金融中心 i 的分类级别高于或等于金融中心 j［若 i 是国家金融中心，j 是世界金融中心时，则式（2-1）不能使用］。

反之则会成为一个恶性循环的过程：金融中心完善现代金融体系中的六要素的速度不及其他金融中心，当其他金融中心满足式（2-1）的时候，越来越多在该金融中心的机构会选择其他金融中心，对该金融中心现代金融体系下的六要素产生消极影响。

在这个恶性循环中，机构原来的金融中心是 j，机构重新选择的金融中心是 i，公式成立条件与良性循环一致。

如果国家金融中心想要成为国际（区域）金融中心，需要在区域内外发展其金融市场、金融基础设施与媒介资金，并对国际金融市场具备一定的影响力，不能只在国内发展金融市场，还需要推动金融市场、基础建设、法律法规和监管体系建设。也就是现代金融体系六要素的功能从国内向国际市场作延伸和拓展。

如果国际（区域）金融中心想要成为世界金融中心，需要在世界范围内发展金融市场、金融基础设施与媒介资金，并且对世界金融市场具备相当的影响力，需要继续推动金融市场、基础建设、法律法规和监管体系建设，使现代金融体系六要素的功能从国际市场向世界范围的市场进行持续的延伸和拓展。

以上两种演变途径除了需要金融中心自身的推动及努力，还需要一定的契机——国家、国际或世界上有影响力的金融、政治事件。而从国家金融中心一蹴而就演变为世界金融中心是不可能也不实际的。

值得一提的是，金融中心的数量并不是固定的，因此在满足金融中心的形成条件后部分现有的经济中心同样存在演变为国家金融中心的可能性。然而这个过程并非取决于式（2-1），而是基于政府的政策制定及经济中心本身的属性。

第二节 案例分析

一、纽约金融中心

纽约金融中心是目前世界上最大的世界金融中心。它依靠两次世界大战期间美国经济实力的膨胀及美元货币霸主地位的确立，由国家金融中心发展而成。1961 年起纽约州法律允许外国银行在纽约设立分行，现在纽约已有 300 余家外国银行分支机构，中国银行也在此设有分行。美国为了与其他世界金融中心竞争，于 1981 年 12 月建立了国际银行设施，允许在国内开展境外金融业务，形成了离岸货币市场。

纽约与伦敦、苏黎世、上海、香港同为世界五大黄金市场之一，主要经营黄金期货交易。纽约金融市场包括外汇市场、短期资金市场、长期资金市场、股票市场。这四个市场由商业银行、储蓄银行、投资银行、人寿保险公司、外汇经纪商和股票经纪商等组成。纽约是世界最大的长期资本借贷市场，其股票交易额居世界首位，超过伦敦、东京、苏黎世交易额之和。纽约短期资金市场交易额也很大，但只对美国及外国政府、各国的大垄断财团和公司开放，贷款期限较短。纽约股票市场的股价涨落常被视为世界经济活动的晴雨表。

然而实际上正如本书前文所述，从国家金融中心一蹴而就演变为世界金融中心是不可能也不实际的，同样的纽约金融中心也不是一蹴而就成为世界金融中心的。

15 世纪的大航海时代，欧洲人来到了北美这片富饶的土地。荷兰商人偶然发现了哈德逊河里生活着许多海狸。海狸皮在欧洲，堪比黄金，是贵族的特享，但在哈德逊河流域却很寻常，于是关于皮毛的贸易在这片土地开展起来。随着贸易的开展，荷兰商人逐渐在曼哈顿、哈德逊河谷附近建立起了贸易据点，并将其发展成为居民点。荷兰人还用自己国家首都的名字，为这片土地和岛屿命名——"新阿姆斯特丹"。到了1664年，英国与荷兰争夺北美殖民地，英国人打败荷兰人，因此新阿姆斯特丹易主。英国人将这片土地改名为"New York（新约克城）"，音译过来便是"纽约"。1756年，英法两国爆发七年战争，纽约作为英军的军事基地，发挥了重要作用，于是纽约越来越受到重视，逐渐发展为贸易港口。此时，纽约仅是一个区域的经济中心，远远没有达到成为国家金融中心的地步。

美国经济发展的区域化特征很明显，先后出现过许多区域经济中心。19世纪以前，纽约在规模和金融经验方面，与费城、波士顿、巴尔的摩等金融城市相比，都有相当差距。但纽约独特的地理位置，让它最终脱颖而出，而地理位置在前文也提到过，它是金融中心形成过程中一个必不可缺的条件。纽约拥有优良的海港条件，它处于哈德逊河的入海口，来往新英格兰非常便利。同时，纽约港风力资源丰富，这在帆船时代是决定一个港口是否为良港的重要条件。纽约湾四周全被陆地环绕，几乎完全隔绝了海洋飓风对纽约的侵扰，对港口的安全起到了很好的保护作用。

真正使纽约贸易量绝对超越费城、波士顿、巴尔的摩等区域经济中心的原因，是伊利运河的修建。19世纪阿巴拉契亚山脉将当时的美国分成两个部分。东部是以纽约为代表的商业重镇，西部是美国的传统农业地域，是美国重要的粮仓和重要物资生产地。但因为东西交通不便，美国中西部的产品要么向南经密西西比河运到新奥尔良，要么沿圣劳伦斯河运到蒙特利尔，要么就是经过坎伯兰公路或特拉华河，运到费城和巴尔的摩，极少运到纽约。1825年竣工的伊利运河，大大降低了中西部和纽约之间的运输费用，越来越多的产品开始涌向纽约市场，使纽约成为美国最大的贸易口岸。到了1840年，纽约的贸易量占美国全国总贸易量的18%，几乎相当于新奥尔良、波士顿、费城和巴尔的摩4个城市贸易量的总和。到了1860年，全美进口贸易额的2/3，出口贸易额的1/3是在纽约完成。伊利运河的修建，使纽约成为美国第一大港口，同时也成就了华尔街。贸易的发展，推动了19世纪末纽约工业的发展，工业的发展为金融的发展提供了资金原动力。纽约强大的经济实力和庞大的证券投资前景，在伊利运河开通之后，吸引了全国各地的资金流向纽约。美国中西部和南部的银行家，都愿意把他们的银行存款，放在纽约的银行，因为纽约的银行更加安全，而且利息更高收益更大。1850年，美国大约700家股份银行中的近600家经常性地在纽约存放它们的存款，总量达到1700万美元。此时，纽约作为一个经济中心才真正具备了演变成金融中心的先决条件，纽约在经过了19世纪上半叶的竞争后真正成为国家金融中心。

除了先天的地理优势及伊利运河带来的契机，真正让纽约成为国家金融中心的决定性因素是其金融制度的创新。纽约在1829年，创立了安全基金制度：每一个拥有州特许状的银行，都要拨出总资本的3%，存放在一个由政府专门管理的基金机构，当银行破产倒闭时，由该机构支付债权人的损失。纽约在1838年创设了自由银行制，为了避免行政审批阻碍银行的发展，自由银行制规定：任何个人和团体，只要拥有10万美元的资本，就可以开设银行。这一制度，促使了纽约以绝对优势超过了当时的经济中心费城。在美国金融史上，纽约最早建立了方便、快捷、安全的清算制度。1853年

10月纽约清算所正式成立,该组织每天对成员银行的票据进行结算、轧平和对冲,而不是像以往每周结算一次——这样就能防止某一银行积累过多的差额,造成货币储备率过低。这也解决了银行的现金流问题,吸引了越来越多的商人到纽约设立银行。

纽约作为美国的国家金融中心已有一二百年历史,但作为国际(区域)金融中心乃至于世界金融中心却是第一次世界大战结束之后的事情。一战之后,美国由战前的债务国变为债权国,经济得到快速发展。同一时期,伦敦因为战乱,相对衰落,英镑地位开始下降,美元在世界货币中的地位上升,这段时间纽约从国家金融中心逐渐转变为国际(区域)金融中心,但是始终不能演变成为与伦敦交易中心同等地位的世界金融中心。

第二次世界大战更加惨烈,对参战各国的削弱更加严重。美国本土因为远离战场,其安全可靠的金融环境,吸引了大量资本投资。两次世界大战期间,美国的资本市场都未停止运转,为参战国筹集资金、供应物资,纽约国际金融中心的地位也因此不断凸显。另外,英国在二战中,进一步被削弱,1945年英国工业生产缩减,出口额下降到不足战前水平的1/3,外债高达120亿美元,此时伦敦世界金融中心的地位岌岌可危。二战结束时,美国工业制成品占世界的一半,对外贸易占世界的1/3以上,黄金储备增至200.8亿美元,占西方资本主义世界黄金储备的59%。二战后,美国在经济和国家实力方面,都压倒性地超过英国、法国、德国,美元也就顺理成章地成了世界最主要的储备货币和国际清算货币。1944年,在美国召开的布雷顿森林会议最终确立了美元的地位(详见第一章),而后成立了国际货币基金组织及世界银行。以美元地位的确立及一系列国际性金融组织的成立作为契机,纽约成功由美国第一国际(区域)金融中心转变为世界金融中心。

二、伦敦金融中心

伦敦金融中心是世界闻名的三大世界金融中心之一。伦敦是一个服务细致周全,业务灵活多变,开放较早的多功能金融中心。它作为欧洲货币中心发挥着极为重要的作用。在长期信贷领域,伦敦也是主要中心之一。伦敦证券市场中的股票市场也很活跃,对欧洲大陆股票市场产生着巨大的影响。伦敦不仅在资本交易、外汇买卖、银行贷款等传统的国际金融领域中是世界第一流市场,而且也是最能适应金融证券变化的市场。

伦敦金融中心坐落在泰晤士河畔。泰晤士河的河道在伦敦段变宽,水位基本稳定。泰晤士河附近适宜建造桥梁、停泊海船,属于天然良港。伦敦是不列颠内陆贸易区的门户,其四通八达的优势表现在向东通过坎特伯雷、罗切斯特可以直达肯特海岸的多佛尔等港口;向南部,呈扇形通向沿海海滨;向西部、中部、北部的交通干线也都是从伦敦出发的。1666年伦敦大火之后,伦敦城在重建中完善交通网络、拓宽街道,布局和规划更为合理。这些地理优势是伦敦从经济中心转变为金融中心不可或缺的条件。

伦敦城向西一英里是威斯敏斯特,威斯敏斯特是宫廷、议会和国家行政部门的所在地。这推动了伦敦经济功能的发展。除此之外,临近政府带来的重要影响促使伦敦城的金融功能发展非常迅速。在复辟王朝时期，朝臣和议会需要大量金钱，私人银行在这种刺激下迅速发展起来。伦敦城由此逐渐成为英格兰聚揽财富、人才和情报信息的"聚宝盆"，拥有了较为雄厚的资金池，这为伦敦金融功能的发展提供不竭动力。16世纪至17世纪时，伦敦成为英格兰城市体系的核心。它是英格兰最重要的港口，也是英格兰贸易、制造业及商品集散中心。

17世纪末至18世纪上半叶频繁发生的战争对伦敦金融的起源起了不可忽视的影响，正是这种战争与金融的联系，使得在战争频繁发生的背景下，政府向当时既具备地缘优势，也拥有资金积累的伦敦经济中心求助。这种求助催生了金融革命，推动了经济中心中各类金融业的发展。

金融革命同样是伦敦由经济中心演变为国家金融中心的重要"催化剂"之一，亦或是契机。迪克森最早提出了"金融革命"这一概念，主要指1688年光荣革命到18世纪中叶英格兰公债制度的建立。在金融革命中，议会批准建立起一套以英格兰银行为核心的公债制度，这套公债制度以国家的信誉作为担保，实际履约方是政府而不是国王。光荣革命后议会权威的确立、税收体制的完善、英格兰银行所提供的专业金融服务，这三个因素使得公众增强了对公债的信任，他们通过投资公债，将个人资本与国家的财政联系起来。因此政府通过这套公债制度，能够筹集到更多的资金，远远超出仅依靠税收得来的资金。正是这套公债制度的实施过程，催生了伦敦经济中心金融服务专业知识的日益增长。在金融革命中，伦敦经济中心产生了两大分工鲜明的社会群体：一个是贵族绅士和从农业中获利的群体，在爱国主义和利己主义的结合下，他们愿意首先支付重税、购买债券；另一个是伦敦经济中心中的金融精英群体，他们和外界有着广泛的国际联系，为前一个群体打理财富、提供专业知识。金融革命在伦敦经济中心中创造了一系列证券、商业和金融机构，投资者通过这些机构可以安全地投资，也可以很容易地撤资。这些至关重要的机构包括英格兰银行、东印度公司、皇家交易保险公司等。伦敦经济中心利用其专业化、国际化的金融服务，吸引了一批又一批的合伙制银行、保险公司、贸易公司、商人、经纪人等来此发展。这些金融机构奠定了伦敦经济中心发展的基础。英国也在金融革命中逐渐建立起一套以公债为核心的信用体系，这个信用体系既包括国家的信用，也在发展中逐渐涵盖了金融机构和个人的信用。在信用体系的基础之上，英国的近代金融业逐渐有序发展起来，而伦敦经济中心则在金融革命中逐渐具备成为国家金融中心所需的各类要素。除此之外，伦敦经济中心中的银行、保险公司和证券市场的早期发展都促使其从经济中心发展成为英国的国家金融中心。

1760—1860年，英国如火如荼地开展工业革命，经济增长的速度加快。而在这个契机之下，伦敦也从国家金融中心演变为国际（区域）金融中心。在开始于18世纪60年代的工业革命中，英国进行了一系列技术革新，如冶铁工业中煤炭的使用、蒸汽机作为新的动力出现、纺织业的机械化等。这些技术革新大大地提高了英国的生产力，给国家带来了决定性的竞争优势。随着工业革命的深入发展，英国的产业结构也发生转变——大量资源从农业转移到工业，工业最终成为英国的支柱性产业。在这一时期内，伦敦金融中心的卓越地位都是建立在英国的经济实力或者说强大的工业基础之上。

英国工业革命对伦敦金融中心发展的促进作用表现在如下几个方面。首先，随着工业革命的深入发展，英国和周边国家如德国、荷兰等，也在 1800 年前后开始经济腾飞。这意味着在工业革命的驱动下，伦敦金融中心拥有绝佳的区位：它位于经济增长最快的英国境内，这为其发展提供了充沛的资金支持，是其发展成为世界金融中心的基础保障；其周边国家经济也实现了稳定的增长，资金在英国和周边国家之间可以实现便捷而迅速的流通。其次，随着英国工业革命如火如荼地开展，工业和商业规模也随之扩大，这促使伦敦金融中心创新金融产品，从而降低了交易成本，使贸易中的金融交易变得更为便利。最后，在英国工业革命中，制造业和商业中积累下来的一些资本也被吸引到银行业中来。1700—1850 年，英国三大经济板块，即西北部的工业区，东南部以伦敦为核心的商贸、金融、经济中心区，以及中部广大的人力、农产品资源区，在这一时期形成并自然整合。在全国三大经济板块整合的进程中，伦敦金融中心也吸纳了大量金融人才和各类必备要素，从而使优势资源更加集中。

在这个时期，伦敦金融中心的主要功能是为国际贸易融资，并从事货币兑换、保险、航运、为外国政府提供贷款等业务。在这一时期，欧洲贸易所依赖的三大金融中心分别是伦敦、巴黎、阿姆斯特丹。但三大金融中心的地位并不是一成不变的：伦敦逐渐跃至首位，阿姆斯特丹衰落，巴黎则在不断成长，并成为第二大金融市场。也就在这个过程中，伦敦金融中心成功由国家金融中心转变为国际（区域）金融中心。

1860—1914 年，伦敦金融中心逐渐从国际（区域）金融中心转变成为世界金融中心。在这一过程中有许多因素在起作用。"不列颠和平"环境、国际金本位制的确立、自由贸易发展的推进，这是促使伦敦金融中心发展为世界金融中心的三个直接因素。但这三个因素并不是孤立存在的，它们之间存在着多向互动关系。

"不列颠和平"环境是自由贸易发展和国际金本位制建立的先决条件。"不列颠和平"是伦敦金融中心能够发展成世界金融中心的国际政治环境，正是在英国以军事力量打造出来的和平环境中，伦敦金融中心拥有了安定的发展空间，以强大的国家军事实力为后盾，在世界金融中心的竞争中居于不败之地。

国际金本位制下英镑能保持良好的信誉和流动性，某种程度上取决于自由贸易的数量和交易频率。在 19 世纪世界贸易联系日益频繁的背景下，构建一个以英镑为核心的国际货币体系对伦敦金融中心的重要性不言而喻。在牛顿使黄金和英镑挂钩之前，英格兰已实行了数百年的金银复本位制度，主要以白银作为流通货币，黄金作为辅助通货。17 世纪末，英格兰出现白银外流、黄金内流。1717 年，英国政府采纳牛顿的建议，英镑自此按黄金固定了价格。实际上在 19 世纪上半叶，并没有多少追随者实行金本位制。1850—1875 年，金银复本位制陷入困境，原因在于：19 世纪不断扩大的交通运输网络等方式，逐渐使世界各地联系更加紧密，贸易、金融、人员往来交易更为频繁，因此支持自由经济的呼声高涨，致使国际贸易增长、贸易壁垒减少。这为国际货币的一体化和趋同化提供了基础。同时，由于国际上缺乏统一支付结算的工具，许多国家有大量外国银币流通。货币制度混乱的现状使不少国家深受其害。在金银复本位制陷入困境的背景下，世界上更多国家选择了金本位制。国际金本位制度的确立从三个方面带给伦敦金融中心优势。首先，英国的经济优势使其能够获得较为稳定的黄金储备，英镑的币值较为稳定，在国际市场上形成了良好信誉。其次，由于英镑成了世界货币，许多海外银行在伦敦金融中心设立了分行。最后，英国人也在海外开设了许多跨国银行，这些跨国银行的总部基本上都在伦敦金融中心，其所有权和管理者主要是英国人，但主要运营英国的海外业务，它们充分利用了伦敦金融中心的货币和金融市场，从而进一步奠定了伦敦金融中心作为世界金融中心的地位。

自由贸易发展的推进也需要金本位制这种稳定的、被广泛接受的支付机制。在自由贸易发展繁荣的前提下，为国际贸易提供资金的机构也需增加。由于受信息交流、运营成本等因素的影响，这些机构往往会在大型金融中心集中，伦敦金融中心就是这样首屈一指的金融中心。伦敦金融中心通过自由贸易与资本流通相结合的机制，利用英国的政治影响力和国际金本位制度，获取了高额收益，巩固了世界金融中心的地位，使英国也成为依靠投资生存的国家。

虽然二战后由于战争的影响以及布雷顿森林体系建立后美元成为世界货币的影响，伦敦金融中心已经不再是世界金融中心中首屈一指的存在，但是其在世界金融体系中的影响力仍旧存在。时至今日，伦敦金融中心仍是三大世界金融中心之一。

三、东京金融中心

东京金融中心同样是三大世界金融中心之一。它由资金市场、外汇市场和证券市场组成。资金市场主要包括拆借市场和贴现市场。拆借市场是日本短期资金市场的主要组成部分。由于日本票据市场不发达，各金融机构主要通过拆借市场融通短期资金，因此，日本拆借市场对资金松紧情况最敏感。日本贴现市场是1971年开放的，仅限于商业银行和几家经纪人参加，其业务主要是短期票据贴现。

东京金融中心外汇市场的参加者为银行、经纪人和货币当局，交易货币主要是美元和日元。证券市场分为股票市场和债券市场。日本的股票市场不很发达，它不是日本企业筹集资金的主要渠道。日本的债券市场比较发达，每年通过债券市场筹集的资金大大超过股票市场。近年来，外国在日本发行的日元债券渐多，东京债券市场逐渐成为一个主要的国际性债券市场。

近几十年来东京作为金融中心的崛起，是以二战后日本实体经济的迅速发展为背景的，虽然 20 世纪 60 年代开始日本经济就以惊人的速度增长，但是东京作为金融中心影响力剧增却是在 20 世纪 80 年代，这与 20 世纪七八十年代日本的金融自由化改革密不可分。二战后，日本从一片废墟开始重建，在经济得到初步恢复后，开始进行经济民主改革，结束了战后的统治经济。到了 1952 年，日本基本实现了从统治经济向市场经济的过渡。到了 20 世纪 60 年代，日本经济进入持续高速增长阶段：实现充分就业；对外贸易方面，国际收支从赤字变为黑字；日本农业机械化基本实现；1968 年日本超越联邦德国成为世界第二大经济强国；农民、工人购买力提高；建立精良的重工业化体系。1965 年 10 月到 1970 年 6 月，日本经济持续出现了 57 个月的繁荣，平均经济增长率达到 11%。而在这个过程中东京完成了由经济中心到国家金融中心的转变。

20 世纪 60 年代后半期到 70 年代初，日本经济空前的繁荣，市场进入了疯狂投机状态。土地价格疯涨，银行盲目信贷。此次经济繁荣很大一部分来源于政府的投资建设。这种繁荣是由财政开支剧增拉动的，它积累了通货膨胀的因素。20 世纪 70 年代，日本经济增长放缓，通货膨胀趋势明显，到了 1973 年，通胀率已达到 11.3%。1973 年 10 月，第一次石油危机爆发，这给基本依赖石油进口的日本带来沉重打击，也在日本国内引起一场经济危机，通货膨胀严重，商品滞销，经济形势急转直下。

为了刺激经济，调整产业结构，日本政府的财政金融政策开始进行重大调整。财政政策开始由平衡预算调整为财政赤字，政府发行了大量国债。原本二战后很长一段时间内，日本政府不允许发行赤字公债。石油危机发生后 10 年，日本的公债发行额有了巨额增长，财政预算中的依赖率、公债利息在预算中支出所占比重，均远高于欧美资本主义国家。

以利率自由化和金融国际化为标志的日本金融自由化改革（20 世纪 70 年代后期至 80 年代中期）自此拉开帷幕。此次金融自由化主要包括三个方面的内容：利率自由化、金融机构业务自由化和金融国际化。1978 年 11 月，日本政府用公开招标方式发行中期公债，买卖价格由投标决定，这是利率自由化的开始。1979 年 5 月，日本政府创设利率自由化的大额定期可转让存单，同年 10 月票据贴现市场的利率也实现自由化。至此，存贷款、证券的利率均已实现自由化。日本旧的《银行法》和《证券交易法》规定，证券交易只能由证券公司经营，银行等金融机构禁止经营证券交易；信托业务只能由银行办理，长期信用银行与其他的金融机构的经营业务也是分离的。1982 年 4 月，日本新的《银行法》开始施行，禁止银行经营证券业务的限制就此打破。

1984 年 5 月 29 日，日本大藏省公布《金融自由化与日元国际化的现状与展望》，承认过去实行近 40 年的利息限制和银行业务限制有撤销之必要，提出了逐步实现金融自由化和国际化的构想。至此，日本金融自由化的法律手续终于完成。金融自由化为此后东京金融市场的迅速发展奠定了基础，债券交易的自由化直接促进了东京债券市场的迅速发展，并使其成为全球第二大债券市场。对银行、证券公司等交易限制的放松，使日本，特别是东京的金融机构交易越来越活跃，金融活动随着对金融机构业务管制的放松而迅速增加。而在利益自由化以及金融国际化的过程中，东京金融中心也顺利由国家金融中心转变为国际金融中心。

20 世纪 80 年代的中后期，东京金融市场快速发展，其具体表现在：外汇市场的迅速兴起；外国银行的聚集和本地银行的膨胀；证券市场的繁荣；货币市场的发展迅速。20 世纪 80 年代是东京金融市场发展最为繁荣的时期，这一时期东京的各个金融领域都以惊人的速度扩张，到 20 世纪 80 年代末，东京金融市场就其参与者的数量、交易规模和金融商品种类来说，已经是一个世界级的高水准的金融市场，与伦敦、纽约共同组成三大世界金融中心，某些领域甚至超过伦敦和纽约。这个现象也意味着东京金融中心由国际（区域）金融中心转变为世界金融中心。

20 世纪 80 年代后期，日本进入战后仅次于 20 世纪 60 年代后期的经济高速发展时期之后的第二次大发展时期。根据不同的经济指标，这段时期的长度有所不同，但一般是指 1986 年 12 月到 1991 年 2 月之间的 4 年零 3 个月的时期。这次经济浪潮受到了大量投机活动的支撑，因此随着 20 世纪 90 年代初经济泡沫破裂，日本股市急剧下跌，金融机构大面积亏损，银行背上了沉重的不良债权包袱，日本经济出现大倒退，此后进入了平成大萧条时期。时至今日，日本仍未走出"失去的二十年"。

然而在这个过程中，很难通过现代金融体系下的六要素判断东京金融中心是否由世界金融中心退变为国际（区域）金融中心——其金融市场要素及金融市场组织中的商业组织遭到了重创，但是金融市场法治、金融市场监管、金融市场环境及金融基础设施是作为法律程序或实体客观存在的，并没有受到太大的影响。本书这里定义东京金融中心仍然是世界金融中心，是鉴于其在亚洲乃至世界的影响力依旧存在。

四、法兰克福金融中心

法兰克福金融中心主要由信贷市场、证券市场、外汇市场和黄金市场组成。它形成于二战后，是在联邦德国经济快速发展的基础上创建的。其参与者有设在法兰克福的德国中央银行、商业银行、私人银行、外国银行分行和附属机构、合作银行和信用合作社、储蓄银行、专业银行。

法兰克福的信贷市场主要由各类银行集团组成，主要业务为银行机构所掌握，参与者还有保险公司、养老金基金会、控股公司等。法兰克福证券市场为德国最大的证券市场，其证券交易所拥有 16 家会员，上市股票 500 余种，债券 6000 余种。买卖债券和股票的形式分为正式挂牌交易、有管理的市场交易、有管理的自由交易、无管理的自由交易。证券交易所证券交易量在全球名列前茅，效率极高，原因在于法兰克福设有直接为证券交易服务的银行，如法兰克福证券保管银行、德意志外国证券保管银行。法兰克福外汇市场上的美元交易量最大，次为瑞士法郎、法国法郎和荷兰盾等。法兰克福黄金市场始于 1968 年 6 月 18 日，由于其对黄金交易征收增值税，故发展不快，但也是一家颇重要的欧洲黄金市场。当时的德国没有外汇管制，货币马克汇率稳定，国内通货膨胀率很低，利率相对较高，这一切都十分有利于法兰克福国际金融中心的发展。欧洲中央银行设在法兰克福，进一步促进了该中心的发展。

法兰克福成为金融中心，是历史、经济、政治、地理等因素共同决定的。早在中世纪，法兰克福就因为其位置优越、交通便利而成为欧洲重要的贸易枢纽和金融中心。1200 年前后，法兰克福设立了神圣罗马帝国铸币厂。1402 年，法兰克福第一家银行 Wessel 开始为往来商旅提供货币兑换服务。1585 年，法兰克福交易所（法兰克福证券交易所前身）成立。18—19 世纪，法兰克福的银行数量逐渐增加。从 1876 年德意志第二帝国在柏林建立央行到二战结束，柏林一度取代法兰克福成为德国金融中心。二战结束后，法兰克福再次崛起，成为德国乃至欧元区的金融中心。1945—1958 年，由于法兰克福位于联邦德国中部，联邦德国央行落户法兰克福。当时的支付系统在很大程度上依赖纸质信息交换，各银行与央行之间的信息往来也需依靠信使传送，因此联邦德国众多大银行选择将总部设在交通便利的法兰克福。

1958 年，欧洲经济共同体成立，联邦德国政府宣布马克可自由兑换，联邦德国资本市场逐步国际化，法兰克福证券交易所得以迅速发展。20 世纪 60 年代初，大部分总部位于德国其他城市的银行都在法兰克福设立办公室或并购位于法兰克福的银行，以便更好地参与法兰克福证券交易所的交易。尽管 20 世纪 50 年代初法兰克福、柏林、杜塞尔多夫、汉堡和慕尼黑等城市都建立了外汇交易市场，但在 20 世纪六七十年代德国马克面临升值压力期间，德国央行仅在法兰克福干预货币市场，此举进一步增加了法兰克福作为金融中心的吸引力。1958—1973 年，法兰克福完成了由经济中心演变为国家金融中心的过程。结合之前纽约、伦敦、东京金融中心的案例，不难推断出：地理位置的优越与否决定了银行是否在该地建立，从而在极大程度上决定了经济中心能否形成金融中心。

布雷顿森林体系崩溃后，石油-美元的绑定导致国际流动性迅速增加，银行的跨国发展势头迅猛。众多外资银行进军法兰克福，参与法兰克福证券交易所交易。当时法兰克福的外资银行数量占德国外资银行的 2/3，到 20 世纪末一直保持这一比例。法兰克福的国际金融中心地位由此确立，且一直保持到今日。

1998 年 7 月，欧洲中央银行在法兰克福成立，法兰克福从此成为欧元区货币政策决策中心。特别是自 2010 年欧洲债务危机以来，欧洲中央银行在应对危机、捍卫欧元方面的作用愈发突出，一举一动都成为市场焦点。2014 年，欧洲中央银行开始行使银行业监管职能，进一步巩固了法兰克福的欧元区金融中心地位。大量国际金融机构围绕欧德两大央行和德国联邦金融监管局，在法兰克福新设或扩大原有机构规模，以便获得最新的金融政策信息。

五、香港金融中心

香港金融中心主要是由香港短期资金市场、香港长期资金市场、香港外汇市场和香港黄金市场构成的。第二次世界大战后香港金融业的发展进入了一个新阶段。20 世纪五六十年代香港已成为地区性的金融市场和经济中心。20 世纪 70 年代以后，香港各项金融业务规模不断扩大，并日益走向国际化；金融市场交易活跃，交易额猛增。在十多年中，香港发展成为国际性金融市场。在香港经济中，金融业成了主要支柱之一。

香港国际金融中心是在香港经济自身的发展以及世界范围内资本国际化趋势的双重作用下形成的。

第一，香港国际金融中心的形成是香港经济发展的必然结果。香港地域狭小，自然资源贫乏，经济高度外向，依附性很高。在一百多年的发展过程中，香港经济为适应国际环境的变化，不断调整发展方向，完成了经济结构的两次转型，香港国际金融中心的形成正是香港经济发展的必然结果。

第二，资本国际化是香港国际金融中心形成的外在原因。传统的国际金融中心都位于经济实力强大的国家内，如伦敦和纽约国际金融中心，它们主要对外输出本国资金，其经营活动受到本国法令的管辖，在这些国际金融中心中，离岸金融交易，即外国投资者与外国借款人之间的交易不占重要地位。相较于纽约、伦敦金融中心这类传统的金融中心，香港这类新型金融中心主要凭借特有的地理和社会经济条件，吸引跨国银行和金融机构进行境外货币业务，但也正由于这些新型的国际金融中心没有强大的经济实力作后盾，它们往往是地区性的，规模远不及传统的金融中心。这种发展趋势的必然结果是资本国际化的趋势日益普及。香港国际金融中心正是随着这种发展趋势而形成的。

在香港经济多元化和世界范围内新型国际金融中心兴起趋势的推动下，香港以其自身的地理位置和适当的社会经济条件，成为国际金融中心的良好入选者。

从时区上来看，香港刚好处于伦敦和纽约之间，能够衔接这两个世界金融中心的营业时间，保证国际金融市场 24 小时不间断的交易。从空间上看，香港位于亚太地区中心：自 20 世纪 60 年代后半期起，亚太地区成为世界上经济发展最迅速的地区，经济增长率两倍于世界的平均水平，即使在世界性的经济衰退时期，也仍维持 6%～7% 的经济增长。香港凭借其优良的位置和金融发展基础，吸引了大批的海外国际金融机构，成为国际资本在亚太的一个重要集散地。

更重要的是，回归前香港背靠内地，一直得到祖国的关怀和支持。20 世纪 70 年代末内地实行改革开放政策后，香港的地位日趋重要，不仅本港的金融业大有可为，还被西方金融界作为进入内地市场的跳板和重要基地。回归后香港的地理重要性越发体现出来。

香港的社会经济条件同样也是其成为国际金融中心的重要条件之一。

回归前香港的人口构成中绝大多数是华人，其中大半是来自内地的第一代或第二代移民。因此，香港居民的凝聚性较强。同时，当时香港受英国的殖民统治，具有特殊的政治经济地位。英政府对香港的地方政策干预较少，香港地方政府在行政、管理上有比较大的相对独立性。这种特殊地位使香港的政治经济环境一直比较稳定，有利于吸引国际资金。

经济体制奉行自由主义经济哲学，使香港经济保持了最大限度的自由。香港自 1841 年以来便是自由港。这种免税港地位，有利于转口贸易，同时也有利于工业企业以较低的成本购入原料。自由的经济政策允许资金完全自由进入，为海外资金的自由调动提供了十分方便的条件。

健全的法律制度，为资金安全提供了法律保障。香港的法律体制脱胎于英国模式，关于在港注册设立公司、营业登记、开展业务、投资、雇佣、清偿债务等，都有一套法规。这些法规不仅健全而且符合国际惯例，有利于香港金融业的发展。

香港金融业历史悠久，具有传统的国际联系，本地金融市场比较发达，专业人才汇集，易于推广国际金融业务。香港专门从事金融业的人员在 20 世纪 70 年代末达 6 万人之多，而且素质较高，从业经验丰富。除此之外，香港还拥有大量的专业法律人员。良好的金融业基础，为建立高效率的国际金融中心提供了方便。

香港基础设施十分发达。香港具有良好的、随经济增长不断扩展的基础设施和电信设备。例如，发达的铁路、货运码头、国际航空与空运系统等。

香港税率较低，并且是自由港，对股息和资本增值也不征税。同时香港的税制遵循领土来源原则，对来自香港以外国家或地区的所得或收益概不征税，这对于跨国金融机构和企业具有相当的吸引力。

在上述诸多因素的影响下，香港经过 20 世纪 70 年代的发展，在 80 年代初成为一个新兴的国际（区域）金融中心。而香港金融中心并没有经历由经济中心演变为国家金融中心这一过程是因为香港的特殊历史性原因——香港直至 1997 年才回归中国，在此之前受英国殖民统治。

在香港成为国际（区域）金融中心的过程中，其银行数量猛增且外资银行比重不断增加，银行业务逐渐迈向国际化。与此同时，香港当地银行走向国际化，其金融市场初具规模。

20 世纪 80 年代初期开始，香港面临着政治环境和经济环境的新变化。1982 年，中英就香港问题开始谈判；1984年，双方正式签署了有关香港问题的联合声明，明确规定中国于1997年7月1日收回香港主权，从此香港进入了一个过渡时期。20世纪90年代，1997年之后香港前途已经明确，面对金融自由化、金融衍生工具交易的发展和海外主要金融危机事件，对于无中央银行、已经成为国际（区域）金融中心的香港来说，保持金融稳定、完善金融风险管理是这一阶段的主要内容。时至今日，香港国际（区域）金融中心仍是亚太区域极具代表性的国际（区域）金融中心之一。

香港是世界上少数几个同自由港相结合的国际（区域）金融中心，具有浓厚的东方色彩。同时，它作为一个新型的国际（区域）金融中心，有很多自身的特点：香港国际（区域）金融中心是"自发形成"的集成型功能型国际（区域）金融中心；是提供多元化服务的功能中心；是集成型中心；另外，香港国际（区域）金融中心也存在脆弱性。

在各国际金融中心中，香港和伦敦同属"自发形成"的市场，它们不同于纽约、新加坡等"人为创设"的市场。与实行许多必要措施有目的地建立国际金融中心的"人为创设"不同，香港国际（区域）金融中心主要是靠优越的地理位置、自由的经济政策、良好的银行业基础，在没有采取吸引外国银行和开展国际金融业务等特别措施的条件下形成的。香港国际（区域）金融中心之所以"自发形成"，主要与香港地方政府对经济的积极不干预政策有关。另外，由于曾经受英国的殖民统治，香港国际（区域）金融中心的"自发形成"与模仿伦敦模式也有一定的关系。当然，完全自发形成是不可能的，而且，随着香港国际（区域）金融中心的发展，香港地方政府的金融干预在逐渐增强。

香港是一个提供多元化服务的功能性中心，不仅不是为逃避税收而提供注册的场所，而且也已超出传统银行业务的范围日益向多元化方向发展。一方面，在此注册的银行除进行存放款、汇兑等传统业务外，也可经营投资业务、经营非金融性企业开展经济咨询等多元化业务；另一方面，非银行金融机构，如保险公司、租赁公司、投资基金公司等也可提供多种金融服务，构成香港丰富多彩的金融市场活动的一部分。香港国际金融中心提供的服务是非常多样化的。

香港属于集成型金融中心，本地银行和在香港以外注册成立而申请香港牌照获准的外国银行，可在香港从事任何境内外金融活动，一般不受限制。因此，在香港的本地银行和外国银行虽各成体系，却又相互渗透，有些甚至融为一体，形成混合体系。

香港金融中心的脆弱性来源于以下原因。首先，香港国际金融中心建立在高度外向的经济基础上，无论是银行体系还是金融市场，国际化的程度相当高，资金的流动非常自由，正因如此外界环境的变化对香港国际金融中心的影响很大。其次，回归前香港国际金融中心的发展与受港英政府的殖民思想有关，香港回归后，中央政府按照"一国两制"的原则，恪守基本法的有关规定，立足于巩固和发展香港的国际金融中心地位，但是要完全消除港英政府执政时期的不良影响仍有待时日。最后，港币本身存在缺陷，港币流通范围有限，还算不上一种国际货币，而且尽管港币的发行制度有足额的外汇准备，但是外汇基金储备金额与广义货币的流通量相比是偏低的；一旦国际收支出现巨额逆差或者由于政治经济形势动荡而出现抛售港币的现象，港币的可兑换性便可能出现问题，香港的正常金融活动将会受到重大打击。

六、新加坡金融中心

新加坡金融中心是 20 世纪 60 年代后期兴起的国际（区域）金融中心。新加坡地处亚、欧、非的交通要冲，有优质的金融服务，与伦敦、纽约在 24 小时全球金融业务营业中正好衔接。20 世纪 80 年代初，新加坡共有金融机构 250 余家，其中外国银行分支机构为 115 家，中国银行在新加坡也设有分行。新加坡政府为开展国际金融业务，自 1968 年以来在税收、外汇、资金流动等金融政策上采取了一系列的刺激措施。

新加坡是亚洲美元中心，1968 年开始经营美元业务，发展迅速。从 1968 年到 1981 年年底，它的亚洲美元市场总资产由 0.305 亿美元发展到 858.52 亿美元，增加了 2814 倍。新加坡货币市场由国内货币、国际货币两个平行市场组成。本国居民一般禁止参与国际货币市场业务，境外金融机构只有得到允许方可参加国内货币市场业务。外国银行在新加坡的国内、国际金融业务中占绝对优势。新加坡是世界上重要的黄金市场，经营现货和期货业务。居民和非居民均可参加黄金买卖，这里设有自晚 9 时至次日凌晨 3 时的黄金夜市，以便与其他国际金融中心的黄金交易相衔接。

新加坡地处太平洋与印度洋间的航运要道马六甲海峡的南口，是世界级天然港口。新加坡原本扮演着英国在东南亚的行政、商业和军事中心角色，但 20 世纪 60 年代英国决定撤出驻军、撤离殖民地，因其本身缺乏国内市场和天然资源，且转口贸易已达极限，同时又面临着印度尼西亚的对抗和马来西亚的压力。英国撤军导致新加坡经济被重挫，在此背景下，新加坡除了竭力引进投资促进就业外，于 1968 年开始尝试建立国际（区域）金融中心，而其关键优势则在于地理上的时区。当时尽管在英镑区内，香港和新加坡实际上都意图建立亚洲美元市场，但香港和新加坡各有优劣——新加坡可以较少受英格兰银行的外汇管制约束，而香港则受到较强约束，但同时香港可以享受伦敦和英格兰银行提供的支持，而新加坡则无法享受。在这种背景下，可以认为在 1968 年之前新加坡仍是经济中心而非金融中心，在 1968 年之后成功转变为国家金融中心。

新加坡金融市场真正向国际市场迈进，是从 20 世纪 80 年代开始：其亚洲美元市场的规模在 1982 年到 1990 年间从 0.86 亿美元增长到 3.5 亿美元；外汇市场的规模在 1985 年到 1988 年之间从日均约 120 亿美元增长到日均 1390 亿美元，并且新加坡建立了国际货币交易所开始进行金融衍生品交易，这些发展吸引了大量的外国银行。此后，新加坡成为亚洲主要的欧洲美元和欧洲债券市场，而当时的香港则成了利用流入新加坡外汇的欧元辛迪加信贷中心，由于管制放松，香港在几年后赶上了新加坡。

新加坡政府促进金融服务增长的措施包括以下几个方面：1968 年建立了亚洲美元市场，1971 年建立了半官方的中央银行作为新加坡货币权力机构，1973 年成立了新加坡股票交易公司，1978 年取消外汇控制，1984 年建立新加坡国际货币交易所以便进行商品和金融期货交易。在这个过程中，由于新加坡各类市场的建立以及各类银行的落地，相应的金融市场法治、监管、基础设施也在这个过程中逐渐完善，新加坡金融中心在 1990 年由国家金融中心正式完全转变为国际（区域）金融中心。

七、上海金融中心

上海金融市场是包括股票、债券、货币、外汇、商品期货、金融期货与 OTC 衍生品、黄金、产权交易市场等在内的全国性金融市场。目前上海仍是国家金融中心，其金融市场交易总额和规模近年来连续大幅增长。

上海成为国家金融中心，是基于金银汇兑的平价机制。中国以银本位为核心的货币体系与世界以黄金为本位的国家进行货币兑换和清算的需要，衍生了中国的标金市场和条银市场，连同外汇市场，将上海塑造成为三位一体的金融市场，通过多角套汇，将上海的国际汇兑市场与伦敦、纽约和东京等金融中心紧密关联，使上海进一步成为国际资本流动的重要场所，上海金融中心的地位由此铸就。

1843 年开埠后，上海成为对外通商的五口之一，除了仍保持原有的内贸业务外，还增添了新的对外贸易。因其他口岸的地理位置无一能与上海相比，所以对外贸易中心很快就从 1840 年前的唯一对外通商口岸（广州）北移至上海。这是上海金融中心地理优势的体现。

1915 年到 1926 年是上海金融的第一次大发展时期，当时一些总行设立在北京的银行已经考虑南迁上海。上海因有公共租界，治安比较稳定，工商业发展比较迅速，吸引大量银行前来入驻。1915 年 6 月上海商业储蓄银行开办时，资本仅 10 万元，存款亦不过数十万元，受到钱业人士的轻视，延揽业务都很困难。但是到了 1921 年底，上海商业储蓄银行的实收资本已经达到 250 万元。这类银行在组织制度和主要经营方式上仿效外商银行，在业务上同时与外商银行和本国钱庄业保持着联系，形成了上海金融市场的鼎足格局。除了原有的拆借市场、外汇市场、内汇市场之外，上海还正式形成了黄金市场、期货市场和证券市场。

另外，此时上海金融业的迅速发展与金融人才的支撑密不可分。这一时期，有一批在国外学习金融的人相继学成归来，在全国重要银行中处于关键地位的中国银行、交通银行、南三行、北四行的十名管理者中，有七人留学日本，留美的有一人，出身教会学校的有一人。这些人在海外学到了符合时代潮流的科学的金融货币理论，开阔了眼界，然后把这些理论与中国实践结合起来，他们对上海金融的发展发挥了不可估量的作用。同时，江南高中两等商业学堂的银行专修科为全国培养了大批金融人才，金融人才的培养对上海金融业的第一次大发展起到了重要作用。

1927 年南京国民政府成立后采取了把政治和经济中心相分离的政策，为把上海发展成为最大和最重要的金融中心，推行了一系列措施。中国银行总管理处于 1927 年迁至上海，交通银行总行 1928 年迁到上海，1929 年中央银行总部在上海成立，国民党政府逐渐在上海建立了包括"四行、二局、一库"的垄断金融体系。民族资本建立的银行如盐业、金城等的部属地或总管理处也相继迁到上海，南京国民政府发行公债也有助于上海证券市场的发展。1927—1936 年，南京国民政府共发行各种公债约 26 亿元，而且主要由上海的大银行承销。这一系列的措施也帮助上海快速从经济中心演变为国家金融中心。

到 20 世纪 30 年代，上海已经是全国金融首脑机关和著名大银行的总行所在地，上海集中了巨额社会货币资本，银行吸收的存款占全国银行存款总额的 30%~40%，是金银外汇的总汇、货币发行的枢纽，因此上海成为中国的商业金融中心、亚洲最主要的金融中心和远东国际金融中心。鉴于此时上海在亚太区域的影响力较大，可以将 20 世纪 30 年代的上海金融中心界定为国际（区域）金融中心。

此后，抗日战争和解放战争，中断了上海国际金融中心地位的延续。中华人民共和国成立后，政府认为外资银行和其他金融机构都是西方帝国主义的代理人，因此外资银行及其他金融机构被迫结束在华业务。这也导致了上海国际金融中心影响力下降，重新变为国家金融中心。

之后的改革开放、香港回归等重大事件为上海金融中心的发展带来了新的契机，因此现阶段上海金融中心正处于逐步从国家金融中心向国际金融中心迈进的进程中。

八、深圳金融中心

深圳金融中心在近年来所取得的巨大成就与进展有目共睹。2021 年深圳金融业实现增加值 4738.81 亿元，同比增长 7.6%，占同期国内生产总值的 15.4%；深圳拥有各类金融机构 315 家，包含深圳证券交易所、平安保险、招商银行、国信证券、南方基金、博时基金、中国国际期货有限公司、深圳创新投资集团等在内的一大批国内外知名金融机构；围绕深圳证券交易所建设，深圳建成了立足本地、辐射全国，由主板、创业板市场和地方产权交易所构成的多层次市场体系，在中国乃至全球资本市场中都有一定的地位。

深圳金融中心是全国证券资本市场中心之一。全国五家证券交易所之一的深圳证券交易所已进入规模化、市场化发展新阶段。同时，深圳还是中国第三大保险城市，也是第一个保险改革试点城市。深圳是中国经济改革和对外开放的"试验场"，率先建立起比较完善的社会主义市场经济体制，创造了世界工业化、城市化、现代化史上的奇迹，是中国改革开放 40 多年来辉煌成就的精彩缩影。

深圳由一个"小渔村"发展为经济中心再到今天的国家金融中心可以归因于市场化和民营资本集聚的优势、毗邻港澳的开放优势、年轻人才的优势；深圳金融改革始终以市场化、法治化、国际化为导向，推动经济快速发展，推动金融市场创新层出不穷，推动金融对外开放不断迈出新步伐。

1979 年 1 月，广东省委决定撤销宝安县，设置深圳市；同年 3 月 5 日，国务院批复同意宝安县改设为深圳市。广东省深圳经济特区于 1980 年 8 月正式成立，是中国最早实行对外开放的四个经济特区之一。这也让深圳不论是在地理位置亦或是在经济地位等方面均优于其他城市，加速了其发展为经济中心乃至国家金融中心的过程。

保险业是深圳开放时间最早、力度最大的行业之一，同样也是深圳最初的支柱产业之一。1985 年 3 月，国务院颁布了《保险企业管理暂行条例》，为成立保险公司创造了条件。从此以后，各类商业保险公司开始如雨后春笋般出现。在这种背景下，1988 年，作为中国第一家股份制、地方性的保险企业——平安保险，诞生于改革开放的最前线——深圳蛇口。

1982年1月，经中国人民银行总行批准，南洋商业银行深圳分行正式开业，它是1949年后中国引进的第一家境外银行。深圳经济特区建立伊始，采取外引内联的建设策略，推动了多元化投资主体和市场经济的充分发展，促进了各种所有制的企业相继成长，也推动了股份制商业银行的创建。

1987年4月，经中国人民银行总行批准，由招商局出资1亿元设立招商银行。1987年12月，经中国人民银行总行批准，在对深圳经济特区内6家农村信用社进行股份制改造的基础上正式成立深圳发展银行。

在深圳经济金融快速发展过程中，非银行金融机构也应时而生。1980年6月，《国务院关于推动经济联合的暂行规定》中指出：银行要试办各种信托业务，融通资金，推动联合；同年9月，中国人民银行发布《关于积极开办信托业务的通知》，自此深圳经济特区各大银行分行纷纷试办金融信托业务，各专业银行内部已增设信托投资机构，但多作为内部处室对待，管理职能强于经营职能。

1982年1月，深圳市政府全资组建深圳市信托投资公司。1984年5月，因中国人民银行信托机构重新登记，深圳市信托投资公司更名为深圳国际信托投资总公司。1991年，该公司经中国人民银行批准更名为深圳国际信托投资公司。

1985年，全国首家外汇调剂中心——深圳经济特区外汇调剂中心成立；1990年，深圳经济特区外汇调剂中心确立外汇调剂公开市场运行新模式；1990年12月1日，深圳证券交易所正式成立；1993年，中国人民银行深圳经济特区分行成立深圳融资中心；2005年，深圳设立上海黄金交易所深圳备份交易中心并开办黄金夜市交易，覆盖了国际市场金价波动最为频繁、活跃的时段，为投资者提供规避市场风险的时间窗口和场所。也就在此时，鉴于深圳金融中心各类要素的完善及其在国家乃至于区域的影响力日渐增强，深圳金融中心的定位也从经济中心正式转变为国家金融中心。

2008年国际金融危机过后，深圳积极参与跨境贸易人民币结算业务试点、外汇管理体制改革、粤港澳大湾区金融创新，推动深圳金融深度对外开放。

2009年7月7日，深圳市跨境贸易人民币结算试点正式启动。

2012年6月，深圳前海在金融改革创新先行先试，建设中国金融对外开放试验示范窗口，成为特区中的特区。2015年，前海又成为自由贸易试验区。这标志着深圳金融改革开放进入了一个新的阶段。

2016年，为拓宽深圳市银行与港澳台及海外地区同业之间的融资渠道，深圳在全国率先开展了跨境人民币资产转让业务试点。

2018年10月，为推进人民币国际化，推动粤港澳大湾区发展，助力深圳产业转型升级，中国人民银行总行下发《中国人民银行关于深圳市设立人民币国际投贷基金的意见》，表示支持深圳在前海设立人民币国际投贷基金。2019年1月，深圳博约投贷资本管理有限公司正式成立，这也是中国第三家地方政府设立的人民币国际投贷基金公司。

粤港澳大湾区于2017年首次写进国务院政府工作报告中，成为国家战略。2020年5月，《关于金融支持粤港澳大湾区建设的意见》出台，这也是金融领域贯彻落实《粤港澳大湾区发展规划纲要》的具体措施，为进一步推进大湾区金融创新、深化粤港澳金融合作、携手打造国际金融枢纽提供了有力的政策保障。

这一系列行动、政策也意味着深圳金融中心在不断完善自己的现代金融体系下的六要素，尝试通过规模经济、范围经济、聚集经济吸引更多的金融机构参与到深圳金融中心的建设当中，并且逐步尝试将其从国家金融中心推进至国际金融中心。

第三节 点评与思考讨论题

点评

点评1：一国金融服务实体经济，是以银行体系为主导还是以资本市场体系为主导，是个动态的历史进程；一国金融中心在国家、国际、世界金融中心三大层次中的演变，也是一个动态的历史进程；它们直接或间接折射出国家金融行为属性在构建与完善现代金融体系六大功能中的作用。

点评2：应在世界各国经济发展不同阶段的动态的历史进程中，看待和分析中心国与外围国的国家金融行为及其取向。在当前的国际金融体系中，中心国的金融体系主要表现为资本市场主导型，外围国的金融体系主要表现为银行主导型。不可否认，随着一国金融的发展、经济的强大，该国金融体系存在从银行主导型向资本市场主导型转化的可能性和必然性。

点评3：一国金融中心从国家金融中心向国际（区域）金融中心再向世界金融中心推进的过程，实质上是一国现代金融体系六大功能结构从国内向国际、向世界延伸拓展的过程。一国现代金融体系的延伸拓展、对外开放，需要具备什么条件，防范什么风险，是需要我们研究与解决的核心问题。

思考讨论题

1. 三类金融中心有哪些联系与区别？
2. 世界金融体系类型如何界定，以及中国的可能性选择是什么？
3. 以德国为例，分析法兰克福金融中心属于哪类金融体系并作解释。
4. 上海金融中心的定位与发展？
5. 粤港澳大湾区包括了香港和深圳，那么其发展趋势将可能定位为或形成哪一类金融中心？为此它们需要具备或完善哪些条件？

第三章

国家金融政策

国家金融的顶层布局，不仅涉及国家金融的定位，还涉及国家金融的政策。世界各国在构建现代金融体系时，与国家金融行为相关的政策不仅包括货币、汇率和监管政策，还有财政政策及产业政策等。各项具体政策中又有政策主体、内容、目标、手段、效应和对可能出现的政策时滞的应对方式等。这也意味着国家金融不只局限于一国金融领域的某些活动，还包括关联领域的活动，它是一个"大金融"的概念。

国家金融政策是一国政府或中央银行所采取的一系列金融政策的统称，是一个"大金融"政策体系，始终贯穿于构建现代金融体系、服务实体经济、防范金融风险的进程中，为促进经济良性循环、健康发展服务。

一个国家的金融政策主要包括四个方面：货币政策、财政政策、汇率政策和监管政策。在四种国家金融政策中，货币政策与财政政策的组合是宏观经济学中研究得比较深入的话题。而随着全球化，国与国之间的交易在一国金融的占比也逐渐增加，在这个过程中汇率政策的重要性也逐步引起了各国政府的注意。监管政策更多是对其他三种政策的监督与落实，是不可或缺的一种金融政策。

本章会着手于介绍四项国家金融政策的定义和具体内容，并通过若干国家金融政策的案例深入解析不同时期不同国家金融政策的作用。

第一节 四大金融政策

一、财政政策

财政政策是国家通过调节税收和政府支出以影响企业和项目等，进而影响社会总需求和国民收入的政策。调节税收是指改变税率和税种结构。调节政府支出是指改变政府对产品和劳务的购买支出与转移支出。财政政策主要有两种表现形式。一是扩张性财政政策，比如，经济低迷时，政府采用减税、免税等措施，留给企业更多可支配收入，来增加投资和消费，从而促进企业生产和就业；又比如，政府扩大对产品和劳务的购买，加大建设公共投资项目，从而扩大企业的产品销售、增加就业，进而刺激社会总需求，增加国民收入。二是紧缩性财政政策，比如，在经济高涨、通货膨胀率上升过快时，政府采取增税、减少政府支出等措施，以减少社会总需求，控制物价上涨。

财政政策的实施主体是政府，主要目标是刺激或缩减社会总需求，进而增加或稳定国民收入，确保经济可持续发展。财政政策的主要内容或者说政府的主要工具或手段包括：改变税率和税种结构，包括实施累退税（税率随征税客体总量增加而递减的一种税）、累进税（税率随征税客体总量增加而增加的一种税）和比例税（税率不随征税客体总量变动而变动的一种税），还包括调整财产税（主要指对不动产，即土地和土地上的建筑物等征收的税，遗产税一般含在财产税中）、所得税（主要指对企业和个人的所得征收，一般来说，该税占比大，其税率变动对经济活动会产生重大影响）和流转税（主要指对流通中的产品和劳务交易的总额征税，增值税是流转税的主要税种之一）等来改变课税结构；改变政府购买和政府转移支付，包括政府对产品和劳务（如军需品、机关办公用品、政府雇员报酬、公共项目工程支出等）的购买，政府对社会福利保险、贫困救济、补助等的转移支出。

财政政策实施的效果主要包括：直接影响企业的投资力度与项目的数量和进度，这些决定着企业的生产状况和吸纳就业的能力；影响社会总需求和国民收入增长。

财政政策随着社会生产方式的变革而不断发展。在奴隶社会和封建社会，由于受自给自足的自然经济制约，国家不可能大规模组织社会经济生活，奴隶主和地主阶级的财政政策主要为巩固其统治地位的政治职能服务。在资本积累阶段和资本主义形成时期，统治者一般都推行掠夺性财政政策，以加速资本积累的过程。

早期的资本主义国家，一般都实行简政轻税、预算平衡的财政政策，以利于自由资本主义的发展。国家垄断资本主义时期，生产社会化与资本主义私有制的矛盾日益激化，政府的经济职能逐渐增强，财政政策不仅为实现国家政治职能服务，而且成为政府干预和调节社会经济生活的重要工具。

随着 20 世纪 30 年代凯恩斯主义的产生，财政政策成为调节经济、挽救经济危机的重要手段：国家常常在经济萧条时期实行扩张性财政政策，以刺激社会总需求，加快经济复苏；在经济高涨时期，则实行紧缩性财政政策，以减少社会总需求，延缓经济危机的来临。

二、货币政策

货币政策是国家货币当局即中央银行，通过银行体系增减货币供给量，来调节社会总需求，以刺激或抑制经济增长的政策。货币政策主要包括两种形式：一是扩张性货币政策，比如，在经济低迷时增加货币供给，这可以降低利率，刺激私人投资和扩大企业投资，进而增加生产，扩大就业，促进社会总需求，推动经济增长；二是紧缩性货币政策，即在经济过热、通货膨胀率过高时，通过紧缩货币供应量来提高利率，以抑制投资和消费，减轻生产扩张与就业增长的压力，缓和经济过热增长的局面。这里特别需要指出的是，货币政策的效应，第一步是直接作用于市场，即影响利率高低和市场上货币供应量的大小；第二步才涉及对企业和项目的投资或消费的影响。

在"大金融"政策体系中考虑财政政策与货币政策的组合，或国家金融政策行为的取向，理论上有四种配对方式：第一，扩张性财政政策与扩张性货币政策组合（双松政策组合）；第二，紧缩性财政政策与紧缩性货币政策组合（双紧政策组合）；第三，扩张性财政政策与紧缩性货币政策组合（一松一紧政策组合）；第四，紧缩性财政政策与扩张性货币政策组合（一紧一松政策组合）。

但在实际经济运行过程中，可行且常见的只有双松政策组合和双紧政策组合两种方式。这是因为财政政策会直接影响企业的投资状况、项目数量及进程，货币政策会直接影响利率与市场货币供应量。在同一阶段，国家金融行为的目标要么是促进经济增长，要么是抑制经济过热，因此，紧缩性的财政政策与扩张性的货币政策，或是扩张性的财政政策与紧缩性的货币政策在同一时期其目标是相冲突的。

在世界各国的历史上，扩张性财政政策搭配紧缩性货币政策的组合，也只在20世纪80年代西方国家应对经济滞胀时出现过，当时以美国为首的相关国家不得已实施了一松一紧的政策组合，也只有在那个特殊时期，该政策组合才有实施的可能性。而紧缩性的财政政策搭配扩张性货币政策的组合，只有在通货紧缩的时期才出现过。

在中国社会主义市场经济的实践中，因为政府尊重市场决定资源配置的经济规律，同时注重更好地发挥政府作用，所以既有积极财政政策与稳健中性的货币政策的组合，又有稳健中性的财政政策与积极货币政策的组合，这些组合为中国经济在改革开放进程中的稳定、可持续发展奠定了成功的基础。

要使国家金融政策在"大金融"政策体系中发挥作用，带动经济稳定增长，需要把握好国家金融政策的适度性，这要求着重关注财政政策与货币政策组合中的三种相互作用关系：国债利息与银行利率、最优税赋与铸币税、财政赤字与通货膨胀。

在国债利息与银行利率方面，当国家通过调节税收和政府支出来实施扩张性财政政策时，税收的降低将减少财政收入，政府支出的增长将增加财政开支。那么政府需要通过两条途径来"补上"财政收入减少及财政开支增加两方面导致的"窟窿"。第一条途径是发行国债，第二条途径是发行货币。按第一条途径，发行的不管是建设公债还是赤字公债，都将在市场上形成国债利息与银行基准利率间的浮动利差，进而影响和调节市场各类投资者的经济行为。

按第二条途径增发货币时，还有一个增发量多少的问题，即要研判如何制定最优的税种结构和税率，再在既定财政收入的基础上决定货币发行量。这也就是财政政策与货币政策组合中的第二种相互作用关系：最优税赋与铸币税。

要弥补财政赤字，可从增加税收、发行国债、调节基础货币等路径来思考。如果选择调节基础货币作为主导的财政政策工具，则将形成铸币税，影响货币供给量。此时，如何防范和处置通货膨胀，又成为一个需要关注的问题，这也引申出了财政政策与货币政策组合中的最后一种相互作用关系：财政赤字与通货膨胀。

综上所述，财政政策与货币政策这两大国家金融政策的有效组合与运行，将在一国经济发展，尤其是处置重大经济事件如金融危机的过程中，发挥至关重要的"稳舱石"作用。因此有必要进一步从国家金融导向的层面，探究货币政策的目标和货币政策工具选择、货币供给量及对货币政策时滞的应对之策。

首先，是货币政策目标。总结世界各国货币政策的目标主要有：单目标，即稳定物价（控制通货膨胀）；双目标，即充分就业和稳定物价，或发展经济和稳定物价；多目标，即充分就业、经济增长、稳定物价、国际收支均衡。一国在国家金融层面确立货币政策目标时，应以本国所处经济发展阶段的实际情况为依据。目前，美国实施的是单目标制，中国实施的是多目标制。

其次，是货币政策工具。世界各国在选择和运用货币政策工具时，应先从国家金融层面确定本国货币的政策准则，即货币政策的"锚"放在哪里，这一关键问题往往被大多数发展中国家所忽略。现实中，世界各国金融在发展过程中已经形成了三种类型的"锚"：一是以某种货币总量（或它的变化率）为目标准则，即让汇率和价格水平适应货币供给量；二是以某种价格水平（通胀或通缩水平）为目标准则，即让汇率和货币供给量适应价格水平；三是以汇率为目标准则，即让货币供给量和价格水平适应汇率目标。

一国在选择货币政策工具时，首先要结合本国经济尤其是金融发展的客观实际，比较、分析货币供给、利率和汇率的选择这三大要素，确定其中一个要素作为本国货币政策的"锚"，并根据这个要素选择相关的货币政策工具。比如，美国就是将严控通货膨胀率作为其货币准则，并通过有效调节利率来稳定经济。具体来说，美联储在单一货币政策目标（稳定物价、控制通胀）的指引下，确定货币政策的"锚"，即根据基础货币确定市场基准利率，并有效运用公开市场操作、贴现与再贴现、存款准备金率等调节工具，来维护其经济的稳定和增长。当然，其他国家也可以选择多元的货币政策目标，关键是要在切合本国的经济发展水平、市场成熟度、对外开放状况的前提下，有效选择货币政策的"锚"；而货币政策三大要素的调节工具可以是混合的、重叠的，最重要的是货币政策的效果。

在中国，央行采用的货币政策工具与手段主要包括：再贷款，即央行对各商业银行（专业银行）发放贷款；公开市场操作，即央行在金融市场上出售或购入政府债券，特别是短期国库券，用以影响基础货币；贴现政策，即央行通过改变对商业银行所持票据再贴现的再贴现率来调节贷款数量和基础货币量；存款准备金制度，即各专业银行将吸收的存款按一定比例缴存到央行；利率政策，即央行根据资金松紧情况调高或调低利率。

再次，是货币供给量。货币供给量作为一个重要的货币政策要素，在世界许多国家或地区均占有重要地位。由于各国（地区）的经济发展程度、市场成熟度和对外开放度不一，多数国家（地区）的央行仍然把货币供给总量这个通行要素作为重中之重，如以其为货币政策的"锚"，即货币政策的目标准则。

传统的货币供给量受三大因素影响：基础货币、存款准备金率和商业银行通货存款比率。各国央行发行基础货币主要有四个渠道：在二级市场上购买国债（美国通常用此方法）；向金融机构发放再贷款（包括再贴现和向货币市场拆入资金）；购买黄金，增加黄金储备；通过外部盈余创造外汇占款。各国央行调节货币供给总量时，应明确是调控M0（流通中现金）、M1[M0+企业存款（除单位定期存款和自筹基建存款）+机关团体部队存款+农村存款+个人信用卡类存款]、M2（M1+个人存款+企业定期存款+外币存款+信托类存款）、M3（M2+金融债券+商业票据+大额可转让定期存单等）中的哪一层次的货币，并充分关注其相互影响的问题。各国央行在具体调控货币供给总量时实际存在两个环节：对基础货币的调控；对货币乘数的调控——在货币政策三大工具（公开市场操作、再贴现率和法定准备金率）中，用通货发行还是用储蓄存款来购售债券产生的乘数效应是不同的。此时，除了传统的三大货币政策工具外，还可根据实际情况结合使用其他可选择的工具，如消费者信用控制、证券市场信用控制、不动产信用控制、定向降准、预缴进口保证金等。

最后，是货币政策的时滞问题。在运用货币政策工具的过程中，既存在内部时滞，即启动货币政策需要的时间；又存在外部时滞，即货币政策显效于经济需要的时间。而内部时滞又包括：认知时滞，即从形势变化需要货币当局采取行动到它认识到这种需要的时间距离；决策时滞，即货币当局从认识到采取政策行动的必要性到制定对策的时间距离；行动时滞，即货币当局从作出决策到实际采取行动的时间距离。外部时滞也称影响时滞，即从货币当局采取行动开始，到对货币政策目标产生影响为止的这一段过程，其主要受客观的环境因素（如一国的经济，尤其是金融条件）影响。

因此，在国家金融的顶层设计中，"自动"启动应对货币政策时滞的举措很重要，它被包含在包括货币政策在内的"逆周期调节"措施中。针对不同的时滞问题，采取不同的应对措施，能使货币政策效应较快显现，从而使一国能根据预测值，在国家金融层面不断调整货币政策的方向和力度，最终实现货币政策目标的期望值。

三、汇率政策

汇率是一个国家的货币折算成另一个国家货币的比率，它表示两个国家货币间的互换关系。汇率制度主要分为固定汇率制与浮动汇率制两种。固定汇率制指一国货币同他国货币的汇率基本固定，其波动限于一定的幅度之内；浮动汇率制指一国不规定本国货币与他国货币的官方汇率，听任汇率由外汇市场的供求关系决定。浮动汇率制又分为自然浮动与管理浮动：前者指汇率完全由外汇市场的供求力量决定；后者指一国货币当局根据外汇市场供求状况，通过售出或购入外汇等方式来影响汇率变化。

国际货币基金组织对世界各国的汇率制度作如下分类：无独立法定货币（No separate legal tender）的汇率制度；货币局（Currency board）制度；传统钉住（Conventional fixed peg）制度；稳定化安排（Stabilized arrangement）；爬行钉住（Crawling pegs）制度；类似爬行安排（Crawl-like arrangement）；水平区间内的钉住汇率（Pegged exchange rates within horizontal bands）；其他管理型安排（Other managed arrangement）；浮动（Floating）制度；自由浮动（Free floating）制度。

汇率政策是指一国政府运用本国货币汇率的升降来控制进出口及资本流动，以达到国际收支均衡的宏观政策。要实现汇率政策的国际协调，可以通过国际融资合作、外汇市场联合干预及调整一国宏观经济政策等方式。汇率政策的目标包括：保持出口竞争力，实现国际收支均衡与经济增长；稳定物价，控制通货膨胀；防止汇率过度波动，稳定国家金融体系。汇率政策的工具主要包括：汇率制度的选择，汇率水平的确定，汇率水平的调整。

在开放型经济条件下，汇率和利率存在着紧密的联系。当两个对外开放的市场经济国家利率水平不同时，货币资本就会从利率水平偏低的国家流向利率水平偏高的国家，这将引起大量资本的国际流动。外国资本流入的国家，外汇供过于求，本币会升值；相反，本国资本流出的国家，外汇供不应求，本币会贬值。而汇率波动将直接影响一国经济，因此，在国家金融层面把握、协调好货币政策与汇率政策的关系是至为重要的。美国经济学家保罗·克鲁格曼在1999年就开放型经济条件下的一国汇率政策选择问题提出了"三元悖论"（The impossible trinity），或称三难选择：一国货币政策的独立性、汇率的稳定性和资本的完全流动性不可能同时实现，最多只能同时满足两个目标，而放弃另外一个目标。

在开放型经济体系中，从国家金融层面有效制定并运用汇率政策，对维护经济稳定、推动经济发展有着至关重要的作用。很多西方发达国家如美国、英国、日本等，选择维持独立货币政策和货币自由兑换制，而放弃对汇率的控制权。但需要注意的是，这是建立在国际主流结算货币是美元、欧元、英镑与日元的基础上的。在中国，香港特别行政区放弃了独立货币政策，保留了稳定的汇率和货币自由兑换制；内地则保留了独立货币政策和稳定的汇率，放弃了人民币自由兑换制。

目前，中国内地还没有完全开放资本项目，因此选择稳定的汇率和独立的货币政策是更为适宜的。稳定的汇率是一国国际贸易和国际资本跨境流动的基石，而经济的基本面又是一国维持汇率稳定的根本保障。当然，这种"稳定汇率"不是完全"固定"的，而是结合中国国情和资本项目逐渐开放的进程，具有上下浮动空间的"稳定汇率"，即居于固定汇率和浮动汇率之间的一种"管理浮动汇率"。至于上下浮动的空间有多大，则取决于国家金融顶层布局的要求与中国资本项目不断开放的进程。

在人民币国际化的进程中，中国也需要不断提升、完善内部金融市场和金融制度。在开放进程中，国家需要制定政策应对国际资本流动问题，促进宏观经济发展，维护金融稳定。但一国的货币政策与宏观审慎政策很难进行国际协调，因此中国在运用宏观审慎政策与资本流动管理工具时，主要有三种选择：实施宏观审慎政策；实施资本流动管理；实施外汇相关审慎措施，即按币种区别对待资本流动，这一措施主要作用于受监管的金融机构，尤其是银行。从中国的实际情况分析，以外汇相关审慎措施为主的政策应该是现阶段的明智选择。随着中国经济的进一步开放和金融改革的深化发展，在国家金融层面采取的人民币汇率政策与相关措施，必将进一步完善。

四、监管政策

金融监管是金融监督和金融管理的集合。监管政策是指国家金融主管单位依据国家法律法规的授权，对金融业（包括金融机构、业务、市场等）实施监督、约束、管制的相关规范章程。在世界范围内，金融监管的政策措施普遍涉及银行、非银行金融机构、短期货币市场、资本市场、外汇市场、衍生金融工具市场和保险市场等。

2008年的国际金融危机及随后的欧洲债务危机在世界范围内引发了金融监管政策之争。为了保持金融稳定，金融监管领域产生了"打压派"与"清理派"的争论。2008年国际金融危机发生后，"打压派"在金融监管领域占据了主导地位：货币稳定和金融稳定之间的关系要比先前想象得还要密切。价格稳定是必要条件，但必须在稳定价格的同时，佐之以强健、审慎的宏观监管框架，并以此影响货币政策的实施。如果审慎的宏观工具不足以实现金融稳定的话，货币政策就难以在灵活性和可信性之间作出选择。

在实践中，美国当时提出了压力测试（Stress testing）的方法，这在本章第二节案例分析中会详细说明。与此同时，欧盟也在金融监管领域有所行动，通过发布《巴塞尔协议Ⅲ》与《巴塞尔协议Ⅳ》来加强对金融风险的管理。相对于《巴塞尔协议Ⅱ》，《巴塞尔协议Ⅲ》的第一支柱强化了最低资本和流动性要求；第二支柱强化了监督审查流程，用于全公司风险管理和资本规划；第三支柱强化了风险披露和市场纪律性。此外，《巴塞尔协议Ⅲ》还提出了更高的资本要求并提高了资本比率；提出了新的流动性和杠杆比率；强化了针对交易账簿组合中的对手方信用风险和市场风险的监督制约机制。而《巴塞尔协议Ⅳ》则力图全面改善市场风险框架，在 2017 年出台终稿后，《巴塞尔协议Ⅳ》所推动的监管理念与措施，已在业界产生了广泛、深入的影响。

美国和欧盟的实践都是基于本国国情的探索，而世界其他各国在金融监管领域也有一系列普遍的研究和举措：首先，是在确定国家金融的监管政策和监管目标后，把典型的国家金融风险或冲击分为四类——国内风险与国外风险，需求冲击与供给冲击；其次，是对四类金融风险或冲击作单独及组合分析，提出国家金融风险管理的五种工具——货币政策、汇率政策、稳定性（紧缩）财政政策、促进性（积极）财政政策和监管控制（即监管政策）；最后，基于以上工具，各国可从单一机构的角度加强微观审慎监管，从整体金融市场的角度进行宏观审慎监管。

需要说明的是，宏观审慎监管与微观审慎监管既相互联系、互为补充，同时又存在三点主要差异：监管对象不同，宏观审慎监管主要侧重于整体金融市场，微观审慎监管主要侧重于单一金融机构；监管目标不同，宏观审慎监管高度关注系统性金融风险，微观审慎监管侧重防范和处置个体风险；监管机理不同，宏观审慎监管聚焦于市场的资产价格、信贷总量、机构杠杆率，微观审慎监管聚焦于金融企业的资本充足率、流动性、不良贷款率等，以资本留存缓冲、逆周期资本缓冲等方法控制风险。宏观审慎监管与微观审慎监管相结合，成为世界各国国家金融行为中加强顶层布局、防范金融风险、强化金融监管的有效手段。

第二节　案例分析

一、CPI

CPI（Consumer Price Index），也就是消费者物价指数，是反映一定时期内城乡居民所购买的生活消费品和服务项目价格变动趋势和程度的相对数，是对城市居民消费价格指数和农村居民消费价格指数进行综合汇总计算的结果。通过该指数可以观察和分析消费品的零售价格和服务项目价格变动对城乡居民实际生活费支出的影响程度。

CPI 是反映与居民生活有关的消费品及服务价格水平的变动情况的重要宏观经济指标，也是宏观经济分析与决策以及国民经济核算的重要指标。一般来说，CPI 的高低直接影响着国家的宏观经济调控措施的出台与力度，如央行是否调息、是否调整存款准备金率等。同时，CPI 的高低也间接影响资本市场（如股票市场、期货市场、资本市场）的变化。

CPI 的基本功能包括了度量通货膨胀（通货紧缩）、国民经济核算、契约指数化调整、反映货币购买力变动、反映对职工实际工资的影响、一定程度上反映股市的变化等。前两项功能是基于 CPI 的定义产生的。在契约指数化调整方面，例如在薪资报酬谈判中，因为职工希望薪资增长不低于 CPI，希望名义薪资会随 CPI 的升高自动调整等，其调整的时机通常在通货膨胀发生之后，幅度较实际通货膨胀率更低。在货币购买力变动方面，CPI 上涨，货币购买力则下降，反之则上升，因此 CPI 的倒数就是货币购买力指数。在对职工实际工资的影响方面，CPI 的提高意味着实际工资的减少，CPI 的下降意味着实际工资的提高，因此可利用 CPI 将名义工资转化为实际工资。而在股市的变化方面，一般情况下，物价（CPI）上涨，股价上涨；物价（CPI）下跌，股价也下跌。

虽然 CPI 是一个具有滞后性的数据，但它往往是市场经济活动与政府货币政策的一个重要参考指标，这是因为 CPI 稳定、就业充分及国内生产总值增长三者往往是最重要的社会经济目标。CPI 的计算公式如式（3-1）所示。

$$\text{CPI} = \frac{P_i}{P_0} \times 100\% \qquad (3\text{-}1)$$

其中 P_i 表示一组固定商品按当期价格计算的价值，P_0 表示一组固定商品按基期价格计算的价值。各国政府在计算 CPI 时所采取的基期可能有所不同，因此不能直接通过 CPI 对比两国物价。

在中国，CPI 涵盖全国城乡居民生活消费的食品烟酒、衣着、居住、生活用品及服务、交通和通信、教育文化和娱乐、医疗保健、其他用品和服务等 8 大类，262 个基本分类的商品与服务价格。

二、PPI

PPI（Producer Price Index），也就是生产价格指数，是衡量工业企业产品出厂价格变动趋势和变动程度的指数，是反映某一时期生产领域价格变动情况的重要经济指标，同时也是制定有关经济政策和国民经济核算的重要依据。

PPI 与 CPI 不同，其主要的目的是衡量企业购买的一揽子物品和劳务的总费用。因而这项指数包括了原料、半成品和最终产品三个生产阶段的物价资讯。由于企业最终要把它们的费用以更高的消费价格的形式转移给消费者，所以通常认为可以通过生产物价指数的变动预测消费物价指数的变动。

PPI 主要包括 9 大类商品：燃料、动力类；有色金属类；有色金属材料类；化工原料类；木材及纸浆类；建材类（钢材、木材、水泥）；农副产品类；纺织原料类；工控产品。PPI 的计算方式如式（3-2）所示。

$$\text{PPI} = \frac{\sum p_{1i} q_i}{\sum p_{0i} q_i}, \quad i = 1, 2, \cdots, n \qquad (3\text{-}2)$$

p_{1i} 为报告期所有抽选的 n 种商品的价格，p_{0i} 为基期这些商品的价格，q_i 为权重。对于 PPI 的计算，采用基期的第 i 种商品的销售量（q_i）作为权重。

根据价格传导规律，PPI 对 CPI 有一定的影响，这是由于 PPI 反映生产环节价格水平而 CPI 反映消费环节的价格水平。整体价格水平的波动一般先出现在生产领域，然后通过产业链向下游产业扩散，最后波及流通领域消费品。

由于 CPI 不仅包括消费品价格，还包括服务价格，因此 CPI 与 PPI 在统计项目上并不遵循严格的对应关系，这也导致 CPI 与 PPI 的变化在某一时期出现不一致的情况是有可能的。

三、MMMF

MMMF（Money Market Mutual Fund），即货币市场互助基金，也称货币市场共同基金或货币市场基金。

MMMF 吸收小额投资，然后再用来在货币市场上投资短期货币市场工具，如大额存单、国库券等。在美国，MMMF 的投资每单位在 500~1000 美元之间，并且由于是向基金投资而不是存款，因此从基金得到的是利润而不是利息，不受存款利率的限制。同时 MMMF 还允许账户所有者签发金额不低于 500 美元的支票。MMMF 是开放式基金，它将机构及个人投资者的零散资金汇集起来，投入货币市场获利，从而吸引众多的机构及个人成为货币市场的主体。

20 世纪 70 年代初美国对商业银行与储蓄银行提供的大部分存款利率均进行管制，而货币市场工具则是采用浮动利率，但许多中小投资者无法进入货币市场（因有最低交易额规定），当时市场利率处于存款机构规定能支付的利率上限以下，MMMF 因其收益并不高于银行存款利率而难以发展，总股份在开始的几年中非常有限。

1973 年，市场上仅有 4 家 MMMF，资产总额只有 1 亿美元。但到了 20 世纪 70 年代末，由于连续几年的通货膨胀导致市场利率剧增，货币市场工具如国库券和商业票据的收益率超过了 10%，远远高于银行与储蓄机构为储蓄存款和定期存款所支付的 5.5% 的利率上限。随着储蓄机构的客户不断地从储蓄存款和定期存款中抽出资金投向收益更高的 MMMF，MMMF 的总资产迅速扩大，从 1977 年的不足 40 亿美元激增到 1982 年有 200 多家基金、持有 2400 亿美元的资产，并在总资产上超过了股票和债券共同基金。MMMF 的迅速发展是市场利率超过银行和其他存款机构管制利率的产物。同时 MMMF 能迅速发展并且保持活力的原因还在于管制较少，MMMF 没有法定的利率上限，而且对提前取款也没有罚款。

MMMF 的迅速发展引起了商业银行和储蓄机构的强烈反应，他们要求美国国会对 MMMF 附加储备要求和其他限制，虽然国会最终没有批准存款机构的要求，但其仍给予商业银行和储蓄机构发行一种新型的金融工具即货币市场存款账户的权利，它与 MMMF 相似，也提供有限的支票签发而且没有储备要求，收益率几乎与 MMMF 一样高。

在银行和其他存款机构以超级可转让支付命令账户和货币市场存款账户的反击下，1982 年末到 1983 年初，MMMF 的总资产开始下降。商业银行和存款机构的这些创新金融工具暂时阻止了资金从银行向 MMMF 的流动。但商业银行与存款机构无法承受提供高收益的成本，不久以后，货币市场存款账户利率的降低导致 MMMF 再次迅速发展，在 20 世纪八九十年代创造了极大的收益。1987 年美国股市大崩溃，再一次导致大量的资金流入 MMMF，其资产总额突破 3000 亿美元。1989 年和 1990 年的储蓄和贷款协会危机引起商业银行突然增加他们的存款保险，来保护他们的存款，同时监管当局更加关注存款机构已经出现的高利率。所有这些变化都有利于 MMMF 的快速发展，其资产在 1991 年达到 5000 亿美元。

与一般基金相比，MMMF 除了具有一般基金的专家理财、分散投资等特点外，还具有如下一些投资特征：投资于货币市场中高质量的证券组合；提供一种有限制的存款账户；受到的法规限制相对较少。

同样的，MMMF 也具有一定的局限性：不存在存款保险；由于商业银行不断地开展存款创新，进行高风险高收益的投资组合，MMMF 不利于吸引稳健的投资者。

四、QE

QE（Quantitative Easing），也就是量化宽松，主要是指中央银行在实行零利率或近似零利率政策后，通过购买国债等中长期债券、增加基础货币供给、向市场注入大量流动性资金的干预方式以鼓励开支和借贷。量化宽松所涉及的政府债券，不仅金额庞大，而且周期也较长。一般来说，只有在利率等常规工具不再有效的情况下，货币当局才会采取量化宽松这种极端做法。通常来说，量化宽松的政策实施可以分为四个部分：零利率政策、补充流动性、主动释放流动性、引导市场长期利率下降。

量化宽松最早是 2001 年由日本央行提出的。2001—2006 年，为了应对国内经济的持续下滑与投资衰退，日本央行在利率极低的情况下，通过大量持续购买公债及长期债券的方式，向银行体系注入流动性，使利率始终维持在近于零的水平。通过向银行体系注入流动性，迫使银行在较低的贷款利率下对外放贷，进而增加整个经济体系的货币供给，促进投资及国民经济的恢复，而这与正常情况下央行的利率杠杆调控完全不同。

在经济发展正常的情况下，央行进行公开市场业务操作，一般是通过购买市场的短期证券对利率进行微调，从而将利率调节至既定目标利率；而量化宽松的调控目标锁定为长期的低利率，各国央行持续向银行体系注入流动性，向市场投放大量货币。

量化宽松这种较为极端或者说激进的金融政策，一方面会增加信贷供应，避免通货紧缩，使经济恢复健康增长，有效缓解低利率情况下货币政策的传导问题，并且解决可能存在的流动性陷阱；另一方面也会带来一系列负面影响。

以美国为例（美国是采取量化宽松政策最多的一个国家），量化宽松为美国筹集大量铸币税——鉴于美元的国际货币地位，美联储通过发行基础货币实施量化宽松，实质上是向全球征收铸币税。一方面，量化宽松为美国扩大财政支出提供了重要支持——除第三轮量化宽松政策为购买抵押贷款支持证券外，美联储实施的其他三轮量化宽松政策均为购买国债，为美国政府维持财政赤字政策、扩大财政支出提供支持。但另一方面，量化宽松导致美元大幅度贬值和全球物价上涨，导致美国外债大幅度缩水。

量化宽松虽然一定程度上有利于抑制通货紧缩预期的恶化，但对降低市场利率及促进信贷市场恢复的作用并不明显，并且或将给后期全球经济发展带来一定风险。量化宽松极有可能带来恶性通货膨胀的后果。央行向银行体系注入大量流动性，不会导致货币供应量大幅增加。但是，一旦经济出现恢复，货币乘数可能很快上升，已经向银行体系注入的流动性在货币乘数的作用下将直线飙升，流动性过剩在短期内就将构成大问题。量化宽松政策不仅降低了银行的借贷成本，也降低了企业和个人的借贷成本。各国政府都在实行超低利率，其本意是希望经济迅速复苏，但结果事与愿违——那些本该进入实体经济的量化宽松货币在有些国家却流入了股市，比如美国等。

五、MMT

MMT（Modern Monetary Theory），也就是现代货币理论，是由美国后凯恩斯主义学派 L. 兰德尔·雷等几位经济学家自 20 世纪 90 年代开创并发展起来的宏观经济学说。MMT 综合了马克思经济学、凯恩斯经济学、克纳普的国家货币理论（the state theory of money）和阿巴·勒纳的功能财政（functional finance）等理论，从货币视角、财政政策、货币政策和汇率政策四个方面作出了与传统经济学不同的经济分析。从出发点上看，MMT 采纳了国家货币理论的观点，认为货币起源于债权债务关系，其诞生与承担记账的职能有关。而主流的货币理论认为，货币的诞生与其交易媒介的功能有关，最初作为支付手段，为交易便利而诞生。

在具体讨论 MMT 的内容之前，需要提醒的是：MMT 是以美国的货币体系为蓝本的，与中国的货币体系有所不同。虽然二者都属于法币体系，但货币供给方式不同，财政与货币的关系也不同。因此，用中国的货币体系去理解 MMT，难免产生谬误。MMT 并不否定银行创造货币的中枢职能，相反，MMT 完全发扬了债务货币理论。MMT 认为一切货币均由负债产生，每一分货币追溯其来源，都对应着某一笔债务。银行货币由银行贷款创造，而基础货币则由政府的负债来创造。如果没有人从银行贷款，则不会产生银行存款；如果没有政府的负债，则不会产生基础货币供给。

MMT 的理论重点，也就是政府主权货币及其影响，主要包括了以下几点。

（1）质疑传统经济学中货币起源于物物交换的交易媒介、货币金属论和货币数量论等理论，并从货币史的角度提出"货币起源于民众向国家上缴货币税收的制度安排［税收驱动货币论（tax-driven money）或货币国定论］"，得出主权货币和国家货币结论——货币是国家创造的；政府发行通货无须金银作为储备；政府是货币的发行者。

（2）质疑央行的货币政策可以控制货币供给量的说法。认为既然货币供给是为了满足货币需求，那么意味着货币供给总量不是由货币政策或贵金属储备外生决定的，而是通过财政政策达到的。

（3）质疑传统经济学坚持的稳健财政或平衡财政政策。认为政府应该充当"最后的雇主"（employment of last resort）。政府支出的边界是资源充分利用，即充分就业（功能财政）。政府开支无须担心赤字。税收的目的只是发挥回笼货币和调节收入分配等功能。

（4）质疑传统学术界一直倡导的央行作用及其独立性。认为央行的作用是维护金融体系的稳定，它是用货币供给量决定了基础货币，而不是通过三大政策工具影响基础货币投放以调控货币供给量从而有效影响经济；认为现实中央行需要与财政部密切协调，协助政府的运行；认为国债不是政府的融资手段，而是货币政策工具，它的增减可以调控准备金市场的供求从而决定利率。

（5）质疑传统经济学关于政府赤字支出会带来主权债务危机风险的观点。认为主权货币制度要求政府不持有外币债务，并要求政府采用浮动汇率制度，从而为一国政府提供最大政策空间的最佳选择（认为欧盟有统一的中央银行，但没有统一的财政部，因此就发生了欧洲主权债务危机）。

（6）现代货币理论认为主权货币制度应该满足三个条件以实现浮动汇率，它可以保证政府最大的政策空间，等等。

总而言之，现代货币理论与传统财政货币理论之间的理论冲突体现在方方面面，例如：传统财政货币理论认为政府是货币的使用者，政府收入来自税收，国债政府开支需要融资，融资顺序是税收、国债、财政赤字货币化；而现代货币理论认为基于主权货币制度，财政开支就是货币创造，直接在央行记账，税收和国债的作用是货币的回笼，"财政赤字货币化"是可兑换货币制度时代的产物；现代货币理论认为主权货币制度、资本账户开放、实行浮动汇率制度是为国家政府提供最大政策空间的最佳选择……

六、滞胀

滞胀，也就是停滞性通货膨胀或停滞性通胀，特指经济停滞，失业及通货膨胀同时持续高涨的经济现象。通俗地说就是物价上升，但经济停滞不前，这是通货膨胀长期发展的结果。

滞胀主要有两种成因：经济产能因负面的供给震荡而减少，例如石油危机造成石油价格上涨，生产成本上升及利润减少，导致商品价格上升、经济增长放缓；不当的经济政策，例如中央银行容许货币供应过度增长，政府在商品市场和劳动市场作出过度管制。而在对美国 1970 年滞胀时期的分析中可以发现其同时满足两种成因——先是油价暴涨（负面的供给震荡），继而是中央银行使用过度刺激的货币政策对抗经济衰退，形成物价/薪资螺旋（不当的经济政策）。

实际上"滞胀"这一概念并不是一开始就被经济学家们所接受。1960 年前很多凯恩斯主义者忽视滞胀的可能性，因为根据历史经验，高失业率伴随的是低通胀率，反之亦然（其关系被称为菲利普斯曲线）。但在 20 世纪七八十年代滞胀出现时，明显的通胀与就业水平的曲线并不平稳，也就是说菲利普斯曲线可以位移。宏观经济学者对凯恩斯主义抱怀疑态度，凯恩斯主义者再三考虑其想法去找寻滞胀的解释。菲利普斯曲线位移这一想法在早期凯恩斯学说受到严重批评，但逐渐为大部分凯恩斯主义者所接受，并引入到新兴凯恩斯学派的经济模型。

当代凯恩斯主义者认为滞胀可以用区分影响总需求的因素与影响总供应的因素来理解。虽然货币政策及财政政策对于总需求的波动可以起稳定作用，但是对于总供应的波动成效不大。特别当有总供给震荡，便可能引致滞胀。

滞胀同样会带来短期和长期两方面的影响：在短期内，滞胀的物价持续上涨现象会造成严重的通货膨胀，经济产量下降会导致企业提供的劳务和物品减少，从而导致失业率上升，企业甚至会面临破产倒闭，整个经济呈现衰退的趋势，同时高通胀率影响财富分配并扭曲价格，高失业率使国民收入下降；在长期内，物品与劳务的产量仍处于较低的水平，但是随着工资、价格和供给根据较高的生产成本进行调整，最终衰退会自行消失，并且随着时间的推移，当短期总供给曲线移回到原来的位置时，物价水平会下降，产量接近其自然率，经济回到总需求曲线与长期总供给曲线相交的位置。

中央银行很难依靠单一的货币政策来消除滞胀，因为采用紧缩货币政策，提高利率，会使企业经营成本加大，经济就有可能更加萧条，甚至可能引发倒退；若采用宽松的货币政策（印银纸但同时没有抵押）降低利率，虽然刺激了经济增长，但又会引发恶性通货膨胀。因此在滞胀时期，政府会不得已选用扩张性财政政策搭配紧缩性货币政策来遏制滞胀现象。

七、通货紧缩

通货紧缩是指货币供应量少于流通领域对货币的实际需求量而引起货币升值，从而引起商品和劳务的货币价格总水平持续下跌的现象。

通货紧缩，包括物价水平、货币供应量和经济增长率三者同时持续下降；它是市场上的货币减少，购买能力下降，影响物价下跌造成的；长期的货币紧缩会抑制投资与生产，导致失业率升高与经济衰退。

可以通过性质、机理等不同方面对通货紧缩进行类型的划分。

按通货紧缩持续的时间可分为长期性通货紧缩和短期性通货紧缩。按通货紧缩和经济增长的关系可分为伴随经济增长率减缓的通货紧缩和伴随经济增长率上升的通货紧缩。按通货紧缩和货币政策的关系可分为货币紧缩政策情况下的通货紧缩、货币扩张政策情况下的通货紧缩和中性货币政策情况下的通货紧缩。

按照不同的标准，通货紧缩可以划分为相对通货紧缩和绝对通货紧缩。相对通货紧缩是指物价水平在零值以上，但在适合一国经济发展和充分就业的物价水平区间以下；在这种状态下，物价水平虽然还是正增长，但已经低于该国正常经济发展和充分就业所需要的物价水平，通货处于相对不足的状态。这种情形已经开始损害经济的正常发展，虽然是轻微的，但如果不加重视，可能会由量变转变为质变，对经济发展的损害会加重。绝对通货紧缩是指物价水平在零值以下，即物价出现负增长，这种状态说明一国通货处于绝对不足状态。这种状态的出现，极易造成经济衰退和萧条。

按照导致通货紧缩的成因，可以分为需求不足型通货紧缩和供给过剩型通货紧缩。需求不足型通货紧缩，是指由于总需求不足，正常的供给显得相对过剩而出现的通货紧缩。供给过剩型通货紧缩，是指由于技术进步和生产效率的提高，在一定时期产品数量发生绝对过剩而引起的通货紧缩。

通货紧缩的原因主要可以分为四类：货币供给减少、有效需求不足、供需结构不合理和国际市场的冲击。

货币供给减少主要是由于政策时滞，在通货膨胀时期采用的紧缩性货币政策和财政政策没有及时调整，导致投资和需求下降，进而影响社会有效供给。

当实际利率较高时,消费和投资就会出现大幅下降而导致有效需求不足,进而导致物价持续下跌;当金融机构贷款意愿下降和提高利率时,会减少社会总需求,导致物价下跌;制度变迁和转型等体制因素,导致居民消费行为发生变化,储蓄倾向上升,消费倾向下降,即期支出大量地转化为远期支出,也会引起有效需求不足,导致物价下降。这一系列因素最终都会导致通货紧缩,因此有效需求不足也是通货紧缩的成因之一。

在供需结构方面,由于经济中存在不合理的扩张和投资,造成不合理的供给结构和过多的无效供给,当积累到一定程度时必然加剧供给之间的矛盾,导致供过于求,产品价格下跌。

对于开放度较高的国家,在国际经济不景气的情况下,国内市场也会受到很大的影响。主要表现在出口下降,外资流入减少,导致国内供给增加、需求减少,产品价格下降,最终会诱导通货紧缩。

通货紧缩作为通货膨胀的相反概念,其存在一定的积极影响以及显而易见的消极影响。

适度的通货紧缩会加剧市场竞争,有助于调整经济结构和挤去经济中的泡沫,也会促进企业加强技术投入和技术创新,改进产品和服务质量,对经济发展有积极作用的一面。

与此同时,通货紧缩会导致社会总投资减少:一方面,通货紧缩会使实际利率提高,社会投资的实际成本上升,从而导致投资下降;另一方面,预期价格下降,投资预期收益减少,也会使企业投资意愿下降。

通货紧缩同样会减少消费需求。在通货紧缩过程中,物价下跌使货币实际购买力不断提高,人们会尽可能地推迟支付,导致消费支出的延迟和消费规模的减小。

社会收入再分配在一定程度上也会受到通货紧缩的影响。通货紧缩会使政府的收入向企业和个人转移,这主要是通过降低所得税实现的;会使企业在价格下降中受到损失;会使工人的实际工资增加;会形成有利于债权人而不利于债务人的资金再分配。

在通货紧缩时期,国家所采取的通常是紧缩性财政政策和扩张性货币政策的组合方式。

八、三元悖论

三元悖论,也称三难选择,是由美国经济学家保罗·克鲁格曼(一说蒙代尔)就开放经济下的政策选择问题所提出的,其含义是在开放经济条件下,本国货币政策的独立性、汇率的稳定性、资本的完全流动性不能同时实现,最多只能同时满足两个目标,而放弃另外一个目标。换个说法,也就是一国政府在固定汇率制度、独立的货币政策及资本的完全流动性中只能择其二。

在资本完全流动的情况下,如果实行严格的固定汇率制度,则货币政策无法完全独立;如果要维护货币政策的完全独立,则必须放弃固定汇率制度;如果要使得固定汇率制度和货币政策独立性同时兼得,则必须实行资本管制。因此,在世界各国的国家金融顶层布局中,就存在一个政策组合的选择问题,一般有三种政策组合供选择。

第一，保持本国货币政策的独立性和资本的完全流动性，牺牲汇率的稳定性，实行浮动汇率制。这是由于在资本完全流动的条件下，频繁出入的国内外资金将导致国际收支状况不稳定，本国货币当局可以保持货币政策的独立性，同时将汇率调整到真实反映经济现实的水平，由此改善进出口收支，影响国际资本流动。虽然汇率调节本身具有缺陷，但实行浮动汇率制确实较好地解决了此问题。当然，当一国发生金融危机、汇率调节不能奏效时，为了稳定局势，政府的最后选择还是资本管制。第二，保持本国货币政策的独立性和汇率稳定，牺牲资本的完全流动性，实行资本管制。其实质是一国政府以牺牲资本的完全流动性，来维护汇率的稳定性和货币政策的独立性。大多数经济不发达国家就在实行这种政策组合。一方面，它们需要相对稳定的汇率制度来维护对外经济的稳定；另一方面，较弱的监管能力也使其无法对自由流动的资本进行有效管理。第三，维持资本的完全流动性和汇率的稳定性，放弃本国货币政策的独立性。这一组合能够实现的前提是一国外汇储备无上限，但现实中，一国的外汇储备不可能无上限，其总量再巨大，相对规模庞大的国际游资也是力量薄弱的。一旦中央银行耗尽外汇储备仍无力扭转国际投资者的贬值预期，则其在外汇市场上将无法继续托市，固定汇率制也将彻底崩溃。因此，一国即使放弃货币政策的独立性，在巨大的国际游资压力下，往往也很难实行固定汇率制。这在亚洲金融危机中也得到了充分验证。

三元悖论的发现并不是一蹴而就的，而是基于诸多学者对历史事件的研究而最终得到的。

二战后首先对固定汇率制提出异议的是米尔顿·弗里德曼。他在1950年发表的《浮动汇率论》一文中指出，固定汇率制会传递通货膨胀，引发金融危机，只有实行浮动汇率制才有助于国际收支平衡的调节。接着，英国经济学家詹姆斯·米德在1951年写成的《国际经济政策理论（第一卷）：国际收支》一书中也提出，固定汇率制度与资本自由流动是矛盾的。他认为，实行固定汇率制就必须实施资本管制，控制资本尤其是短期资本的自由流动。该理论被称为"米德冲突"或"米德难题"。

罗伯特·蒙代尔在研究了20世纪50年代国际经济情况以后，提出了支持固定汇率制度的观点。20世纪60年代，蒙代尔和J. 马库斯·弗莱明提出的蒙代尔-弗莱明模型对开放经济下的IS-LM模型进行了分析，该模型指出在没有资本流动的情况下，货币政策在固定汇率制下能够有效地影响与改变一国的收入，而在浮动汇率制下其效果更为显著；在资本有限流动情况下，整个调整结构与政策效应与没有资本流动时基本一样；而在资本完全可流动情况下，货币政策在固定汇率制下完全无法影响与改变一国的收入，但在浮动汇率制下，则是能够影响的。由此得出了著名的"蒙代尔三角"理论，即货币政策独立性、资本自由流动与汇率稳定这三个政策目标不可能同时达到。

1999年，美国经济学家保罗·克鲁格曼根据上述原理画出了一个三角形，他称其为"永恒的三角形"，清晰地展示了"蒙代尔三角"的内在原理——货币政策自主权、固定汇率、资本自由流动这三个目标之间不可调和，最多只能实现其中的两个，也就是实现三角形一边的两个目标就必然远离另外一个目标。这也就是最终的三元悖论。

部分发达国家（如美国、英国、日本等）基于其本国货币在国际上具有独特的货币地位得以选择维持独立货币政策和货币自由兑换制，而放弃对汇率的控制权。在我国，中国香港特别行政区放弃了独立货币政策，保留了稳定的汇率和货币自由兑换制；中国内地则保留了独立货币政策和稳定的汇率，放弃了人民币自由兑换制。

九、强势美元国策

二战后建立的以黄金-美元为核心的布雷顿森林体系，在20世纪60年代末期受到严重挑战，并于70年代初期正式崩溃。从1970年至1994年，美国政府基本在实施弱势美元政策，美元汇率一路狂跌，20世纪70年代的10年间，美元兑换黄金的汇率差不多下降了90%，20世纪80年代初美元汇率短暂回升后再次调头向下。

整体上，弱势美元政策下美元一蹶不振。美元与黄金脱钩并长期走软，缓解了美元兑换黄金的压力并削减了美国的对外债务负担，但弱势美元政策并没有能够解决美国经济中存在的一系列问题。伴随美元狂跌不止的，是美国对外贸易逆差的迅速膨胀。20世纪90年代中期，美国还面临一连串的宏观经济问题：日益增长的通货膨胀风险；不断扩大的政府预算赤字；难以弥补的储蓄-投资缺口。继续实施弱势美元政策已经无法解决而只会恶化这些问题。

1995年初，出任克林顿政府第二任财政部长的罗伯特·鲁宾提出"强势美元符合美国的利益"也就是"强势美元国策"，并采取措施扭转美元颓势，美元开启了长达七年的升势。该政策的出发点是，通过促使美元升值降低外债成本，同时让美联储得以实施低利率政策，从而达到鼓励投资的目的。尽管美元升值可能造成经常项目的赤字增加，但是考虑强势美元带来的生产效率提高能够吸引国际资本大量流入，经常项目的逆差可以被资本项目的顺差所弥补，最终不仅可以维持国际收支的平衡，而且能给国内带来巨大的商业机会，所以美国政府选择了支持美元走强。

强势美元国策是伴随美国国内不同利益集团的争执而诞生的。美元升值不利于美国的制造业和出口，但能够吸引国际资本，利于金融市场的繁荣。早在20世纪90年代初，美国商务部和财政部就针对美元走向问题争吵不休，任职于财政部的萨默斯与贸易代表凯特、商务部部长布朗屡次就汇率问题发生争执，1994年夏天，当时的财政部副部长阿特曼将这场争执称为"强势美元国策"之争，强势美元国策由此而得名。1995年初，出身于金融部门的鲁宾出任财政部部长，公开支持美元升值，强势美元国策自此确立。

严格意义上来讲，强势美元国策既不是真正意义上的货币政策，又不能被称为汇率政策。其内容从来没有被明确定义过，具体的实施手段和工具也无从谈起。究其实质，强势美元国策所代表的无非是美国政府希望美元走强的一种官方姿态，以及对美元走强的容忍态度。

美国政府采取强势美元国策的根本原因可以分为六点。

第一，诱导已经游离的美元回流美国。由于美国连年的巨额对外贸易逆差，大量美元"出口"到贸易顺差国，形成欧洲美元（或称离岸美元）游离于美国境外，不受美国政府的掌控，还不利于美国经济的发展，强势美元国策有利于诱导已经游离的美元回流美国，并使其得到适当的监控，减缓其冲击力。

第二，为实施投资导向战略提供保障。在经济增长的各要素中，投资对美国经济增长的贡献最大，而由于美国经济对对外贸易的依存度小，净出口对美国经济增长的作用有限，因此在出口导向与投资导向的权衡取舍中，美国选择投资导向。然而，美国国内的储蓄率偏低，存在较大的储蓄-投资缺口，单纯依靠美国国内的储蓄形成的投资已经无法支撑美国经济高速增长所需，"进口"资本是实施投资导向战略的重要保障。实施强势美元国策，有助于外国资本流入美国，弥补其储蓄-投资缺口。

第三，缓冲降息带来的通货膨胀风险。美国若要实施投资导向战略，就必须降低利率以刺激投资需求，然而降低利率又会使美国经济暴露于通货膨胀风险之中。对通货膨胀风险的畏惧制约了美联储对利率工具的操作。强势美元国策下廉价的外资及进口商品的输入，将有效地缓冲美联储降息带来的通货膨胀风险。

第四，充实美国债市。由于军费预算及强化美国全球霸权的需要，美国每年的政府开支庞大，因此需要外源融资，而且强势美元国策必须实施。

第五，增强纽约作为世界金融中心的实力。美国是全球实力雄厚的金融市场，但在金融中心的排位中，纽约一直位列伦敦之后屈居第二，强势美元国策应该能够削弱伦敦的竞争力而强化纽约的实力。

第六，巩固美元的国际地位。20世纪90年代中后期，欧元对美元的国际霸权形成巨大的挑战，强势美元国策有利于巩固美元的地盘，阻滞欧元对美元的潜在威胁。

从实际情况来看，强势美元国策确实对美国国内的经济增长起到了促进作用。

首先，强势美元国策吸引资金流入，促进经济增长，弥补了巨额经常项目逆差。根据美国商务部的统计，1995—2000年，外国投资者持有的美元资产从4385亿美元大幅增加至10160亿美元。这使得美国资本市场实力雄厚，流动性更强，美国企业和政府可以很容易筹集到资金。从1995年开始，美国国际收支中一直存在巨额的经常项目逆差，却没有及时进行调整，而且国内经济也并没有因此受到影响，主要是因为资本和金融项目的顺差起到了弥补的作用。

其次，强势美元国策为美国国内经济政策提供了较大空间。1992年，美国财政赤字高达2900亿美元，但是到1998年即实现了收支平衡。这同资金流入增加，企业投资扩大，经济增长，财政收入上升密切相关；强势美元国策使得外国进口商品价格低廉，有利于控制通货膨胀，使美国政府可以实施低利率，推动经济发展；强势美元国策吸引的巨额资金还活跃了美国股市，有利于高科技的创业投资，为美国的高科技产业发展和结构调整提供了支持。

最后，强势美元国策有助于维护美国的世界经济霸主地位，还可以带来铸币税的收益。目前，美元居于国际货币体系的核心位置，在全球外汇储备、贸易结算、外汇交易中均占绝大部分，国际证券发行总额中也有50%用美元标价。在全球流通的美元中，有70%在美国以外的国家流通，数量高达4万亿美元，美国每年由此获得的铸币税收入亦相当可观。

然而，强势美元国策在一定程度上使美国的贸易逆差不断扩大，以贸易逆差为主体的经常项目逆差因此也逐步增加。此外，美元升值使美国的传统制造业受到了严重的冲击，在1991—2000年的10年间，制造业在美国的新增国内生产总值中所占的比重只有5%左右。2001年美国制造业出口额下降4.6%，为1983年以来首次下滑。而在2000年中到2001年底的一年半时间内，美国制造业出口的大幅下降导致40万工人失去了工作。此外，美国出口产品在世界市场上处境艰难，同时大量廉价进口产品冲击了美国市场，国内竞争日趋激烈。

尽管如此，美国仍长期坚持强势美元国策，究其原因，正是强势美元国策带给美国的收益"远远大于"成本。

十、压力测试

压力测试是指将整个金融机构或资产组合置于某一特定的亦或是主观想象的极端市场情况下，然后测试该金融机构或资产组合在这些关键市场变量突变带来的压力下的表现状况，看它们能否经受得起这种市场的突变。

压力测试的主要作用包括：前瞻性评估压力情景下的风险暴露，识别定位业务的脆弱环节，改进对风险状况的理解，监测风险的变动；对基于历史数据的统计模型进行补充，识别和管理"尾部"风险，对模型假设进行评估；关注新产品或新业务带来的潜在风险；评估银行盈利、资本和流动性承受压力事件的能力，为银行设定风险偏好、制定资本和流动性规划提供依据；支持内外部对风险偏好和改进措施的沟通交流；协助银行制定改进措施。

压力测试的方法可以分为两类：敏感度分析和情景分析。

敏感度分析是利用某一特定风险因子或一组风险因子，让因子在执行者所认定的极端变动的范围内变动，分析其对于资产组合的影响效果。这一分析方法的优点在于容易了解风险因子在可能的极端变动中，每一变动对于资产组合的总影响效果及边际效果；缺点则是执行者对于每一逐渐变动所取的幅度及范围必须十分恰当，否则将会影响分析的结果与判断，特别是对于非线性报酬率的资产组合，这种情况将更为显著。

情景分析即将一组风险因子定义为某种情景，分析在个别情景下的压力损失。情景分析的事件设计方法有两种：历史情景分析和假设性情景分析。

历史情景分析是指利用某一种过去市场曾经发生的剧烈变动，评估其对资产组合会产生什么影响。历史情景分析的优点是具有客观性，利用历史事件及其实际风险因子波动情形，在建立结构化的风险值计算上较有说服力，且风险因子间的相关变化情形也可以依历史数据作为依据，使模型假设性的情形降低许多。此外，这种模型比较符合直觉，重大历史事件的深刻印象将使风险值与历史事件紧密结合，管理者在设定风险限额时，便可依历史事件的意义来进行评估，使决策更具说服力。但这种方法的缺点在于现今金融市场变动非常迅速，许多金融商品不断创新，因此历史事件无法涵盖此类商品，且某些商品的历史价格未出现极端情况，亦无法利用此方法进行衡量。虽然过去发生过的情景未来不一定会再发生，但使用历史情景分析方法来对资产进行风险管理，至少可保证过去的压力事件在事前预防下不会于未来重演。

仅以历史情景分析进行压力测试有其限制，参考历史事件并另建立对于每个风险因子可能产生的极端事件，将使得压力测试更具完整性，这就是假设性情景分析。在这种分析方法中银行可自行设计可能的各种价格、波动及相关系数等的情景，这些计算的设定主要来自经验及主观。

2009年2月10日，美国财政部长盖特纳提出对全美最大的19家银行进行压力测试。这 19 家银行拥有美国银行系统 2/3 的资产和超过一半的贷款。这是美国政府旨在判定银行"缺血"程度而设定的一项调查,其最终目标是让这些金融机构在未来两年继续持有充足资本,同时仍能提供消费信贷。

约 180 位联邦监管官员、督察人员及经济学家参与了测试。测试设定了当前危机之下和危机深化时两种情景。第一种情景中,测试方设定,美国 2009 年失业率为 8.4%;2010 年失业率达到 8.8%,房价继续下跌 14%。第二种情景中,美国 2010 年失业率达 10.3%,房价继续下跌 22%。

测试检验了 19 家银行在这两种情景中损失有多大、能否生存下来、"弱者"需补充多少资本金等情况。

2009 年 5 月 7 日,美联储正式公布对 19 家大型银行的压力测试结果,其中 10 家银行必须在当年 11 月底前筹措到 746 亿美元新增资本金,以应对经济衰退加深的形势。其中,美国银行"缺血"最多,需要筹措 339 亿美元。接下来依次为富国银行 137 亿美元、通用汽车金融服务公司 115 亿美元、花旗集团 55 亿美元、地区金融集团 25 亿美元、太阳信托银行公司 22 亿美元、摩根士丹利 18 亿美元、科凯国际集团 18 亿美元、五三银行 11 亿美元、匹兹堡国民商业银行 6 亿美元。

摩根大通集团、高盛集团、大都会保险、美国运通、纽约梅隆银行、第一资本金融公司、道富银行、BB&T 银行控股公司因资产状态良好,顺利"过关",无须另行筹措资金。

测试结果显示,假如经济衰退进一步加深,这 19 家银行在 2009 年和 2010 年的亏损额总计可能达到 6000 亿美元。这一估算也被市场视为过于乐观。

十一、生前遗嘱

生前遗嘱,又称恢复与处置计划,指由金融稳定理事会提出,要求金融机构拟定并向监管机构提交的当其陷入实质性财务困境或经营失败时快速有序的处置方案。

其中,恢复计划是指银行保险机构预先制订,并经监管机构认可的应对方案,在重大风险情形发生时,该方案主要通过自身与股东救助等市场化渠道解决资本和流动性短缺,恢复持续经营能力。恢复计划内容包括但不限于:机构概览,恢复计划治理架构与职责划分;关键功能与核心业务、关键共享服务和重要实体识别,风险领域和薄弱环节;恢复措施的触发机制,包括触发指标定义及设置等;压力情景设计、分析及各压力情景下的措施有效性检验;银行在面临资本不足或流动性困难时可以采取的措施及具体执行方案,包括补充流动性、资产出售、补充资本、暂停或限制分红、压缩经营成本等;银行向中央银行、银保监会等部门报告和沟通策略等方面的安排;银行实施恢复计划的障碍及解决障碍的措施。

处置计划是指银行保险机构预先建议,并经监管机构审定的应对方案,在恢复计划无法有效化解银行保险机构重大风险,或者可能出现引发区域性与系统性风险情形时,通过实施该方案实现有序处置,维护金融稳定。处置计划内容包括但不限于:机构概览,处置计划治理架构与职责划分;关键功能与核心业务、关键共享服务和重要实体识别;处置策略分析,处置权力分析,处置工具分析(如收购与承接、过桥银行、经营中救助等）；处置措施的触发机制；处置措施和方案，包括对实现快速稳定、提升长期生存能力的分析，以及采取的主要措施，例如内部财务纾困、业务转让、部分或全部资产及负债转让等；保障有效处置的支持性分析，包括处置资金计划和来源、估值能力、关键服务持续运营安排、金融市场基础设施及持续接入安排、消费者权益保护方案等；与境内外相关部门的协调和信息共享、沟通策略等；处置实施障碍分析及解决障碍的计划措施；处置时的损失吸收安排。

在全球范围，生前遗嘱的概念早已存在多年。在 2008 年的金融危机中，雷曼兄弟公司破产引发金融"海啸"，风险蔓延至整个金融系统，而危机发生后的处置只能依靠政府救助，如何防范"大而不能倒"的机构引发的道德风险问题成为各国金融监管者的重要课题。

生前遗嘱是各国在对金融危机的反思中诞生的概念，在 2009 年被金融稳定论坛（后发展为金融稳定理事会）首次提出。2011 年 G20 戛纳峰会上，金融稳定理事会的《金融机构有效处置机制的关键要素》获得通过，成为金融机构危机处置机制的国际标准。

这一标准要求所有具有系统重要性的全球金融机构以及经国家当局评估为一旦倒闭可能对金融稳定产生影响的任何其他公司都需要建立持续的生前遗嘱，金融机构定期向监管部门递交计划书，明确其发生危机时可以采取的措施，促使有问题的金融机构能够平稳、有序退出市场，防止其倒闭对金融稳定造成破坏性影响，以及避免让纳税人承担损失风险。

此后，金融机构制定生前遗嘱的必要性逐渐成为国际共识，英、美等多国也制定了更加具体的监管要求。

例如，美国 2010 年出台了《多德-弗兰克华尔街改革和消费者保护法案》，其中规定了金融机构的生前遗嘱制度，要求部分大型金融机构就危急状态时如何快速而有序处置自身债权债务问题制订计划，并与监管达成协议。

十二、沃尔克法则

沃尔克法则是由原美联储主席、原美国总统经济复苏顾问委员会主席保罗·沃尔克提出的，其核心是禁止银行从事自营性质的投资业务，以及禁止银行拥有、投资或发起对冲基金和私募基金。

1999 年美国通过《格雷姆-里奇-比利雷法案》（《现代金融法案》）后，美国重新走向混业经营、混业管理的道路。而在 2008 年美国次贷危机的发生前后，美国混业经营、混业管理的监管系统并没有发挥充分有效的监管作用。原因有以下几点：一是现行监管体系无法跟上经济和金融体系的发展步伐；二是缺乏统一监管者，无法防范系统性危机；三是金融监管职能的重叠或缺位造成金融监管死角；四是金融监管有效性较低，尤其是缺乏对金融控股公司的有效监管；五是美国金融分业监管体系与其混业经营的市场模式是背离的。因此在 2010 年《多德-弗兰克华尔街改革和消费者保护法案》出台的过程中，作为核心内容的沃尔克法则也孕育而生。

沃尔克法则的具体内容主要有以下三点。

限制商业银行的规模。规定单一金融机构在储蓄存款市场上所占份额不得超过

10%，此规定还将拓展到非存款资金等其他领域，来限制金融机构的增长和合并。实际上美国在 1994 年已通过法案要求银行业并购时不得超过存款市场份额的 10%，本次提案将限制扩大到市场短期融资等其他非储蓄资金领域，限制银行过度举债进行投资的能力。

限制银行利用自身资本进行自营交易。此种交易是金融机构用自身资本在市场买卖，而不是作为中介机构代表客户执行交易，这在金融危机时造成了严重的市场风险。

禁止银行拥有或资助对私募基金和对冲基金的投资，让银行在传统借贷业务与高杠杆、对冲、私募等高风险投资活动之间划出明确界限。今后将不再允许商业银行拥有、投资或发起对冲基金，也不能拥有私募股权投资基金，不能从事与自己利润有关而与服务客户无关的自营交易业务。

商业银行本应通过吸收存款、发放贷款和清算结算等业务发挥经济活动润滑剂的作用，把资金供给方和资金需求方衔接起来，从而支持社会经济向前发展。2008 年美国次贷危机之前，随着资产证券化业务的不断发展，西方商业银行资产负债表管理有了更大的灵活度，银行不必再把贷款资产留在表内，而是可以通过证券化方式将资产卖出，经营模式转化为发起—分销模式。

商业银行不再承担贷款的信用风险或仅承担仍保留在账面上最低级别债券的信用风险，因而更趋向于把各种与贷款关联的证券进行打包出销，从事类似投资银行的承销等业务。

随着金融混业经营的趋势不断强化，商业银行的经营重点又发生新的转移，混业交易活动越发频繁，不仅卖出资产负债表上通过放贷形成的贷款，还作为投资者，买入其他银行或金融机构打包出售的债券，并且通过市场价格波动，赚取短期收益，甚至通过复杂的套利公式进行跨市场、跨产品的套利活动，形成购买—套利的经营模式。

此时的银行业务已经完全成为银行自身为追逐利润从事的活动，并且银行在多变的市场环境下博取短期利差，已经从所谓的效用银行走向赌博银行，失去了支持经济发展的基本功能，银行内部也开始拥有、投资或运营各种高杠杆的对冲基金、私募基金，为银行正常存贷中介业务再添一重风险。比起投资银行、对冲基金和私募基金，商业银行还享受着政府部门的特殊照顾。比如美国的商业银行一方面可以获得存款保险公司的支持，以更低的价格获得更稳定的存款资金来源，另一方面在流动性紧张时，还可以获得美联储贴现窗口的流动性支持，因此获得全面的金融安全网保护。

此外，由于大型商业银行吸收大量存款并且在金融体系中各方面的交易对手数不胜数，具有高度的关联性，因此形成了所谓"大而不倒"的优势，出现问题时政府不得不动用纳税人的资金给它们注资。而在这种背景下，沃尔克法则便应运而生。

沃尔克法则的背后实质上是美国金融业分业经营与混业经营之争，而这也意味着沃尔克法则同样具有两面性。

首先从积极的角度看，沃尔克法则禁止商业银行从事高风险自营交易，极大降低了金融体系的系统性风险，同时将使银行回归其存贷业务，有利于提高金融系统的稳定性。沃尔克法则禁止商业银行从事高风险自营交易，从根本上消除了银行进行对冲基金等高风险投机的可能性。

从消极的角度看，沃尔克法则旨在分离银行的传统存贷业务和投机业务，以降低系统性风险，但实施如此强硬的限制性措施必然带来一定的社会成本，主要体现在：降低市场流动性、削弱美国金融业竞争力、提高企业融资成本。

沃尔克法则限制银行进行自营交易，而以客户名义的做市、对冲、背书等交易在外部特征上与自营交易非常相像，为避免触犯沃尔克法则，银行可能会大幅度减少做市活动，如瑞银集团、瑞士信贷银行相继缩减了固定收益业务，此后流动性差的资产的交易成本将上升。

沃尔克法则花了很大篇幅要求银行指定合规程序以保证沃尔克法则的执行，大大提高了银行的营运成本，如风险管理成本等。在其他国家没有同步执行沃尔克法则的背景下，美国单边突进，会导致更多的国际资本和大型金融机构转而选择欧洲或其他地区，削弱美国金融行业的竞争力。

沃尔克法则降低了市场流动性，也增加了金融机构的营运成本，这些成本最终都体现在企业的融资成本上。特别是在 QE 退出和《巴塞尔协议Ⅲ》推进的背景下，沃尔克法则将产生关联的放大效应，加剧企业融资成本的上升，美国经济复苏进程或将因此放缓。

第三节　点评与思考讨论题

点评

点评 1：应正确理解和完整把握"大金融"的范畴、概念。

点评 2：各金融政策的主体、目标、手段、效应及对时滞的应对方式，呈现出与一国经济发展阶段和改革开放进程与时俱进的动态性。

点评 3：应了解与把握"政策搭配理论"的可行性、现实性与应对之策。比如货币政策与财政政策（也包括其他政策）的配对组合，在政策背后存在着一个"最优赋税"与"铸币税"此消彼长的问题，在市场层面存在着一个"国债利息与银行利率"和"财政赤字与通货膨胀"相互制约的问题。它们在表象上表现的是金融问题，实质上往往揭示的是财政问题。它们都是在"大金融"政策体系中或"政策搭配理论"中需要去重点研究并深化解决的问题。

点评 4：对货币政策的研究，最关键的是要分析和确定货币政策的"锚"放在哪。现实中，世界各国除了将货币供给量、通货膨胀率或汇率作为货币政策"锚"的选择外，还存在 QE 环境下货币政策"锚"的定位摇摆不定的问题。作为国际金融体系中心国的美国面临着这一问题，那么作为国际金融体系外围国的大多数国家应该如何应对这一可能产生的变化？

点评 5：应关注并区别各国汇率政策所反映的表象与实质问题。各国汇率政策，表象上表现的是"浮动汇率"与"惧怕浮动"、"三元悖论"与"二元悖论"的相互争论，实质上它们是在国际货币体系下中心国与外围国之间不同的国家金融行为目标与行为取向问题。

点评 6：强势货币国策是一个值得研究的课题。它涉及一国金融国际化进程中利率、汇率市场化改革、资本账户双向开放、本外币一体化账户体系和跨境资金池等的设置与管理、本币计价的国际金融资产的形成和国内金融中心的升级定位、改革发展等系列探讨事宜。

思考讨论题

1. 财政政策与货币政策的界定及其互动影响。
2. "政策搭配理论"的可行性与现实性。
3. 中国货币政策的"锚"应该放在哪里。
4. 克鲁格曼三元悖论的中国选择及其发展趋向。
5. 强势货币国策的利弊分析。
6. 中国采取"强势人民币国策"的可能性与必要性。

第四章

国家金融监管

国家金融监管是一国政府通过特定机构如中央银行、证券交易委员会等对金融交易行为主体作的某种限制或规定。国家金融监管本质上是一种具有特定内涵和特征的政府规制行为。

国家金融监管从字面意义上可以分成国家金融监督与国家金融管理。其中，国家金融监督是指金融主管当局对金融机构实施的全面性、经常性的检查和督促，并以此促进金融机构依法稳健地经营和发展。而国家金融管理指金融主管当局依法对金融机构及其经营活动实施的领导、组织、协调和控制等一系列的活动。

不论是从国家金融顶层布局的宏观层面还是从以公司为主的微观角度出发，金融监管的首要任务都是防范金融风险。在现代金融体系中，国家建立金融法治体系、实施金融监管的理论依据有两点：金融风险论，因为金融业属于高风险行业，存在利率风险、汇率风险、流动性风险和信用风险等，并且金融风险可能会引发支付危机等连锁反应，因此会直接影响货币制度和宏观经济的稳定；投资者利益保护论，因为存在市场信息不对称，投资者需要公平公正的投资环境，所以要保护投资者利益，就需要进行金融监管。世界各国的金融市场法治体系与金融市场监管体系，都是在经济发展的历史进程中逐渐完善的。

本章着重介绍不同类别的监管模式及其具体内容，并通过不同国家金融监管体系案例深入解析不同监管模式的区别。

第一节 三种监管模式

一、单一监管模式

在对单一监管模式进行阐释前，需要注意的是单一监管模式、多元监管模式及双峰监管模式三种不同类别的监管模式最大的不同点在于其监管对象及监管主体不同，而其共同点在于三种监管模式的对象都是金融机构，也就是说这三种监管模式均是"机构监管"。

单一监管模式，也可以称为统一或集中监管模式，该监管模式是指在一个国家只设立一家金融监管机构对金融实施监管，其他机构没有这个权力和职能。单一监管机构一般由中央银行承担，但也有些国家设有单独监管机构。如英国金融监管在过去一直由中央银行即英格兰银行承担，1997年英国成立金融服务局，实施对银行业、证券业和投资基金等机构的管理，英格兰银行的监管职责从此结束。日本传统金融监管由大藏省负责，日本中央银行负责执行货币政策，对从中央银行再贷款的银行进行监管。

这也意味着单一监管模式的监管主体主要是中央银行，并且监管主体只能有一个。而单一监管模式的监管对象至少包括了银行、证券、保险三大主要金融领域。而这也导致了单一监管模式的优缺点更加明显：对整个金融体系的风险系数进行把握和控制，有利于规模效益，同时能够降低监管时不统一所产生的摩擦成本，减少了监管真空和重叠，在混业经营日益明显的当今，能够对整个金融集团进行风险评估，并作出有效的监管；然而，如果没有对监管目标进行清晰的界定，其监管效果反而会比多元监管更加低下，不能确保一致性和监管效率，并且集权统一的监管机制容易造成官僚主义，进而产生道德风险。

二、多元监管模式

多元监管模式，也就是分业监管模式，是指根据金融业内不同的机构主体及其业务范围的划分而分别进行监管的一种模式，一般来说是按照银行、证券、保险三大金融领域来进行监管机构的划分。多元监管体制通常由多个金融监管机构共同承担监管责任，一般银行业由中央银行负责监管；证券业由证券监督管理委员会负责监管；保险业由保险监督管理委员会负责监管，各监管机构既分工负责，又协调配合，共同组成一个国家的金融监管组织体制。美国正是现阶段采用多元监管模式的国家。

因此多元监管模式的监管主体可以是复数的，并且其监管对象分别对应着金融业内不同的机构主体。多元监管模式有明确的监管分工，能够避免单一金融领域的风险而产生连锁的金融危机，并且各监管机构能够集中部门精力对领域内的市场活动进行监控，专业性强。但是随着金融业的迅猛发展，多元监管模式的不足之处也日益凸显，其中包括：监管交叉重叠；金融法律不统一，冲突严重，影响权威；监管效率由于协调机制的不完善而日益低下；监管的分散容易产生"真空"地带，使金融高危性增加；在混业经营日益明显的趋势下难以对金融集团的集体风险进行把握。

三、双峰监管模式

双峰监管模式，指在功能监管的基础上，根据金融监管的两大主要职能——审慎监管（控制金融体系的系统性风险）和市场行为监管（起双重保险的作用），设立对应的两个监管机构（金融监管局—审慎监管局和金融行为监管局）分别进行负责。两个监管机构中，前者主要监管银行、存款、保险、信贷和大型投资机构。后者监管对象为其他金融企业，例如中、小型投资机构、保险经纪、基金等。实行双峰监管模式的国家有澳大利亚、英国等。

从发展时间上来看，双峰监管模式的出现时间晚于单一监管模式及多元监管模式。从监管主体数量乃至监管对象来分类，双峰监管模式更像是一种介于单一监管和多元监管的模式，但是其机构对应的监管对象分类与另外两种模式完全不一样。

双峰监管模式能够较好地分别对金融机构的两个阶段的行为进行有效监控，能够保证各自的监管领域内的监管目标一致，同时也避免了不同机构存在同领域监管，但是因为部门因素、体系因素而产生的监管交叉、真空。此外，双峰监管模式降低了监管机构之间的摩擦成本与协调难度，同时也形成了一定的制衡机制，避免道德风险的产生。但是这不意味着双峰监管模式没有不足之处——在两个监管领域之间产生的"灰色区域"并没有特定的机构进行监管。此外，由于没有像多元监管模式一样能够因材施教、因地制宜，充分尊重不同金融机构之间的特色而进行监管，因此在一定程度上双峰监管模式较之于多元监管模式会缺乏一点"人性化"，但优于单一监管模式。

四、功能监管

1993 年，美国经济学家罗伯特·默顿在一篇论文中提出功能监管的概念，他认为从机构监管向功能监管的转变是不可避免的趋势。功能监管是按照经营业务的性质来划分监管对象的金融监管模式。换句话说，在混业经营环境中，对不同类型金融机构开展的相同或类似业务进行的标准统一或相对统一的监管模式就是功能监管。通常来说，会将金融业务划分为银行业务、证券业务和保险业务，监管机构针对业务进行监管，而不管从事这些业务经营的机构性质如何。

相较于机构监管，功能监管强调跨机构、跨市场的监管，这有利于缓和监管职能冲突，减少监管真空及监管重叠，消除监管套利，提高监管协调性。此外，功能监管能够更容易判断金融机构资产组合的总体风险，并且可以避免重复和交叉监管现象的出现，为金融机构创造公平竞争的市场环境。

但是功能监管同样也有一些弊端。首先，同一个金融机构会由于经营不同功能的金融产品而频繁接受不同的监管机构的监管，这加大了其合规成本，加重了被监管者的监管负担。其次，当产品功能划分不明确时，会出现重复监管或者监管真空的情况。最后，功能监管不能对财富管理机构的整体进行风险掌控和合规审慎监管。但是在这些方面上，机构监管并不会发生同种问题。

五、行为监管

如果说机构监管对应的只有机构，功能监管对应的是金融机构所涉及的业务，那么行为监管所对应的就是从事金融活动的机构和人，或者说"金融行为"。

行为监管最早于 20 世纪 70 年代早期提出。当时，美国国家保险协会在其发布的市场行为检查手册第一版中正式提到了"市场行为监管"概念。行为监管是政府通过特定的机构，如央行、银监会、证监会、保监会等对金融交易行为主体进行的某种限制或规定。监管部门对金融机构经营行为实施的监督管理，包括禁止误导销售及欺诈行为、充分信息披露、个人金融信息保护等。此外，行为监管还包括了要求从事金融业务的机构必须持有金融牌照，从事哪项业务就要领取哪种牌照。

与行为监管及机构监管两种监管模式相比，行为监管更像是一种"法律法规"。与功能监管一致的是，行为监管同样强调跨机构、跨市场的监管，这有利于缓和监管职能冲突，减少监管真空及监管重叠，同样会帮助国家适应混业经营的市场状况。而行为监管的缺点也是显而易见的——由于行为监管更多的是以一种规章制度的形式执行的，因此某些新发现的造成金融市场投资者权益受侵害的金融行为不易马上被行为监管机构制止。这也意味着行为监管存在一定的时滞性。

虽然在分类上将机构监管、行为监管及功能监管区分开来，但是在实际应用当中，由于三种监管具有互相补充的作用，并且三种监管并不冲突，一般来说不同国家在根据自己国情选择特定的机构监管模式（单一监管模式、多元监管模式、双峰监管模式）之后，会加以功能监管和行为监管进行补充以确保金融市场的稳定发展。

六、宏观审慎监管

宏观审慎监管，是为维护金融体系的稳定，防止金融系统对经济体系的负外部溢出而采取的一种自上而下的监管模式。值得注意的是，宏观审慎监管乃至本章后面提到的微观审慎监管的执行与否与其他监管模式并不冲突，并且这两个审慎监管也互不排斥。

宏观审慎监管以防范金融危机为目的，关注金融系统风险的部分内生性特征而不仅仅只重视外生性风险。同时，宏观审慎监管关注"给定时点上风险跨机构之间的分布及整个系统中风险的跨时间分布"，即横向与时间两个维度。其中，横向维度关注因金融机构之间的相关性与同质性而产生的共同风险敞口问题，而共同风险敞口被认为是危机时期大量金融机构相继破产的重要原因；时间维度方面则关注如何抑制金融体系内在的顺周期特征。宏观审慎监管在横向和时间两个维度采取了不同的监管工具：前者主要包括资本管理工具、流动性管理工具、资产负债管理工具、金融市场交易行为工具及跨境资本流动管理工具；后者包含了特定机构附加监管规定（如系统重要性金融机构和金控公司）、金融基础设施管理工具、跨市场金融产品管理工具、风险处置等阻断风险传染的管理工具等四大类。而宏观审慎监管主要关注的典型指标包括但不限于信贷缺口、信贷增长指标、资产价格增长指标、市场波动率及利差、偿债比率、杠杆指标、批发型融资、经常账户赤字。

由于意识到金融监管过分关注个体金融机构的安全从而忽视了保障整个金融系统的稳定这一更为重要的目标，早在 20 世纪 70 年代末，国际清算银行就提出了"宏观审慎"的概念，以此概括一种关注防范系统性金融风险的监管理念。20 世纪 80 年代，宏观审慎监管的概念正式出现在国际清算银行的报告中，但由于微观审慎监管仍然是理论研究与政策实践中的焦点，直到 21 世纪初，宏观审慎监管的定义才得到较为清晰的界定。

宏观审慎监管的具体目标可以分解为二：一是限制金融风险的累积，降低金融危机的可能性或强度；二是强化金融体系面对经济下滑和其他负面冲击时的恢复能力。限制风险累积可以理解为对系统风险的事前预防，强化恢复能力是对系统风险爆发后的事后补救。

宏观审慎监管的职能定位是对微观审慎监管的补充。这意味着在审慎监管的框架内仍然以微观审慎监管为主，宏观审慎监管处于协助性地位。在具体的监测方法和监管工具上，宏观审慎监管可以成为微观审慎监管的延伸和扩展。

宏观审慎监管包括三个方面：一是识别系统风险，即发现、监测和计量系统风险及其潜在影响；二是降低系统风险的发生概率，即通过提高监管标准和采取针对性监管措施等，预防系统风险爆发；三是缓解对金融体系和实体经济的溢出效应，即在系统风险爆发后，限制破坏的程度和范围，尽可能降低经济损失。

宏观审慎监管框架分为宏观审慎监测框架和宏观审慎监管工具两个部分。前者通过指标体系识别和监测系统风险，后者侧重于研发干预系统风险的政策工具。为奠定二者的基础，还应确立宏观审慎监管的制度安排，建立监管主体之间的分工合作机制。

七、微观审慎监管

微观审慎监管即传统监管模式（单一监管模式、多元监管模式、双峰监管模式，以及功能监管、行为监管），是对于微观主体行为进行监管的政策。

微观审慎监管与宏观审慎监管的区别主要体现在监管目标的不同以及由此而采取的不同监管措施上。微观审慎监管的目的在于控制个体金融机构或行业的风险，保护投资者利益；宏观审慎监管的目标是防范系统性风险，维护金融体系的整体稳定，防止经济增长（如国内生产总值）受影响。

在监管内容上，微观审慎监管侧重于对金融机构的个体行为和风险偏好的监管；而宏观审慎监管侧重在对金融机构的整体行为及金融机构之间相互影响力的监管上，同时关注宏观经济的不稳定因素。从具体监管对象上看，微观审慎监管则更关注具体金融机构的合规与风险暴露情况，避免使投资者和储户等个体遭受不应有的损失等事件；而宏观审慎监管更关注具有系统重要性的金融机构（如银行和金融集团）的行为，金融市场整体趋势及其与宏观经济的相互影响。从监管指标上看，微观审慎监管指标主要侧重的是单个金融机构的稳健指标（全部债务与资本的比率、资本收益率、债务偿还能力等），而宏观审慎监管指标是在微观审慎监管指标的基础上额外加上了各类影响金融系统的宏观经济因素等。

良好的宏观与微观审慎监管可以相互促进，增强彼此的监管效果。比如，对于银行的信用风险敞口监管，微观审慎监管措施会关注该银行信贷资产的集中度和相关放贷政策，而宏观审慎监管措施则会关注银行业整体的信贷规模及其与有关资产价格的关系，并据以判断银行体系是否正在积累信用风险。不过由于宏观审慎与微观审慎监管的目标不完全一致，宏观与微观审慎监管手段也会大相径庭，比如宏观审慎监管会因为强调整体的稳定性而忽略对个体利益的保护，而微观审慎监管则相反，首先关注的是个体风险控制。

八、监管沙盒

监管沙盒是 2015 年 11 月英国金融行为监管局率先提出的创新监管理念。监管沙盒作为一个受监督的安全测试区，通过设立限制性条件和制定风险管理措施，允许企业在真实的市场环境中，以真实的个人用户与企业用户为对象测试创新产品、服务和商业模式，有助于减少创新理念进入市场的时间与潜在成本，并降低监管的不确定性。

2016 年初，澳大利亚和新加坡的金融监管机构与英国金融行为监管局签署了合作协议，并各自对所制定的监管沙盒计划在国内征求意见。2016 年 3 月，澳大利亚联邦政府批准澳大利亚证券和投资委员会成立并管理监管沙盒；2016 年 6 月新加坡金融监管局针对金融科技企业推出了监管沙盒，并发布了《金融科技监管沙盒指南》。近来，泰国、阿联酋和马来西亚等地的监管当局也推出了自己的监管沙盒计划。

对监管者而言，监管沙盒是平衡金融创新与风险的有效监管手段。首先，监管者改进了传统事前授权的监管模式。监管者向企业颁发有限的授权，在确保安全的情况下为企业提供创新的机会，同时使得沙盒内的风险可控。其次，监管沙盒在测试的同时融入了监管者的事前审核、实时监督、动态评估及对消费者保护的要求，不仅让创新在较大限度内得到测试，而且保证最终进入金融市场的都是真正的创新，同时还有效减少了潜在风险的扩散。

除此之外，监管者在监管沙盒中，可以充分了解企业创新方案的金融本质、内含的风险和具体的操作手法等，为监管者进一步制定政策积累经验。监管沙盒让监管者在创新产品真正面世前就有机会了解潜在的风险，从而提前进行沟通协调，降低了创新产品面世后的监管成本。

同时，监管沙盒可以为监管者厘清金融创新与金融监管之间的关系提供更清晰的视角和方向。金融科技和混业经营的发展进一步放大了金融监管权的不对称性、监管规则的滞后性等负面效应，而监管沙盒可以有效控制此类负面影响。在监管沙盒中，监管者既可以通过对测试的监控及时了解金融科技行业的发展动态，鉴别出有损消费者权益的、亟须修订的、不合时宜的监管规则，也可以发现已有监管体制在应对创新产品时所存在的漏洞与缺陷，以便做出及时的调整和补充，进一步完善金融监管。

对被监管者而言，监管沙盒有助于缩减金融创新产品面世的时间。在传统监管模式之下，创新产品因其存在潜在的风险，经常会因为监管者的原因延迟面世。监管沙盒根据创新方案的实际需求适当调整监管规则，给创新创造一个较为明确、宽松的环境。通过监管沙盒测试的金融创新产品可以在较短时间之内得以面世。

同时，监管沙盒有利于企业，特别是金融科技初创企业的融资。英国的经验表明，监管的不确定性将使创新项目估值降低 15%。监管者对进入监管沙盒测试企业的包容，部分消除了投资者对创新产品不确定性的疑虑，有利于提高创新企业估值，顺利实现融资。并且企业可以在监管沙盒内获得监管者和消费者关于创新产品的反馈，为产品的完善和推广积累市场经验。

对金融消费者而言，监管沙盒的根本是保护消费者的利益，所以一切制度建立的前提都是保护消费者权益。首先，在沙盒测试前期，金融创新机构需向消费者告知测试的具体情形及潜在风险，征求消费者的意见，只有在完全得到消费者同意时方能将其纳入测试，充分保障了消费者的自由和知情权。其次，消费者在测试过程中享受与其他客户同等的权利，消费者可随时向参与测试的企业和监管者投诉，消费者的公平交易权得到充分保障。最后，企业和监管者要针对客户建立专门的补偿机制，消费者在公司测试失败后可享受一定的金融服务补偿，获得包括投资损失在内的所有损失的补偿，无须承担任何与测试企业进行交易的风险，这保障了消费者的应有权利。除了传统意义上对于消费者知情权、自主选择权、公平交易权、保密权、安全权及依法求偿权等这些基本权益的保护之外，监管沙盒扩展了金融消费者保护的内涵，更加注重的是使消费者受益，具体手段有降低价格、提高服务质量、互惠交易、增强便利性与可得性等。

监管沙盒的实施包括监管主体、监管对象、监管内容、监管规则、使用周期、国家机制等事项的确立。

九、监管效率

监管效率，顾名思义就是监管的效用以及执行速率。监管效率越高，意味着在同一时间段内，该国的监管系统起到的作用越大，监管系统对系统性金融危机亦或是某些非法的金融行为等不确定性因素的反应更快。而不同的监管模式由于其对金融市场的分类有所不同，影响其监管效率的因素也会发生改变。

对于单一监管模式，其摩擦成本的降低，对整个金融集团的有效风险评估及监管会帮助其提高监管效率。但是如果没有对监管目标进行清晰的界定，监管效率便会下降，并且集权统一的监管机制容易造成官僚主义，进而产生道德风险，最终造成监管效率中的监管效用降低。

对于多元监管模式，明确的监管分工，不同监管机构的专业性更强，能够帮助其提升监管效率。但是监管交叉重叠、金融法律不统一、协调机制不完善、监管的分散导致的"真空"地带、对金融集团的集体风险把握不到位等因素均会造成其监管效率下降。

对于双峰监管模式，对金融机构两阶段行为的有效监控、监管目标的一致，监管交叉、"真空"的减少、道德风险发生可能性下降会增加其监管效率。而"灰色区域"没有特定的机构监管、监管力度不够"人性化"可能是影响双峰监管模式监管效率的两个重要因素。

对于功能监管和行为监管，监管职能冲突的缓和，监管真空及监管重叠的减少，监管协调性的增加是这两种监管方式监管效率的正向影响因素。而金融机构产品多样性、产品功能划分不明确、财富管理机构整体风险把控不到位等因素会降低功能监管的效率,正如行为监管的时滞性会直接导致监管效率的降低。

总的来说,监管效率也就是监管模式的实际效率的高低是衡量某一监管模式成功与否的关键因素,而监管效率又取决于专业技术、协调性与合法性,乃至于问责制。

首先,效率来自协调。法律应规定各个监管机构之间要有效共享信息和分析;跨部门的各级工作人员应经常一起工作,达成共识和信任——这在紧急处置金融危机时尤为关键。同时,金融监管部门还应有畅通的机制以保持与金融机构间的合作以及良好的对话等。

其次,效率来自专业技术。有效的金融监管机制应有利于吸引和培养人才,发挥专业人才的作用,并有利于各监管机构之间专业人才的交流。

最后,效率来自问责。金融也需要相应的监管机构——对内应向委员会或理事会负责,对外应向议会/国会、社会公众负责。金融监管机构成员,尤其是委员会决策成员,也应避免从众思维,要不断扩大视野,增长多样化的见识。

可以说,协调性与合法性、专业技术、问责制是决定监管效率的关键,而这些因素不仅由一国金融监管模式的选择决定,也与其政策执行效率等其他国情因素相关。

十、消费者权益保护

消费者权益是指消费者在有偿获得商品或接受服务时以及在以后的一定时期内依法享有的权益。消费者权益是一定社会经济关系下适应经济运行的客观需要赋予商品最终使用者享有的权利。

1962年3月15日美国前总统约翰·肯尼迪在美国国会发表了《关于保护消费者利益的总统特别咨文》,首次提出了著名的消费者的"四项权利",即:有权获得安全保障;有权获得正确资料;有权自由决定选择;有权提出消费意见。肯尼迪提出的这四项权利,以后逐渐为世界各国消费者组织所公认,并被作为最基本的工作目标。

消费者权益保护是指国家通过立法、行政和司法活动,保护消费者在消费领域依法享有的权益。

消费者权益保护分为立法保护、行政保护、司法保护、社会保护几个方面。在我国,立法保护是指国家通过制定《中华人民共和国消费者权益保护法》等有关消费者保护的法律法规和规章,不断建立健全消费者权益保护的法律制度。行政保护是指各级人民政府及其所属机构依照《中华人民共和国消费者权益保护法》等相关法律法规和规章,通过依法行使行政权力、履行法定职责来保护消费者合法权益。司法保护是指公安机关、检察院、法院依法惩处经营者在提供商品和服务中侵害消费者合法权益的违法犯罪行为,以及法院依法及时审理涉及消费者权益争议的案件。社会保护是指组织和个人进行社会监督,大众传播媒介进行舆论监督,消费者组织和行业组织对消费者的保护。

早在20世纪60年代初,国际消费者联盟组织就已确定了消费者有一系列的基本权利:安全保障权是指消费者在购买、使用商品或接受服务时,所享有的保障其人身、财产安全不受损害的权利;知情权是指消费者知悉其购买使用的商品或者接受的服务的真实情况的权利;自主选择权是指消费者享有自主选择商品或者服务的权利;公平交易权是指消费者在购买商品或者接受服务时所享有的获得质量保障和价格合理、计量正确等公平交易的权利;依法求偿权是指消费者因购买、使用商品或接受服务受到人身、财产损害时,依法享有的要求获得赔偿的权利;求教获知权是从知情权中引申出来的一种消费者的权利,是指消费者所享有的获得有关消费和消费者权益保护方面的知识的权利;依法结社权是指消费者享有的依法成立维护自身合法权益的社会团体的权利;维护尊严权是指消费者在购买商品或者接受服务时所享有的其人格尊严、民族风俗习惯得到尊重的权利;监督批评权是指消费者享有的对商品和服务以及保护消费者权益工作进行监督的权利。

与生产经营者相比,相对分散的消费者由于力量微弱、知识缺欠、人性弱点以及缺乏组织而经常成为被损害的弱者。

在商品交易中,以个人力量独立从事交易的消费者与作为经营者的大公司、大企业尤其是大的垄断集团相比,其经济力量极为弱小,造成了买卖双方交易能力的不平衡。

消费者只为满足生活需要而购买品种多、范围广的多类商品,而经营者以营利为目的而专营特定的商品,两者之间有关商品的知识存在着固有的差异,又加上科学技术的飞速发展,生产技术和工艺日益高度复杂化,使消费者越来越难以对所购商品的品质作出判断,因而不得不形成对经营者的全面依赖。

消费者购买商品不具有营利性,故其购买中缺乏经营者的理性,而是依据个人兴趣喜好、虚荣心及侥幸心理等来选购商品。这些心理上的弱点最易被拥有现代营销手段的经营者所利用因而导致对消费者利益的侵害。

消费者在各项交易中力量本已极为弱小又历来缺乏组织,不能通过团体的力量来与经营者组织体相抗衡,以致成为经济上的从属者,容易受到经营者的侵害。

由于以上原因,消费者在强大的经营资本面前通常会呈现出软弱无力的状态,少数生产经营者为了追求利润而不择手段,使消费者置身于丧失财产乃至生命的危险之中。因此,要对处于弱势的消费者进行保护。消费者权益保护具有十分重要的意义:有利于鼓励公平竞争,限制不正当竞争;有利于提高人民生活水平和生活质量;有利于提高企业的和全社会的经济效益。

第二节　案例分析

一、美国金融监管体系

1776 年建国的美国,是目前现代金融体系较为完善,但金融监管体系又较为错综复杂的一个国家。19 世纪初,美国开始发展州际信用银行。彼时古典自由主义经济学思想盛行,因此美国早期对金融业完全持放任自由的态度,秉持自由竞争与单一州原则是美国银行业早期的发展特征。直到 1913 年,《联邦储备法》才宣告美国联邦储备体系的建立,各方同意设立由美联储和若干地区联邦储备银行构成的双层管理体系,并赋予了美联储四大职能:实施统一的货币政策、建立全国清算支付系统、承担最后贷款人角色及对银行业实行监管。但监管的缺失导致了 1929—1933 年的世界经济大危机,给美国经济和金融体系造成了致命性的打击。

1933 年,美国颁布的《格拉斯-斯蒂格尔法案》确定了金融监管的四大原则:第一,实行商业银行与投资银行分业经营、分业管理;第二,禁止银行直接从事证券和国债的承销与自营交易业务;第三,禁止投资银行开展吸收存款业务;第四,禁止美联储的附属机构及其关联银行开展证券业务。与此同时,美国还成立了联邦存款保险公司等相关金融监管辅助机构。

1999 年,美国颁布《格雷姆-里奇-比利雷法案》,正式以法律形式废除了《格拉斯-斯蒂格尔法案》这一严格限制了金融业几十年也引发了几十年争议的规定银行业与证券业分业经营、分业管理的法案。新法案允许建立金融控股公司,此类公司可全方位参与银行业务、证券承销与自营业务及保险业务。

2010 年,美国颁布《多德-弗兰克华尔街改革和消费者保护法案》,从政府监管机构设置、系统性风险防范、金融业及其产品细分、消费者保护、危机处置等方面全面加强金融监管。这是美国在 1929—1933 年世界经济大危机之后通过的最大程度兼容各类监管变革的法案。

美国金融监管体系(见图 4-1 和图 4-2)在 2008 年金融危机之前存在较多的问题:各个监管机构之间关系复杂,没有协调性;同一机构受好几个监管机构监管,这导致了低效能;证券交易委员会曾经是主要的金融行为监管机构,但它实际上缺乏对投资银行(如贝尔斯登、雷曼兄弟等)进行审慎监管所需的能力和专业知识;州级别的保险监管机构缺乏监管复杂产品的专业知识;有太多的监管机构而几乎没有问责制。

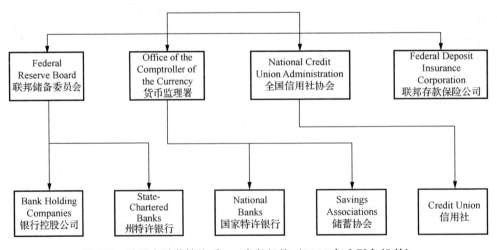

图 4-1 美国金融监管体系——存款机构(2008 年金融危机前)

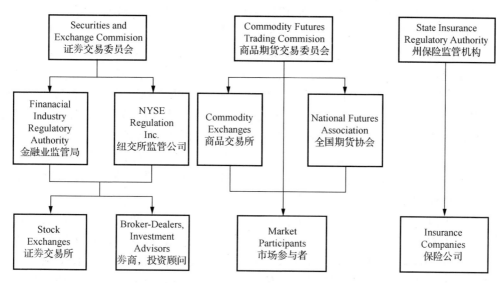

图 4-2　美国金融监管体系——证券、期货及保险（2008 年金融危机前）

2008 年金融危机后的美国金融监管体系同样交错复杂（见图 4-3）。金融危机后，美国于 2010 年 7 月颁布了《多德-弗兰克华尔街改革和消费者保护法案》。法案最大的变革在于重组了金融监管体系，改革和修正了整体的金融监管框架，使美国金融业长期以来缺乏全国性、全面性监管体系和法律制度框架的问题得到了解决，防范了系统性金融风险。此后，美国金融监管体系发生了巨大的改变。

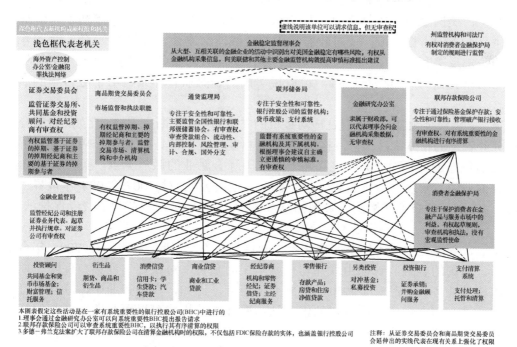

图 4-3　美国金融监管体系（2010 年后）

第一，设立了金融稳定监督委员会。围绕促进金融稳定的三个核心要素——防范系统性风险、消费者保护、改善问责制和提高透明度，该委员会被赋予了三项职能：识别危及美国金融稳定的各类风险；促进金融市场的自我约束，降低对政府救助的期待和道德风险；有效应对危及美国金融体系稳定的各类新风险。

金融稳定监督委员会的权力有三项。一是推进信息的收集与共享，并以此促进监管协调。二是从美国金融市场实际出发，全面加强系统性金融风险的识别与防范——在金融机构层面，有权认证具有系统重要性的非银行金融机构，并将其纳入美联储监管范围；在金融市场层面，有权认证具有系统重要性的金融市场设施和支付、清算与结算系统；在金融监管标准方面，有权建议对规模大、关联性强的机构实施更为严格的审慎监管标准；在金融风险控制层面，有权强制分拆对美国金融稳定形成严重威胁的机构。三是有权建议美国国会修改法律，填补监管空白。

第二，理顺、重组了原有监管机构并加强了各监管机构间的协调：在财政部内新设了联邦保险办公室，试图扩大联邦政府对保险机构的监管权力；在美联储内设立了消费者金融保护局，该机构将原本分散在联邦储备委员会、证券交易委员会等机构的金融保护职能集中起来，对包括银行、信用社、证券公司、抵押贷款服务机构等在内的金融机构进行监管，保护金融消费者利益免遭不公平或欺诈性金融交易的损害；撤销了储贷监理署，并将其大部分职责归并到货币监理署。

第三，扩大了美联储权限，强化其在伞形金融监管体系中的核心地位，使其成为全面监管者，尤其是系统风险监管者，对金融机构、金融产品、金融市场实施稳健和全面的监管。

而在美国金融监管体系的建立与演变过程中，有一系列特征值得在这里着重说明。

第一，美国金融监管体系是在历史进程中逐渐形成的。美国建国初期，经济自由放任主义在美国占据主流，反对政府干预的金融理念盛行。直到1890年，美国才颁布本国第一部反垄断法《谢尔曼法》；1913年，美国联邦储备委员会成立；1933年，美国颁布《格拉斯-斯蒂格尔法案》。可以说美国的金融监管体系经历了近百年的演进与完善。

第二，美国金融监管体系是在应对危机的立法变革中不断完善的。比如，金融分业经营、分业管理的根本大法——《格拉斯-斯蒂格尔法案》就是在1929—1933年世界经济大危机后颁布的；面对20世纪八九十年代国际金融业的激烈竞争，美国又颁布了重新允许混业经营管理的《格雷姆-里奇-比利雷法案》；面对2007—2008年世界"金融海啸"，美国又颁布了严格监管限制的《多德-弗兰克华尔街改革和消费者保护法案》，等等。

第三，美国金融监管体系的格局是"双层多头"、交错复杂的。在2008年金融危机前后，美国的金融监管都由联邦与州两个层面负责，对银行、证券、保险、期货等金融机构的业务、产品及金融市场实施交叉监管。比如，在银行业中，联邦银行适用联邦银行法，州立银行适用各州的银行法；联邦监管机构可以同时监管联邦银行和州立银行，州立监管机构专门监管州立银行。又如，创新性的金融产品既需要各个行业监管部门协调，又需要州与联邦的监管机构共同监管。在这种架构中，既存在监管真空，又存在监管重叠。

第四，美国金融监管体系是采取"补丁填洞"方式加强监管措施的。这方面有很多典型事例：在 2008 年金融危机之后，财政部新设联邦保险办公室，试图弥补各州对保险市场监管的不足；在美联储内增设消费者金融保护局，以加强监管不公平或欺诈性金融交易问题；在联邦层面设立金融稳定监督委员会，以弥补缺乏全国性、全面性金融监管协调机构的缺陷，等等。

第五，美国金融监管体系是在机构与功能重叠中有效运行的。一方面，机构与功能的重叠使美国的金融监管缺乏有序性，缺乏全国性、全面性的金融监管协调；另一方面，它的监管机制运行又是有效的。解开此谜团的关键在于一个被人们长期忽视的"总统特别顾问小组"（Senior Advisor to the President），它代表美国的国家金融行为取向，发挥了实质性作用。"总统特别顾问小组"这一形式始于 20 世纪 30 年代，富兰克林·罗斯福当选总统后，任命乔治·皮克为特别顾问，分管经济外贸工作。此后，总统任命特别顾问获得法律许可，总统在此事上拥有很大的权力及弹性。20 世纪 80 年代，里根政府为刺激经济增长，实施积极的财政政策。美联储为控制通货膨胀，实行紧缩的货币政策。为了协调政策，以财政部部长为首的总统首席经济顾问组织美联储等总统财政金融特别顾问小组的成员，专门就处理经济尤其是金融问题提出建议，并就美国的财政、金融等事项作出关键的协调处置决定。此机制一直延续到 2010 年。为更有效地防范和处置金融危机、明确法定职能、完善监管协调和确立管理权责，2010 年，依照《多德-弗兰克华尔街改革和消费者保护法案》，总统财政金融特别顾问小组改组为金融稳定监督委员会。政府从国家金融顶层设计的角度赋予该委员会多项职能，并以法律形式确保其职能的发挥。这个委员会在实际经济事务，尤其是金融事务中发挥了关键的作用，使美国国家金融的取向得以贯彻。这就是美国的金融监管体系一方面呈现双层多头、交错复杂的态势，另一方面仍然能有效运行的主要原因。

二、英国金融监管体系

英国金融监管体系不是一成不变的，也是经历了一系列的历史演变：由完全的自我管制到央行干预、混业经营，再到分业经营、分业监管。

1694 年，作为私营机构的英格兰银行成立，开始管理政府债务，向政府提供贷款并开展商业银行活动。在此后漫长的历史进程中，英国金融发展完全由市场自我管制，也就是说，英国的金融体系中一直没有正式的法定监管体系。直至 1973—1974 年间，英国爆发次级银行危机，暴露出市场完全实行自我管制的弊端。于是，1979 年英国颁布了第一部《银行法》，规定英格兰银行作为法定的监管机构，开始给银行机构颁发执照并对其进行监管。由此，法定的监管体系开始建立。

1987 年，英国颁布了新的《银行法》，增加了英格兰银行监管条款，包括有权审查银行股东，有权对银行高管开展调查等。1998 年颁布的《英格兰银行法》赋予了英格兰银行货币政策的决策权：一是围绕政府的通胀目标设定利率，二是监管储蓄资金流向。2000 年颁布的《金融服务与市场法》确定了混业经营、混业监管规则，并将担保和保险业务纳入监管范围，以确保金融系统稳定，保护投资者利益和打击金融犯罪等。

2012 年，经历了 2008 年金融危机的冲击，英国颁布了《金融服务法案》（Financial

Services Act 2012），其主要内容包括：在 2019 年完成银行业与证券业的分业管理；确保储蓄人在银行破产时获取优先赔偿；政府有权保护银行、处置亏损；建议对分业后的银行设置更高的资本充足率标准。

这一法案下的监管体系主要由英格兰银行、金融政策委员会、审慎监管局和金融行为监管局四个主体组成。首先是英格兰银行，英国议会通过法律形式赋予其央行的权力；该行实行理事会制度，负责制定和实施央行货币政策，进行微观审慎和宏观审慎监管及金融市场基础设施监管等。

其次是金融政策委员会，该委员会设在央行内，由 13 人组成（6 人来自央行，5 人为独立专家，1 人来自金融行为监管局，1 人来自财政部）。其初始目标是负责审视金融系统可能发生的风险，并为专职监管机构提供策略方向；次级目标是拥有使用宏观审慎工具（如限制银行杠杆率、限制不同类型资产的资本需求等）的权力，来抵冲金融系统风险，支撑政府经济政策；终极目标是对区别、监控、防范系统性金融风险的行动负总责。金融政策委员会的职权包括：引导并责成审慎监管局和金融行为监管局采取措施减轻风险；对央行的流动性事项提出建议，并有权查视支付系统、结算系统和清算公司；对财政部提出调整行业资本需求等建议。金融政策委员会的工作重点是解决两大问题——威胁金融稳定性的关键问题和实施宏观审慎政策时的潜在障碍问题。

再次是审慎监管局，该局由央行下属法人机构组成，其工作重点是对银行业和保险业审慎政策的实施情况进行监督管理，判断其是否健康运行，评估其现在和未来可能存在的风险，尤其对涉及金融系统性稳定与对客户可能造成较大风险的银行、保险机构或事项采取防范措施。

最后是金融行为监管局，该局属独立监管机构，主管由财政部任命，向财政部和议会负责，主要负责监管资本市场，也监管各类金融机构（包括咨询公司）的经营行为。其工作重点是：有效监管资本市场活动；调节利益冲突；有序处置客户资产；维护市场信用，反对市场欺诈，防范系统风险和金融犯罪；客户利益至上；防止倾销，保护零售消费者利益。其主要措施有：审批或取消公司执照；个人禁入；暂停公司或个人承销资格；对公司或个人实施罚款；对违反竞争法律的公司进行惩处；规则执行前提示公众知情；向法院申请破产；惩罚金融犯罪、内幕交易；对有网络违规等情况的公司或个人发出警告。其目的在于保护投资者权益，维护金融稳定，促进有效竞争。

2008 年金融危机后，英国的金融监管体系产生了很大变革。

如图 4-4 所示，英国的金融监管体系在 2008 年金融危机之前存在着一系列问题：三方协调弱，没有一家机构担负着对金融系统的整体监管责任；1997 年执政的工党宣告要成立金融服务管理局，该机构由于没有通过咨询程序而缺乏合法性，公告的发布引起了很大的震动与争议；英国在 1998 年和 2000 年对金融监管体系进行的两次整合不彻底、不完整，金融服务管理局只起到内部组织的作用；众多监管工作使金融服务管理局没有足够精力进行深入的审慎监管，只能用勾选方法（类似抽签，属于有限选定的方法）进行审慎监管；英国在推动伦敦成为全球金融中心的背景下，忽视了金融稳定性问题。

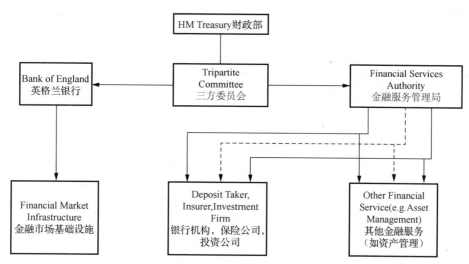

图 4-4　英国金融监管体系——三足鼎立模式（2008 年金融危机前）

从图 4-5 可见，英国的金融监管在 2008 年金融危机之后发生了较大转变——从软弱无力的三足鼎立模式发展为双峰监管模式。这种双峰监管模式带来了一系列优点：将审慎监管与行为监管有效分离，解决了监管目标冲突的问题；有助于强化问责制；形成了政策协调与信息共享机制；利于货币政策与审慎监管相互协同；利于宏观审慎监管与微观审慎监管互动；有助于证券市场行为监管与消费者利益保护有机统一。英国现有的监管模式也存在严重缺陷，即国家顶层缺乏相应的协调机制来处理审慎监管与行为监管产生的冲突和重大的金融危机。

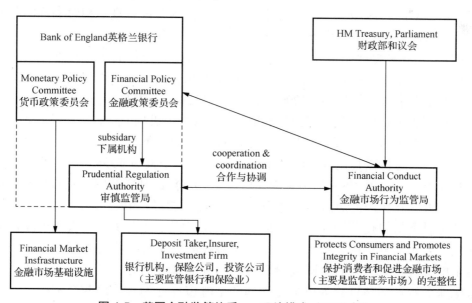

图 4-5　英国金融监管体系——双峰模式（2012 年）

英国金融监管经历的主要历史阶段如表 4-1 所示，这表明英国金融监管方式是随着金融业经营模式的转变而转变的，呈现出一条从自我管制到央行干预监管、混业经营再到双峰监管的演变路径。综观英国金融监管体系的建立与演变过程，其同样呈现了一系列值得注意的特征。

表 4-1 英国金融监管经历的主要历史阶段

时期	经营模式	监管模式	监管变更的背景	结果
1987 年前	分业	自我管制	1986 年"金融大爆炸"，金融服务自由化	银行业和证券业通过金融集团实现混业
1987—2000 年	混业	央行干预监管	对银行集团监管薄弱，监管漏洞频出；1991 年国际商业信贷银行倒闭；1995 年巴林银行倒闭	1998 年金融服务管理局成立；2000 年《金融服务与市场法》颁布，确立了统一的监管框架；2004 年，统一监管实现
2012 年后	分业	双峰监管	2007 年次贷危机冲击英国金融业，北岩银行、苏格兰皇家银行等陷入危机；2008 年，雷曼兄弟公司危机对英国金融业产生了更加严重的负面影响	2011 年，《金融监管新方法：改革蓝图》白皮书颁布；2012 年《金融服务法案》颁布；2013 年审慎监管局和金融市场行为监管局开始运作，双峰监管模式确立

第一，英国金融体系历史悠久，一直以市场自我管制为主。如前文所述，从 1694 年作为私营机构的英格兰银行成立，在相当长的时间内，英国金融发展完全由市场自我管制。直至 1979 年英国颁布了第一部《银行法》，法定的监管体系才开始建立。

第二，英国金融监管体系经历了从非正式向正式、从分散向集中的变革过程，但这种变革是被动的。1979 年《银行法》出台后，英国并没有规定相对刚性的资本和流动性要求，也没有建立替代市场约束的国家监管职能部门。1987 年，英国修订《银行法》，废除了"双层银行体系"，所有银行都接受英格兰银行的统一监管，但其监管方式没有实质性的变化。1998 年《英格兰银行法》出台后，中央银行剥离了监管职能，将其移交给了金融服务管理局。2000 年的《金融服务与市场法》，把分散监管统一为单一监管模式，即将原先的九个金融监管机构合并为一个机构——金融服务管理局，集中监管跨行业的金融机构。可见，英国金融监管体系的变革，一是跟着金融市场的发展而被动变革，二是仿照其他国家的改革而变革。尤其是英国 1998 年与 2000 年的金融监管法案变革，与美国 1999 年颁布的《格雷姆-里奇-比利雷法案》是直接相关的。

第三，2012 年英国的金融监管体系变革是理性的且较为成功的。这是因为 2008 年的全球性金融危机迫使英国对其金融监管体系作出根本性变革。此次变革涉及监管方式的转化，要求监管机构将更多的管理性资源投入到系统重要性银行的监管中；银行体系由全能银行模式转为有效隔离投资银行与商业银行的分业模式；监管体系中，原有的金融服务管理局被拆分为审慎监管局和金融市场行为监管局两个机构，并且英格兰银行内部还设立了金融政策委员会，以协调几个监管机构的行动。2012 年的金融监管体系变革取得了成功，也进一步提高了英格兰银行在金融市场中的地位。

第四，与美国从分业经营、分业管理走向混业经营、混业管理的模式相反，英国从统一银行模式走向了分业模式。现阶段英国选择的分业监管，实质上是按金融业务的性质，即直接融资与间接融资功能来进行分业监管。这种把银行与保险业务纳入间接融资类机构实施功能监管，把证券与资本市场纳入直接融资类平台实施行为监管的模式，即理论界所总结的双峰监管模式。此监管模式有利于问责，能够促进金融稳定，保护金融消费者利益。

但是英国的双峰监管模式仍然存在问题，这将使其优势难以有效发挥。这个问题就是在国家金融层面缺乏一个高于央行和财政部的监管协调机构来协调前两者下属的审慎监管局和金融市场行为监管局的工作，以便更好地监管金融市场，提高危机处置效率。但由于 2008 年金融危机后的政治压力，英国政府把此协调职能赋予了英格兰银行内部成立的金融政策委员会，其难以在国家金融层面有效发挥监管协调的作用。

三、欧盟金融监管体系

欧盟金融监管体系是全球首个带有超国家性质的金融监管体系。在每个成员国承认其他成员国的法律、规定和标准的前提下，欧盟制定的金融监管法规是各成员国必须遵守的最低标准。

欧盟金融监管体系（European System of Financial Supervisors，ESFS）的重要变革发生在 2012 年，根据《欧盟运行条约》（Treaty on the functioning of the European Union），其被正式分为宏观审慎监管与微观审慎监管两部分，如图 4-6 所示。由此，欧盟的金融监管由各国的混业监管走上了统一协调、分业监管之路。

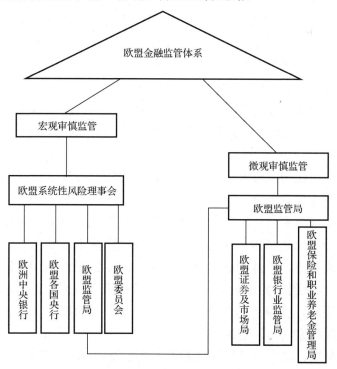

图 4-6　欧盟金融监管体系

宏观审慎监管由欧盟系统性风险理事会负责。该理事会由成员单位欧洲中央银行、欧盟各国央行、欧盟监管局和欧盟委员会组成，欧洲中央银行行长担任理事会主席，理事会的宏观审慎监管职能主要由欧盟中央银行执行。除实施央行货币政策等常规职能外，欧洲中央银行还在2015年建立了专一监管机构，即根据欧盟127家大商业银行的状况，专门成立了127支联合监管队伍，各自专一监管对应的大商业银行；这127支联合监管队伍对欧盟中央银行负责。此外，欧盟系统性风险理事会还负责防范和减轻系统性金融风险，对内监管其他机构，对外与其他国际机构（如国际货币基金组织）对接、协调与合作。

微观审慎监管由欧盟监管局负责，该局主席由欧盟系统性风险理事会副主席担任。欧盟监管局下设欧盟证券及市场局、欧盟银行业管理局及欧盟保险和职业养老金管理局三个子机构：欧盟证券及市场局负责监管证券市场业务；欧盟银行业监管局通过欧盟各国监管主体对各国中小商业银行实施监管；欧盟保险和职业养老金管理局负责监管保险业务和退休养老基金投资管理业务。

欧盟对金融监管体系的这一改革是在特定的现实背景下实现的。在欧盟债务危机前，其金融监管体系中的缺陷和不足就已经充分暴露出来，即各成员国在金融监管方面各行其是，缺乏统一的宏观监管手段，难以综合评估并处置系统性风险。欧盟债务危机后，面对成员国主权债务危机蔓延、欧盟国际货币话语权走弱、欧盟经济一体化深入等客观现实，欧盟加快了推动建立统一金融监管体系的步伐。

欧盟2012年金融监管体系改革的核心，是在深化微观审慎监管的基础上提倡构建宏观审慎监管框架。根据宏观审慎监管与微观审慎监管在监管对象、监管目标和监管机理上的差别，欧盟形成了宏观、微观审慎监管有机结合的安排，这也成为后危机时代国际金融监管立法变革的主旋律。但是在现实中，因为欧盟各国都不愿意让渡监管权力，所以统一的金融监管体系仍然难以有效发挥作用。

综上，可以简要概括欧盟金融体系及其监管特征为：欧盟各国尤其是欧盟成员国中的典型代表——德国与法国，长期以来实施的是以银行业为主导的金融体系，即以全能银行为基础、以专业银行作为补充的金融体系；在这一体系下，金融机构可以全面参与各种金融活动，既可从事传统的商业银行业务，又可开展投资银行业务，还可通过代理股东投票等方式对上市公司产生影响，等等。

在20世纪90年代和21世纪10年代，混业经营的跨行业金融集团与外资金融机构涌入了一些欧盟主要成员国的金融市场，这些国家基本都发生了以投资银行业务为主的金融风险。其防范、抵御创新型金融产品风险与系统性金融风险的压力增大。

针对2008年以来的世界性金融危机，欧盟金融监管体系由欧盟成员国各自的混业经营、混业监管模式，变革为欧盟统一协调、分业监管的模式。后者是按照银行、证券、保险的行业性质来实施管理的。

比较美国、英国、欧盟金融监管体系的演变与发展现状，不难发现有许多共同点。

第一，通过立法推动金融监管变革成为主旋律。美国1933年颁布了金融分业经营、分业管理的《格拉斯-斯蒂格尔法案》；1999年颁布了重新混业经营、混业管理的《格雷姆-里奇-比利雷法案》；2010年又颁布了严格监管限制的《多德-弗兰克华尔街改革和消费者保护法案》。始终贯穿自我管制理念的英国，于1979年颁布了第一部对吸存公众存款机构实施非常有限的监管的法案；1987年颁布了新《银行法》，增加了英格兰银行参与监管的条款；1998年与2000年先后颁布了《英格兰银行法》和《金融服务与市场法》；2012年在经历了世界"金融海啸"后颁布了《金融服务法案》。欧盟也于2012年、2015年通过立法不断完善金融监管规则，形成统一协调、分业监管的模式。可以说，英国、美国、欧盟均在通过立法形式不断推进金融监管体系的改革和完善。

第二，构建宏观、微观审慎监管并重的协调机制。微观审慎监管关注的是单个金融机构，考查的是资本充足率、流动性、不良贷款率等微观指标，防范的是个体风险；宏观审慎监管关注的是整个金融体系及其与实体经济的关联度，考查的是资产价格、信贷总量及机构杠杆率等宏观指标，监管重心在于整个金融市场及系统重要性金融机构和"影子银行"体系，防范的是系统性风险。

2008年金融危机后，英国、美国、欧盟的法案都在深化微观审慎监管的基础上，力倡宏观审慎监管，并促进二者有机结合。2010年，美国设立了金融稳定监督委员会，其有权向金融机构采集信息，对美联储和其他主要金融监管机构就提高审慎标准提出建议。2013年，英国设立了金融政策委员会，该委员会有权对审慎监管和行为监管提出意见和采取措施。同时，英国还专项设置了审慎监管局，着手实施宏微观审慎监管。而欧盟金融监管体系则直接分为宏观审慎监管和微观审慎监管两大部分，宏观、微观审慎监管并重。

第三，加强对金融消费者权益的保护。2008年国际金融危机使金融监管部门饱受对消费者保护不足的批评，因此，各国政府深刻汲取此次金融危机的经验教训，采取了一系列措施加强对消费者的保护。美国成立了专门保护消费者权益的消费金融保护机构——消费者金融保护局，该局有权制定规则、进行检查、实施罚款等。此后，美国又推出了《金融消费者保护机构法案》。英国的《金融服务法案》则对英国金融监管体系进行了彻底改革，设立了专门机构——金融行为监管局负责金融消费者权益保护工作。国际金融危机后，欧盟也建立了一系列新的监管机构，如欧盟系统性风险理事会、欧盟证券及市场局、欧盟银行业监管局、欧盟保险和职业养老金管理局。这些机构均把金融消费者保护列为工作的重点。

而美国、英国、欧盟金融监管体系之间又存在一定的差异。

首先，美国的金融监管由分业走向混业，英国与欧盟的金融监管则是从混业走向分业。美国金融业从1933年开始实行分业经营、分业管理；20世纪90年代重新回归混业经营的状态，监管体系呈现"双层多头"状况，出现监管重叠与监管真空的问题；2010年发布的《多德-弗兰克华尔街改革和消费者保护法案》赋予新成立的金融稳定监督委员会以特别权限，来协调和促进监管机构的信息共享等，但这一举措并未能实质性地整合各监管机构，解决各机构作用重合或推诿责任的问题。与美国不同，英国2012

年发布的《金融服务法案》明确规定，2019年完成银行业与证券业的分业管理，且其监管框架已作出相应调整，建立了审慎监管局和金融市场行为监管局，以分别监管银行、保险业和证券业。可以说，英国从几次危机处置中走出了自己的金融风险防范之路。与之类似，欧盟2012年也开始真正实施分业监管。

其次，对"影子银行"监管措施各异。"影子银行"是美国金融跨业创新产生的衍生产品。在2008年金融危机之前，专项投资银行公司（Special purpose vehicle）、资产抵押证券化（Asset-backed securitization）、住房抵押贷款证券化（Mortgage-backed securitization）、美国存托凭证（American depository receipt）等金融衍生品已经产生；金融危机爆发前期，居民住房抵押贷款支持证券（Residential mortgage-backed securities）、商业不动产抵押贷款支持证券（Commercial mortgage-backed securities）、信用违约掉期（Credit default swap）、债务担保证券（Colateralized debt obligation）等大量涌现，商业银行、投资银行、保险公司等金融机构纷纷参与其中。金融危机爆发后，美国根据沃尔克法则，制定了严格的跨业投资限定，建立了严格的现场监管与非现场监管相结合的检查制度，控制金融产品的杠杆率，及时披露包括衍生产品设计、销售、交易等在内的信息。针对同类问题，英国实施的政策是将审慎监管与行为监管相分离。欧盟则实施混业经营、分业监管。

然而实践表明，要解决"影子银行"给金融系统带来的风险，以上措施还不够。更重要的是，各国应该在法律规范及账户清算结算等基础设施上对银行业与证券业实施分业管理。只有真正建立金融监管的技术"防火墙"，才能实质性地解决围绕分业监管和混业监管的争论。也就是说，在财会账户和清算结算技术上，各国应始终在银行业与证券业之间设立"防火墙"，从根本上有效防范系统性金融风险；银行、证券、保险三大行业对应的监管机构可以并存，也可以合并，如银行、保险归央行监管，证券单独监管；选择何种模式可根据实际需要来确定，都不影响金融"防火墙"的作用。其中，技术屏障是关键，机构变动只是成本与效率方面的问题。

在当前各国金融市场中，证券业及其衍生产品尚欠缺宏观与微观审慎监管的标准，需要在实践中进一步探讨与完善，因此，先在技术上建立行之有效的金融"防火墙"就特别关键。对各国已经存在的金融混业集团，应运用监管措施，促使其从内部的制度和技术上实施分业经营、分业管理；对新产生的金融业务，应迅速界定其性质，将其纳入分业经营、分业管理的技术框架（即账户、清算结算体系等）。总之，各国金融发展和监管的方向应该是在规则下促竞争，稳定中求发展。

最后，金融监管框架存在差异。2012年，英国《金融服务法案》出台后，英国的金融监管框架已经较为明晰。英国由一个金融市场自我管制的国家，逐步变为法治监管健全的国家。在20世纪90年代经历了国际商业信贷银行和巴林银行倒闭事件，又在2008年"金融海啸"中经历了苏格兰皇家银行危机等事件后，英国最终把加强宏观审慎监管与分业监管摆在了防范金融风险的首要位置，并用明晰的金融监管框架，即双峰监管体系将其确定下来，这为英国进一步巩固与提升其在全球金融市场中的地位奠定了法律基础。与英国类似，欧盟的金融监管框架也随着相关法案的出台逐渐明晰。而美国的金融监管体系则一直呈现"双层多头"的复杂特征，体现一种"危机导向""补丁填洞"的发展取向。

四、中国金融监管体系

中国金融监管体系是在实践中逐步完善的。1948年12月，中国人民银行成立。1983年9月17日，国务院作出决定，由中国人民银行专门行使中央银行的职能，并具体规定了中国人民银行的十项职责。1995年，中国颁布了《中华人民共和国商业银行法》实施金融业分业经营、分业管理。2017年，中国确立了金融监管的双峰模式。在世界金融监管体系中横向比较单一监管模式、多元监管模式和双峰监管模式，从协调性与合法性、专业技术、问责制等影响监管效率的维度考察，可以说双峰监管模式是目前为止最为有效的监管模式。而中国已经将这一金融监管体系中最优的监管框架纳入国家金融的顶层设计（见图4-7）。

在各国确立金融监管模式、构建金融监管体系之后，在国家金融层面建立金融监管的协调、处置和决策机制是至关重要的。同时各国政府还需要确定这类机构的功能定位和委员会成员的组成结构，从而决定这类机构的行为导向。国务院金融稳定发展委员会在中国国家金融顶层决策、布局和监管协调中发挥着重要作用。结合中国当前的国情，国务院金融稳定发展委员会要发挥实质性作用，需要重视并加强五大方面的监管协调工作。第一，完善组织监管协调，包括国务院金融稳定发展委员会与货币政策委员会，国务院金融稳定发展委员会与国家金融监督管理总局（功能监管）、证监会（行为监管），以及宏观审慎监管与微观审慎监管之间的协调工作。第二，强化政策监管协调，包括货币政策、财政政策、汇率政策、产业政策和监管政策之间的协调工作。第三，健全中央地方监管协调。这既需要成立省市金融监管局，界定中央与省市金融监管的权责；又需要明晰中央派驻地方机构的监管职责，厘定与地方监管的关系。第四，对接离岸、在岸监管协调，包括建立离岸、在岸金融市场交易结算平台，设置离岸、在岸金融市场对接特殊账号，以及开设监管沙盒试验区域等工作。第五，推进系统重要性项目监管协调。比如，"弯道超车"的金融实践问题，"人工智能+区块链"构建法定数字货币问题，"一带一路"金融配套项目的推动问题，粤港澳大湾区金融发展问题及防范化解系统性金融风险问题，等等。只有在国家金融顶层布局中强化金融监管的相互协调，才能实质性地发挥双峰模式这一最佳金融监管框架的优势和作用。

一国应在金融领域加强宏观审慎监管和行为监管，这既需要开发监管工具，制定监管规则，推出监管措施，防范和处置各类金融风险，也需要财政政策、货币政策、汇率政策与监管政策相互协调、相互补充、共同发挥作用。中国应在制度设计上注重维护金融环境的稳定。比如，在国家顶层金融决策机构的金融监管联席会议上，及时磋商金融运行或金融监管中的重大问题，相互通报财政政策、货币政策、汇率政策与金融监管政策的执行情况及取向；加强信息共享，防止金融机构规避金融监管，随意

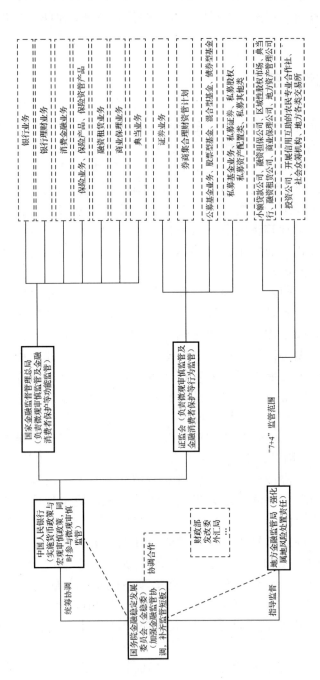

图 4-7 中国金融监管体系

转移金融资产，进行违规操作；提高透明度、引导公众预期，如定期公布相关金融政策和金融监管机构的运行情况，向公众表明国家和金融监管当局对当前金融运行状况的态度和看法，以便有效处置各类重大金融事件，防止或减弱金融市场因金融政策预期而产生的震动，保持国家金融市场的稳健运行。

很多国家已开始对系统重要性大型金融机构进行"一对一"监管。中国应加大力度，不断完善相关措施，对系统重要性大型金融机构进行"一对一"监管，这将有利于相关监管规则的实施，并能够把金融行业风险尤其是系统性风险遏止在萌芽状态。

无论在一国之内，还是国家之间，金融发展与金融风险都是并存的。中国既应构建国家金融监管体系，又应加强国际金融监管合作：1974年成立的巴塞尔银行监管委员会（简称巴塞尔委员会）（Basel Committee on Banking Supervision，BCBS），主要协调银行业监管；1983年成立的国际证监会组织（International Organization of Securities Commissions，IOSCO），主要协调证券业监管；1994年成立的国际保险监管官联合会（International Association of Insurance Supervisors，IAIS），主要协调保险业监管；2009年由二十国集团发起成立的全球系统重要性金融监管协调机构——金融稳定理事会（Financial Stability Board，FSB），它致力于实质性地推动维护金融稳定的监管政策措施的制定和实施，以解决金融脆弱性问题。

总而言之，在现阶段中国确定双峰监管模式的情况下，仍应注重内部的革新与强化，要在外部的国际金融监管合作中不断调整与完善金融监管体系。

第三节　点评与思考讨论题

点评

点评1：应了解与把握金融监管的两个重点。一是金融风险防范，二是中小投资者利益保护。

点评2：监管效率首先来自监管协调，它包括五个方面。一是完善组织监管协调；二是强化政策监管协调；三是健全中央、地方监管协调；四是对接离岸、在岸监管协调；五是推进系统重要性项目监管协调。

点评3：设立国家金融顶层布局机构极为重要，这在中国、美国等金融监管框架中得到了验证。

思考讨论题

1. 世界金融监管体系的三种模式各有什么利弊？
2. 为什么美国金融监管体系"双层多头"、错综复杂却仍然运行有效？
3. 为什么英国实施了双峰监管模式，优势却难以发挥？
4. 欧盟为什么选择综合协调、分业监管模式？
5. 中国如何发挥金融监管框架的优势？
6. 宏观审慎监管与微观审慎监管的联系与区别？

第五章

国家金融发展

在确定了国家金融的定位并制定了相关法律、政策，建立了相应的监管体系后，层级发展以及内外联动布局必然会成为国家金融下一阶段发展的重点。

金融发展是个专业术语，专指金融体系结构的变化。金融发展有广义和狭义之分。现代金融体系包括金融市场要素、金融市场组织、金融市场法治、金融市场监管、金融市场环境和金融基础设施六大方面。广义的金融发展是指现代金融体系结构六大方面的变化；狭义的金融发展专指现代金融体系结构中金融市场要素和金融市场组织（即市场要素与市场机构）的变化。

衡量金融发展的基本指标有两点：一是金融体系结构状态的数量指标；二是与经济增长相关的指标。指标有质与量两个方面，质的变化主要反映金融体系结构的优化、金融风险的降低和金融效率的提高等。本章暂不涉及金融体系结构变化的质与量的具体指标。

金融发展对一国经济增长有不可或缺的作用。一般来说，国家有三条金融发展路径可供选择。第一，"金融自由化"，其关键词是"放松"，即对于金融发展涉及的利率、汇率、货币市场、资本市场、机构、工具、衍生产品、制度规则等，在国家金融层面，金融当局以"放松"管制、"放松"限制、"放松"审批、"放松"惩罚、放任自流为行为导向。这类政策、举措将在一定时间内产生储蓄效应、投资效应、就业效应和发展效应等，但从长远看更可能导致通货膨胀、金融危机、经济衰退。第二，"金融压抑"，主要表现为金融资产单一、金融机构形式单一、金融环境条件不配套、存在过多管制、金融基础设施落后、金融效率低下等，这也将抑制创新和经济发展。第三，规则下促竞争，稳定中求发展。对于一国的金融发展，最主要的行为选择在于选择竞争优先还是规则优先，以及选择金融利益至上还是金融稳定、可持续发展至上。最理想的情况是二者兼顾，那么国家和地方该如何依此制定金融发展的政策、措施与规则是政府在国家金融层面构建现代金融体系时不可回避的课题。对此，有四种内外联动的模式可供选择：内外混合型、内外分离型、渗透型及避税港型。

本章着重介绍一国金融发展的三条路径及内外联动的四种模式，并通过若干案例深入解析不同国家的金融发展路径及模式。

第一节　国家金融层级发展——三条路径

一、金融自由化

金融自由化也称金融深化，也就是后面章节谈到的金融压抑的反面。金融自由化主张改革金融制度，改革政府对金融的过度干预，放松对金融机构和金融市场的限制，增强国内的筹资功能以改变对外资的过度依赖，放松对利率和汇率的管制使之市场化，从而使利率能反映资金供求，汇率能反映外汇供求，促进国内储蓄率的提高，最终达到抑制通货膨胀，刺激经济增长的目的。

而实际上金融自由化作为国家与地方金融发展的三条路径之一，一直是个有争议的话题。

1973年，罗纳德·麦金农和爱德华·肖研究后得出结论：发达国家的金融自由化促进了金融发展，金融发展又促进了经济增长；而发展中国家存在过多的金融管制、利率限制、信贷配额及金融资产单调等现象，使金融市场发展不够、直接融资少，金融商品少、居民储蓄率高、经济发展效果差。

针对20世纪80年代末世界经济衰退、经济增长动力不足、需求不振，人口增长率下降、经济全球化波折、金融市场动荡，以及国际贸易和投资持续低迷等状况，1989年，美国国际经济研究所组织研讨会，位于华盛顿的三大机构——国际货币基金组织、世界银行和美国财政部均参与了会议，由此形成了著名的"华盛顿共识"（Washington Consensus），旨在为陷入债务危机的拉美国家提供经济改革方案和对策，并为东欧国家转轨提供政治经济理论依据。

华盛顿共识包括十条政策措施：第一，加强财政纪律，压缩财政赤字，降低通货膨胀率，稳定宏观经济形势；第二，把政府开支的重点转向经济效益高的领域和有利于改善收入分配的领域（如文教卫生和基础设施领域）；第三，开展税制改革，降低边际税率，扩大税基；第四，实施利率市场化；第五，采用一种具有竞争力的汇率制度；第六，实施贸易自由化，开放市场；第七，放松对外资的限制；第八，对国有企业实施私有化；第九，放松政府的管制；第十，保护私人财产权。

华盛顿共识的核心是主张政府的角色最小化，快速私有化和金融自由化。在理论上，其主张实行完全的自由市场经济模式，最大限度地减少政府作用；认为只要市场能够自由配置资源，就能够实现经济增长。在政策上，其主要包括以下内容：第一，市场和内外贸易的快速自由化；第二，国有企业的快速私有化；第三，金融自由化、利率市场化。

应该说华盛顿共识的十项政策措施在特定阶段有其合理性，对刺激一国经济发展有一定的作用。但它忽视了建立完善市场体系尤其是现代金融体系六大功能的重要作用，在这种情况下，政府基本上无法发挥调控经济尤其是调控金融的作用。这导致金融市场发育不健全，金融法治欠缺，金融秩序混乱，金融市场竞争机制受阻。因此，这种理论主张,以及由此演化出的发展模式和政策措施,是没有持久生命力的,最终会导致一国陷入经济困境。

这里以阿根廷这个典型案例来剖析拉美国家发展停滞的"病灶"。首先,阿根廷的现实经济增长率起伏大。阿根廷在1963—2008年的45年间,人均国内生产总值年均增长率仅为1.4%,其中,有16年的人均国内生产总值呈负增长。1963年,阿根廷人均国内生产总值为842美元,已达到当时的中高收入国家水平,但45年后的2008年,其人均国内生产总值仅增长到8326美元,仍为中高收入国家水平。其次,阿根廷的科技发展落后。从研发费用支出占国内生产总值的比重来看,2003年阿根廷为0.41%,在世界排名40位开外;从研发人才来看,2006年阿根廷每千人中的研发人员平均只有1.1人;从劳动力素质来看,2007年阿根廷劳动力中具有大学以上教育程度的占比为29.5%,优势不明显。再次,阿根廷贫富分化严重,社会矛盾突出。从基尼系数上看,阿根廷在20世纪80年代中期就达0.45左右,到90年代末接近0.5,2007年达到0.51。分配不公问题不仅体现在财产性收入中,而且也体现在工资档次上。再加上城市基础设施和公共服务设施建设滞后,治安恶化,因此阿根廷社会矛盾非常突出。最后,政府管理不得法。阿根廷宏观经济长期不稳定,金融市场混乱,汇率大起大落,通货膨胀率居高不下,财政逆差司空见惯,供给侧问题成堆,宏观管理的法律手段、经济手段软弱,造成了"头痛医头,脚痛医脚"、经济失调、社会失衡的普遍现象。

2006年,世界银行提出"中等收入陷阱"(Middle Income Trap)的概念:那些中等收入经济体在跻身高收入国家的进程中,突破人均国内生产总值1000美元的"贫困陷阱"后,很快会奔向人均国内生产总值介于1000~3000美元的"起飞阶段";但当人均国内生产总值达到3000美元左右时,快速发展中积聚的矛盾会集中爆发,导致自身体制与机制的更新陷入瓶颈,难以克服困难,陷入经济增长的回落或停滞期,即中等收入陷阱阶段。

中等收入陷阱的典型特征是:一方面,处于该阶段的国家的资源、原材料、劳动力、资金和管理成本等居高不下;另一方面,这些国家又缺乏核心的尖端技术,难以创新,处于产业链条的中低端,缺乏竞争力。由此而来的经济增长回落或停滞进一步导致就业困难、社会公共服务短缺、金融体系脆弱、贫富分化、腐败多发、信仰缺失、社会动荡等。于是这些国家长期在中等收入阶段徘徊,迟迟不能进入高收入国家行列。

遵循华盛顿共识推进经济尤其是金融改革的拉美国家成为陷入中等收入陷阱的典型代表。阿根廷的人均国内生产总值在1964年就已超过800美元,在20世纪90年代末上升到了8000多美元,但2002年又下降到7200多美元,2014年又回升到了12873美元,2017年上升到14590美元,2018年又降到11600美元。墨西哥人均国内生产总值在1973年已达到1000美元,2014年上升到10718美元,2018又降到9811美元,经历了35年仍属于中等偏上收入国家。拉美地区许多国家都与之类似,虽然经过二三十年的努力,几经反复,但一直没能跨过人均国内生产总值为20000美元的发达国家门槛。

可以说,华盛顿共识主张的政府角色最小化、快速私有化、金融自由化等,都被证明是一种失败的战略,其提倡的"休克疗法"也是一种失败的政策,主要原因如下所述。

首先，现代市场体系，尤其是现代金融体系，是市场充分竞争、法治监管有序、社会信用健全的体系。华盛顿共识只侧重各国市场基本功能（即市场要素和市场组织）的竞争与提升，却忽略了其基本秩序（即市场法治和市场监管）的健全，以及市场环境基础（包括社会信用体系和市场基础设施）的发展与完善。因此，华盛顿共识中的市场经济是自由市场经济，而非系统完备、功能健全的现代市场经济，其金融体系更非现代金融体系。

其次，对于市场体系，尤其是金融市场体系，各国政府应遵守其规则，维护其秩序，参与其管理。华盛顿共识只承认各国政府有保障社会公共产品供给的责任，而完全忽视了各国政府还有调节、监督、管理产业资源和企业竞争的职责。华盛顿共识中的"放松政府管制""快速私有化""金融自由化"，实质上是一种"无政府主义"。面对现代市场经济体系，尤其是现代金融体系发展的客观要求，华盛顿共识已经是一种落后和贫乏的理论。

最后，各国要实现经济增长，除了要完善现代市场体系尤其是现代金融体系外，重中之重是要加强政府能力建设，包括制度环境建设和发展模式转换，而这是华盛顿共识没有涉及的。政府能力建设既包括遵循市场经济（包括金融发展）规则，又包括驾驭市场经济发展，对其进行调节、监督和管理。其中，制度环境建设既包括完善市场体系（包括金融体系）中的立法、执法、司法和法治教育等，又包括构建市场的监管主体、监督内容和监管方式，对机构、业务、政策法规执行情况等实施监管。发展模式转换则是指，应当从亚当·斯密的市场（"看不见的手"）理论，或者凯恩斯的"政府干预"理论，转换到现代市场经济体系（包括现代金融体系）上来，即将现代市场体系建设与政府的调节、监督、管理结合起来。

"放松政府管制""快速私有化""金融自由化"，这些措施虽然能够在一定时间内带来投资、就业和发展效应，但最终却将引起经济波动、通货膨胀、金融风险、国家不稳，使经济难以可持续发展。这种以"危机导向""补丁升级""休克疗法"为特征的经济学理论是不值得提倡的。

2008年美国次贷危机引发的世界金融危机也给予了一定的启示，金融自由化容易破坏一国的金融生态环境，引发社会信用恶化、市场秩序混乱、信息不对称、道德风险等一系列问题。可以说，从短期来看，金融发展遇到的问题是流动性问题。金融危机是流动性危机，典型表现为恐慌、挤兑、抛售等。流动性丧失导致大面积的债务违约，由此信贷循环遭到破坏，恐慌与资产抛售加剧，这些又进一步抽干流动性，使市场陷入下降螺旋。从中期来看，金融发展遇到的问题是债务问题。金融发展表现为信贷或债务的扩张与收缩。债务扩张刺激经济增长，债务收缩抑制经济增长。当债务扩张增加未来债务风险时，债务的不可持续最终会导致危机爆发。从长期来看，金融发展遇到的问题是制度问题。每一轮波澜壮阔的金融发展往往始于金融自由化——金融监管与货币政策放松，金融衍生产品创新活跃，这使得金融扩张远远超越实体经济的需求，金融"脱实向虚"，金融泡沫陡涨。综上所述，金融自由化背后是金融发展的路径选择与制度安排出了错，按照这条路走下去，终归会影响国家的稳定。

二、金融压抑

金融压抑是指市场机制作用没有得到充分发挥的发展中国家所存在的金融管制过多、利率限制、信贷配额及金融资产单调等现象。它作为一种金融管制方式，也是世界各国金融发展路径的一种选项。

采用金融压抑作为管制方式的国家多数处于计划经济时代或改革开放的初始阶段。整体来说，在这一阶段的国家金融市场环境单一，金融机构种类单一，金融产品稀少，金融管理高度行政化，金融政策措施也以行政化手段为主，金融基础设施落后，金融服务实体经济、促进经济增长的效率低下，等等。当前，世界经济正处于全球一体化发展阶段，大多数发展中国家也到了经济转轨、社会转型的阶段或探索跨越"中等收入陷阱"的关键阶段。此时，以金融发展促进区域产业转型升级，已经成为世界各国发展经济的重要路径之一。显然，金融压抑的管制方式已经不合时宜。

现阶段，不管是为了产业转型升级还是地方经济竞争，全球充满活力的地区都在为经济发展寻求金融支撑，由此推动了地方金融的发展，而地方金融又进一步促进了地方经济的发展。在全球范围内，地方金融发展的现状及作用主要表现在以下四个方面。第一，地方金融发展服务地方经济的作用越来越大。如中国广东省佛山市地方金融机构在服务"三农"和支持中小微企业方面的信贷投放已经占到总额的90%以上。第二，地方金融在各国各地区整体金融系统中的占比越来越大。比如中国的区域性股份制商业银行（包括城商银行、农商银行）和其他金融机构等地方金融在中国银行业金融资产中的占比就达到了57%。第三，地方金融发展成长性好、发展速度快、市场化程度高。比如中国的地方金融机构的增长速度普遍比全国性大型银行快，往往能更贴近市场，且机制灵活，竞争意识强。第四，地方金融发展为创业和民生保障提供了多样化、差异化的服务。比如中国各地方性民营银行推出的小额信用贷款、小企业银团贷款、小企业融资租赁等业务，就有效地帮助了个人创业和小微企业融资。这种情景在美国、加拿大、德国等国也比比皆是。

地方金融的这种蓬勃发展是植根于现实需求的。首先，世界各地的大量民间资本越来越倾向于投资金融领域，例如设立地方民营银行、小额贷款公司、融资担保公司、典当行、资金互助社、货币经纪公司等。其次，实体企业正在寻求金融配置。世界各国的实体企业都在通过各类与实体经济密切相关的金融机构设立财务公司、融资租赁公司、汽车金融公司等，以促进资金有效配置，提升企业经营水平。再次，地方经济发展需要金融支撑。金融机构和金融市场能够提高资源配置效率，促进地方经济可持续发展。如各种地方性的城市银行、农村银行、村镇银行、农村信用社、小微保险公司、信托投资公司、信用评级机构、产业投资基金、股权投资基金等金融机构，都在促进地方经济发展中发挥着重要作用。最后，新的经济发展形式也正在创造新的金融业态。以中国、美国为主体的互联网经济等新经济形式突破了惯有的发展模式，这些创新对旧有业态造成了强劲的冲击。它们与金融结合，不断催生出新的金融业态，比如互联网P2P（Peer to Peer，个人对个人）借贷平台及持牌运营中心、第三方支付机构、网络支付及理财等。这些新的金融业态从不同角度推动着地方经济的发展。

可见，地方金融发展的动力源自地方经济的发展，这要求世界各国抛弃金融压抑的管制方式，促进地方金融发展，以便在新时期更好地服务地方经济发展。反之，如果地方政府缺乏相应的金融职能和金融手段，使地方金融服务的有效供给不足，则实体经济多层次的发展需要就不能被充分满足。特别是在小微金融、农村金融、民生金融等领域，国家金融相关部门必须因地制宜、贴近市场、适应地方经济差异化的发展实际和不同层次的金融需求，才能使地方经济与地方金融互相促进，良性发展。

要达到上述目标，采用完善的金融监管制度至关重要，它很大程度上决定了一国中央与地方政府所能调用的金融手段，这又进一步影响了一国金融体系和金融市场的活力与竞争力。不同的金融监管制度决定了不同的金融资源配置水平。完善的金融监管制度一方面要处理好政府与市场的关系，使市场在资源配置中起决定性作用，同时更好地发挥政府作用；另一方面要处理好国家与地方的关系，界定好国家与地方的金融监管和发展职责，以及风险处置责任。过度管制、金融压抑，将会造成金融机构种类单一、金融资产类型单一、金融环境恶劣、金融基础设施落后、金融效率低下等后果，抑制创新和地方经济发展。

因此，应科学地厘清国家与地方金融的事权，建立分级监管、"激励相容"的金融监管体制，其具体举措如下所述。

第一，世界各国应鼓励创新，有序竞争，建立创新包容型金融监管制度，更多地调动市场主体的创新活力和地方经济的主动性。当前，美英等金融强国更多实行创新包容型金融监管，推行"非禁即入"原则和"负面清单"制。一些处于金融发展早期的国家，因其市场主体和地方经济还不具备风险管理能力，所以大多采用了创新管制型金融监管制度。还有一些国家，虽然其市场经济和治理能力在日益成熟，但管制过严导致金融创新不足，仍然不利于经济转型和提升金融竞争力。另有一些国家，金融创新主要源自地方，如消费金融公司、科技银行、社区银行、网络金融等，因此地方促进金融创新的主动性、敏锐性和紧迫感更强。

可见，在推动国家与地方金融层级发展的过程中，世界各国都需要思考如何促进金融监管从创新管制型向创新包容型转变，达到既还权于市场，激发市场主体的创新活力，又放权于地方，调动地方发展金融的主动性、创造性的效果。可以说，对地方金融发展进行差异化监管，既有利于促进金融创新实践，又有利于防范国家系统性金融风险。英国的监管沙盒试验就是一个好的范例。

第二，世界各国应明确地方金融负有防范风险、维护稳定的重要责任，同时赋予地方与之相匹配的金融监管和金融处置权限。在各国地方金融的发展过程中，尤其是在地方性的小微金融企业、准金融机构、网络金融等不断涌现的情况下，很容易产生风险隐患，以及形形色色的新情况和新问题。地方应拥有相应的金融监管处置权，规范、监管和处置这些问题，扫除监管盲区。金融压抑、管制过严，容易导致国家和地方的金融监管权限不清、监管缺失、创新不足、效率不高，也可能造成金融资源配置的"马太效应"，即落后地区、农村基层、小微经济获得的金融资源日益不足。

从世界各国的发展趋势来看，每一次金融危机都在倒逼各国完善金融监管体制，各国金融的总体趋势是监管范围不断扩大，监管模式日益趋同，分层级监管逐渐成为较常见的监管模式。这种模式能够调动国家与地方的积极性，平衡金融创新与金融稳定两个基本点，科学界定并扩大地方金融事权，是适应实体经济和现代金融体系发展需要的、激励相容的金融监管体制。它有助于世界各国更好地解决当前金融发展中的矛盾，促进地方金融发展和金融稳定，建立发展有序、监管有责的现代金融体系。

三、规则下促竞争、稳定中求发展

"规则下促竞争，稳定中求发展"的提法，源自笔者（陈云贤）在理论界的探讨，这一思路目前已成为国家与地方金融发展的可能路径之一。

2012年，笔者赴美国耶鲁大学学习，专门调研了自2008年以来美国处置金融危机的政策举措及金融监管体系的演变进程。其间，笔者还专程赴美国首都华盛顿，拜访了2010年《多德-弗兰克华尔街改革和消费者保护法案》最主要的制定者之一——曾任美国参议院银行、住房和城市事务委员会主席的克里斯·多德（Chris Dodd）先生，以及相关高层人士。我们围绕2008年金融危机以来产生的问题进行了深入讨论，主要讨论内容如下。第一，2008年金融危机是各类金融衍生产品过度开发引起的？还是金融监管不严或原有法律制度设计中存在缺陷导致的？第二，比较美国1933年的《格拉斯-斯蒂格尔法案》、1999年的《格雷姆-里奇-比利雷法案》和2010年的《多德-弗兰克华尔街改革和消费者保护法案》，哪一个可以算是美国金融监管体系的根本大法？《多德-弗兰克华尔街改革和消费者保护法案》能确保美国在多长时间内不再出现类似1929—1933年或者2007—2008年的系统性金融危机？第三，一国金融发展，应该是竞争优先还是规则优先？是金融利益至上还是金融稳定、可持续发展至上？如果二者可以同时兼顾，其发展模式应该是怎样的？等等。在此番探研的基础上，笔者撰写了三篇论文：《规则下促竞争，稳定中求发展》《美国应对金融危机的处置方式、监管办法与下一步举措》《中国应更加注重金融法制建设和组织完善，构建市场化的金融风险承担和损失弥补机制》。后来都收录进《美国金融危机处置与监管演变——耶鲁大学学习考察报告》一书中。

通过这次调研，笔者进一步厘清了国家与地方、稳定与发展、规则与竞争之间既相互联系又相互制约的关系。

在此基础上，笔者提出了"规则下促竞争，稳定中求发展"的金融发展思路，主要包括如下内容。

（一）国家与地方金融发展应界定权责

从总体思路来说，世界各国应紧紧围绕市场在金融资源配置中起决定性作用这一核心，通过科学划分、合理界定国家与地方金融监管的职责、权限，构建符合多层次实体经济和金融体系发展需要的，"有效协调、权责明晰、高效运行"的分层级金融监管体制。这将更好地推动一国金融体系现代化和金融治理能力现代化，提升金融资源配置效率和水平，增强一国金融体系的活力和竞争力。

具体来说，为国家与地方金融发展界定权责有如下基本原则：第一，应坚持市场导向，更充分地发挥市场配置资源的决定性作用；第二，应坚持有效协调，对全国性、系统性、跨区域、风险较高的金融事务，由国家统一、垂直、审慎监管；对地方性、局部性、细分性金融事务，进行分层级监管，赋予地方在区域范围内的监管职权；第三，应坚持平衡发展，致力于金融创新和金融稳定的平衡、国家风控和地方发展的平衡、国家统一宏观监管和地方差异化监管的平衡；第四，应坚持权责对等，即科学划分国家与地方权责边界，确保地方金融监管权与其促进金融发展、参与风险处置的责任相对应，实现"激励相容"；第五，应坚持依法监管，通过法律法规明确国家与地方的监管职权，各级金融监管部门必须严格依法履职；第六，应坚持分类指导、分步推进，各国可给不同地方、不同领域的金融管理能力和风险控制水平分级分类，逐步界定相关的金融监管权。

在这些原则的指导下，确定国家金融监管权责应包括如下内容。

第一，制定规则。出台国家金融工作的方针、政策、重大举措，推动金融法治建设，制定金融行业负面清单以及各类金融机构、业务的准入、监管规则，对地方金融监管作出法律界定。

第二，规范机构准入和监管。对全国性、系统性、跨区域的重要金融机构，以及涉及广泛的公众利益、可能引发重大金融风险的金融机构，国家应在设立、变更、终止、业务范围审核等方面做好审批、备案和监管工作。

第三，完善金融业务和金融市场监管。对经国家审批、备案的金融机构的各项业务，以及全国性、跨区域、牵涉面广、功能复杂、风险容易外溢的金融业务，应做好审批、备案和监管；对各类交易所和银行间债券市场等全国性金融交易市场，应做好审批和监管；应加强全国性重要金融基础设施和市场的监管。

第四，协调、督查、指导地方金融发展。一是应加强对地方金融工作的宏观指导和监督，对地方贯彻落实国家金融政策情况进行检查督促。二是应加强对地方金融监管的具体指导、业务培训等，促进地方提高金融监管水平。三是应对国家赋予地方审批与监管权限的金融机构、业务等，进行资格审核或备案、督查。四是应对地方监管范围内可能出现的金融风险进行预警，监督地方予以处置。五是应建立国家与地方金融发展监管会商制度。首先，是制定规则，即按照有无"法定存款准备金"或"法定存款准备金率大小"给金融机构分类，再在机构准入、业务审批等方面界定好国家和地方的责权（包括风控和监管），从而形成一个发展有序、监管有则的健康金融体系，以便适应地方差异，满足不同层次的金融需求。其次，是应充分发挥国家派出机构与地方的会商制度的作用。如针对金融监管与危机救助问题，在对金融机构的操作层面的监管，或对股东、董事层面的监管，对金融机构的局部风险监控、救助和处置，或对系统性风险的监控、救助和处置，乃至派出机构的组织队伍建设等方面，都应明确国家与地方的责权，使其各司其职、各尽其责。

第五，维护国家金融稳定与安全。世界各国应加强宏观管理，防范、处置系统性和全国性金融风险；对国家审批、备案的金融机构及其业务可能出现的风险进行管理；监测、防范国际金融风险，确保国家金融安全。

相应地，确定地方金融监管权责应包括如下内容。

第一，细化规则。即应根据地方经济发展的实际情况，制定地方金融发展规划和政策，出台贯彻落实国家金融政策的实施细则和操作办法；应根据国家法规，制定地方金融监管的具体规则、规范。

第二，机构准入和监管。一是对于原来就归地方审批的金融、准金融机构（包括小额贷款公司、担保公司、典当行、资金互助社、民间借贷中介机构等），在设立、变更、终止、业务范围审核等方面，地方应该继续拥有审批和监管权力。二是原来准入审批权限不明确的金融机构（主要是地方金融发展出现的新业态，包括地方性的互联网P2P借贷平台、持牌运营中心等），可由地方审批、备案和监管。三是对于原来归国家审批的地方性中小微金融机构，尤其是与推动地方金融发展密切相关且不涉及广泛的公众利益的金融机构（包括各类地方中小民营银行、村镇银行、科技银行、社区银行、财务公司、融资租赁公司、消费金融公司、汽车金融公司、小微保险公司、货币经纪公司、信托投资公司、保理公司、信用评级机构、第三方支付机构、大型产业投资基金等），国家可制定准入规则，赋权地方进行审批和监管，报国家金融监管部门或其派出机构审核资格、备案即可；对于某些机构也可以考虑取消审批，实行备案制。

第三，完善地方金融业务和金融市场平台监管。这包括对经地方审批的各类金融机构的存款、贷款、投资、信托、股权管理等业务，以及其他地方性的、风险不容易外溢的金融业务（含市政债券、中小微企业集合债券等）进行审批和监管；对地方金融市场平台（包括场外股权交易市场、产权交易市场、中小微企业贷款转让平台、地方政府融资平台等）进行审批和监管。

第四，地方金融风险防范和处置。对地方审批并监管的金融机构、业务、市场平台所引发的风险，地方具有防范和处置职责，地方应与国家监管部门及其派出机构等相关部门加强合作，打击地方性非法金融活动，建立地方金融稳定机制，提高应对地方金融领域群体性事件的能力。

第五，加强地方金融基础设施建设。应加强地方金融信用体系建设，对失信行为进行非金融性行政处罚；推进地方金融法治建设，优化地方金融运行环境；建立金融信息发布、交流等平台；等等。

（二）国家与地方金融监管应健全组织架构

首先，国家金融监管组织架构包括三类。第一，中央银行。各国中央银行应执行国家货币政策、审慎政策和汇率政策等，对金融机构和企业的支付清算、外汇、流动性及货币市场等进行功能监管，并承担最后贷款人的职责。第二，国家银行、证券、保险业务监管机构。各国应根据自身实际情况来妥善安排。第三，国家金融监管部门派出机构。这类机构能够代表国家，在派出区域行使国家金融监管责权，履行国家对地方金融发展的督查、指导、监管等职责，促进地方金融稳定发展；其具体职能包括监管全国性金融机构在该区域的分支机构和业务，审核国家赋予地方审批监管权限的机构及其业务等的资格，并进行备案、督查。

其次，地方金融监管主要由地方金融监管局承担，其主要职能包括：第一，负责地方的金融稳定、发展及监管，协助国家加强对地方金融的监管和服务，维护地方金融稳定，处置金融风险；第二，对国家赋予地方审批监管权限的金融机构、业务、市场平台等，按照规定审批监管，并报送国家监管部门或其派出机构进行资格审核、备案；第三，监管地方金融资产，例如，可设立地方金融资产运营公司（如金融控股公司），进行市场化投资运营，实现地方金融资产保值增值。

最后，国家与地方金融监管组织的关系是：国家金融监管组织与地方金融监管局按照法律规则和会商制度，明确权责，协调合作，共同促进国家和地方金融发展，维护金融稳定。

（三）有序建立国家与地方金融的法治体系

为了金融稳定与发展，世界各国应根据本国实际，有序建立国家与地方金融的法治体系，主要措施包括以下几项。

第一，在国家金融层面制定总体方案，有序改革，稳中求进。首先，各国应制定分层级金融监管体系的总体方案、实施意见等，明确国家与地方金融监管的各项机制与责权；在此基础上，选择试点，分步推进。其次，各国可制定国家和地方金融监管部门机构方案，明确金融监管体制、职能、内设机构和人员等。最后，在国家总体方案和布局出台后，地方应及时推进地方金融监管体系的改革与完善。

第二，完善地方金融相关法律法规体系建设。各国应出台地方金融监管指导意见和地方金融监督管理条例，明确各地方金融监管部门的职能定位、职责范围、监管对象、授权内容、工作程序、保障机制等，以此为依据设立地方金融监管局并进行各项改革。在中国，应对已存在的《中华人民共和国商业银行法》《中华人民共和国证券法》《中华人民共和国保险法》等相关法律进行必要的修订。同时，应细化、完善地方金融监管规范，制定地方金融监管规章、实施细则、操作办法等。比如，针对地方吸收存款的金融机构，要建立严格的准入和退出机制，不仅要审查其注册资金、经营场所等硬性约束指标，更要审查其主要股东资质、法人代表及机构风险控制能力、从业人员素质等软性约束指标。可在现行法律框架内或国家立法的前提下，进行地方立法。

第三，防控地方金融风险。首先，构建三大金融监管安全网。一是设立地方存款保险公司，保障地方性、社区性存款类金融机构安全，在国家统一的存款保险制度约束下根据地方实际进行运作。二是设立地方金融资产管理体系，处置可能出现的不良金融资产，避免产生流动性危机和信用危机。三是设立金融控股和再担保体系使地方金融控股公司可以并购可能出现不稳定的金融机构。其次，建立三种地方金融风险管理机制。一是建立金融风险监测预警机制，可专门设立金融风险管理委员会，开展地方金融风险监测、评估、预警，通过创新、敏捷的监管，确保地方金融体系安全、稳健、有活力。二是建立金融风险应急处置机制，可制定健全的应急预案，强化各部门协调联动机制，完善地方金融风险储备金制度。紧急情况时，允许地方金融监管局迅速与地方金融机构双向沟通，随时掌握金融机构的运行状况。三是建立金融投资者、消费者保护机制，可参照世界先进的金融行业做法，建立投资者保护基金，作为地方性产权交易市场的风险储备金，用于重大风险事故救助和补偿，加强消费者权益保护。最后，建立相应金融管理机制，约束地方政府过度的行政干预和透支信用。

第四，优化地方金融环境。首先，各国可结合实际，建立地方金融行业自律组织，为地方金融机构提供服务、反映诉求，同时也规范地方金融机构的行为，促进同业合作交流及自我监督，使金融行业遵循市场规范、有效防范风险、健康成长。其次，各国也可发展第三方社会性小微金融评级机构，积极推动各类小微金融机构的评级，促进其改善经营管理、积累信用、有序竞争。这也有利于投资者有效评估金融风险、降低交易成本。再次，各国还应健全地方金融信息统计制度和联网系统，可建立地方小微金融信息中心，与区域内小微金融机构联网，推动小微金融机构核心业务信息入网。最后，各国还应完善国家与地方金融监管部门的会商机制，促进沟通协作、协调联动。这包括建立国家与地方重要金融信息通报、交流、共享制度，建立国家金融监管派出机构与地方金融监管局联动监管、联合检查、联席会议机制，完善地方金融发展和金融风险协同管理处置机制等。

综上所述，"金融自由化"导致国家不稳，"金融压抑"导致地方不活，因此，"规则下促竞争，稳定中求发展"成为在国家金融层级发展中可以遵循的路径。要达到这种平衡发展的效果，必须科学地厘清国家与地方金融的事权，建立分级监管、"激励相容"的金融监管体制。

第二节 国家金融内外联动——四种模式

现代金融体系的国际化演进，推动着世界各国离岸金融市场的形成。根据市场运作和监管模式的差异，世界各国离岸金融市场可分为四种模式（即国家金融内外联动的四种模式）：一是内外混合型，以伦敦、中国香港为代表，由市场自发形成，离岸和在岸金融业务高度融合、相互渗透，直接利用境内在岸现有金融系统开展离岸金融活动，但境内在岸金融法律法规和监管规则基本上不约束离岸金融活动；二是内外分离型，以美国国际银行设施和日本离岸金融市场等为代表，其中美国国际银行设施是全球第一个内外分离型离岸金融市场，由政策推动形成，离岸和在岸业务严格分离、账户隔离，离岸业务为非居民交易创设；三是渗透型，以雅加达、曼谷、新加坡为代表，介于内外混合型与内外分离型之间，以分离型为基础，离岸和在岸业务相对分开，账户分立，允许适度渗透、有条件联通；四是避税港型，以开曼群岛、巴哈马、百慕大群岛为代表，仅为记账中心，只提供交易场所，不提供金融服务，以极低税收吸引交易。

一、内外混合型

内外混合型离岸金融市场的离岸业务和在岸业务不分离，目的在于使两个市场的资金和业务相互补充、相互促进。内外混合型离岸金融市场是最早出现的离岸金融市场，其特点有：市场的主体包括居民和非居民；交易的币种是除东道国货币以外的可自由兑换货币；该市场的业务经营非常自由，不受东道国国内金融法规的约束，国际和国内市场一体化。从纯理论的角度分析其利弊可以发现，这种市场模式的优点是可以便利离岸业务与在岸业务的相互转换，使两者能够彼此补充和促进；其弊端是离岸业务与在岸业务不分，不仅可能促使有关金融机构利用两种业务的混合逃避监管，而且可能使离岸金融与在岸金融体系之间本来的间接联系升级为直接联系，增加在岸金融体系的不稳定性。当时的离岸金融市场之所以采用内外混合的形式，主要是为了方便当事人在两种业务之间转换,这在经济稳定增长、金融危机不频繁、全球金融市场彼此分隔的年代是可以接受的;但在如今这个金融危机频发、全球金融市场"牵一发而动全身"的时代则是比较危险的。

目前,只有为数不多的、金融发达的国家和地区,由于历史原因而沿用了内外混合型离岸金融市场模式。但在实践中,采用此模式的国家或地区在运作其离岸金融市场时,也都采取了种种措施以使离岸业务与在岸业务区别开来。

内外混合型离岸金融市场的典型代表是伦敦和中国香港,为了深入理解这种模式,有必要进一步了解这两个市场的具体情况。

(一)伦敦的内外混合型离岸金融市场

伦敦的离岸金融市场就是伦敦欧洲货币市场,其特点如下所述。

第一,离岸金融交易的币种是市场所在地的国家以外的货币(英镑以外的欧洲货币)。到1979年,在伦敦的银行也可以经营欧洲英镑的存款业务了,只是这种交易只能通过英属海峡群岛的离岸金融中心达成——银行在那里设立机构,通过电信设备进行交易。所以从法律上来说,在伦敦是不能直接经营欧洲英镑业务的。

第二,除离岸金融业务以外,该市场还允许非居民经营在岸业务和国内业务,但必须缴纳存款准备金和有关税款,而且严格控制"全面业务"执照的发放量。所以在这类市场上,在岸业务的规模远远小于离岸业务。

第三,国际特征非常明显。伦敦离岸金融市场是国内金融市场和国际金融市场的一体化。无论在货币市场、证券市场还是外汇市场,都有这种现象。欧洲货币市场发展之后,不同市场的界限就被打破,银行业的英镑业务和外国通货业务很快连成一体。伦敦证券交易所改组成国际证券交易所之后,便成为世界上最国际化的交易所之一。

(二)中国香港的内外混合型离岸金融市场

在这个市场上,有众多金融机构发挥着作用。该市场特点如下所述。

第一,金融机构丰富多样。除了银行这种传统金融机构外,市场上还有为数众多的非银行机构,例如保险公司(人寿保险和非人寿保险)、证券商、单位信托、养老基金和信用合作社等。长期以来,这些非银行金融机构一直为中小型企业和私人服务,包括一些特定的海外华资商业集团和低收入阶层。

第二,银行体制完备。香港目前采用了三级银行体制,将银行分为执照银行、限制性执照银行和存款公司三类,由政府审批,其他机构不准在香港接受存款。这些机构在香港本地和离岸金融交易中都发挥着至关重要的作用。其中,执照银行是从事全能银行业务的商业银行,这些银行除从事存放款业务外,还从事外汇业务、信托业务、证券和离岸银行业务。限制性执照银行和存款公司通常被称为财务公司,它们具有商业银行的职能,可以承担银团贷款业务和认购小型信贷公司;在很多情况下,它们是执照银行的附属机构。

第三,各国各地区银行云集。香港的银行可分为六大集团,即英资集团(包括汇丰银行集团及其在香港的英资银行)、中资集团(包括中银集团及其在香港的中资银行)、日资集团、美资集团、欧洲银行集团、中国香港华资集团。

第四，金融业务品种多样。香港银行界不断学习、创新，其业务品种多样。世界各大国际金融中心银行业所经营的业务品种，香港的银行业一般都有经营，能够满足各种客户需求。客户不仅可以办理种类繁多的汇款、存款，兑换货币，买卖外汇，并且可以投资黄金、股票、债券、基金，办理信托、租赁及各种借贷，等等。

二、内外分离型

内外分离型离岸金融市场的在岸业务和离岸业务严格分离，它限制外资银行、金融机构与本国居民之间的金融业务活动，只准许非居民参与离岸金融业务，其目的在于防止离岸金融交易活动影响或冲击本国货币政策的实施。

内外分离型离岸金融市场的特点包括：第一，其离岸业务所经营的货币可以是境外货币，也可以是本国货币，但是离岸金融业务和传统业务必须分别设立账户；第二，经营离岸业务的本国银行和外国银行，必须向金融当局申请批准；第三，经营离岸业务可获得豁免缴纳存款准备金、存款保险金的优惠，并享有利息预扣税和地方税的豁免权。

这一市场建制是20世纪80年代初开始发展起来的，创设它的目的无非是既保障离岸金融业务的发展，又适当分隔离岸金融市场和国内金融市场，以防范金融风险、避免金融机构轻而易举地逃避监管。目前世界上多数的离岸金融市场都属于这种人为创设、政府推动的内外分离型市场。美国国际银行设施与日本离岸金融市场就是此类型的典型代表。

三、渗透型

渗透型离岸金融市场的离岸业务与在岸业务分立，居民的存款业务与非居民的分开，但离岸账户上的资金可以贷给居民。这种类型的离岸金融市场兼有内外分离型和内外混合型市场的特点，最突出的特征是离岸资金可贷放给居民，即国内企业可以直接在离岸金融市场上融资。

渗透型离岸金融市场主要起源于发展中国家。这是因为发展中国家金融实力较薄弱，抗冲击能力较低，所以其金融政策需要保持较高的独立性，通常实施外汇管制，这就决定了发展中国家的离岸市场中离岸业务与在岸业务需要相互分离，从而排除了建立内外混合型离岸市场的可能性。然而，外汇短缺是发展中国家普遍存在的问题，因此，它们又需要建立离岸市场，在一定程度上缓解这一问题。

渗透型离岸金融市场的优点有：第一，便于保持本国货币政策的独立性；第二，便于金融管理当局分别实施管理；第三，能够搞活外汇市场，扩大利用外资规模；第四，放开离岸市场非居民外汇交易可以为本国取消外汇管制提供经验；第五，外资金融机构带来的管理经验、先进技术和竞争，有助于本国金融机构成长并走向国际化。

而渗透型离岸金融市场的缺点是：因为离岸账户上的资金可投放于国内企业，居民可投资于离岸账户，离岸与在岸账户可以对内或对外单向渗透，也可双向渗透，这会对汇兑市场所在国的信用规模产生影响；其外债管理难度较大，稍有不慎或监管不力，便很可能对本国的国际形象乃至本国经济活动尤其是金融活动造成巨大的损害。

四、避税港型

避税港型离岸金融市场是指没有实际的离岸资金交易，只是办理其他市场交易的记账业务的离岸金融市场。这种离岸金融市场的特点是：市场所在地政局稳定，税赋低，没有金融管理制度，可以使国际金融机构达到逃避资金监管和减免租税的目的。典型的避税港型离岸金融市场有美洲的开曼群岛、巴哈马和百慕大群岛及欧洲的海峡群岛等。

这里以加勒比海地区的离岸金融市场为例。20世纪60年代后期，美联储允许美国银行在巴哈马和开曼群岛建立"贝壳"分行，这是促进避税港离岸金融市场发展的部分原因。美联储的目的在于为那些没有能力在欧洲货币市场建立分支机构的小银行提供参与欧洲美元市场的机会。要从事这一业务，银行只需在加勒比海地区拥有一个邮箱，而实际业务是在国内总行进行的。因此，在20世纪70年代，加勒比海地区形成了避税港型离岸金融中心。

加勒比海地区以中小发展中岛国为主，它们虽然政治经济不甚发达，但却有很多适合建立离岸金融市场的优势：一是远离政局动荡和战乱地区，具有"世外桃源"的优势；二是不征收或极少征收税费；三是在该地区，银行享有保密权，当地法院实施的避税港法则往往阻止银行向政府等调查部门提供客户资料。这些条件都吸引了大量境外资产。又由于缺乏伦敦和纽约这类大型市场的基本设施和条件，加勒比海地区离岸金融市场一般只作为记账中心，而不进行实际交易业务。

在20世纪60年代各国政府纷纷提高税率的背景下，20世纪70年代开始，大量私人企业和巨额收入者为了减轻税收负担，都在寻求可以合法避税的地方。与此同时，若干小国或海岛与加勒比海地区的情况类似，为了繁荣经济，多用减免所得税及其他税收优惠方式吸引国际资金，于是逐渐形成了避税港型离岸金融中心。这类离岸金融中心分布很广，但因不具备构成国际金融与外汇市场的条件，所以多为簿记型中心，国家间资金交换的功能仍然依赖于伦敦、纽约、法兰克福等功能型中心。

五、内外联动模式选择

对于世界大多数发展中国家而言，建立内外混合型和避税港型离岸金融市场显然是不切实际、不可行的。那么，一国货币要国际化，要解决国际化进程中离岸、在岸有序对接的问题，就只有两条路径可以选择：一是建立内外分离型离岸金融市场，即将境内金融市场业务与境外业务严格分离，以防止离岸金融交易活动影响和冲击本国货币政策的实施；二是建立渗透型离岸金融市场，即将离岸业务与在岸业务分立，但其或允许将离岸账户上的资金贷放给居民，使国内企业可以直接在离岸金融市场上融资，比如泰国曼谷国际银行设施、马来西亚纳闽岛离岸金融市场和印度尼西亚雅加达离岸金融市场；或为了限制外资内流，仅允许在岸账户向离岸账户渗透，但禁止离岸账户向境内放贷；又或允许两者之间的双向渗透，即居民既可以用离岸账户投资也可以用离岸账户获得贷款，如新加坡创设的亚洲货币单位。

世界各国采取哪一种模式，是由本国金融市场的开放程度、风险监控水平、经济发展状况等因素决定的。从国家金融学的角度分析，一国离岸、在岸金融市场的有序对接，有三个主要目的。一是本国币种的国际化。世界各国要参与全球经济一体化与金融市场国际化的进程，首先面临的就是一国货币如何实现从贸易和服务的支付结算货币到储备货币再到锚货币的转变的问题，这一使命要靠离岸与在岸市场的有序对接来完成。二是稳定货币价格，防范金融风险。一国货币在离岸与在岸市场同时运作，必然产生同一货币、两个市场、两种利率的问题。利差引起的投机行为和国内、国际市场的波动，容易对国内货币政策产生冲击，导致金融危机，这个问题也需要离岸与在岸市场的有序对接来解决。三是掌握国家金融的主导权。离岸、在岸金融市场的互动发展，不仅涉及二者对接的模式选择问题，而且涉及国家金融的话语权与主导权问题，如一国货币离岸价格的定价权、离岸与在岸对接的通道或特殊账号的设置、金融基础设施的健全、金融法治监管作用的发挥，以及离岸与在岸对接中的金融业标准制定问题等。这些都是国家金融发展不可回避的现实问题。

第三节　案例分析

一、美国资产重组托管公司

美国资产重组托管公司（Resolution Trust Corporation，RTC），是世界上最大的临时性金融机构，于 1989 年 8 月根据《金融机构改革、复兴和实施法案》设立，主要职能就是对破产的储贷协会所有的资产和负债进行重组清理。经过 6 年多的运营，RTC 基本完成了其使命，并已于 1995 年底自行关闭，但它的实践却为其后全球金融机构重组提供了一个可资借鉴的成功范例。

RTC 是在 20 世纪 80 年代中后期的储贷协会危机的背景中应运而生的。

储贷协会是美国的一种合作性质的非银行储蓄机构，创立的最初目的是作为商业银行、货币贷放者及典当行的替代，满足收入有限的人们对储蓄、信用和贷款的需求，其主要业务是为低收入的家庭买房或建房提供贷款。类似的协会最早在 1781 年前后出现在英国，美国的第一家储贷协会——牛津储蓄建房协会则于 1831 年在宾夕法尼亚州费城郊区的一个小镇上建立。

此后的 150 年中，储贷协会不断发展壮大，业务范围逐步扩展，在金融领域的作用持续提升，渐渐地已成为能够与银行相抗衡的一类重要的金融机构。然而到了 20 世纪 70 年代，美国经济遭受到滞胀和金融危机的双重打击，出现了严重的通货膨胀，引起短期利率飙升。在这种情况下，美国当局不得不放弃长期以来通过 Q 条例所实施的利率控制，允许银行适用市场利率进行存贷。这样一来，以往占有一定优势的储贷协会就面临着来自商业银行以及新兴的货币市场基金对存款的激烈竞争，以及低收益的抵押资产对净资本的沉重压力，经营出现了困难。

为帮助储贷协会渡过难关，1982年的《储蓄机构法案》也就是《加恩-圣·杰曼法案》放松了对储贷协会的管制，扩大了它的经营权力，进一步消除了储蓄机构与银行之间的界限。然而事与愿违，给予困境中的储贷协会较多的自由反而使其陷入了投机性的深渊，引来了更大的麻烦：大量的资金被沉淀在投机性房地产贷款及垃圾债券上，高风险迅速增长的现状使得许多储贷协会出现了事实上的资不抵债。然而储贷协会当时的主要监管者——联邦住宅贷款银行委员会却不愿正视现实。这一方面是因为当时为储贷协会提供保险的联邦储蓄及贷款保险公司没有足够财力满足所有的破产支付；另一方面，在当时的环境下委员会也不愿看到金融机构大量倒闭，反而希望通过继续出台扶持政策使其恢复生机。于是一系列掩盖问题、延缓破产的措施相继出台，包括允许较低的资本充足率、放松记账规则、延迟确认贷款损失、将"商誉"列入资本、给予购并者大量税收及其他优惠等。然而这些终究是权宜之计，自欺欺人的做法毕竟难以长久。

到了20世纪80年代末，大量苟延残喘的储贷协会终因累积了太多的不良资产而严重资不抵债，特殊的会计处理也无法使其再继续支撑下去。为避免损失进一步扩大而增加纳税人的负担，1989年国会终于痛下决心，重拳出击，通过了《金融机构改革、复兴和实施法案》。法案规定：关闭前述的联邦储蓄及贷款保险公司，将其并入联邦储蓄保险公司来为储贷协会提供保险；撤销联邦住宅贷款银行委员会，将其并入货币监理署下设的新的储蓄机构监管局来实施监管；同时，组建资产重组托管公司，管理和销售破产金融机构的资产。

在这一背景下，RTC应运而生，对相关储贷机构进行资产重组。RTC被赋予五大目标：一是重组储贷机构；二是尽量减少重组损失，争取净现值回报最大化；三是充分利用募得资金处置破产的储贷机构；四是尽量减小处置过程中对当地房地产市场和金融市场的影响；五是最大限度地保障中低收入者的住房供应。

RTC的组织架构分为两个阶段：第一阶段是1989年8月至1991年10月，RTC由美国联邦储蓄保险公司负责管理，由财政部部长、美联储主席、住房和城市发展部部长和总统指派的两名私营部门代表组成监察委员会，负责制定RTC的运营策略和政策，任命RTC的总裁和首席执行官，以开展日常工作。第二阶段是从1991年11月开始，美国国会通过《重组信托公司再融资、重构与增强法案》，原监察委员会更名为储贷机构存款人保护监察委员会，在调整相关成员后，确定RTC总部设立在华盛顿，在亚特兰大、达拉斯、丹佛和堪萨斯城设立4个地区办公室，在全国设立14个办事处和14个销售中心，RTC不再受联邦储蓄保险公司管理。直至1995年12月RTC关闭解散后，剩余工作被重新划回联邦储蓄保险公司继续运作。

RTC的运作方式主要分为两类：对储贷机构实施援助和重组。援助主要是以现金注入方式帮助相关储贷机构摆脱困境，使其重获持续经营的能力。重组主要包括四个步骤：清算、托管、重组、资产管理与处置。其中资产管理与处置主要是采用公开拍卖、期权销售、资产证券化等手段。

二、华盛顿共识

华盛顿共识（Washington Consensus）是指位于华盛顿的三大机构——国际货币基金组织、世界银行和美国财政部，旨在为陷入债务危机的拉美国家提供经济改革方案和对策，并为东欧国家转轨提出来并形成的一系列政策主张。

1989 年，陷于债务危机的拉美国家急需进行国内经济改革。美国国际经济研究所邀请国际货币基金组织、世界银行、美洲开发银行和美国财政部的研究人员，以及拉美国家代表在华盛顿召开了一个研讨会，旨在为拉美国家经济改革提供方案和对策。美国国际经济研究所的约翰·威廉姆森对拉美国家的国内经济改革提出了已与上述各机构达成共识的十条政策措施，称作华盛顿共识。以新自由主义学说为理论依据的华盛顿共识，在 20 世纪 90 年代广为传播。

华盛顿共识包括十条政策措施：第一，加强财政纪律，压缩财政赤字，降低通货膨胀率，稳定宏观经济形势；第二，把政府开支的重点转向经济效益高的领域和有利于改善收入分配的领域（如文教卫生和基础设施领域）；第三，开展税制改革，降低边际税率，扩大税基；第四，实施利率市场化；第五，采用一种具有竞争力的汇率制度；第六，实施贸易自由化，开放市场；第七，放松对外资的限制；第八，对国有企业实施私有化；第九，放松政府的管制；第十，保护私人财产权。

华盛顿共识的推动与当时的国际背景和世界格局的变化密切相关。

第一，苏联解体和东欧剧变，整个社会主义阵营几乎瓦解，这为国际上特别是美国"芝加哥学派"及其弟子提供了推行新自由主义的口实。以里根执政为标志，"芝加哥学派"成为美国的主流经济学理论之一。在里根和撒切尔夫人的鼓动下，新自由主义在美国乃至经合组织国家中占据了统治地位。

第二，20 世纪 90 年代恰逢西方国家经济技术得到快速发展，美国等发达国家通过科技进步、发展信息产业与调整社会生产关系，生产力发展水平有了较大的提高。一些东西方的政治家和学者，将这种变化看作是自由市场经济发展的一个结果，因而主张发展中国家经济也需要通过实施自由市场经济的途径，来实现经济社会的快速发展。

第三，由于发达国家的科技和信息技术得到迅速的发展，各国之间的经济与贸易、社会和产业之间的联系大大增强，人们之间的交往日益频繁，国家地区之间的经济一体化进一步扩大。总之，国际形势与世界格局为推行自由的市场经济提供了生存的土壤。

华盛顿共识虽然成为全球主流的发展理念，但仍不免遭遇其他思想的挑战。主要的挑战来自两个方面：一是欧洲价值观，二是后华盛顿共识。

欧洲价值观基于欧洲传统的社会民主主义价值理念，在强调经济增长的同时，倡导人权、环保、社会保障和公平分配。但是，近二十年来，欧洲福利社会型的资本主义在与美英自由市场资本主义的竞争中处于劣势，欧洲国家在政策导向上整体向华盛顿共识靠拢，因此欧洲价值观对华盛顿共识的挑战是软弱乏力的。

近年来，对华盛顿共识更有力的挑战是以美国经济学家斯蒂格利茨为代表的一批西方学者提出的后华盛顿共识。后华盛顿共识强调与发展相关的制度因素，认为发展不仅是经济增长，而且是社会的全面改造。因此，后华盛顿共识不仅关注增长，还关注贫困、收入分配、环境可持续性等问题；它还从信息不对称出发，指出市场力量不能自动实现资源的最优配置，承认政府在促进发展中的积极作用，批评国际货币基金组织在亚洲金融危机前后倡导的私有化、资本账户开放和经济紧缩政策。

分析华盛顿共识，可以看出：其主张政府的角色最小化，资产私有化及利率、汇率与贸易的自由化。从国家金融学的角度看，华盛顿共识探讨且推动了市场基本要素、基本机构的活力，但它忽视了效率与公平在市场上的表现，从而忽视了法治、监管、社会信用体系乃至金融基础设施对整个现代金融体系建设的重要性。

具体来说，华盛顿共识忽略了建立完善市场体系尤其是现代金融体系六大功能的重要作用，过度地强调市场的调节，政府基本上没有发挥调控经济尤其是调控金融的作用，这导致金融市场发育不健全、金融法治欠缺、金融秩序混乱、金融市场竞争机制受阻。这里比较典型的例子是阿根廷，其实行华盛顿共识后，经济仍然一蹶不振，最终陷入中等收入陷阱的泥潭。

三、中等收入陷阱

中等收入陷阱是指那些中等收入经济体在跻身高收入国家的进程中，即新兴市场国家突破人均国内生产总值 1000 美元的"贫困陷阱"后，很快进入 1000 美元至 3000 美元的"起飞阶段"；但当人均国内生产总值达 3000 美元左右时，其快速发展中积聚的矛盾会集中爆发，从而导致自身体制与机制的更新进入临界，矛盾难以克服，陷入经济增长的回落或停滞期，进入中等收入陷阱阶段。

中等收入陷阱的典型特征是：一方面，处于该阶段的国家的资源、原材料、劳动力、资金和管理成本等居高不下；另一方面，这些国家又缺乏核心的尖端技术，难以创新，处于产业链条的中低端，缺乏竞争力。由此带来的经济增长回落或停滞进一步导致就业困难、社会公共服务短缺、金融体系脆弱、贫富分化、腐败多发、信仰缺失、社会动荡等。于是这些国家长期在中等收入阶段徘徊，迟迟不能进入高收入的国家行列。2006 年，世界银行针对南美国家经济长期停滞不前的状况，提出了"中等收入陷阱"这一概念。

为什么会出现成本的上升以及尖端科技的匮乏两极分化的情况？从国家金融学的角度去分析，这是因为顶级的科研技术需要大量的投资研发成本，一般私人企业无法承担如此高额的研发成本，而处于中等收入陷阱的国家缺乏政府"有形的手"去推动，从而导致一方面成本提高而另一方面科技缺乏创新这种情况。因此，高科技核心等产业有效突破的关键在于两个方面：一方面强调市场要素、市场机构在市场中的活力作用；另一方面则需要国家"有形之手"对此进行推动。

四、中国——地方金融"7+4"

地方金融组织，也就是所谓的类金融机构。中共中央、国务院印发的《关于服务实体经济防控金融风险深化金融改革的若干意见》首次明确规定,"7+4"类地方金融组织交给地方监管,其中"7"是指小额贷款公司、融资担保公司、区域性股权市场、典当行、融资租赁公司、商业保理公司、地方资产管理公司,这7类由地方金融监管部门实施监管,中央金融管理部门制定规则;"4"是指投资公司、开展信用互助的农民专业合作社、社会众筹机构、地方各类交易场所,这4类由地方金融监管部门监管,提高准入门槛,严格限定经营范围。

小额贷款公司是指在所在行政辖区内由企业法人、自然人和其他社会组织、经济组织依法出资设立的,不吸收公众存款,专营小额贷款业务的有限责任公司或股份有限公司,拥有独立的法人财产,享有法人财产权,以全部财产对其债务承担民事责任。

融资担保公司是指依法设立、经营融资担保业务的有限责任公司或者股份有限公司。融资担保业务是指担保人为被担保人借款、发行债券等债务融资提供担保的行为。

区域性股权市场是为其所在行政区域内中小微企业证券非公开发行、转让及相关活动提供设施与服务的场所。除区域性股权市场外,地方其他各类交易场所不得组织证券发行和转让活动。

典当行是指依法设立的主要经营典当业务的有限责任公司或者股份有限公司。典当业务是指当户将其财产或财产权利作为当物质押或者抵押给典当行,取得当金,并在约定期限内偿还当金、支付当金利息和相关费用、赎回当物的融资活动。

融资租赁公司是指从事融资租赁业务的有限责任公司或者股份有限公司(不含金融租赁公司)。融资租赁业务是指出租人根据承租人对出卖人、租赁物的选择,向出卖人购买租赁物,提供给承租人使用,承租人支付租金的交易活动。

商业保理公司是指依法设立的专门从事商业保理业务的非银行法人机构。商业保理业务是指供应商将其基于真实交易的应收账款转让给商业保理公司,由商业保理公司向其提供保理融资、销售分户(分类)账管理、与受让应收账款相关的催收业务、非商业性坏账担保、客户资信调查与评估和与商业保理相关的咨询服务等业务。以应收账款为质押的贷款,不属于商业保理业务范围。

地方资产管理公司是指经所在行政辖区内人民政府批准设立或授权、依法注册登记,并经中国银行保险监督管理委员会备案公布的,参与本市范围内金融企业不良资产的批量收购、处置等业务的公司。

投资公司指在中华人民共和国境内注册设立的主要从事创业投资的企业组织,是指处于创建或重建过程中的成长性企业,但不含已经在公开市场上市的企业。创业投资,指向创业企业进行股权投资,以期所投资创业企业发育成熟或相对成熟后主要通过股权转让获得资本增值收益的投资方式。

农民专业合作社是以农村家庭承包经营为基础,通过提供农产品的销售、加工、运输、贮藏以及与农业生产经营有关的技术、信息等服务来实现成员互助目的的组织,从成立开始就具有经济互助性。拥有一定组织架构,成员享有一定权利,同时负有一定责任。农民专业合作社可以开展信用互助业务,但须依托于合作社,以成员信用为基础,以产业为纽带,由成员自愿出资。

社会众筹机构是指通过互联网平台（互联网网站或其他类似电子媒介）为众筹投融资双方提供信息发布、需求对接、协助资金划转等相关服务的中介机构。

地方各类交易场所是指所辖行政区域内依法设立的从事权益类交易、大宗商品类交易的各类交易机构，包括名称中未使用"交易所"字样的交易场所，但仅从事车辆、房地产等实物交易，不包括国务院或国务院金融管理部门批准设立从事金融产品交易的交易场所。

五、国际金融枢纽——粤港澳大湾区

粤港澳大湾区包括九市两区，九市即广州、深圳、珠海、佛山、中山、惠州、东莞、肇庆、江门，两区是香港特别行政区和澳门特别行政区。它是中国经济最活跃的地区之一，也是中国建设世界级城市群、参与全球竞争的重要空间载体。到2022年，粤港澳大湾区的土地面积约为5.6万平方千米，人口达7800多万人，区域国内生产总值超13万亿元人民币，第三产业占区域国内生产总值比重为81.1%，出口7.94万亿美元，实际利用外商直接投资1407亿美元（2018年），机场旅客吞吐量达2.02亿人次（2018年），货邮吞吐量超过17亿万吨。

粤港澳大湾区产业结构互补。在港澳地区，现代服务业占主导，金融、医疗、旅游、贸易等行业发达。珠三角九市则产业体系完备，制造业基础雄厚，且不断向先进制造业升级，产业科技含量不断提升，被誉为"世界工厂"。该区域正逐步形成先进制造业和现代服务业双轮驱动的产业体系。

粤港澳大湾区的发展实施"三步走"计划：第一，到2020年，粤港澳大湾区建设打下坚实基础，构建起协调联运、运作高效的粤港澳大湾区建设工作机制，在规则相互衔接和资源要素便捷有序流动等方面取得重大突破。第二，到2022年，粤港澳大湾区基本形成发展活力充沛、创新能力突出、产业结构优化、要素流动顺畅、生态环境优美的国际一流湾区和世界级城市群框架。第三，到2035年，粤港澳大湾区全面建成宜居、宜业、宜游的国际一流湾区。

粤港澳大湾区实体经济的发展定位是：建设国际一流湾区和世界级城市群。这主要包括六大目标：一是推进基础设施互联互通，建设世界级城市群；二是加快物流航运发展，建立世界级航运群；三是促进科技创新、资源共享，打造国际科技创新中心；四是推动制造业一体化发展，构建具有国际竞争力的现代产业体系；五是提升金融业创新发展，建设国际金融枢纽；六是强化湾区一体化水平，建设宜居、宜业、宜游的优质生活圈。

国际金融枢纽应具备五点特征：具有国际金融中心；具有跨境投融资平台；具备现代金融产业体系；具有金融市场互联互通功能；具有金融监管协调发展功能。因此，根据五大特征，并且为了服务好实体经济的这六大目标，粤港澳大湾区为成为国际金融枢纽配套了相应的金融政策措施。

第一，为推进基础设施互联互通，建设世界级城市群，粤港澳大湾区的配套基础设施建设的金融措施包括了六个方面：独立投资；租赁式投资；合伙式投资；股份式投资（债券及可转换债券、股票）；社会式投资（项目基金、项目资产证券化）；其他方式投资（建设项目买壳上市、项目并购捆绑经营、项目抵押置换及拍卖等）。

第二，为了加快物流航运发展，建立世界级航运群，粤港澳大湾区的配套物流航运发展的金融措施包括：供应链金融；航运保险、再保险、船舶金融、飞机船舶租赁；航运交易所、保险交易所、金融资产交易所。

第三，为了促进科技创新、资源共享，打造国际科技创新中心，粤港澳大湾区的配套科技创新的金融措施包括：私募股权投资、风险投资；企业在银行间市场发行超短期融资券、中期票据、项目收益债等；推动知识产权质押贷款业务创新；创新专项基金；科创板上市；建立风险补偿机制，完善融资担保体系。

第四，为了推进制造业一体化发展，构建具有国际竞争力的现代产业体系，粤港澳大湾区的配套产业发展的金融措施包括：大力发展绿色金融（如绿色信贷、绿色债券、绿色金融标准、碳排放交易所）；有序推动产业基金发展；引导港澳资金投向湾区内地九市；建设提升股权交易市场；发展完善证券交易所；全方位推进资本市场发展。

第五，为了提升金融业创新发展，建设国际金融枢纽，粤港澳大湾区的支撑国际金融枢纽建设的金融措施包括：巩固提升香港国际金融中心地位（包括金融总部集聚）；金融服务实体经济——跨境投融资便利化；设立本外币合一跨境资金池，推进金融市场互联互通；金融市场开放发展——完善机构、业务、市场、规则、金融基础设施（包括金融标准）；金融服务创新发展——发展基础设施建设、产业金融、绿色金融、科技金融、民生金融等；金融监管合作协调——做好金融风险预警、防范和化解，反洗钱，反恐怖融资，反逃税，保护金融消费者权益。

第六，为了强化湾区一体化水平，建设宜居、宜业、宜游的优质生活圈，粤港澳大湾区的促进民生事业发展的金融措施包括：设立民生项目基金，提升社会保障、社会治理；推动跨境支付、境外消费、自然人移动、商业存在等金融服务便利化；拓展旅游、文化创意、电子商务、海洋经济、职业教育、生命健康等领域金融合作与创新；促进粤港澳金融市场互联互通便利化；开发创新型跨境保险和保险产品，为跨境保险客户提供便利化承保、查勘、理赔等服务；推进金融消费纠纷调解合作。

粤港澳大湾区的金融发展既对标国际一流湾区，又力求发展出自身独有的特色；既体现出国家金融的行为导向，又符合地方金融的客观需求。可以说，粤港澳大湾区的金融发展是以兼顾规则与竞争、稳定与发展为目标的：一方面，它需要灵活多样、切实可行的金融政策、举措，需要更多元的资源和更灵活的市场来支撑经济发展；另一方面，它需要严守金融发展底线，不发生区域性或系统性金融风险。这说明，要实现以金融服务实体经济发展的目标，粤港澳大湾区需要探索一条金融自由化与金融压抑之外的路径——规则下促竞争、稳定中求发展。

六、伦敦金融自由港

伦敦英国自由港也就是伦敦港位于英国东南沿海泰晤士河下游的南北两岸。它从河口延伸到蒂尔伯里港区，穿过伦敦桥直到特丁顿码头，是以一个或多个航空、铁路、海港为中心，范围可延伸至中心以外 45 千米的特殊区域。

自由港又称自由口岸，是指位于一国海关辖区以外的特定区域，即所谓的"境内关外"。在这个区域内，外国船只可以自由进出，在遵守该国有关卫生、治安和移民等法律法规的前提下，外国船只可以不受任何国家海关的管辖，对货物进行自由装卸、储存、加工等一系列的活动，其进出口商品也可以少征甚至不征关税，以促进贸易的顺利进行。自由港是自由贸易区的高级形式，比自由贸易区开放程度更高，经济活动内容也更全面。

自由港有四个基本特点。一是"境内关外"的开放特点，这也是自由港的核心原则。根据这一特征，自由港虽然位于一国的国境之内，但却属于关境之外，这就使得自由港可以采取开放的企业准入制度和优惠的税收政策。二是经济金融高度自由化，除了外国船只可以自由进出自由港并从事经营活动之外，自由港区内还有自由化的金融货币制度、自由化的贸易体制、自由化的投资经营和自由化的人员流动。三是经济关系的国际化，在自由港内的企业，不论国别，都享受"一视同仁"的待遇，港内鼓励不同类型的资本流动，以保持市场活力。四是功能的综合性，自由港不但是国际贸易、航运、金融中心，还常常是重要的旅游休闲胜地。为此，港区内有一系列综合性的金融外汇、贸易、投资和出入境政策与之匹配。

殖民主义时期，英国奉行自由贸易主义，这在当时并非主流，美国、德国等许多国家都奉行贸易保护主义。作为当时的世界工厂，英国工业产品非常具有国际竞争力，为促使其他国家与其开展贸易，英国主动减少本国贸易壁垒，实施自由贸易政策。庞大的殖民帝国体系间货物贸易往来频繁，英国需要依靠强大的国际海运网络来帮助其在全球殖民地范围内进行资源配置，因此当时英国拥有发达的全球海运网络。伦敦港作为英国本土的最大的枢纽港，也是当时最大的自由贸易港。

在殖民主义全球化过程中，与之相关的贸易、航运业及航运衍生产业（如船舶经纪、保险、海事仲裁、融资等）、金融等产业形成并集聚。因此，这一阶段，伦敦不仅是国际知名港口，也是国际航运中心、贸易中心、金融中心。与此同时，全球化的航运业使得伦敦成为近现代国际航运规则体系的发源地，如国际航运海事规则体系、标准体系、法律体系、国际航运及海事组织等都自此发源，这为现代国际航运规则体系的建立奠定了基础。

两次世界大战使英国国力受损。特别是二战结束后，英国殖民体系快速瓦解，并且随着全球制造业向东亚地区转移，英国不再是世界工厂，伦敦的货物贸易中心地位逐渐下降，对港口服务需求急剧减少，伦敦枢纽港功能逐渐弱化。

时至今日，伦敦金融自由港主要致力于服务本国、本区域的货物贸易。而一些航运服务业例如航运保险、金融、船舶经纪、航运交易、国际海事仲裁及国际海事组织等不受地域限制，在伦敦已有上百年的发展历史并延续至今，已形成了较好的产业集聚。因此，伦敦金融自由港的港口功能随着时代的发展不断演变，它正在由曾经的全球最大自由贸易港逐步转变为以航运衍生服务业为主要特色的航运中心。

截至目前，英格兰共有 8 个自由港区正在运行。2021 年 11 月，提赛德自由港率先投入运营，其余 7 个都已在 2022 年启动运营。另外还有 2 个苏格兰绿色自由港和 2 个威尔士自由港选址结果也已公布。

七、美国国际银行设施

美国国际银行设施（International Banking Facilities，IBFs），也被称作国际银行设施，是指美国联邦储备委员会于 1981 年 12 月 3 日批准的在美国本土设立的离岸金融特殊账号。根据相关法规，该账号业务与国内业务分开，分属不同账目，专门供美国境内的国内外银行使用，这些银行通过该离岸金融账号向美国非居民客户提供存款和放款等金融服务。

美国国际银行设施的具体规定如下所述。

首先，在成员资格方面，凡获准吸收存款的美国银行和外国银行，只要在规定时间内通知美联储，表示同意遵守有关规定，设立专门账户以区分境外美元和国内美元，均可申请加入美国国际银行设施，成为其成员。

其次，在业务方面，美国国际银行设施成员只能吸收定期存款，最低存款额为 10 万美元。属于银行机构的客户可隔夜存款；非银行客户的存款期限至少两天，或提款前有两天的通知期。成员不能接受活期存款和储蓄存款，不能发行可转让存单、银行承兑票据或其他可自由转让的信用工具；但可以从事信用证及美国政府债券业务，还可以从事有限的几种二级市场交易，如经营贷款，参与放款及有价证券、存单的转让等。

最后，在存贷款规定上，美国国际银行设施的交易严格限于会员机构与非居民之间，即一家美国国际银行设施只能向非美国居民、其他美国国际银行设施和自己的总行借贷资金，不能向美国居民借贷。存放在美国国际银行设施账户上的美元视同境外美元，与国内美元严格分开。美国总行从美国国际银行设施分行获得的资金视同从海外分行获得的融资，要缴纳与后者比率相同的准备金。

美国国际银行设施的主要特点包括：第一，该机构允许美国的银行或在美国境内的外国分支银行为外国的存款和借款提供便利，不需要按中央银行规定交纳存款准备金，也不必按美国联邦保险公司的规定参加保险；第二，开设了该机构的银行免交州和地方所得税，享有税收优惠；第三，该机构业务范围受到美国银行和联邦储备银行的限制。

其中，税收优惠是美国国际银行设施特别有吸引力的原因之一。按照美国的税法，联邦税是不能给予优惠的，但各州政府和地方税收则有减免的空间。1981 年美国国际银行设施被批准成立以来，纽约州、加利福尼亚州、伊利诺伊州、佛罗里达州等十几个州都不同程度地对其采取了税收优惠政策。计算税收减免的公式比较复杂，各州也不尽相同，其中减免力度最大的是佛罗里达州，它甚至全部减免了美国国际银行设施的地方税。另外，美国多数州税法规定，美国银行的海外分支机构的盈利须纳入应税收入，因此各州就美国国际银行设施推出的税收优惠政策有助于美国本土银行将欧洲货币市场业务由海外分支机构转入美国本土。

在美国国际银行设施制度问世后两年，就有超过 500 家该类机构成立，这些机构主要位于美国金融服务发达的城市，如纽约、洛杉矶和芝加哥等，其中在纽约的该类机构就占了机构总量的一半以上，其负债占全美总负债的 77%。另外，部分州由于税收特别优惠，聚集了较多的该类机构。例如，佛罗里达州因为全部免除了该类机构经营活动的地方税，所以拥有的机构数仅次于纽约州和加利福尼亚州，达到 79 家，机构负债占全美总负债的 16.5%，仅次于纽约州。除上述地区外，得克萨斯州、华盛顿特区和宾夕法尼亚州等总共 18 个州（特区）也拥有众多该类机构。

在该制度刚问世的两年里，美国国际银行设施的资产总量迅速发展到 1800 亿美元，占全球当时离岸金融总资产的 7%。美国的离岸金融取得了迅速的发展。到了 20 世纪 90 年代，随着新型金融工具的发展，美元的在岸和离岸市场的融合度大大增加，美国国际银行设施的功能开始慢慢淡化。到了 2004 年，其成员数量下降到了 1983 年的一半，仅为 263 家，资产总额也下降到 1500 亿美元，在国际离岸金融中的影响力开始可以忽略不计了。

可以说，美国国际银行设施属于分离型离岸金融市场类型，即境内和境外金融市场业务严格分离，外资银行和金融机构与本国居民之间的金融业务活动受到限制，只准许非居民参与离岸金融业务，其目的在于防止离岸金融交易活动影响或冲击本国货币政策的实施。

八、日本离岸金融市场

日本离岸金融市场（Japanese Offshore Market，JOM），是 1986 年模仿美国 IBFs 在东京设立的离岸金融特殊账号。其参与者限于获得大藏省批准的授权外汇银行。该市场建立不久，即有 187 家银行获准从事离岸金融业务，其中有 73 家是外国银行，它们主要通过外汇经纪人来完成交易。

JOM 是日本金融市场国际化的一个重要象征，其主要特点有以下几点。

第一，该市场无法定准备金要求和存款保险金要求，没有利息预扣税，不受利率管制。此外，该市场不进行债券业务和期货交易。

第二，该离岸账户的设立主体是在日本获得许可、经营外汇业务的银行。这些银行必须设立专门的离岸账户，将其与已存在的国内账户分开，进行"外外"型的金融交易。

第三，该离岸账户只限于面向非居民贷款，向离岸账户、海外金融机构及其总行汇存款。

第四，该离岸账户仅限从非居民、其他离岸账户及其总行存入或借入非结算性存款筹措资金。筹措的货币币种则较为自由，可以是日元，也可以是其他货币。

第五，在税制方面，日本政府对离岸账户的存款实施适当减免政策，地方税和增值税（印花税）仍需缴纳，但也可适当减免。

九、新加坡离岸金融市场

1968 年 10 月新加坡政府正式批准美洲银行新加坡分行设立亚洲货币单位（Asian Currency Unit，ACU），经营亚洲美元，这也标志着新加坡离岸金融市场的诞生。

此后，获准设立亚洲货币单位的外国金融机构迅速增加，交易量不断上升，使新加坡成为世界主要离岸金融市场之一。亚洲货币单位是经新加坡金融管理局批准的、金融机构在其内部设立的、专门登录亚洲美元业务的独立会计账户单位。实际上是有关金融机构内专门从事亚洲美元交易的独立业务部门或相应机构。商业银行、证券公司等可以兼营亚洲货币单位。

新加坡离岸金融市场实际上是渗透型离岸金融市场，不得接受本国居民的新元存款，也不得向国内贷款或投资。新加坡离岸金融市场吸收的资金，主要来源于欧洲美元市场及石油美元市场。资金初期主要流向欧洲和北美，现在则大部分流向发展中国家，主要是东盟各国。

新加坡离岸金融市场中的离岸银行系统与国内银行系统相互补充，共同发展，前者包括多数商业银行和亚洲货币单位，后者包括部分商业银行及贴现公司、保险公司等。新加坡金融当局将商业银行划分为全面执照银行、银行性执照银行和离岸执照银行三类。

十、开曼群岛记账中心

记账中心是在众多离岸金融市场中记载金融交易的场所。

这些中心不经营具体的金融业务，只从事借贷投资业务的转账或注册等事务手续，因此被称为记账中心，也叫名义中心。许多跨国金融机构，在免税或无监管的城市设立"空壳"分支机构，以将其全球性税务负担和成本降至最低。而开曼群岛就是目前最主要的记账中心之一。

开曼群岛拥有良好的法律、财政、金融和专业环境，可以将国际商业公司纳入其中。该辖区是世界领先的离岸金融服务管辖区。它具有良好的政治和经济稳定性，可以提供包括银行、信托、对冲基金组建和投资、结构性融资和证券化、专属保险和国际商业服务等在内的广泛的金融服务。

1961 年出台的《公司法》（经 1990 年、1995 年、2004 年、2007 年和 2010 年修订）以英国普通法为基础，管辖开曼群岛内的离岸豁免公司。被豁免的公司有权在开曼群岛以外的地方开展业务，但不能与开曼群岛居民进行贸易。

被豁免的公司可以在开曼群岛签订合同或在开曼群岛行使其相关权力，可以在岛外开展业务，包括开立和维护银行账户以及管辖区内的房地产租赁或所有权。被豁免公司不得向开曼群岛居民发出任何邀请，以认购其股份或债权证。

在开曼群岛，没有直接税，没有公司税、所得税、资本利得税、遗产税、赠与税，也没有财富税。除非被豁免公司在岛内持有财产，否则股份转让不需缴纳印花税。不过某些文件也可能需要缴纳名义印花税。

开曼群岛没有外汇管制，也没有限制进出群岛的资金流动。此外，被豁免的公司可以向政府索取最高 50 年的免税证明，以免任何未来的开曼群岛税收。被豁免公司是灵活的公司结构，不需要任何常驻董事或高级职员，股东名册和记账簿可以在任何地方记录，股东的年度股东大会不是强制性的，可以在任何地方举行。

报告要求仅限于年度报表，说明是否修改了组织章程大纲并确认在该司法管辖区内没有进行任何业务。被豁免公司也受益于保密，公司成员的详细信息无须向公司注册处处长提交，开曼群岛 1976 年出台的《保密关系（保留）法》规定，任何人向第三方泄露机密信息均属于刑事犯罪。

被豁免公司是基金和国际投资管理的绝佳工具，因为它们可能被注册为独立投资组合公司（有时被称为受保护的单元公司）。该公司结构将一个投资组合中持有的资产和负债与另一个投资组合中持有的资产和负债以及/或不属于任何特定投资组合的公司资产分开。投资组合的债权人无法从任何其他资产或公司的一般资产中寻求追索权。这种公司工具提供保护传染，作为伞形单位信托基金为发起人提供资金。此外，这种公司结构可以节省多种成本，例如避免建立新实体，降低公司治理成本。

在开曼群岛注册成立的公司也受益于广泛的金融和专业服务。在开曼群岛有大约 324 家银行和信托公司获得许可，其中包括全球 50 家最大银行中的 47 家。开曼群岛有众多高端专业服务人才，包括律师、会计师、保险经理、共同基金经理和行政人员等。此外，开曼群岛还拥有国际知名的船舶和飞机登记处。开曼群岛已实施经合组织倡议的共同报告标准，会自动交换账户持有者的税务信息。

这一系列的金融上的优势及开曼群岛得天独厚的地理优势促使这一记账中心成为国际离岸金融市场中重要的组成部分。

十一、中国 OSA、FT、NRA

OSA（Offshore Account），即境外机构境内离岸账户，是中国最早的离岸特殊账号。1989 年，招商银行率先开办了离岸业务，随后中国农业银行、深圳发展银行、广东发展银行也陆续获得了资格，期间国家也颁布了一些管理办法与实施细则。国家外汇管理局在 1999 年暂停了所有中资银行的离岸资产业务，随后又在 2002 年恢复离岸银行业务。现在只有四家银行才能开设 OSA。

OSA 具有如下特征：OSA 体系实行与境内严格分离的管理模式，其资金应来源于境外，遵照自求平衡的原则"外来外用"；OSA 的开户币种仅限可自由兑换的货币，未开放人民币，因此 OSA 不能办理结售汇业务；OSA 可办理存款、贷款、结算、融资等多种业务类型，且多参照国际惯例，利率也可根据市场化原则自主定价；OSA 无须缴纳存款准备金和利息所得税；非居民法人或非居民个人都可开立 OSA。

NRA（Non-Resident Account），也就是境外机构境内外汇账户。从 2009 年开始，国家外汇管理局便规定以后境内的中资和外资银行都可以为境外机构开立外汇账户（外币 NRA）。2010 年中国人民银行出台了人民币 NRA 的规范性文件，随后也陆续颁布了一些规范 NRA 的通知。另外，2017 年，中国也允许了自贸区内银行外币账户的结汇，虽然结汇资金只能支付境内使用，也不能入 NRA。

NRA 分为外币 NRA 和人民币 NRA。外币 NRA 资金纳入银行经营统一运用，按规定缴存存款准备金，但需要在国家外汇管理局核定的外债指标范围内；并且对开户的非居民企业来讲，外币 NRA 资金性质视同在境外，与境外账户之间的划转可凭指令直接办理；外币 NRA 与境内账户的往来视同跨境，境内的收款或者划款企业需要具备相应的跨境交易背景，并向银行提供真实性证明材料，再进行国际收支申报；未经批准的外币 NRA 不得结汇，自贸区 NRA 可以自由结汇。

而人民币 NRA 的相关特征与外币 NRA 有些不同：境外机构在境内第一个开立的账户即为基本户，领取基本账户开户许可证，此后可根据需要继续开立一般存款账户和专用存款账户；资金性质视同在境外，和境外账户的划转可凭指令办理，但不得从境外同户名账户中收款；履行相应手续后，境外机构人民币银行结算账户内的资金可购汇汇出。但经历了 2015 年的"811 汇改"以后，中国人民银行强调了必须严格审核人民币 NRA 的购汇交易背景，未经批准不得取现，境外机构人民币银行结算账户资金余额暂不纳入现行外债管理。

总体来说，NRA 相较于 OSA 受到更多境内监管要求的限制。而其中对于外币 NRA 的监管相对人民币 NRA 来说稍微宽松一些。

FTN（Free Trade Non-resident）账户也就是境外机构自由贸易账户。2014 年 5 月，中国人民银行上海总部期望通过在上海自贸区内新设一套与境内传统账户相隔离的自由贸易分账核算体系，这样在探索"资本项目开放"和"人民币国际化"等创新业务的过程中，也能够有效防范风险。自贸分账核算体系总体上遵循"标识分设、分账核算、独立出表、专项报告、自求平衡"的二十字方针，通过分账核算实现与境内传统账户的"隔离"来控制风险，许多自贸区内的改革可在该体系中先行先试，自贸分账核算体系起到了防火墙的作用。

而 FTN 账户也具有一些特点及限制：分账核算，资金应来源于区内或境外，允许在一定额度内向总行拆借；本外币合一的可兑换账户，大部分情况下账户内的币种可自由转换；适用离岸汇率，利率市场化；一线放开，二线管住，有限渗透；跨二线（FTN 账户与境内账户的划转）只能用人民币进行；FTN 账户中的资金性质视同在境外，与境内的往来按跨境交易管理。

从账户体系的角度来看：

OSA 体系更像是一个远洋账户，与境内资金完全隔离，业务范围也更加灵活，甚至贷款用途都可参照国际惯例。

NRA 体系则更偏向于在岸管理，银行可将 NRA 吸收的存款用于境内，同时也需要缴纳存款准备金。此前主要通过短债指标来控制规模，因为外币 NRA 占用银行稀缺的短债额度，人民币 NRA 不占用额度，所以外币 NRA 资金的规模有限；但目前为了扩流，中国人民银行发布的 2017 年的 9 号文件《关于全口径跨境融资宏观审慎管理有关事宜的通知》已将本外币 NRA 存款列入了豁免项，这样银行可以吸收更多的境外资金用于境内。

FTN 体系可以理解为特殊的在岸管理，虽然也是分账核算，其资金应来源于区内或境外，但为了增加 FTN 的优势和流动性，中国人民银行允许 FTN 资金在一定额度内向总行透支。这使得 FTN 的资金成本有较大优势，因为如果境内市场资金成本低，则可向母行拆借，反之，如果是境外市场资金成本低则可向境外拆借。

从账户内的资金性质来看：OSA、NRA、FTN 三类非居民账户的开户主体都是境外，账户内的资金性质视作在境外，与境外账户或者其他非居民账户之间的划转比较自由；但与境内账户的往来则视同跨境，对境内主体来说，向非居民账户的划款，或者是从非居民账户的收款，可以视作向境外的划款或者收款，需要相应的交易背景，并进行国际收支申报，而真实性审核的主要责任也更多地由境内银行承担。

第四节　点评与思考讨论题

点评

点评1：从国家金融发展路径选择的角度来看，"金融自由化"是个有争议的话题。一方面，它只注重了金融市场要素和金融市场机构的作用，代表了市场自身的一种活动、竞争与效率；另一方面，它忽略了市场法治、监管、社会信用体系建设和市场基础设施的功能作用，从而使一国经济、金融的发展缺乏可持续性。

点评2："规则下促进竞争，稳定中求发展"路径的推行，需要国家政府在遵循市场规则的前提下，发挥超前引领的有为作用，在市场法治、监管、社会信用体系和基础设施建设等方面做出努力，发挥其功能作用。

点评3：对国家金融内外联动的模式选择，大多数发展中国家开始侧重的是提高外资利用率，只有该国经济规模发展到一定程度时，才会更加注重国家金融安全与风险防范事宜。

点评4：本章系列案例的背后，直接或间接地折射出各国国家金融行为的取向与选择。比如金融市场的离岸在岸对接包括了三个层面，即信息交换、部分协调、全面协调。多数国家会选择全面协调，并主要着力于推动离岸在岸实际对接中的四大方面联动——结算体系联动、规则标准联动、法律条款联动、监督管理联动。

思考讨论题

1. 国家金融层级发展三条路径各自的优缺点以及离岸、在岸市场四种联动模式的区别与优缺点有哪些？

2. 全球正处于实体经济一体化、金融市场国际化的进程中，各国应如何根据本国实际发展情况，采取不同方式推动离岸、在岸市场的有效互动与对接？

3. 请说出：华盛顿共识的具体内容与问题所在；中等收入陷阱提出的背景与表现特征。

4. 如何设计人民币国际化的目标与路径？

第六章

国家金融科技

金融科技发展对国家金融运行的影响正在日益增长，这已是一个不争的事实。世界各国都需要在国家金融的层面面对并解决三个问题：第一，如何判断金融科技发展的趋势？第二，如何应对金融科技创新带来的风险？第三，如何捕捉金融科技发展带来的机遇？

所谓金融科技，主要是一种通过大数据、云计算、人工智能、区块链及移动互联等技术，重塑货币世界和金融服务的发展创新。金融科技引领着现代金融体系和现代货币体系的重大变革，它既涵盖了世界各国金融市场要素、组织机构、监管体系、法律制度、信用体系、基础设施领域的变革创新，又包括了世界各国货币发行、结算、运行及监管体系的变革发展。

第一节 金融科技"A、B、C、D、E"

一、人工智能

人工智能（Artificial Intelligence，AI）是以计算机科学、逻辑学、生物学、心理学和哲学等众多基础学科为基础的复杂科学。简单来说，人工智能的本质就是对人的思维进行模仿，以此代替人类工作。随着人工智能技术不断发展，在许多方面，人工智能已经可以完成对人的替代，并且完成对"人"思维的进化。近年来，随着机器学习等人工智能的发展，人工智能越来越多地被应用在智能投资、智能投顾、智能风险管理等方面。本小节侧重于叙述人工智能的基本概念、技术基础和人工智能在金融领域的应用概况。

在斯坦福大学的研究报告中，人工智能被定义为"一种受到人类感知、思考、推理和行动方法启发但又有所区别的科学与计算机技术"。通俗地说，人工智能是对人类智能进行模仿的各种科学技术的总称。人工智能并不是一门独立的学科或技术，而是一门综合性学科，涉及计算机科学、哲学和认知科学、数学、控制论、信息论、神经生理学、心理学、语言学等多学科。人工智能的目标是实现机器对人类脑力劳动的替代，制造出能像人一样行动、思考的"机器"。

谈起人工智能，人们首先就会想到机器学习、深度学习、神经网络、卷积神经网络、图形处理单元、机器视觉、生物识别、自然语言处理、语音语义、知识图谱、支持向量机、贝叶斯定理、监督学习、无监督学习等专业术语。究其原因，是由于人工智能技术属于前沿交叉学科，本身所涉及的领域和层次非常广泛，算法、算力、具体技术和场景需要区别开来梳理。人工智能的研究领域主要有五层：最底层是基础设施建设，包含大数据和计算能力；第四层为算法，包括机器学习、深度学习等；第三层为重要技术方向和问题，如计算机视觉、语音工程、自然语言处理等；第二层为具体技术，如图像识别、语音识别、机器翻译等；最顶端（第一层）为行业解决方案，如金融、医疗、交通等行业的解决方案。

而随着人工智能的逐步发展，金融领域也享受到了人工智能带来的便利。

云计算和大数据的快速发展为人工智能提供了基础支撑，深度学习带来的算法突破提高了复杂任务处理的准确度和效率，极大地推动了语音识别、计算机视觉、机器学习、自然语言处理、机器人等人工智能技术的发展。金融行业拥有的海量数据、行业边界清晰、资本等特性给人工智能提供了天然的应用场景和发展保障。当金融遇上人工智能，不仅仅是技术驱动带来了效率提升，更是技术颠覆了金融行业的原有格局。

当前，人工智能在金融科技领域的应用已非常广泛，人工智能在金融科技领域的13大主要应用场景分别是智能支付、智能营销、智能客服、智能征信、智能风控、智能投研、智能投顾、智能开户、智能交易、智能理赔、智能保险、智能机具和智能安保。

大多数人工智能在金融领域的应用，是把文本处理、语音识别、图像识别等方面的人工智能移植到金融领域来。例如，文本处理技术被广泛用于从各种分析师报告、舆情信息中抽取出投资者的情绪，并将其用于人工智能的投资预测；语音识别和图像识别中的深度学习算法等同样被用到金融行业的身份识别甚至模型的优化当中。这些人工智能算法适合于金融行业的各种业务场景。但就金融市场系统本身而言，一般的人工智能算法存在局限性。因为金融市场是复杂的演化系统，属于社会系统而不是自然系统。社会系统的特点是参与者自身的行为会影响社会系统，而社会系统反过来又会影响参与者，两者是相互作用、相互影响的关系。而类似语音识别、图像识别等，是属于自然系统的应用，即参与者很难直接影响自然系统。因此，如何用人工智能来反映社会系统的特性是一个难题。

于是，计算实验建模作为一种适合于研究金融市场这样的复杂演化社会系统的人工智能方法兴起了。计算实验建模是通过计算模型描述系统中微观主体的行为特征及其相互关联演化以及环境背景，从而模拟系统的基本运动并在此基础上通过实验分析系统的集结行为与演化规律的一种科学研究方法。计算实验建模近年来与金融科技逐渐融合。一方面，大数据为计算实验构建的虚拟投资者提供了行为分析和校准；另一方面，机器学习等方法丰富了虚拟投资者的学习行为。因此，计算实验对于金融复杂演化系统的建模有很强的优势，在证券市场的制度设计、金融系统性风险管理等方面都取得了较好的应用。

随着人工智能技术的迅猛发展，许多行业将面临颠覆性的变革，人工智能技术有可能在未来重塑各行各业的人才战略、运营模式及与客户的合作模式。金融科技领域也必将随着人工智能技术的不断发展而产生巨大的变革,传统的银行、保险、证券等金融业态在未来将可能以全新的面貌展现在世人面前。

二、区块链

区块链起源于比特币。狭义来讲,区块链是一种按照时间顺序将数据区块以顺序相连的方式组合成的一种链式数据结构,是以密码学方式保证的不可篡改和不可伪造的分布式账本。广义来讲,区块链是利用块链式数据结构来验证和存储数据,利用分布式节点共识算法来生成和更新数据,利用密码学的方式保证数据传输和访问的安全性,利用由自动化脚本代码组成的智能合约来编程和操作数据的一种全新的分布式基础架构与计算范式。

简而言之,区块链(Blockchain)是一种数据以区块为单位产生和存储,并按照时间顺序首尾相连形成链式结构,同时通过密码学保证不可篡改、不可伪造及数据传输访问安全的去中心化分布式账本。

区块是链式结构的基本数据单元,聚合了所有交易相关信息,主要包含区块头和区块主体两部分。区块头主要由父区块哈希值、时间戳、默克尔树等信息构成。区块主体一般包含一串交易的列表,每个区块中的区块头所保存的父区块的哈希值唯一地指定了该区块的父区块,在区块间构成了连接关系,从而组成了区块链的基本数据结构。

区块链的底层关键技术是密码算法。成熟的密码算法包括哈希函数、数字签名、对称加密、数字证书、安全套接层加密传输、共识机制等。此外,盲签名、环签名、零知识证明、同态加密和后量子密码等创新的密码算法也逐步被应用于区块链。密码技术与航天航空技术、核技术等都是国家核心技术。比特币、以太坊等公有链用的是美国主导的国际密码算法标准,而最流行的联盟链——超级账本也采用了美国主导的国际密码算法标准。当前,国内大多数区块链技术都是基于超级账本进行应用修改而成的。

区块链具有以下六大技术特点。

第一,去中心化。区块链数据的存储、传输、验证等过程均基于分布式的系统结构,整个网络中不依赖一个中心化的硬件或管理机构。作为区块链的一种部署模式,公有链网络中所有参与的节点都可以具有同等的权利和义务。

第二,可靠数据库。区块链系统的数据库采用分布式存储,任一参与节点都可以拥有一份完整的数据库拷贝。除非能控制系统中一半以上的节点,否则,在节点上对数据库的修改都将是无效的。参与系统的节点越多,数据库的安全性就越高;并且区块链数据的存储还带有时间戳,这为数据添加了时间维度,使其具有极高的可追溯性。

第三,开源可编程。区块链系统通常是开源的,代码高度透明,公有链的数据和程序对所有人公开,任何人都可以通过接口查询系统中的数据。区块链平台还提供灵活的脚本代码系统,支持用户创建高级的智能合约、货币和去中心化应用。例如,以太坊平台即提供了图灵完备的脚本语言,供用户来构建任何可以精确定义的智能合约或交易类型。

第四，集体维护。系统中的数据块由整个系统中所有具有记账功能的节点共同维护，任一节点的损坏或失去都不会影响整个系统的运作。

第五，安全可信。区块链技术采用非对称密码学原理对交易进行签名，使得交易不能被伪造；同时，利用哈希算法保证交易数据不能被轻易篡改；另外，借助分布式系统各节点的工作量证明等共识算法形成强大的算力来抵御破坏者的攻击，保证区块链中的区块以及区块内的交易数据不可被篡改和伪造。因此，区块链技术具有极高的安全性。

第六，准匿名性。区块链系统采用与用户公钥挂钩的地址进行用户标识，不需要传统的基于公钥基础设施的第三方认证中心颁发数字证书来确认身份。通过在全网节点运行共识算法，建立网络中诚实节点对全网状态的共识，区块链系统间接地建立了节点间的信任。用户只需要公开地址，不需要公开真实身份，而且同一个用户可以不断变换地址。因此，在区块链上的交易不和用户的真实身份挂钩，只是和用户的地址挂钩，具有交易的准匿名性。

区块链技术的核心优势是去中心化，能够通过运用哈希算法、数字签名、时间戳等手段，在节点无须互相信任的分布式系统中建立信用，实现点对点交易和协作，从而为中心化机构普遍存在的高成本、低效率和数据存储不安全等问题提供解决方案。

从应用场景的需求出发，目前区块链可以分为公有链、联盟链和私有链三类。

公有链不受任何机构控制，完全公开，各个节点的地位完全平等，用户可以自由加入和退出网络，并参与链上数据的读写。比特币、以太坊都是公有链。

联盟链则有更为严格的权限控制，各个节点通常有与之对应的实体机构组织，用户通过授权才能加入与退出网络。各机构组织组成利益相关的联盟，共同维护区块链的健康运转。供应链管理中的区块链系统就是联盟链。

还有一种彻底管控的私有链，各个节点的写入权限收归内部控制，而读取权限可视需求有选择性地对外开放。这种私有链仍然具备区块链多节点运行的通用结构，适用于特定机构的内部数据管理与审计。

区块链可以被理解为一个基于计算机程序的公开总账，它可以记录在区块链上发生的所有交易。区块链去中心化、不可篡改、公开透明的特点可以极大地提高金融资源的配置效率，并且可以解决信任问题。因此，在区块链技术发展过程中，其与金融的结合一直是政府、金融机构重点关注的对象。区块链在金融领域目前可以应用在数字货币、支付清算、票据市场、征信服务、证券市场五个方面。

数字货币可以分为两大类。一类是私人数字货币，即不依赖于国家信用而仅依靠技术创造的数字货币，如比特币、以太币等。比特币的出现直接助推了数字货币的发展，在其刚诞生的十年里，尽管比特币的价格经常出现过山车式的暴涨暴跌，但总体呈上升趋势。比特币自身的快速发展，加上它开源的特性，极大地刺激了人们模仿和创新的欲望。由于区块链的技术优势，私人数字货币具备了去中心化、全球流通、匿名性高、安全性高等特征，因此迅速受到了金融机构和监管当局的关注。另外一类数字货币是中央银行依托国家信用采用区块链技术发行的法定数字货币。这是各国中央银行应对私人数字货币冲击的重要手段。2014年，中国人民银行就成立了专门的数字货币研究团队。2020年10月，中国人民银行数字货币在深圳市罗湖区开始了较大规模的测试，取得初步成功。此后，中国人民银行数字货币的进展还将会不断加速。

在支付清算方面，理论上的区块链支付为交易双方直接进行，不需要中间机构参与。区块链分布式记账技术可大大提升现代支付清算机制的效率，使得银行、交易所等机构的管理成本大大减少。当前，商业贸易、证券交易的支付清算一般需要借助于银行，传统的交易方式要经过开户行、对手开户行、境内清算组织、国际清算组织、境外银行等进行，支付清算过程中的每一家机构都有自己的财务系统，彼此之间需要建立代理关系，互有授信额度。同时，每笔交易需要在本银行记录，还要与交易对手进行清算、对账等，导致交易速度慢、成本高。基于区块链技术构建一套通用的分布式银行间金融交易协议，为加入银行提供跨境、任意币种实时支付清算服务，将会使得跨境支付更加便捷、高效且成本低廉。

对于票据市场，区块链的应用将是未来的核心。一方面，以区块链技术为基础实现票据市场的点对点交易，能够打破票据中介的现有功能，实现票据价值传递的去中介化；另一方面，区块链的信息不可篡改性也使得票据一旦完成交易，将不会存在赖账现象，可避免一票多卖、打款背书不同步等行为，有效防范票据市场风险。另外，区块链交易记录前后附带相连的时间戳，也提供了透明化、可信任的追溯途径，从而有效降低了监管的审计成本，避免了票据造假风险。当然，除了票据之外，诸如场外股权、债券转让等其他非场内交易性金融资产，利用区块链账本的安全透明、不可篡改及易于跟踪等特性，实现其登记、发行或管理环节的数字化，往往也能促进票据市场的高效安全运行。

区块链技术在征信服务领域的应用也是近年来学术界研究的热点。区块链上存储的数据质量高、安全性和可靠性强、不易篡改，天然适用于个人征信的应用场景。传统征信业在征信系统和基础设施方面耗费了大量资源，存在信息不完整、数据错误、使用率低、成本高等问题。如果使用区块链技术，所有信息节点将以加密的形式存储并共享客户在本机构的信用信息，客户在申请贷款时就可以不用通过中国人民银行查询征信，贷款机构直接调取区块链的相应数据就可以完成征信审查工作。

中国的证券市场尚未发展成熟，针对其交易流程与监管机制中存在的问题，区块链的应用将彰显出一定的优势，因此，推进区块链与证券市场的结合将成为重要趋势。在传统证券市场，证券交易需要通过大量中介机构完成，必须经历开户、委托、配对成交、清算结算四个阶段，涉及银行、证券公司、投资人、证券登记结算机构等众多主体，各机构需协调配合才可促成每一笔交易的完成。而在使用区块链技术的证券市场中，证券和资产以数字形式出现，可以使交易双方通过智能合约和加密技术实现自动配对，无需中央机构的参与，这样能够简化传统证券交易冗长的交易流程，实现投资者与证券发行方的直接交易，节省大量人力和物力成本。

三、云计算

云计算（Cloud Computing）是一种服务，由一个可配置的共享资源池组成，用户能够按需使用资源池中的网络、服务器、存储设备、应用和服务等资源，而几乎不需要花费任何精力去管理。相比传统的自建或租用数据中心方式，云计算让用户能够像使用水、气、煤、电一样使用 IT 基础服务。在云计算出现之前，传统的 IT 部署架构是"烟囱式"的，即"专机专用"系统。在这种部署架构下，一个应用系统部署在一个服务器上，再配套存储设备和网络连接。这种部署模式很难实现硬件配置与应用系统需要的 IT 资源匹配。

2010 年后，云计算发展迅猛，利用虚拟化技术的云基础架构有效地解决了传统基础架构的问题。相比"烟囱式"的传统部署架构，云基础架构在原有的计算、存储、网络硬件层的基础上增加了虚拟化层和云层，通过将基础硬件设备虚拟化，屏蔽了硬件层自身的差异性和复杂度，形成统一资源池，并通过云层对资源进行统一调度，支持不同应用系统实时的动态调整资源需求，实现真正的资源按需配置，不仅提升了 IT 资源的利用效率，而且有效降低了应用系统对于硬件的依赖性，保障了系统稳定。基于云基础架构的云计算服务能够按照用户需求提供资源配置，云计算服务厂商通常会提供云主机、云硬盘、云数据库等各类产品。以云主机为例，用户能够自主选择云主机的中央处理器、内存、镜像、系统盘和数据盘的配置，并根据配置按年、按月或者按时付费。这极大地方便了用户动态使用 IT 资源，并逐渐成为主流的 IT 服务方式。

云计算有四种技术服务形式：基础即服务、平台即服务、软件即服务和新近诞生的云原生。

基础即服务，是指在这种形势下，计算能力、存储、网络或者其他基础性计算资源，甚至是组合而成的虚拟数据中心都是可能提供的服务。用户只要开发应用程序，不需要管理和维护底层物理基础设施。

平台即服务，是指在这种形势下，用户部署采用特定的编程语言、框架或者工具开发的应用程序，而不用关心基础设施怎么样、在哪里，类似于微信小程序。

软件即服务，是指在这种形势下，用户通过网络能够使用服务商运行在云基础设施之上的应用。用户通过各种终端登录服务门户，使用相关应用系统，并按照使用量支付费用，比如钉钉。

云原生，顾名思义就是软件应用从原始设计开发就是基于云的，开发者无须考虑底层的技术实现，可以充分发挥云平台的弹性和分布式优势，实现快速部署、按需伸缩、不停机交付等。云原生是以容器、微服务、**DevOps**（Devlopment 和 Operations 的组合，是一组过程、方法与系统的统称）等技术为基础建立的一套云技术产品体系，极大地降低了各种软件应用的开发和部署成本。

从产品角度来看，云计算又可分为公有云、私有云、混合云和超算云四类产品。

公有云企业利用自有的基础设施直接向外部用户提供服务，用户通过互联网访问云服务。公有云企业的客户往往覆盖多个行业，因此需要提供全面、丰富的产品线，保障服务的安全性和稳定性，同时还要能够满足灵活采购、快速调配的需求。这对企业的技术水平、资金规模和运营能力都有较高的要求。目前，公有云市场的用户以中小企业和科技属性企业为主；未来，大型企业和传统企业也将逐步迁移至公有云，公有云市场发展空间巨大。

私有云服务指的是为单一用户在其自有机房部署云基础架构并提供相应的服务，用户可根据自身需求部署应用程序。私有云企业需要为用户提供定制化的产品，提供运维支持并保障数据安全性。由于中国独特的IT投入结构导致私有云规模较大，部分私有云未来将向公有云迁移或采用混合云。

混合云，顾名思义，指的是用户的云架构中既包括公有云也包括私有云。该产品不仅要求数据能够在公有云和私有云之间便捷迁移，而且需要兼顾系统的安全性和经济性。

超算云，即基于超级计算（又称高性能计算）提供的云服务。超级计算是计算机科学重要的前沿性分支，它不仅是一个国家综合科研水平的重要标志，也是综合支撑国家安全、经济和社会发展等可持续发展的不可替代的信息技术手段。超级计算机的体系结构和一般计算机集群是不一样的，所以大部分商业软件都无法直接在超级计算机上部署运行。为了能够既发挥超级计算的算力，又兼顾各种商业软件尤其是金融软件服务的易用性，服务提供方把超级计算的算力虚拟成超算云，在云平台上提供和普通计算机一样的虚拟机环境。

经过近十几年的发展，云计算已经进入一个全新的发展阶段，并逐渐渗透每个具体领域，成为各行业尤其是金融行业转型的核心驱动力。云计算也是金融科技的底层技术核心，是金融科技最重要的基础支撑之一。

许多银行已经在大力发展云计算，如招商银行便是国内较早从内部开始启动云平台建设的银行。同时，招商银行也成立了云服务公司，用以对外提供IT能力的输出。除了招商银行外，中国建设银行、中国工商银行等都开始以云计算为依托，成立具备IT能力输出的金融科技公司。由此可知，云计算正成为银行业盈利或进一步了解客户需求的新途径。这些银行在"云"上采用了包括SaaS（Software as a Server，软件即服务）化的软件在内的一系列技术，如招商银行的掌上生活App（Application，应用程序），便已经深入电子商务的范畴，可以更好地了解最终客户。

在基金行业，不少机构把云计算作为自身重要的管理能力，特别是伴随着业务的高速发展，基金机构希望借助云计算降低管理成本，而建立大规模资源池就是其应用途径之一。此外，在新技术的冲击下，基金行业正面临转型，从一对一地帮客户买卖基金，向利用新技术帮助客户做出投资选择转变。其中，智能投顾便是基金行业新的发展趋势。这也指明了未来基金行业的发展方向——在买卖基金等投资方面，将更多地根据客户设定的规则，由应用或人工智能完成买卖。这正是在云计算技术发展的前提下，基金行业在业务模式上的巨大变化。

互联网金融诞生于互联网，主要通过云计算平台实现重要的弹性能力和敏捷交付支撑能力。当前，互联网金融公司正逐渐分化为两种：一种是中小型互联网公司，以使用公有云为主；另一种是较大型的金融集团，其基于成本考虑和监管方面的严格要求，往往选择建设私有云。

四、大数据

大数据（Big Data）是2013年以后出现的商业概念，是数据科学的新近发展。大数据的兴起是由三方面因素推动的：一是得益于企业已经基本实现了信息化建设并进行了长期数据积累，各种信息管理系统主导了企业的管理和业务；二是互联网的发展在网络上积累了大量开源数据,尤其是移动互联网的发展与电话卡的实名认证使得公众的各种信息可以被有效关联和采集,打破了信息孤岛;三是人工智能等数据分析处理技术得到迅速发展,使得文本、编码、图片、声音和视频等非结构化数据也成为有价值的信息。

数据科学伴随着计算机技术的应用迅速崛起。早在1989年,全球知名研究机构高德纳公司便提出"商业智能"这一术语。商业智能通常被理解为将企业中现有的数据转化为知识、帮助企业作出明智的业务经营决策的工具,其主要目标是将企业所掌握的信息转换成竞争优势,提高企业决策能力、决策效率、决策准确性。在数据处理过程中,需要利用数据仓库、联机分析处理工具和数据挖掘等技术。随着互联网的发展,企业收集到的数据越来越多,数据结构越来越复杂,一般的数据挖掘技术已经不能满足大型企业的需要,这就使得数据处理机构在收集数据的同时,也开始寻求新的方法来解决大量数据无法存储和处理分析的问题。

2011年5月,全球知名咨询机构麦肯锡推出研究报告《大数据:创新、竞争和生产力的下一个前沿》,首次将大数据定义为大小超出了传统数据库软件工具的抓取、存储、管理和分析能力的数据群,大数据作为一个全新的概念被正式提出来。2012年,在瑞士达沃斯小镇召开的世界经济论坛上,大数据成为重点议题之一。与此同时,美国政府发布《大数据研究和发展倡议》,直接推动了大数据研究的飞速发展。2012年,全球首家大数据处理公司斯普伦克(Splunk)在美国纳斯达克上市,成为全球首家上市的大数据处理公司。

发展大数据技术的目的在于提高从大型复杂的数字数据集中提取知识和洞见的能力,提高数字数据中访问、组织、收集和发现信息的技术水平。

关于大数据的概念虽然未有统一的定义,但大数据与传统数据库的概念并不相同。麦肯锡的研究报告尝试将大数据定义为大小超出了传统数据库软件工具的抓取、存储、管理和分析能力的数据群。研究机构高德纳认为,大数据需要新的处理模式才具有更强的决策力、洞察发现力和流程化能力来适应海量、高增长率与多样化的信息资产。维基百科对大数据的定义是利用常用软件工具捕获、管理和处理数据所耗时间超过可容忍时间的数据集。中国国务院发布的《促进大数据发展行动纲要》提到,大数据是以容量大、类型多、存取速度快、应用价值高为主要特征的数据集合。一般而言,大数据具有"4V"的特征,即规模(Volume)大、多维度(Variety)、价值(Value)密度低、高速度(Velocity),或者说,起码要具备这些特点的数据科学,才能被纳入大数据范畴。

大数据处理的流程是利用合适的工具对海量数据进行提取与集成之后按照某一标准统一存储,再对存储的数据进行分析,从中提取有益信息并将结果展现出来。相比于传统的数据处理,大数据处理的流程包括高维异构的数据采集和清洗、高维异构的数据融合、数据预处理和数据挖掘、敏感数据安全访问和隐私保护等。

金融机构在业务开展过程中逐渐积累了包括用户基本信息、资产负债情况、资金交易记录等海量高价值数据。目前,大数据在金融领域的应用正处于蓬勃发展阶段,其主要应用可以分为五个方面:大数据征信、大数据客户画像、大数据风险控制、大数据反欺诈、大数据预测。

征信是金融服务的基础，尤其是信贷服务的前提。在大数据时代，大数据将推动征信业的进一步发展。首先，征信的大数据包括税务数据、交通执法数据、互联网平台数据等，广泛的数据来源将直接促进征信质量的进一步提升。其次，在大数据下，征信产品的覆盖度也将从金融体系扩展到互联网和移动互联网用户。在对传统征信产品的改进方面，以信用报告为例，大数据时代的信用报告可以结合客户的生活习惯、性格特点、财务状况、兴趣爱好等信息数据综合评判个人信用状况。与此同时，征信产品的形式也可以更加多样化，可以是报表、报告、可视化图表、详细的可视化分析或者简单的文字信息、视频信息等。因此，大数据征信具有特征数据范围广、数据更新快和具有对比性（可评级）三个典型特征。尤其是从金融业的视角看，大数据拓展了企业信用评估的边界，有独特的内涵。以信贷服务的信用评估为例，传统信贷需要依赖高质量的征信报告数据。当征信报告不能满足信用评估时，就需要增加授信主体的财务数据；如果财务数据仍不足以完成信用评估，就需要继续增加授信主体的各种业务数据。由于财务数据、业务数据都是内部数据，存在粉饰、造假等风险，因此，往往还需要借助与授信主体关联的外部系统大数据来补充、佐证和核验，才能形成可信的信用评估。随着大数据技术的发展和国家对社会征信体系建设的重视，基于大数据的征信服务将成为金融服务业的基础产业。

大数据可以为金融业带来更精准的客户画像。所谓客户画像，是根据客户的社会属性、生活习惯、行为习惯等信息抽象出一个标签化的用户模型，这个标签就是通过对用户数据的分析得出的高度精练的特征标识。客户画像应用主要分为个人客户画像和企业客户画像。个人客户画像包括人口统计学特征、消费能力、兴趣、风险偏好等数据。企业客户画像包括企业的生产、流通、运营、财务、销售和客户数据，以及相关产业链的上下游等数据。因此，作为客户画像的"原料"，数据是否充分全面直接决定了画像的效果是否精准。通过精准的客户画像，使用者可以实现精准营销和获客。

风险控制是金融机构的核心能力。在大数据时代之前，金融机构主要通过传统的制度建设和客户小数据分析作风险控制。以银行为例，主要依赖信贷经理或风控经理对客户的判断来规避风险，主观因素在其中起到了很大作用。进入大数据时代以后，金融业的风险管理将升级换代。基于社交网络分析技术实现风险预警与管理从"单点"扩展到"网络"，从"平面"扩展到"多维"，风险管理将更为全面。金融机构引入有价值的外部数据，将其与行业内信息进行有效整合，可以构建更加全面的企业信用风险分析数据源。随着大数据技术的发展，近几年，大数据风险控制已经改变了金融机构传统的风险控制模式。

反欺诈是金融业的重点工作。不论是在传统金融的银行业、保险业，还是在网贷、众筹等新兴的互联网金融模式，银行卡盗刷、虚假交易、冒用身份等欺诈行为都屡见不鲜。反欺诈技术也一直在进步，最初仅有设置用户密码等基础手段，现在的机构已经普遍建立了自己的反欺诈系统。大数据技术的发展为金融业反欺诈提供了更强大的工具。基于大数据的反欺诈核心主要由身份评估和信用评估构成：身份评估包括用户设备异常评估、地理位置评估、行为相似度评估、交易环境异常评估等方面；信用评估则通过对欺诈信息库、失信信息库、高危账号库、欺诈关联图谱的比对分析得出。

大数据带来了更及时、更完备的状态呈现，在此基础上，可以更及时地作出对未来的预测。对于金融业来说，预测是大数据的核心应用之一，尤其是能够为证券市场、外汇市场、大宗商品交易市场等创造巨大价值。

虽然金融业的大数据应用取得了蓬勃发展，但依然有许多障碍需要突破。比如，由于金融数据属于敏感数据，很多金融机构的数据不能对外开放，甚至不能离开自有的存储分析设备。因此，金融企业存在严重的数据孤岛效应，数据的共享严重不足，未来有可能需要结合联邦学习和多方安全计算等技术来克服。此外，还存在大数据人才相对缺乏、数据的安全问题难以保障、外部数据融合等问题。但从总体看，金融业对大数据的重视和渴望程度非常高，研发力度空前。

五、电子商务

电子商务（Electronic Commerce）通常是指在全球各地广泛的商业贸易活动中，在互联网开放的网络环境下，基于客户端或服务端应用方式，买卖双方不谋面地进行各种商贸活动，实现消费者的网上购物、商户之间的网上交易和在线电子支付以及各种商务活动、交易活动、金融活动和相关的综合服务活动的一种新型的商业运营模式。各国政府、学者、企业界人士根据自己所处的地位和对电子商务参与的角度和程度的不同，给出了许多不同的定义。电子商务的模式可分为ABC、B2B、B2C、C2C、B2M、M2C、B2A（即B2G）、C2A（即C2G）、O2O等。

电子商务是以信息网络技术为手段，以商品交换为中心的商务活动。"电子商务"中的"电子"是一种技术、一种手段，而"商务"才是最核心的目的，一切的手段都是为了达成目的而产生的。

电子商务存在四个突出的特征，即普遍性、整体性、方便性及安全性。

第一，普遍性。作为一种新式的贸易方式，电子商务将政府与消费者、流通企业与生产企业带入到一个全新的数字化网络经济领域中来，并在人们的社会生活中普遍存在。

第二，整体性。电子商务以规范化的流程处理各项事务，将电子信息的处理和人工的操作集成一个更为整体、全面的系统。这有利于提升系统的准确性与严密性。

第三，方便性。在电子商务的环境下，贸易及交易各方不再像以往一样有着较强的地域性，客户可以相当方便地完成较为繁杂的传统商业活动。

第四，安全性。安全性对于电子商务而言是非常重要的一个问题，其需要网络能够提供出一种客户端与企业端、客户端与客户端交易与沟通安全的解决方案，如防病毒保护、存取控制、签名机制、防火墙、安全管理及加密机制等，这同以往的商务活动存在着较大的差别，更严谨，也更安全。

就目前而言，电子商务主要与银行业、保险业及证券行业三个金融业相关的产业有着紧密的联系。

电子商务在银行产业的具体应用主要有以下几个方面。第一，银行的交易渠道方面。电子商务使银行交易不断朝向电子化发展。随着电子商务的飞速发展，人们对电子化的交易形式越来越青睐。客户的客观需求也不断推动和促进着银行积极开拓电子银行相关业务，从而加快电子渠道的发展和壮大。第二，银行客户关系的管理方面。对银行及其客户间的关系进行有效管理，从一定程度上能够有效提升客户对银行的忠诚度和保持率。由于客户间存在极大的差异性，需要对其进行个性化的差别服务，才能充分满足客户对银行的具体需求。第三，金融行业间的联合和并购方面。在具体的电子商务环境中，将银行、证券等金融行业进行合理整合和并购，不仅可以提升行业服务质量，还能使其获得更高的收益。

电子商务在保险行业的具体应用主要体现在保险电子商务上。保险电子商务是20世纪90年代刚兴起的新兴产业，主要是利用互联网进行保险产品的主动识别和自主购买。这种电子商务与保险的有机结合巧妙地避免了中介的推销和中间盈利。与传统的销售渠道比较而言，保险电子商务更加透明化。客户可以直接与保险公司进行面对面的交易，这样不仅可以有效降低交易风险，还可以大幅度降低保险公司的投资成本。同时，保险电子商务的出现还最大限度地拉近了社会大众与保险行业的距离，使保险行业为社会大众的服务更加全面化和深入化。

电子商务在证券行业也有着广泛应用，具体体现于证券电子商务上面。证券电子商务其实就是一种以网络为载体进行的金融产品买卖活动。证券商利用门户网站或证券相关网络交易软件对股票、基金、贵金属等金融产品相关信息或资料进行发布或传播，投资者通过浏览、分析该类信息、资料后，以网络为基本交易载体，进行金融产品交易。这种电子商务与证券行业的充分结合不仅降低了证券交易的投入成本，还有效提升了资金和信息的运转速率，极大程度地推动并促进了证券行业的电子化发展。

六、网络金融

网络金融（Electronic Finance），又称电子金融，指基于金融电子化建设成果在互联网上实现的金融活动。狭义上的网络金融，指在互联网上开展的金融业务，包括网络银行、网络证券、网络保险等金融服务及相关内容；广义上的网络金融，指在互联网上开展的所有金融活动，包括以网络技术为支撑的网络金融机构、网络金融交易、网络金融市场、网络金融监管和网络金融安全等。它是信息技术特别是互联网技术飞速发展的产物，是适应网络时代发展需要而产生的金融运行模式。

（一）网络银行

世界各国、各地区及国际机构对网络银行的定义均有所不同。巴塞尔银行监管委员会的定义——网络银行是利用电子手段为消费者提供金融服务的银行，这种服务既包括零售业务，也包括批发和大额业务；美联储的定义——网络银行是指利用互联网作为其产品、服务和信息的业务渠道，向其零售和公司客户提供服务的银行。由此可以归纳出网络银行范畴的两个重点，即"网络"与"银行业务"。从技术操作的角度看，网络银行运作的全过程都是通过信息技术手段在互联网空间发生的，因此网络银行是一种虚拟银行；但从业务类型的角度看，其开展的所有业务都必须有实际操作存在，只是操作手段是"虚拟"的。

网络银行分为两类，即纯网络银行和分支型网络银行。前者可称为"只有一个站点"的银行，一般只有一个办公地点，无分支机构、无营业网点，几乎所有业务都通过互联网进行，是一种纯粹的虚拟银行；后者是原有传统商业银行以互联网为工具，通过银行网络站点或客户端应用向个人或企业客户提供的一种在线服务类型。

1995年，在美国出现了世界上第一家纯网络银行——安全第一网络银行（Security First Network Bank，SFNB），它完全依靠互联网进行运作，没有营业场所和金库，为客户提供多种便捷、优惠、安全的3A（Anytime、Anywhere、Anyhow，任何时间、任何地点、多种方式）服务。随后，美国其他银行和金融机构也纷纷推出网上银行业务。日本与英国、德国、法国等国家也不甘落后，其网络银行的数量每年均高速增长。

以100万美元起家的安全第一网络银行，在经历了初期的快速发展之后，逐渐陷入经营困境并出现巨额亏损，在1998年被加拿大皇家银行以2000万美元收购。这说明，在技术手段、网络征信、监管条件都未成熟的前提下，纯网络银行的发展会受到诸多的掣肘，具体体现在：第一，资金运作渠道少，营业网点与从业人员少是纯网络银行的特点，这在节省成本方面有优势，但在当时的技术条件下，该类银行很难像传统国际性大银行那样在国际金融市场上灵活运用各种金融工具获取利润；第二，运营风险大，在网上交易的法律制度不完善、网络安全技术保障不确定性大、网络征信体系发展不均衡等因素的作用下，纯网络银行面临的风险是巨大的；第三，客户信息的真实性难保证，因为以纯网络方式运作，这类银行无法有效确认客户提供的个人信息、信用记录、还款能力等；第四，监管难度大。综上，目前在世界范围内，纯网络银行尚未成为行业主流。

1996年，中国首次将传统银行业务扩展到网络上。目前，中国几乎所有大中型商业银行都推出了自己的分支型网络银行，或在互联网上建立了自己的主页和网站。但至今为止，中国还没有出现一家纯网络银行，只有分支型网络银行。近年来出现的余额宝等新颖的网络金融形态，以及腾讯的微众银行等，只能说是网络银行、网络货币基金的一个雏形。究其原因，一是法律体系与监管机制尚不明确，二是纯网络银行存在与发展的基础性条件尚不具备，即完善的网络征信体系、高效可靠的金融基础设施仍待建立健全。

目前，中国分支型网络银行提供的主要服务有：第一，信息服务，包括新闻资讯、银行内部信息及业务介绍、银行分支机构导航、外汇牌价、存贷款利率、股票指数、基金净值等；第二，个人银行服务，包括账户查询与管理（存折与银行卡之间转账、活、定期种类互换、利息试算等）、存折与银行卡挂失、代理缴费、外汇买卖服务、个人电子汇款服务等，个别银行还提供小额抵押贷款和国债买卖服务等；第三，企业银行服务，包括账户查询，企业内部资金转账、对账、代理缴费，同城结算和异地汇款，国际结算服务等；第四，银证转账，银行存款与证券公司保证金实时资金转移；第五，网上支付，包括企业对个人、企业对企业两种；第六，投资理财服务，包括理财产品、第三方存管、银行业务、期权、证券、股票、保险和黄金等。其中，股票、债券和基金买卖基本能在所有分支型网络银行上进行。经过二十多年的发展，分支型网络银行服务已有长足发展，但仍存在不足：广度方面，业务的涵盖领域过于狭窄；深度方面，个性化服务不足。

中国网络银行还处于发展阶段。综合比较国内外网络银行发展的历程及其提供的业务类型的转变,可以把网络银行的发展划分为四个阶段:第一阶段是"银行网络",即网络银行更多地作为银行的宣传窗口,提供的业务仅限于账户查询等简单的信息服务;第二阶段是"银行上网",即商业银行把已获准开办的传统业务移植到互联网上,将互联网作为银行业务的网上分销渠道,同时通过互联网提高工作效率,降低经营成本,提升服务质量;第三阶段是"个性定制银行",即在大数据及第三次产业革命浪潮下,网络银行提供的服务从以产品为导向逐步转向以需求为导向,真正实现以客户为中心,创新金融服务体系,在服务标准化的基础上,按照客户个性化需求设计产品;第四阶段是"网银托拉斯",即以网络银行业务为核心,业务经营范围涉及保险、证券、期货等金融行业及商贸、工业等其他相关产业,建立起互联网托拉斯企业。据此判断,中国网络银行现处在第三阶段向第四阶段发展的过程中。

(二)网络证券

网络证券亦称网上证券,是证券业以互联网等信息网络为媒介,为客户提供的一种网上商业服务,其包括有偿证券投资资讯,网络证券投资顾问,股票网上发行、买卖与推广等多种投资理财服务。网络证券商通常在其网站上发布证券交易行情,同时为客户提供在其网站上填写证券买卖单证的服务,证券交易商则把这些买卖单证实时传递给证券交易所。随着网络证券业务的不断推广,证券市场将逐渐从"有形"市场过渡到"无形"市场,现有的证券交易营业大厅将会逐渐失去原有的功能,远程终端交易、网上交易将会成为未来证券交易的主流方式。

网络证券对证券市场发展的影响主要有以下几方面。

第一,证券市场发展速度不断加快。首先,证券市场的品种创新和交易结算方式的变革,为网络证券建设提出了新的需求;其次,网络证券建设又为证券市场的发展创新提供了技术和管理方面的支持。两者相互依存、相互促进,加快了证券市场发展。

第二,证券市场经营理念发生变化。证券公司依托最新的电子化成果,能够积极为客户提供投资咨询、代人理财等金融服务,可办理发展与企业并购重组、推荐上市、境内外直接融资等有关的投资银行业务,努力建立和拓展庞大的客户群体将成为证券公司的主营目标。

第三,证券市场营销方式创新。在网络证券快速发展的背景下,证券公司将集中更多的精力用于网络营销,通过网络了解客户的需求,再将自己的优势和能够提供的服务通过网络反馈给客户,并根据客户的需求确定营销的策略和方式。

第四,证券市场经营策略优势互补。在网络互联、信息共享的信息社会里,证券公司将不再单纯依靠自身力量来发展业务,而是利用自身优势建立与银行、邮电等行业的合作关系,优势互补、互惠互利,为客户提供全方位、多层次的立体交叉服务,达到增收节支、扩大业务的目的。

第五,证券市场的中介地位面临挑战。在网络互联、信息共享时代,企业可以绕过原有的证券机构,直接通过互联网公开发行股票、募集资金,甚至自己开展交易活动。在网络技术迅速发展的今天,证券机构如果无法适应这一现状,无疑将成为最大的输家。

中国的网络证券也在高速发展中,技术的不断进步使网上交易的投资者在时间上领先一步。而中国的互联网用户群已呈现几何级数增长态势，证券市场也在日趋成熟，从 20 世纪 90 年代至今，其主要经历了三个发展阶段。

第一阶段是 20 世纪 90 年代初开始的证券电子化阶段。当时，中国上海证券交易所和深圳证券交易所成立后，采用了无纸化电子竞价交易平台。中国证券机构最初提供的只有经纪业务服务，获取资讯行情主要通过电台、卫星数据传输等方式，"红马甲"、电话委托、传真委托都是当时较为常见的委托方式。这个阶段券商的核心诉求是把客户的交易订单顺利、快速、安全地传递到交易所，扩大经纪业务的服务供给能力。券商之间最早的信息技术竞争，就是比拼更快的电话、传真接入，更稳定的交易系统，更快的行情传输和订单执行等，这时科技运用开始逐渐成为证券业发展的生命线。

第二阶段是 2000 年开始的网络证券阶段。2000 年 3 月 30 日，中国证券监督管理委员会正式发布《网上证券委托暂行管理办法》，这一标志性法规的出台进一步催生出新的证券业务模式。这个阶段，以网络方式，包括移动网络方式炒股开始兴起，尤其是在经过 2006 年至 2007 年的大牛市后，由于电子通信的发展、手机炒股的便捷性等，手机炒股快速流行起来，网上交易已成为投资者的主要委托方式，占整个市场交易的 65%以上。2013 年是中国证券业发展过程中一个重要的时间节点，也被普遍认为是中国网络证券元年。中国证券业协会于 2013 年 3 月 15 日发布了《证券公司开立客户账户规范》，这条法规打破了以往只能现场开户的局限，明确证券机构不仅可以在经营场所内为客户现场开立证券账户，更可以依托一定技术手段，如通过网络视频见证或认可等方式为客户开立证券账户。新技术和新的开户方式给证券行业的快速发展奠定了基础。这一阶段，中国证券机构大多成立了电子商务部或者网络金融部，专注于网络证券业务的开展。现在，网络证券业务已经由早期的创新业务变成了常规业务。

第三阶段是 2015 年开始的金融科技发展阶段。2015 年 7 月 18 日，中国人民银行等十部门联合发布了互联网金融行业的"基本法"《关于促进互联网金融健康发展的指导意见》（以下简称《指导意见》）。随着《指导意见》的颁布实施，2016 年被普遍认为是中国互联网金融监管元年。金融科技的飞速发展延伸了证券机构与客户的接触点，改变了其接触方式，使证券机构能够更好地洞察客户需求、服务客户。目前，中国证券机构已明确将金融科技纳入其核心竞争力和战略发展方向，通过金融科技与财富管理的双轮驱动，推动业务转型升级与模式重构。

目前，中国证券行业在网络证券的发展方面呈现出两种状况。

一方面，中国网络证券领域的金融科技应用有着广阔前景和突破空间。这主要是因为以下六点原因。第一，集中式网上交易成为一种发展趋势。中国证券行业正在向集中交易、集中清算、集中管理以及规模化和集团化的经营方式转变。这种经营模式有利于整合并共享券商资源，节约交易成本与管理费用，增强监管和风险控制能力。第二，网上经纪与全方位服务融合。中国券商已从价格竞争阶段进入服务竞争阶段。价格竞争的直接结果是网上交易佣金费率的降低，当竞争达到一定程度后，券商仅靠减佣模式已难以继续，必须转向全方位服务模式，其收入将由单一的经纪佣金转向综合性的资产管理费用。第三，宽带网将获得突破性发展。基于有线电视的 Cable Modem 技术、基于普通电话线路的 DSL（Digital Subscriber Line）技术以及基于卫星通信的

DirecPC 技术等典型宽带技术的发展，将使电信部门能提供逼近于零时延、零故障的服务。而基于 IP（Internet Protocol）协议的交换技术的发展，又将使传统电信业务和网络数据业务的综合统一成为可能。由于互联网协议是电信网、有线电视网、计算机网可以共同接受的协议，因此，未来的宽带网实质上就是宽带互联网的代名词。第四，网上证券交易进入移动交易时代，移动证券交易市场有巨大的发展空间。无线应用协议为互联网和无线设备之间建立了市场统一的开放标准，是未来无线信息技术发展的主流。无线应用协议技术可以使股票交易更方便，实现多种终端的服务共享和信息交流。用户通过手机收发券商各种格式的数据报告，可完成委托、撤单、转账等全部交易手续。第五，网络证券交易实现方式趋向于多元化，已突破"Web＋PC"的网上交易模式。中国投资者可以借助电脑、手机、机顶盒、手提式电子设备等多种信息终端进行网络证券交易。网上交易的普及、交易网络的延伸，可以使占中国人口 85%以上的小城市居民和农村居民变成潜在的股民。中国的网络证券交易正在快速发展，有望取得更大突破。第六，以网络证券为代表的金融科技创新推动着中国证券行业革新。它既推动着人工智能、区块链、云计算和大数据在证券行业的应用实践，又带来了中国证券行业盈利模式、服务模式和管理模式的转变和创新。金融科技正以极快的速度渗入到中国证券领域的方方面面。

另一方面，网络证券领域的金融科技存在特性风险，还需完善相关法律制度。这类风险在世界范围内具有普遍性，比如：电脑病毒、黑客侵入、硬件设备故障可能导致行情和委托指令中断、停顿、延迟和出错，使投资者不能及时进行网络证券委托或发生错误交易；在互联网上进行证券委托，存在机构或投资者的身份被仿冒的风险；投资者若不慎将股东账号、交易密码或身份认证证书文件遗失，则有发生违背投资者意愿的委托的风险；投资者委托他人进行网络证券交易，存在被委托人违背投资者意愿买卖证券或提取资金的风险；可能有不可抗力因素使投资者不能及时调整策略而带来风险；以网络证券为代表的金融科技应用给投资银行、资产管理和风控预警等带来了新的挑战与风险管理问题……有鉴于此，中国人民银行 2021 年印发的《金融科技发展规划（2022—2025 年）》确定了八方面重点任务：一是强化金融科技治理，全面塑造数字化能力，健全多方参与、协同共治的金融科技伦理规范体系，构建互促共进的数字生态；二是全面加强数据能力建设，在保障安全和隐私前提下推动数据有序共享与综合应用，充分激活数据要素潜能，有力提升金融服务质效；三是建设绿色高可用数据中心，架设安全泛在的金融网络，布局先进高效的算力体系，进一步夯实金融创新发展的"数字底座"；四是深化数字技术金融应用，健全安全与效率并重的科技成果应用体制机制，不断壮大开放创新、合作共赢的产业生态，打通科技成果转化"最后一公里"；五是健全安全高效的金融科技创新体系，搭建业务、技术、数据融合联动的一体化运营中台，建立智能化风控机制，全面激活数字化经营新动能；六是深化金融服务智慧再造，搭建多元融通的服务渠道，着力打造无障碍服务体系，为人民群众提供更加普惠、绿色、人性化的数字金融服务；七是加快监管科技的全方位应用，强化数字化监管能力建设，对金融科技创新实施穿透式监管，筑牢金融与科技的风险防火墙；八是扎实做好金融科技人才培养，持续推动标准规则体系建设，强化法律法规制度执

（三）网络保险

网络保险，也称网上保险或者网销保险，是新兴的一种以计算机互联网为媒介的保险营销模式，有别于传统的保险代理人营销模式。网络保险是指保险公司或新型第三方保险网以互联网和电子商务技术为工具来支持保险销售的经营管理活动的经济行为。

网络保险主要有两种模式：一种是保险公司自建渠道，或成立网上保险商城，或设立电商子公司；另一种则是借助现有的第三方网上保险平台。

网络保险具体包括：保险公司自行开辟的保险网销通道、保险公司在第三方综合网上购物平台的保险店铺、独立的第三方网络保险平台、专门性的互联网保险公司。

相比传统保险推销的方式，网络保险让客户能自主选择产品。客户可以在线比较多家保险公司的产品，保费透明，保障权益也清晰明了，这种方式可让传统保险销售的退保率大大降低。并且网络服务能提供更便捷的服务——网上在线产品咨询、电子保单发送到邮箱等都可以通过轻点鼠标来完成。网络保险的理赔更轻松，这是因为互联网让投保更简单，信息流通更快，也让客户理赔不再像以前那样困难。同时，保险公司同样能从网络保险中获益多多。通过网络可以推进传统保险业的加速发展，使险种的选择、保险计划的设计和销售等方面的费用减少，有利于提高保险公司的经营效益。据有关数据统计，通过互联网向客户出售保单或提供服务要比传统营销方式节省 58% 至 71% 的费用。

网络保险最早出现在美国。美国国民第一证券银行首创通过互联网销售保险单。1997 年初，81% 的美国保险公司至少有一个网址。同年，美国加利福尼亚州的网络保险服务公司 InsWeb 用户数达 66 万，1999 年其用户数增加到了 300 万。根据中国保险行业协会数据，2013 年到 2022 年，中国网络保险的保费规模已经从 290 亿元增加到 4782.5 亿元，年均复合增长率达到 32.3%，网络保险销售正在迎来爆发期。

虽然网络保险的前景令人兴奋，但从现有的业态来看，保险业对网络金融的参与方式还主要停留在渠道上。网络保险的运营模式尚未完全理顺，保险公司还没有找到较成熟的运作模式，网络保险与既有渠道亦存在相互竞争的关系，在产品设计、客服和理赔等方面，还没有真正地顺应互联网消费群体的特性。

七、货币的形式

（一）实物货币

实物货币是货币形式发展的第一阶段，其作为货币用途的价值，与其作为非货币用途的价值相等。在世界各国的货币发展史上，可以说除去信用货币、纸币和金属货币，其他担任过货币角色的各种商品，都可以称为"实物货币"，如众多的生产、生活资料，像农具、牛羊、石器、贝壳、棉花、粮食等都曾在不同的历史时期充当过货币。

这些商品因其自身具有价值和使用价值,在特定的时期和区域为人们所共同认定而成为货币,它们都是实物货币。实物货币随着商品交换的发展,其局限性日益明显。这一方面是由于许多实物货币自身的物理性能很不稳定,不易保管和计量;另一方面是由于出现第二次社会大分工,手工业从农业中分离出来,随着商品生产和商品流通规模的扩大,人们对充当交换媒介物的货币产生了新的要求,实物货币价值小、数量大,无法担任理想的交换媒介,难以满足交换的需要。而金融货币具有质地均匀、易于分割、体积小、价值量大,易于保存和携带等特点,所以随着商品经济的发展,交换的扩大,实物货币逐渐地为金融货币所取代。

(二)金融货币

早期的金融货币也就是金属货币是以金属作为货币材料并铸造成一定形状的货币。金融货币是商品经济和社会生产力发展到一定阶段的产物。随着生产力的发展,冶金技术有了较大提高,用金属铸造的货币具有易分割、保管、贮藏、运输和质地均匀的优点,作为充当商品交换的媒介,比实物货币具有更大的优越性。金融货币最初以条块形式流通,由于每块金属重量和成色不同,每次交换都要称量重量、鉴定成色,有时还要根据交易额的大小对其进行分割。这给日益扩大的商品交换带来诸多不便。

当商品交换突破地方市场范围后,出现了铸币。所谓铸币,就是指由国家统一铸造、具有一定重量和成色,铸成一定形状并标明面值的金属货币。铸币的出现标志着交换媒介又向前发展了一步,政府根据铸币所包含的实际价值标明铸币的面值,并以政府信誉作担保。

历史上充当过币材的金属有铜、铁、锡等,最后固定在黄金和白银上,并逐渐由贱金属向贵金属转化,以黄金作为货币材料的时期是金属货币发展史上的鼎盛时期。由于金属货币在流通中会发生磨损、不足值等现象,加上国家人为地实行铸币贬值政策,以及随着商品交换规模不断扩大,金融货币特别是贵金属货币已不能满足交换的需要,金融货币逐渐被纸币或信用货币所取代。

而在现在,金融货币也分为两种:第一种是狭义金融货币,即在现行狭义货币的基础上加入流通性国债或者是简单地加入国债,将国债作为一个不可或缺的要素;第二种是广义金融货币,即在现行广义货币基础上加入国债总额。一般情况下,提到金融货币都是指广义金融货币,因为它能更为精确地表达该国的货币实际供应情况。

(三)信用货币

信用货币是由国家法律规定的,强制流通且不以任何贵金属为基础的独立发挥货币职能的货币。现世界各国发行的货币,基本属于信用货币。信用货币是由银行提供的信用流通工具,其本身价值远远低于其货币价值,而且与代用货币不同,它与贵金属完全脱钩,不再直接代表任何贵金属。在20世纪30年代,发生了世界性的经济危机,引起经济的恐慌和金融混乱,迫使主要资本主义国家先后脱离金本位和银本位,国家所发行的纸币不能再兑换金属货币,因此,信用货币便应运而生。当今世界各国几乎都采用这一货币形态。

信用货币制度在全球的推行又分为了两个步骤,而这两个步骤的实现又是以布雷顿森林体系和牙买加体系两个国际货币制度来进行的。前者切断了黄金与纸币在国内的自由兑换关系，后者切断了黄金与纸币在国际上各国政府间的自由兑换关系。其中，布雷顿森林体系在本书第一章中已详细说明。

1976年1月8日，国际货币基金组织国际货币制度临时委员会达成《牙买加协定》，之后逐渐形成国际货币关系新格局，即牙买加体系。牙买加体系对国际货币基金组织《国际货币基金协定》的原黄金条款作了新的规定：黄金不再作为各国货币定值标准，也不再作为特别提款权的价值单位；废除黄金官价，成员国可在市场上自由进行黄金交易；成员国间及成员国与基金组织间的债权债务必须用黄金清算的规定取消；国际货币基金组织持有的黄金应逐步加以处理；国际货币基金组织在其对黄金问题的决定中，要避免在黄金市场上干预金价或确定一个固定金价；黄金国际储备资产的地位由特别提款权取代。

信用货币体系克服了金本位制下货币供应缺乏弹性的致命缺陷，使政府货币当局在应对经济危机时有了更大的调控空间，但其最大的危险性在于政府的货币发行规模摆脱了黄金储备的束缚之后，很容易失控。由于信用货币的信誉依赖于政府信用，一旦政府出现财政或货币危机，信用货币便会一文不值，从而造成社会危机。

自从信用货币主导国际金融体系之后，西方发达国家始终在与通胀作斗争，恶性通货膨胀造成的危害已经有目共睹。信用货币超量发行带来的后果除了通胀和金融危机外，还有金融全球化和金融衍生品的爆炸式扩张，这种由金融全球化和金融衍生品发展引发的货币异化现象，是现代国际金融市场和经济发展面临的新问题、新课题。

信用货币最显著的特征是作为商品的价值与作为货币的价值是不相同的。它是不可兑现的，只是一种符号，是通过法律确定其偿付债务时必须被接受，即法偿货币。信用货币具有以下特征：信用货币是货币的价值符号；信用货币是债务货币；信用货币具有强制性；国家对信用货币进行控制和管理。

现如今，信用货币存在多种形式：期票、银行券、支票、辅币、纸币、银行存款、电子货币。

（四）电子货币

广义的电子货币是指依靠电子设备网络实现储存和支付功能的货币，虚拟货币和数字货币也包含在其中。而现在经常提及的电子货币，实质上是狭义的电子货币，也就是国家银行系统支持的法定货币的电子化形式。这种狭义的电子货币是以数据或电子形式存在，通过计算机网络进行传输，实现流通和支付功能的货币，可以广泛应用于生产、交换、分配和消费领域，集金融储蓄、信贷和非现金结算等多种功能于一体。其特点是具有匿名性、节省交易费用、节省传输费用、持有风险小、支付灵活方便、防伪造及防重复性、不可跟踪。它完全具备了货币的五大属性：价值尺度、流通手段、支付手段、贮藏手段和世界货币。

按照支付方式分类，电子货币可分为五类：一是储值卡型电子货币；二是信用卡应用型电子货币；三是存款利用型电子货币，如借记卡、电子支票，其本质是可以在计算机网络上传递的存款货币的电子化支付方法；四是现金模拟型电子货币；五是电子账单提交与支付,即商家通过网络将账单以在线的方式传递给消费者,消费者以在线方式收到账单后,进行在线支付。

狭义的电子货币与虚拟货币在概念上经常被混淆,但二者之间有着严格的区别。前者是能够代替纸币流通、具有"法定数字货币"功能的货币的电子形式;而后者主要指的是基于网络系统软件产生或由网络单位发行的电子信息价值单位,它不是国家发行的,不采用"法定数字货币"的名称与单位,即虚拟货币实质就是数字货币,但其通常指的是"私人数字货币"。虚拟货币以比特币、以太币等为代表,同时具有私人数字货币的四大特征,这会在后面小节中提到。

(五)数字货币

数字货币是电子货币的一种深化表现形式,是一种不受管制的、数字化的货币,通常由开发者发行和管理,被特定虚拟社区的成员所接受和使用。欧洲银行业管理局将虚拟货币定义为:价值的数字化表示,不由央行或当局发行,也不与法定货币挂钩,但由于被公众所接受,所以可作为支付手段,也可以电子形式转移、存储或交易。但实际上,现阶段的数字货币分为"法定数字货币"和"私人数字货币"两大类型,欧洲银行管理局对虚拟货币的定义更多的局限于私人数字货币。

数字货币可以认为是一种基于节点网络和数字加密算法的虚拟货币。数字货币的核心特征主要体现在三个方面:由于来自某些开放的算法,数字货币没有发行主体,因此没有任何人或机构能够控制它的发行;由于算法解的数量确定,所以数字货币的总量固定,这从根本上消除了虚拟货币滥发导致通货膨胀的可能;由于交易过程需要网络中的各个节点的认可,因此数字货币的交易过程足够安全。

数字货币具有交易成本低、交易速度快及高度匿名性的特点。

(六)私人数字货币

私人数字货币,它有两类典型代表,即类信用货币和类金融货币,它们在发行中心、价值基础等方面均存在差异。

类信用货币一般由网络社交平台、游戏公司、论坛等发行,具有的特征是:以发行商为中心,往往只能在发行商业务范围内流通,具有有限的流通和支付手段职能。

类金融货币不再依赖中心化发行商,总量通常有限,发行和交易严格受系统决定,使用范围理论上可以覆盖全球。

以比特币、以太币等为代表的私人数字货币具有四大特征:第一,去中心化,即它不像法定货币一样都由一个中心化的单位或机构来发行,而是基于密码学的原理被设计产生的,在发行后,它不专属于任何一个国家、团体或个人。第二,通缩性,这类私人数字货币在市场的总数是恒定的,相信的人越多,使用的人就越多,人们对它的需求量就会越大,其价格就会越高,但其不会产生通货膨胀。第三,普世性,这类私人数字货币产生前,必须提前市场公示,从而让所有人都有机会获取。第四,匿名性,即这类私人数字货币的交易是匿名的、不可逆转的和不可冻结的,它与互联网市场共同存在。

据统计，截至 2020 年 3 月，全球私人数字货币已达 2940 多种，且已有 187 种虚拟货币的市值超过 1000 万美元。

（七）法定数字货币

法定数字货币，也称央行数字货币。

法定数字货币本质上仍然是中央银行对公众发行的债务，是具有法定地位、由国家主权发行责任主体发行的数字化货币。它不仅可以取代纸币流通，保持货币主权的控制力，更好地服务于货币发行和货币政策，而且具有四大作用：第一，法定数字货币可以完善货币政策的利率传导，即通过法定数字货币的技术提升而非依靠金融市场间的资金流动性或单个金融市场的市场流动性，就能降低整个金融体系的利率水平，使利率期限结构更平滑、货币政策利率传导机制更顺畅；第二，法定数字货币可以提高货币指标的准确性，即通过法定数字货币形成的大数据系统具有信息优势，能够提升货币流通速度的可测量度，有利于更好地计算货币总量、分析货币结构、丰富货币指标体系并提高其准确性；第三，法定数字货币有助于监管当局在必要时追踪资金流向，与私人数字货币相反，监管当局可以采取可控匿名机制，掌握数字货币使用情况，完善现有监测控制体系，减少洗钱、逃漏税和逃避资本管制等行为，增强现有制度的有效性；第四，法定数字货币可更精准地提升监测和金融风险评估水平，它能从多方面倒逼央行建设金融基础设施、完善支付体系、提高结算效率、增强便利性和透明度，由此，监管当局能根据不同机构、不同频率的完整、实时、真实的交易账簿，更精准地监测、评估和防范金融风险。

第二节 案例分析

一、SFNB

SFNB（Security First Network Bank），即第一安全网络银行，是一家真正意义上的网络银行，脱离传统具有物理介质的实体银行模式，完全依赖互联网进行运营。客户不受物理空间及时间限制，只要能登录其网站并拥有其网络账号便能享受便捷、高质量的服务。

1995 年 10 月 18 日，SFNB 作为全球第一家网络银行在美国正式宣布成立。1996 年 5 月，Cardinal 银行将其网络银行业务从传统银行中分开，独立出 SFNB。

1996 年 11 月，SFNB 成功收购 Secure Ware（安全解决方案开发公司），并联合 Five Space（互联网银行软件开发公司）组建了安全第一技术公司，将世界上第一家网络银行的各方面力量正式结合在一起。

SFNB 一直致力于开发新的电子金融服务，不仅提供传统银行的所有业务，还不断推出方便客户的网络金融产品，以满足客户多样化需求。其经营理念认为网络银行可以并且应该取代传统银行，是社会发展的必然。它代表着网络银行一种全方位的发展模式。

SFNB 通过电子邮件、电话等渠道接受客户请求，提供便捷、优惠、安全的服务。SFNB 经营中处处以客户为中心，提供一系列优惠、方便的服务，其业务涵盖了电子账单支付、利息支票业务、基本储蓄业务、自动柜员机、信用违约互换、信用卡、回报型项目等。

作为最早的网络银行，SFNB 始终重视系统的安全问题。通过 HP、Five Pace 及 Secure Ware 等公司技术的强大支持，SFNB 为客户提供多层次、军事级的安全网络系统，并获得了美国存款机构监管办公室颁发的开业证书。此外，SFNB 还获得了美国联邦存款保险公司的存款保险，并向客户承诺：对于未经授权的资金转移、银行出错或安全性破坏，将提供 100% 的补偿。

SFNB 在 1995 年到 1998 年间，充分发挥网络银行的方便性和安全性，吸引的客户达到一万多名，其股票上市第一天就翻了一番，几个月内拥有 6000 多万美元的存款，截至 1999 年存款额就达 4 亿美元。但后来由于经营上存在问题，公司一直未获盈利，在 1998 年被加拿大皇家银行以 2000 万美元收购了其除技术部门以外的所有部分。在被收购后，SFNB 转型为传统银行提供网络银行服务。

二、中国微众银行

微众银行于 2014 年正式开业，总部位于广东深圳，是中国首家互联网银行。作为一家互联网科技银行，微众银行依托股东腾讯科技公司支持，充分发挥自身科技研发属性和大数据处理优势，为个人、企业甚至其他金融机构提供差异化、有特色、优质便捷的金融服务，除了传统存贷款业务，微众银行运用大数据、区块链、云计算、人工智能等主动探索金融科技创新业务，如有别于传统银行的新型产品服务、财富管理、第三方代销、汽车金融等业务。微众银行在 2017 年成为国内首家获得国家高新技术企业资格认定的商业银行，并已跻身中国银行业百强。

微众银行是经原中国银监会（现国家金融监督管理总局）批准成立的国内首家民营银行和数字银行，在日常监管上，深圳方面一般将其放在与深圳农商银行相同的序列，即视为地方性城商行类型，但微众银行由于有《商业银行互联网贷款管理暂行办法》支持，又得以在全国范围内开展业务（地方性城商行异地开展业务目前受到监管限制）。自 2014 年成立以来，微众银行始终坚持"让金融普惠大众"的使命愿景，专注于服务小微企业和普罗大众的基础金融需求。截至 2021 年末，微众银行各项存款余额达 3028 亿元，各项贷款余额达 2632 亿元；已累计服务个人客户超过 3.2 亿，小微企业客户超过 248 万，不仅有效地践行了普惠金融的初衷，有力地支持了小微企业和大众客户的金融需求，而且资产质量良好，得到了广大客户、各级政府和监管部门的充分肯定。

贷款方面，微众银行的代表产品是微粒贷和微业贷，微粒贷依托于微信程序，主要服务对象是普惠大众，微业贷则主要服务小微企业。由于具有相对领先的金融科技水平和依托微信用户及其他用户信息的大数据优势，微众银行在普惠小微贷款业务上特点鲜明，在获客能力、风险控制、发展速度等方面，与传统银行机构相比具有一定的独特优势。比如说在风险控制方面，微众银行是完全的互联网银行，没有物理商业网点，这非常不利于处理房产等贷款抵押品，因此其贷款基本是信用贷款业务，这就倒逼微众银行只能集中精力提高数据处理能力，通过高质量大数据和精准风控模型，切切实实提高信用贷款风险把控能力，也正因此，微众银行在风险模型建设、数据处理能力、线上金融业务等方面走在了业界前列。

存款方面，虽然微众银行具备吸收存款的业务资质，但是由于没有物理商业网点，就不能像传统银行那样依托社区、商圈、园区等拓展零散存款客户，同时微众银行服务对象主要是小微企业、个体工商户、个人消费者等，基本上没有类似中石油等这样的大客户，也吸收不到大客户的对公存款，所以存款业务是当前微众银行等互联网银行的一个明显短板。由于吸收存款能力不够，又要支撑2000多亿元的贷款规模，就只能从同业拆借、信贷资产出表处置等渠道募集资金，导致互联网银行的资金成本往往高于传统银行，这也对互联网银行的经营能力提出了挑战。

虽然微众银行能够如同传统银行一样为客户提供存款、贷款等服务，但是二者不存在对立关系，更多的是互补及合作关系。

互补方面，一是二者的客户群体不同，微众银行服务的是金融需求未被有效满足的都市蓝领、低收入群体、小微企业和个体工商户，以及听障、视障、老年人等特殊客群，其客群中约80%的企业年营业收入在1000万元以下，户均授信约90万元，平均员工人数仅10人，一半以上都是没有银行对公贷款的，1/3连个人经营贷也没有，甚至1/4可能就是"双白户"（既无企业类贷款记录，也无个人经营性贷款记录）；而传统银行信贷则具有大客户、大额度的特征，比如根据招商银行2021年年报，其对公贷款的总额除以它的户数得出单笔信贷平均规模是6000多万元。二是二者信贷产品类型不同，传统银行更多倾向于抵押贷款、担保贷款，利息可能相对低，还贷周期可以允许更长，但微众银行则是以短期流动性贷款为主，以"短小频急"为突出特征，主要解决小微企业和个体工商户流动资金压力缺口。

合作方面，微众银行具备突出的获客能力和风控模型，这些方面恰恰是地方中小银行的短板，二者可以开展"银银合作"。具体讲，微众银行发挥其大数据优势和风控能力，利用线上等渠道甄选提供目标客户，地方中小银行具有资金优势和强烈的小微信贷业务动力，二者在合作的同时坚持独立风控，相当于对同一目标客户加以双风控，极大提高了业务的稳健性，使两种银行实现了双赢，既考虑到目标客户获得了及时周到的金融服务，又实现了不同银行和普惠大众的三赢局面。

三、比特币

中本聪在2008年发表了一篇题为 *Bitcoin: A Peer-to-Peer Electronic Cash System* 的论文，论文中首次提出了"比特币"这一概念，并完成了将其正式带向数字货币历史舞台的第一步。2009年1月，随着比特币区块链中第一个区块生成，以区块链技术为基础的比特币发行交易系统正式开始运行，比特币诞生。

比特币是"点对点的电子现金系统"中的交易货币，它的实质是由网络节点计算生成的数字货币，它并没有指定的制造者，所有人都可参与制造比特币。人们用计算来共同解决一道复杂的数学问题，当这个问题得到解决后，比特币网络则会生成一定量的比特币并根据各个节点人们的贡献量来分配奖励；同时，比特币网络会自动调整这个复杂问题的难度，从而让整个网络能在大概10分钟的时间内得出一个合格的答案。

在论文中，中本聪提出一种使用点对点分布式时间戳服务器为基于时间的交易序列生成计算上的证据来解决双重支付问题的方案。该网络通过将交易哈希值连进一条持续增长的基于哈希算法的工作量证明链来给交易打上时间戳，形成一条不能更改的记录。这是一个基于密码学原理而不是传统的信任的电子支付系统，该系统允许任何有交易意愿的双方直接交易而不需要一个可信任的第三方。在系统中，为了保证其交易的可靠性，每次比特币的交易都会告知全网；同时，在交易中不仅需传递当次交易信息，还需传递该比特币从诞生之时起的每笔交易信息。时间戳服务器使区块形成时间链条，保证了信息的不可篡改。工作量证明则控制发币的速度，为恶意的攻击行为增加难度。在这里产生了一个全新的词汇——"挖矿"。与传统意义的挖矿不同，比特币中的"挖矿"指的是破解密码的过程。密码被破解后，要发给其他节点进行验证，如果超过51%的节点验证密码正确，就承认产生了一个新的区块（新的比特币），这个过程中的信息就会被记录下来。"挖矿"的人被称为"矿工"，通过以上过程可知，"矿工"通过"挖矿"获取比特币作为奖励。

比特币的代号为BTC，它的总量被控制在大约2100万个。其机制是大约每10分钟产生一个区块，每个区块发行50个比特币分配给提供贡献的人，每隔21万个区块，比特币的产量会减半。由于比特币规定可细分到小数点后8位数，那么则意味着在无法进行细分的时候，比特币会全部发行完毕，此时比特币的产量约为2100万个。

比特币使用密码学设计确保货币流通各个环节的安全性，具有去中心化、匿名性、通胀防御等特点。

比特币的发行和交易都无须中心机构的参与，即具有去中心化的特点。不同于现实社会中流通的纸币，比特币不需要通过各国的中央银行这样的中心机构进行发行，比特币的发行是完全自主的；不同于目前在网络中进行交易的各种虚拟货币，比特币的交易完全不需要依托中心机构。比特币的自主发行不受现实社会影响，完全在数字的世界进行。比特币的交易自主，不需要借助第三方的机构来提供，因为其交易完全依托密码技术的加密证据。比特币系统实现了极致的去中心化。由于设计比特币的一个重要动机就是防止美联储利用美元的世界货币地位，通过量化宽松或者无限量化宽松等货币手段滥发美元，掠夺全球财富，因此去中心化才能防止比特币陷入某一个国家中央银行的操控。

比特币的匿名性主要源于哈希地址的生成，无须实名制的认证，同样地，通过哈希地址也无法对应出交易人的真实身份，并且同一个人可以拥有无数个收款账号，且账号之间的关联无法被察觉，这也代表着无法确定一个人拥有多少个比特币。但是，比特币同时也拥有一部分非匿名性的特点，毕竟所有的交易过程都是被记录下来的，这也就意味着每个比特币的流转过程都是可以被追溯的。由于其匿名性的特点，比特币一经问世，一些极端的观点就表示它可以在很多地下的非法交易中被使用从而达到洗黑钱的目的，这也是各国政府反对比特币的原因之一。由此可见，比特币的匿名性并不能成为比特币的重大优势，其优势更多地体现在它所提供的不需要第三方信任背书的电子现金系统。比特币的匿名性也和它的设计初衷，即不受各国中央银行的管控有关。

从历史的变迁中可以看到，通货膨胀是所有现实货币都无法避免的，基本上任何发行货币的国家都无法做到不超发货币，无法做到将发行货币的总额定死。广大民众对通货膨胀最直观的体验就是钱越来越"不值钱"。而比特币由其本质所决定，永远不会增发货币。比特币是一种特定的数学算法，其产生不受中心组织的干预，从问世起，其总额和发行速度就已经固定了，任何人都无法凭空捏造出比特币，所以比特币具有通胀防御的特点。

从经济学的角度来看，比特币是有绝对价值的。从比特币的设计原理来看，它是一种有限的资产。人们将比特币比作黄金，将其称为"数字黄金"。同时，比特币作为数字货币的一种代表，为人们提供了一种新型的自由货币交易方式。作为去中心化的货币，比特币不受第三方机构或是法定权力机关的监管。它是一种依靠系统本身生成的货币，没有依靠第三方的中心机构进行发行；作为一种去中心化货币，它给信用背书提供了一种新的方法，即不依靠第三方而是依靠信息技术。

比特币自身有着保值、避险和快捷流通的作用，这也是其价值的体现。其中，比特币的保值作用来自比特币的通胀防御功能；比特币的避险作用是由其匿名性体现的；快捷流通的作用体现在，比特币作为数字货币可以直接通过互联网进行点对点的自由流通，这种流通不受任何的额外条件约束，只要在有网络并且愿意交易的情况下就可以进行。

比特币价格近几年来波动极大，因此，比特币的基础价值如何度量是一个十分重要的问题。最普遍的一种看法是，由于比特币本身是一个点对点网络，比特币的基础价值可以由比特币用户的数量来决定，比特币的价格和比特币未来的潜在价值有关。同时，比特币的延伸价值——也就是区块链技术为人类工作效率的提高提供了可行性。

四、Libra

Libra 是由 Facebook 开发的加密数字货币，它是基于区块链网络、价值稳定的全球加密数字货币，其拥有一篮子货币作为资产储备。2019 年 6 月 18 日，Facebook 发布 Libra 白皮书；7 月 17 日，美国众议院金融服务委员会举行有关 Facebook 虚拟货币的听证会；9 月 13 日，法国财政部表示，法国和德国准备抵制 Facebook 旗下的 Libra 加密货币；10 月 5 日，PayPal 宣布放弃参与 Facebook 旗下加密货币 Libra；10 月，以法国为首的欧盟五国正联手抵制 Libra 进入欧洲市场，还准备要求 Facebook 放弃该项目。2020 年 5 月 6 日，Libra 协会任命斯图尔特·利维为首任首席执行官；9 月 17 日，Libra 任命詹姆斯·埃米特领导加密货币支付系统。

Libra 的定位是服务支付和普惠金融领域，从而使其用户能够以低成本、高速度进行货币支付和流通。按照 Libra 白皮书所述，"建立起一套简单、无国界的货币以及为数十亿人服务的金融基础设施"是 Libra 的使命。根据白皮书所称，全球货币应该定位于公共产品这一角色，每个人都应该助力普惠金融的发展，遵守相关的网络道德规范，维护全球货币和金融基础设施。Libra 的目的是让更多人享有获得金融服务和廉价资本的权利，这种低成本、开放的全球加密数字货币在未来很有可能带来巨大的经济价值。

相比比特币、以太币等其他私人数字货币，Libra 由于是以一篮子货币作为资产储备，其价格较为稳定，因此具备货币的支付功能。根据 Libra 白皮书所述，Libra 希望用户使用 Libra 支付，在实现快速转账的同时，保证用户支付的安全性。

Libra 主要由三部分组成：第一，Libra 是以区块链为基础的；第二，Libra 以一篮子货币作为资产储备；第三，Libra 是由独立的 Libra 协会管理的。

Libra 在构建其区块链基础时，优先考虑了区块链的安全性、可扩展性、处理量、存储效率。此外，因为 Libra 的定位是为全球人类提供在支付和普惠金融领域的服务，所以其区块链是开源的，任何人都能够在其区块链基础上进行开发，从而满足不同使用者个性化的需求。

此外，Libra 拥有一篮子货币作为其资产储备，每新发行一单位的 Libra，其资产储备都会新增对应价值的一篮子货币资产。通过这种方式，Libra 能够使用户信任其内在价值，从而降低其币值的波动，有利于其发挥支付功能。

同时，Libra 协会是非营利性的、独立的成员制组织，该组织的目的是通过为 Libra 的区块链网络和资产储备提供管理框架，推动 Libra 的发展。Libra 协会成员包括了支付业、技术和交易平台、电信业、区块链业、风险投资业的企业以及一些非营利组织、学术机构和多边组织。

Libra 并不是只锚定于某一法定货币，而是建立了资产储备池。该储备池中包括了多国法定货币储备，这些储备主要是信誉良好并且稳定的中央银行所提供的现金和国债。这些资产波动率低、流动性良好，有助于降低 Libra 价格波动幅度和减轻波动尤其是负方向波动的严重程度。

同时，Libra 的发行基于 100% 法定货币储备，因此能避免"银行挤兑"。因为挤兑背后的典型理由便是货币只获得了部分支持，即部分准备金制度造成的信贷扩张及一系列后果。此外，这种发行方式意味着 Libra 的发行量不会主动新增，只有一篮子货币储备的数量增加时，Libra 发行量才会增加。这样的发行方式能够从根本上防止 Libra 因主动超发而导致贬值的情况发生。

Libra 储备有两种来源，分别来自投资代币的投资者与 Libra 用户。代币投资者进行投资后，投资资金转入储备，Libra 协会将向投资者非公开配售 Libra，Libra 用户可以使用法定货币按 1:1 比例购买 Libra，并将该法定货币转入储备。

另外，Libra 协会会选取一些合规的银行和支付机构作为 Libra 的经销商，授权其与法定货币储备池进行直接交易，即经销商可以投入法定资产向协会购买 Libra，或向协会卖出 Libra 以换取抵押资产。Libra 协会、经销商与法定货币储备池通过 Libra 与法定货币之间的双向兑换，从而使得 Libra 的币值与资产储备池中的一篮子货币的加权平均汇率挂钩。由于这些一篮子货币的汇率都较为稳定，因此，Libra 的价格也得以保持相对稳定。但是，普通用户不能直接与资产储备池进行交易，他们需要通过经销商进行 Libra 交易。

Libra 的运作方式与特别提款权以及货币发行局制度十分相似，其自身并没有独立的货币政策。Libra 的资产储备与自由兑换的外汇市场类似，其管理遵循的是被动原则，所以，Libra 币值的波动仅由资产储备的一篮子货币在外汇市场上的波动所决定。

对于 Libra 资产储备的管理，Libra 协会采用的是托管的方式，由分散在世界各地的具有投资级信用评级的多个托管机构持有储备中的资产，这样就大大提高了这些资产的分散性和安全性。这种分散托管的方式可以限制交易对手风险，确保资产安全；同时，托管在这些高评级托管机构的资产拥有较高的可审计性和透明度，从而可避免储备托管中心化风险，实现较高效率的运作。

由于 Libra 是由 Facebook 开发的，而 Facebook 作为世界上最大的社交平台，拥有坚实的用户基础和强大的合作伙伴实力，因此，Libra 在应用上存在着天然的优势，其未来的应用场景存在不断拓宽的可能。此外，Libra 协会成员囊括了全球许多行业的企业，比如支付业的 PayPal、Mastercard、Visa，技术交易平台的 eBay、Uber 等，这些企业也会在其产品或服务运营过程中不断应用 Libra。

2020 年 12 月 1 日，Facebook 官网更新的信息显示，原本拟推出的超主权数字货币 Libra 更名为 Diem。路透社对此报道称，这一更改是为了强调该项目的独立性，从而获得监管部门的批准。路透社援引 Diem 协会首席执行官斯图尔特·利维的话表示，改名是为了强调更简单、更完善的结构。Diem 在拉丁语中的意思是"日"，现在的目标是推出单一锚定美元的数字货币。

2022 年 7 月 2 日，Facebook 母公司 Meta Platforms 表示，其 Novi 试点项目将在 9 月 1 日后停止服务。对于大多数人来说，Novi 是一个极为陌生的名词。但其实 Novi 的原名为 Calibra，与 Libra 是一对姊妹项目，是曾经的 Facebook 围绕 Libra 这个超主权货币而设计的加密钱包。Novi 测试三年过去后，其简约的蓝色官网中，Meta Platforms 礼貌地提醒用户取出其留在钱包里的资产，表示测试已经结束，对项目的未来只字未提。Novi 的关停意味着 Facebook 改名前最野心勃勃的加密货币计划——Libra 已然搁浅。

五、ACU

ACU（Asian Currency Union），也就是亚洲货币单位、亚元 ACU。2019 年，位于中国香港的亚洲数字货币有限公司计划发行亚元 ACU，发行总量为 1 万亿枚，具体流通量根据储备金数量自动调节。亚元 ACU 可实时结算，并能极大地降低交易成本。在审计机构参与下，参照港币的发行制度，亚元 ACU 将实行联系汇率制度，以离岸人民币的汇率作为其兑换汇率，按照 1∶1 兑付。

亚元 ACU 与其他数字货币最大的不同是，它将创造性地使用黄金作为主储备资产，锚定黄金的价值，以黄金作为价值背书，而不是单纯的信用背书。具体来说，亚元 ACU 实行金本位汇兑制，每一枚亚元 ACU 都可以兑换同等离岸人民币所对应价值数量的黄金。黄金为当之无愧的"货币之王"，而亚元 ACU 通过与黄金价值的锚定，将成为真正的硬通货，在全球资本市场自由兑换与流通。由此，亚元 ACU 既与黄金价值锚定，又具备数字货币的自由流动性，加之它以离岸人民币的汇率作为价值中枢，可以很好地保值增值。三者合而为一，为打造真正的亚洲统一货币奠定了良好的基础。同时，储备资产中还会增加人民币、美元、欧元等主权货币,还会根据实际情况配置一部分比特币,最终实现储备资产的多元化。在流通网络方面,ACU 初期在以太坊网络上发行,通过以太坊体系在整个区块链世界自由流通、自由兑换。按计划,后期 ACU 将搭建自己独立的公链网络,创建整个亚洲货币的自由流通与自由兑换网络。

亚元 ACU 被寄予了较大期待。在数字货币市场,已经出现了各式各样的锚定法定货币的稳定币,但它们都在不同程度上存在显著的设计缺陷,且都缺乏把合规监管、透明度、审计、去中心化这些核心要素结合起来的机制。因此,市场上的稳定货币普遍存在审计不透明、波动率高、手续费高、安全性低、交易确认速度慢等缺点,市场需要更加完善的稳定数字货币体系,亚元 ACU 就是针对这些痛点推出的。首先,亚元 ACU 不基于传统的银行机构,而是基于区块链技术,它是一个分布式账簿,所有交易信息的流通都是透明的、不可篡改的,可以极大地提高货币的公信力,并对现有银行账户体系产生重大影响。其次,ACU 通过多层次、多机制、多币种的三维货币模型建立货币运行体系,进而搭建立体的、相对去中心化的货币发行体系,突破单维度货币模型之下货币三元悖论的限制,在实现汇率稳定和自由流动的同时,还能够保持足够的货币政策独立性,避免其他稳定币存在的各种问题。

中国香港作为全球最重要的国际性金融市场之一,无论在金融创新还是金融开放方面,都走在了世界前列。位于中国香港的亚洲数字货币有限公司推出亚元 ACU,致力于打造亚洲统一货币的举措,很有可能在数字货币乃至国家金融领域产生深远的影响与意义。

六、CBDC

CBDC(Central bank digital currencies),也就是央行数字货币,在某种意义上与法定数字货币相等。

央行发行的数字货币并不一定是加密货币。虽然它结合了区块链技术,但却由国家完全掌控主导,本质上仍是中心化的。央行发行央行数字货币的模式与发行纸币的模式一样,都是"中央银行—商业银行"二元模式。也就是说,央行通过商业银行向公众发行央行数字货币,商业银行向公众提供存取等服务,并与央行一同维护数字货币发行、流通体系的正常运行。央行数字货币的表达结构也呈现出灵活性和可扩展性,其应用扩展储存中可以增加新的应用属性,例如增加姓名、地点、时间为额外的属性;它的可编程脚本灵活性更大,能指定货币流向等,适合有较大自定义需求的开发者,如商业银行、用户钱包等系统可以对数字货币进行编程,使其适应相应的应用场景。

央行数字货币发行是指中央银行生产央行数字货币并发送至商业银行的过程,在发行阶段,央行会扣减商业银行存款准备金,等额发行央行数字货币。央行数字货币回笼过程是指商业银行缴存央行数字货币,央行将之作废的过程。缴存央行数字货币后,央行将等额增加商业银行的存款准备金。央行数字货币的转移可以有不同形式:一是直接转移,可以类比成 A 直接把 50 元纸币给了 B;二是合并转移,类似 B 把手中的 50 元加上一张 50 元给 C,只不过 C 收到的是原模原样的两张纸币,而数字货币的话,收到的则是金额加起来为 100 元的一个字串;三是拆分转移,类似纸币的找零,如 C 要向 D 支付 80 元,给了 D 100 元,D 给 C 找零 20 元,在数字货币支付中的找零过程,则变为直接给 D 特定金额的字串,而余额可以生成新的字串。目前,世界各国不少央行正从顶层设计、标准制定、功能研发、联调测试到试点选择、范围确定和应用验证等方面,有条不紊地推进法定数字货币的应用。

中国的央行数字货币的性质和人民币一样,是国家主权货币,只是采用了数字货币的形式,其特点如下:第一,和 Libra 与一篮子货币挂钩不同,中国央行数字货币的价值只与人民币挂钩;第二,它具有无限法偿性,即不论支付数额多大,对方都不能拒绝接受;第三,它不需要账户就能实现价值转移,即无须联网,只要在手机上安装中国央行数字货币钱包,互相"碰一碰",就能实现价值转移;第四,资产具有高度安全性,它由央行直接发行,不像商业银行或金融企业存在倒闭的问题;第五,它将采用双层运营体系,即央行先把数字货币兑换给银行或者其他运营机构,再由这些机构兑换给公众,这些货币主要应用于国内零售业。

七、中国 DCEP

DCEP(Digital Currency Electronic Payment),也就是中国研究中的央行数字货币。

目前,中国的央行数字货币体系也就是 DCEP 体系正在有序建设中。一是中国人民银行牵头,工、农、中、建四大商业银行和中国移动、中国电信、中国联通三大电信运营商共同参与。二是 DCEP 将走出央行系统,首先进入交通、教育、医疗等服务场景,触达个人用户,产生频繁应用;它主要替代 M0(指流通于银行体系之外的现金),并且保持现钞的属性及其主要特征,满足便携和匿名的需求。三是深圳和苏州等地各自成立金融科技有限公司,与华为等公司合作,推动 DCEP 关键技术攻关、试点场景支持、配套研发与测试等,并聚焦区块链、密码学等金融科技研发的前沿方向。

具体来说,DCEP 的设计理念与技术架构应满足以下条件:一是满足零售级别的高并发性能,纯区块链架构无法达成此要求;二是采用双层运营体系,央行做第一层,商业银行做第二层;三是双层运营体系不改变流通中货币的债权债务关系,为保证央行数字货币不超发,商业机构向央行按 100%全额缴纳准备金,即用 100%的储备资产作抵押;四是不预设技术路线,无论是区块链还是集中账户体系,无论是电子支付还是移动货币,央行都应能适应,即央行不干预商业机构的技术路线选择;五是坚持中心化管理模式;六是初始阶段的 DCEP 设计,注重 M0 而不是 M1(狭义货币)、M2(广义货币)的替代,即对于现钞不计付利息,不会引发金融脱媒,也不会对现有实体经济产生大的冲击;七是 DCEP 可以加载智能合约。

一方面,DCEP 将为央行提供新的货币政策工具,促使央行对货币供应量及其结构、流通速度等进行更为精确的测算,有助于提升央行货币政策的有效性;另一方面,它又将在技术、发行框架、社会接受程度、社会成本、相关技术在金融领域的其他应用延展等方面为世界各国央行数字货币的应用作出示范。

八、新加坡 Ubin

由于境内无现金支付以金融机构间大额交易为主，且对外贸易较为频繁，新加坡将央行数字货币研究重点放在了面向机构的批发型央行数字货币上。新加坡金融管理局是新加坡的金融监管机构，且一直行使新加坡中央银行职能。2016 年 11 月 16 日，新加坡金融管理局宣布将与 R3 公司和金融机构财团合作开展央行数字货币概念验证项目——Ubin，以探索使用区块链技术进行支付和证券的清算和结算。这标志着 Ubin 项目正式启动，该项目旨在帮助新加坡金融管理局和行业更好地了解区块链技术并探索潜在好处，并希望借此促进新加坡金融科技生态蓬勃发展。

2017 年 10 月，新加坡金融管理局董事在新加坡全球区块链商业会议上表示，Ubin 项目是一个多年的多阶段项目，计划开展六个阶段，每个阶段都旨在解决金融行业和区块链生态系统面临的紧迫挑战，包括代币化新元、银行间支付和结算、跨境结算、跨币种结算等。

截至 2021 年 11 月，Ubin 项目已完成前五个阶段的试验工作，并发布了相应的研究报告：分布式账本技术的初尝试、分布式账本实现全面结算、跨账本结算的测试、跨境与跨币种的测试、分布式账本支付网络的商业价值。而第六阶段旨在实现跨境的"付款交割"和"对等支付"。

Ubin 项目的开展为其他国家在批发型央行数字货币方面的研究开创了范本，并成功加速了 Partior（由星展银行、摩根大通和淡马锡联合建立的基于区块链的银行间清算和结算网络）的发展，该项目的成果使银行能够使用商业银行数字货币或批发型央行数字货币实现跨币种实时结算跨境支付。

Ubin 项目同时还为 Dunbar 项目奠定了基础，该项目是新加坡金融管理局、国际清算银行创新中心、澳大利亚储备银行、马来西亚国家银行和南非储备银行合作开展的跨国央行数字货币项目。Dunbar 项目旨在打造一个多央行数字货币共享平台，在这个共享平台上，多个中央银行发行它们的数字货币，参与的商业银行可以持有和交易已发行的央行数字货币（包括本币和外币的央行数字货币），连接到国内支付系统的银行可以将其中央银行余额兑换为任何一种央行数字货币。

但是 Ubin 项目也证明，并非所有跨境支付改进都需要央行数字货币或区块链。新加坡金融管理局局长在讲话中指出：在某些方面，央行数字货币系统的表现并不如现有的零售支付系统，新加坡正在研究将实时零售支付系统 PayNow 与其他国家的支付系统建立直接联系。此外，新加坡金融管理局正在与 BIS 创新中心合作开展 Nexus 项目，该项目主要研究各国如何将其实时支付系统完全整合到单一跨境网络中。

九、GSC

GSC（Global Social Chain），中文名为全球社交链或光速链，亦或是全球稳定币。GSC 是全球首个基于过亿真实用户的新一代社交链和生态平台，立志于使用区块链技术颠覆 Facebook、微信等中心化社交网络，对以往社交网络平台同时扮演"管理者"和"仲裁者"双重角色的情况进行改革。GSC 产品包括流通代币 GSC Coin、个人电子钱包、虚拟礼物系统、安全系统、版权系统、奖励系统等，可应用于直播间虚拟礼物打赏、发布付费动态、互动游戏、短视频打赏、匿名评论等多种场景。

GSC 作为社交公链操作系统，通过 ADPoS 共识机制匹配社交应用多并发、高频次需求；通过 GID（General Identity，通用数字身份系统）为用户提供便捷通用的数字身份，实现海量应用的一键登录与管理。通过完备的账户价值评估体系与基于用户行为的 Token（数字资产）激励措施，GID 系统将全球过亿互联网用户行为价值转化为数字资产，或将为 GSC 生态带来海量用户。

GSC 为开发者提供工具化、模板化的社交应用合约组件，包括 GID 系统、DSG（Digital Social Graph，全球社交图谱）、游戏道具系统、直播打赏系统、IP/版权与衍生品交易等。通过接入 GSC 社交组件，开发者可以便捷接入 GSC 生态，通过通用的 ID（Identification）体系联通全球知名应用，便捷引流 GSC 生态用户。

通过打通应用间的数据孤岛，以数字货币作为价值尺度为用户派发数字资产，GSC 可以形成一套闭环的数字经济商业模式。通过 GMAX 链上交易所，完成应用开发者与用户之间、用户与用户之间的价值传递，用户的注意力价值和社交账户价值在 GMAX 中完成变现交易。

GSC 目前市场流通总量为 47504.4 万 GSC，总发行量为 100000 万 GSC。

第三节 点评与思考讨论题

点评

点评 1：可把错综复杂的金融科技内涵简化为"A、B、C、D、E"来了解、把握和深入探研。

点评 2：金融科技正在对现代金融体系的六大功能作用全面深入地产生系统冲击，它对国家金融发展既是一个严峻的挑战，又是一次难得的创新发展机遇；它可能会决定一个国家在未来国际金融体系与国际货币体系中的地位和作用。

点评 3：应了解和把握货币表现形式的几次变革，现阶段数字货币的类型；探讨数字加密货币是否会冲击各国货币政策管理模式，各国央行法定数字货币跨境支付结算会否动摇现存的国际货币体系。

思考讨论题

1. 历史进程中货币形式的几次变革表现有哪些？
2. 比特币、Libra 与 ACU 的联系与区别是什么？
3. CBDC 与 DCEP 的联系与区别是什么？
4. 私人数字货币与法定数字货币的联系与区别是什么？
5. 如何判断金融科技发展趋势及金融科技对现代金融体系的影响和冲击？

第七章

国家金融"超车"

国家金融发展与马拉松赛跑类似。世界各国好比国际金融马拉松赛跑的选手，在这个长程竞争中，更多的是比拼耐力：跑在前面的总是力图保持领先地位，跑在后面的总是想方设法"弯道超车"，力争优胜。

在世界经济发展史上，各国开启经济现代化的次序是有先后的，经济学者把先进入这一过程的国家称为"先行国"，后进入这一过程的国家称为"后起国"。一般来说，先行国经济增长起点高，增长率相对平稳，一旦经济实力增强，势必对外扩张；后起国存在明显的传统经济与现代经济并存的二元结构，如果不加快现代经济发展，将难以改变落后状况。为区分世界各国在国际货币体系架构中的职能、影响力，金融学者把通过输出通货获得实体资源的注入、得到铸币税好处的国家称为"中心国"，把通过输出实体资源获得国际流动性和金融资产的国家称为"外围国"。一般来说，位于国际货币体系架构中心的国家，既能获得铸币税，又能获得实体资源的注入，在体系中具有主动权和支配权，它们通过不断推动世界各国开放经常项目与资本项目，提升自身的经济实力；位于国际货币体系架构外围的国家，通过输出实体资源获取国际流动性，在体系中处于被动依附地位，如果不稳妥而又积极地推动金融改革与发展，则容易在经常项目和资本项目的开放进程中，成为中心国金融危机尤其是货币危机的泄洪区。

国际货币体系好比金字塔，不同货币在其中的地位差别很大。处于顶端的是关键货币，与具有相当数量的中心货币和庞大的外围货币相比，属于少数国际货币。在现行的国际货币体系中，关键货币目前主要包括美元、欧元、英镑和日元等。它们之所以能成为关键货币，往往与本国的大宗商品贸易—主要是大宗国际商品、能源贸易相关。在世界各国的贸易活动和金融实践中，一国经济活动与能源贸易的结合度，如该国是否拥有大宗商品、能源贸易的国际定价权或影响定价的能力等，已成为影响该国货币在国际货币金字塔体系中所处地位的重要因素。一国货币与大宗商品、能源贸易的计价结算绑定在一起，往往成为该国崛起、该国货币晋升国际关键货币的助推剂。

第一节 一国货币国际化进程

一、金本位制

金本位制占据主导的时间是 1880 年到 1914 年，其基本内容是：各国政府宣布本国货币的含金量，并承诺按固定价格实现本国货币与黄金的自由兑换。

因此，在金本位制下，储备货币和锚货币是黄金，汇率制度为固定汇率，黄金的国际流动成为国际收支的调节机制。金本位制的优点包括：第一，各国通过宣布本国货币的含金量，即钉住黄金，实现了彼此之间的固定汇率；第二，由于承诺确保黄金和货币的自由兑换，各国政府无法过度发行货币，从而实现了全球范围内的物价稳定；第三，国际收支的调整通过黄金的跨国流动而自动完成。

金本位制的缺点包括：第一，全球黄金存量的增长速度远低于世界经济的增长速度，这意味着金本位制具有内在的通缩倾向；第二，一旦某些奉行金本位制的国家具有较强的出口竞争力，甚至黄金流入造成的物价上涨不足以完全抵消其出口商品的竞争力，那么黄金将持续由其他国家流入这类国家，加剧全球黄金分布的不平衡。

二、金块与金汇兑本位制

金块与金汇兑本位制占据主导的时间是 1922 年到 1933 年，其基本内容是：中心国实施金块本位制，政府宣布本币的含金量，本国国内仅流通纸币，但允许各类主体与本国政府进行交易，按固定的价格实现本币和黄金的自由兑换；外围国实施金汇兑本位制，即维持本国货币与一个实行金本位制国家货币的固定汇率，本国国内仅流通纸币，且纸币与黄金之间不能自由兑换。

因此，在金块与金汇兑本位制下，储备货币和锚货币是黄金、英镑、法郎、美元；汇率制度为固定汇率；国际收支调整机制是中心国之间的国际收支失衡由黄金流动引发的价格调整来实现再平衡，中心国与外围国之间的国际收支失衡由固定汇率的调整来实现再平衡。该制度的优点包括：第一，适应了当时黄金在全球范围内分布不均、集中于少数几个大国的现实；第二，各国货币通过钉住黄金或中心国货币，间接实现了彼此之间的固定汇率；第三，中心国为了维持黄金与货币的自由兑换，外围国为了维持与中心国的固定汇率，不会过度发行货币，从而实现了体系内的物价稳定。

该制度的缺点包括：第一，作为货币锚的黄金产量显著低于世界经济的增长速度，该体系会内生出一种通货紧缩的倾向；第二，对实施金块本位制的中心国而言，黄金可能持续流向劳动生产率高、具有较强出口竞争力的国家。

三、布雷顿森林体系

布雷顿森林体系占据主导的时间是 1944 年到 1971 年。在美国成为唯一一个有能力实施金块本位制的国家后，金块与金汇兑本位制升级的新版本即布雷顿森林体系，其基本内容是：美国政府宣布美元的含金量，即 1 盎司黄金兑换 35 美元；其他国家的货币以固定汇率钉住美元；仅允许别国政府用美元向美联储兑换黄金。

在布雷顿森林体系下，储备货币和锚货币是美元；汇率制度为可调整的钉住汇率制度；国际收支的调整机制是当成员国之间的固定汇率存在根本性"失衡"时，中心国与外围国之间的国际收支失衡由固定汇率的调整来实现再平衡。

该体系的优点包括：第一，适应了第二次世界大战以后全球黄金储备的一半以上集中于美国的现实；第二，黄金与美元的双挂钩制使得各国货币以固定汇率相连接，消除了汇率风险，促进了全球贸易和投资的发展；第三，为维持美元和黄金的挂钩，美国政府会限制美元过度发行，而其他国家政府为维持本币与美元的固定汇率，也会限制本币的过度发行，这有助于维持体系内的物价稳定。

该体系的缺点可概括为特里芬困境：一方面，为满足全球对美元的需求，美国必须源源不断地输出美元；另一方面，如果美国输出的美元数量足够多，美国政府就难以继续维持美元与黄金的自由兑换。

关于布雷顿森林体系更具体的内容及背景在第一章中已经进行了完备的阐述。

四、牙买加体系

牙买加体系占据主导的时间是 1976 年至今，其基本内容是：没有任何货币再有含金量方面的规定，黄金不再在体系内扮演重要角色；美元依然扮演全球储备货币的角色。

在牙买加体系下，储备货币和锚货币是美元、欧元；发达国家通常实施浮动汇率制度，新兴市场国家则大多以各种形式钉住美元汇率，来维持出口导向的发展战略；国际收支通过灵活的汇率变动来调节。

牙买加体系的优点包括：第一，货币发行与黄金彻底脱钩，使得全球经济增长不再受通货紧缩的困扰；第二，美联储的货币政策信誉替代黄金成为国际货币体系中的锚货币，使得汇率变动与支付调节变得更加灵活，进一步方便了国际贸易和外汇收支，提升了其实际效率；第三，浮动汇率制的广泛实施使得成员国之间能够更加方便地通过汇率水平变动来平衡国际收支；第四，实施浮动汇率制度的成员国获得了货币政策的独立性，实施固定汇率制度的成员国获得了快速的出口增长。

牙买加体系的缺点包括：第一，作为全球储备货币的美元依然难以克服广义的"特里芬困境"；第二，国际收支的必要调整屡屡被推迟，导致全球经常账户失衡愈演愈烈；第三，由于美元彻底与黄金脱钩，美元发行缺乏外在硬约束，而仅靠美联储货币政策信誉的内在约束。

五、汇率制度选择

汇率制度又被称为汇率安排，指各国或国际社会对于确定、维持、调整与管理汇率的原则、方法、方式和机构等作出的系统规定。随着各国经济状况的变化，汇率制度也在不断地调整。

2017年，国际货币基金组织把国际汇率制度选择分为10类，2016年的RR（Reinhart and Rogoff's exchange rate）制度选择则分为15类。两种汇率制度分类见表7-1和表7-2。

表7-1 国际货币基金组织汇率制度选择分类（2017年）

序号	分类		采用的国家（地区）数量
1	No separate legal tender	没有单独的法定货币	13
2	Currency board	货币局	11
3	Conventional peg	传统的钉住	43
4	Stabilized arrangement	稳定化安排	24
5	Crawling peg	爬行钉住	3
6	Crawl-like arrangement	类爬行安排	10
7	Pegged exchange rate within horizontal bands	水平区间内的钉住汇率	1
8	Other managed arrangement	其他管理型安排	18
9	Floating	浮动	38
10	Free floating	自由浮动	31

表7-2 RR汇率制度选择分类（2016年）

序号	分类		采用的国家（地区）数量
1	No separate legal tender	没有单独的法定货币	53
2	Pre-announced peg or currency board arrangement	事先宣布的钉住或者货币局	27
3	Pre-announced horizontal band that is narrower than or equal to +/−2%	事先宣布的水平区间等于或小于+/−2%	0
4	De facto peg	事实钉住	16
5	Pre-announced crawling peg	事先宣布的爬行钉住	1
6	Pre-announced crawling band that is narrower than or equal to +/−2%	事先宣布的爬行钉住区间等于或小于+/−2%	4
7	De facto crawling peg	事实上的爬行钉住	17
8	De facto crawling band that is narrower than or equal to +/−2%	事实上的爬行钉住区间大于或等于+/−2%	19
9	Pre-announced crawling band that is wider than or equal to +/−2%	事先宣布的爬行钉住区间大于或等于+/−2%	0
10	De facto crawling band that is narrower than or equal to +/−5%	事实上的爬行区间窄于或等于+/−5%	16

续表

序号	分类		采用的国家（地区）数量
11	Moving band that is narrower than or equal to +/−2%	移动区间窄于或等于+/−5%	7
12	Managed floating	管理浮动	9
13	Freely floating	自由浮动	6
14	Freely falling	自由落体	12
15	Dual market in which parallel market data is missing	多重市场但平行市场数据缺失	0

对两表进行比较不难发现：两种分类基本上承认浮动汇率、中间汇率和硬钉住三种基本汇率制度的划分；均证明了"惧怕浮动"现象的存在；考虑到汇率制度上"做的"和"说的"的差异性，两者都在朝着事实分类（根据实际观察到的汇率的波动情况，并通过对汇率制度运行中可观察变量及相关信息的评估，特别是对汇率行为的评估进行事后归类）的方向发展。

一国在选择汇率制度时，应考虑一系列的因素，包括了经济规模与开放程度、通货膨胀率、劳动力市场弹性、金融市场发育程度、政策制定者的可信度、资本流动性等。这也就涉及一国对财政政策和货币政策的抉择问题，也就是之前章节说到的三元悖论。

从2013年至2021年的数据来看，近年来国际货币基金组织中的成员国更倾向于选择"软钉住"这种汇率制度，并且占比逐年增加（见表7-3）。

表7-3 2013年至2021年汇率制度国家数量分布

汇率制度	2013年	2014年	2015年	2016年	2017年	2018年	2019年	2020年	2021年
Hard peg（硬钉住）	**13.1**	**13.1**	**12.6**	**13**	**12.5**	**12.5**	**12.5**	**12.5**	**13**
No separate legal tender	6.8	6.8	6.8	7.3	6.8	6.8	6.8	6.8	7.3
Currency board	6.3	6.3	5.8	5.7	5.7	5.7	5.7	5.7	5.7
Soft peg（软钉住）	**42.9**	**43.5**	**47.1**	**39.6**	**42.2**	**46.4**	**46.4**	**46.9**	**47.7**
Conventional peg	23.6	23	23	22.9	22.4	22.4	21.9	21.4	20.7
Stabilized arrangement	9.9	11	11.5	9.4	12.5	14.1	13	12	12.4
Crawling peg	1	1	1.6	1.6	1.6	1.6	1.6	1.6	1.6
Crawl-like arrangement	7.9	7.9	10.5	5.2	5.2	7.8	9.4	12	12.4
Pegged exchange rate within horizontal bands	0.5	0.5	0.5	0.5	0.5	0.5	0.5	0	0.5
Floating（浮动）	**34**	**34**	**35.1**	**37.0**	**35.9**	**34.4**	**34.4**	**32.8**	**33.2**
Floating	18.3	18.8	19.4	20.8	19.8	18.2	18.2	16.7	16.6
Free Floating	15.7	15.2	15.7	16.1	16.1	16.1	16.1	16.1	16.6
Residual（其他） Other managed arrangements	**9.9**	**9.4**	**5.2**	**10.4**	**9.4**	**6.8**	**6.8**	**7.8**	**6.2**

六、支付结算货币

一般来说，一国货币要成为国际货币甚至关键货币，通常要遵循支付结算货币-储备货币-锚货币的基本路径。这是因为国际货币具有的三大主要职能为支付货币、计价货币及储备货币。

国际贸易对货币国际化的进程有着巨大的促进作用，国际货币始于国际贸易中的跨境货币结算，在国际贸易中充当支付、结算的职能。因此，一国货币用于国际贸易支付、结算是货币国际化的第一个阶段（初级阶段），也是一国货币国际化的关键所在。这也就意味着一国要将其货币国际化的第一步是将其货币作为支付结算货币并被他国所接受。

结合美国、英国、日本等国家的货币国际化路程可以发现，货币一般与其商品和服务交易捆绑在一起，特别是国际大宗商品的计价、支付、结算绑定，在这个过程中逐渐被他国接受，由此成为支付结算货币。在发展到一定程度后，其将会进入国际货币的第二阶段——储备货币。

七、储备货币

储备货币是各国用作外汇储备的货币，是一国中央银行准备长期持有的作为国际清偿力的货币。它必须是可自由兑换的货币，并在国际上被广泛用于计价和支付结算。通常只有国际政治经济实力较强的少数几个国家的货币才能成为储备货币。第一次世界大战前，英镑曾被资本主义各国普遍作为主要储备货币，第二次世界大战期间，美元上升为主要的储备货币，并在两次大战后取代英镑成为主要的储备货币。

随着跨境结算规模的不断扩大，世界对一国货币的认可度越来越高，该货币在金融市场上的交易也越来越活跃，货币的职能逐渐拓展到金融市场，并会逐渐成为国际储备货币。

该国货币与全球的商品和服务交易捆绑在一起，特别是与国际大宗商品的计价支付、结算绑定，从而由支付结算货币逐渐演进为国际储备货币。

实际上，储备货币的构成也会随着对外经济贸易发展和国际货币制度的变化而发生改变。各国实行金本位制时，黄金具有世界货币的职能，因此将黄金作为国际储备货币。金本位制崩溃后，除黄金仍被作为储备货币外，一些发达国家的货币也逐渐成为各国储备对象。第二次世界大战后，建立了以美元为中心的国际货币体系，首先是美元，然后是西方其他可自由兑换的货币相继成为各国储备外汇资产的主要对象。

按照国际货币基金组织对成员国规定的统计标准，一国的储备货币构成有：政府持有的货币性黄金储备；政府持有的可自由兑换的货币；在国际货币基金组织的储备头寸；国际货币基金组织分配给该国尚未动用的特别提款权。

从界定上来看，一国的信用货币成为国际支付手段和储备货币必须具备的条件是：发行这种信用货币的国家要有强大的经济实力，在国际经济领域中占有重要的或统治的地位。只有当一个国家在世界范围的商品输出与资本输出中占有重要地位，同各国有着广泛的贸易、金融联系时，它的信用货币才会在国际上被广泛使用，并顺利地被接受。

这种信用货币必须具有相当大的稳定性。而由于任何信用货币本身都是没有价值的，要保持其稳定性，就必须与黄金发生联系，即能在一定条件下按照一定的汇价兑换成黄金。因此，有关国家必须具有足够的黄金储备，才能保证其信用货币的稳定性。

某个国家的货币虽然可以在彼此经济联系密切的国家之间充当支付手段，但要在世界范围内正式取得储备货币的资格，还要得到所有国家的确认，这就必须通过国际协议来实现。

八、锚货币

在货币局制度中，一国的货币会钉住一种强势货币，并与之建立固定汇率，这种强势货币就被称为锚货币。锚货币也是一国货币成为国际货币乃至于关键货币的最终"目的地"。

锚货币的基准国需要具有足够的经济实力与经济独立性，足够的国际贸易规模，没有严格的外汇管制，具备较为成熟的资本市场。

第二节 案例分析

一、"煤炭-英镑"

标题中的"煤炭-英镑"并不是专指英镑的国际化进程只与煤炭能源交易的绑定有关。从英镑的国际化历程来看，"国际化的英镑"至少经历过"贸易-英镑"（工业革命时期，煤炭作为主要"食粮"扮演了重要角色）、政府信用和国债的发行与管理、英格兰银行诞生、"黄金-英镑"本位制和海域强权的支撑等几个重要节点。因此可以说，英镑国际地位的确立是英国政治、经济、文化等影响力发展的结果。

（1）"贸易-英镑"，尤其是指煤炭贸易绑定英镑支付结算。英镑真正成为一种国际货币是在19世纪，尤其是在国际金本位制度确定之后。16世纪，国际贸易中心从地中海地区和意大利地区转移到欧洲西北角的比利时和荷兰，之后的一个世纪里，荷兰控制了世界贸易霸权，荷兰盾在国际贸易中成为关键货币。但当时是以手工作坊为主的生产活动时期，国际贸易以木材、鱼类、粮食、毛皮、香料、棉纺织品和丝绸、瓷器等为主，缺乏能源需求，能源与货币的绑定关系还未显现。

18世纪的最后25年，英国取代荷兰成为世界领先的贸易强国，伦敦取代阿姆斯特丹成为最重要的金融中心。蒸汽机的问世引起系列技术革命，并实现了从手工劳动向动力机器生产的飞跃转变，煤炭成为近代工业的主要"食粮"。工业革命及机器大工业的产生、发展，促使能源需求急剧增长。

1815年到1860年，英国工业革命最重要的棉纺织品货值、煤炭出口值和钢铁产值分别从206万英镑、1万英镑和11万英镑增至520万英镑、34万英镑和136万英镑。从增长率的角度看，英国棉纺织品的主导地位自19世纪下半叶开始被钢铁等货物取代，它标志着英国进入全面工业化时期。

1840年英国率先完成工业革命，并率先成为以煤炭为主体能源的国家。1850年，英国生产的金属制品、棉制品、铁的产量已占世界总产量的一半，煤产量更是占到2/3，成为世界煤炭供给的主要来源地，完全左右了世界煤炭市场。在造船和铁路修筑领域，英国也已居世界首位。1860年，英国的工业品产出已占到世界工业品产出的40%到50%。发达的工业制造水平造就了英国在国际贸易中的强大竞争力，英镑也随着英国的产品出口走向了世界。"煤炭交易"捆绑"英镑结算"的举措，使英镑成为国际贸易中的关键货币，金本位体制下的英镑地位显赫，当时的国际贸易结算中，大多数商品都使用了英镑计价与结算，许多国家的央行储备也选择了英镑而非黄金。

（2）政府信用和国债的发行与管理。英国国债的发行与管理成为英国政府信用的试金石。英国在17世纪下半叶以来的历次战争前后，都采取了低息续借、设立减债基金等方式稳定英国统一公债的利率，使英国公债利率成为世界国债的基准。许多国家选择在伦敦市场筹集资金，发行各种以英镑计价的有价证券，英镑作为国际货币的地位逐渐得到巩固。

（3）英格兰银行诞生。1694年，面对一系列战争带来的财政亏空、政府债务剧增和民间借贷的日益艰难，英国议会允许认购国债者成立一个法人机构，英格兰银行由此诞生。随着国家借贷规模的日益增长，英格兰银行逐渐成为管理、运作政府国债的常设性机构。此后，英格兰银行为国债的良性运行、金融流动性的增强和国家信用的巩固奠定了坚实基础。英镑崛起为国际货币的过程，与英格兰银行作用的加强和伦敦金融中心地位的上升是相辅相成的。

（4）"黄金-英镑"本位制。17世纪，英格兰市场流通的主要货币是银币，银币作为金属货币存在较易磨损、重量不断减轻和不能长期保值等系列问题。1816年，英国通过《金本位制度法案》，率先以法律形式确立了金本位制，允许将黄金作为本位货币来发行纸币，英镑可以自由地兑换为金条、金币，并且不受出口限制。在当时（直到19世纪中叶）欧洲货币制度依然呈现金本位制、银本位制、金银复本位制三足鼎立态势的背景下，英镑作为黄金的替代物，真正成为世界贸易舞台的主角，被誉为"纸质黄金"。因此，19世纪后半叶国际金本位制确立后，它也在某种程度上被看成"黄金-英镑"本位制。

（5）海域强权的支撑。国际货币的竞争不仅发生在经济层面，它更是一国综合实力的较量。英国的强大海权在19世纪达到巅峰，成为英镑国际化的最重要保障之一。随着英国海域强权的扩张，英镑的覆盖范围不断拓展到澳大利亚、新西兰、爱尔兰自由邦、塞浦路斯、斐济、牙买加、巴巴多斯、英属西非、南非、南罗德西亚等广阔地区。英国本土的金融机构也开始不断向海外扩张，殖民地银行开始在伦敦出现。1939年英镑区正式成立，除加拿大以外的英国自治领、殖民地和相关国家，在英镑区内用英镑为贸易往来进行支付结算，各成员国的通货与英镑保持固定汇率。

英镑的国际化进程由多种因素决定，但需要特别注意的是，一国货币作为国际大宗商品贸易的支付结算手段，尤其是与国际大宗能源贸易的支付结算相绑定，对其成为国际货币具有重要意义。"煤炭-英镑"的绑定，是英镑国际化进程中一个可借鉴的重要因素。

二、"石油-美元"

19世纪，伴随资本主义经济的发展，自然科学研究取得了不少成就。19世纪70年代以后，自然科学研究中产生的新技术、新发明层出不穷，并被应用于各种工业生产领域，带动了经济的快速发展，第二次工业革命蓬勃兴起。其中，电器的广泛应用最为显著。19世纪60年代开始，国际上出现了一系列重大发明。如1866年，西门子制成世界上第一台发电机，实际可用的发电机则于19世纪70年代诞生，后来，一系列的电气产品相继问世，人类从蒸汽时代进入电气时代。其中，内燃机具有突出的贡献。

19世纪七八十年代，以煤气为燃料的内燃机和以汽油为燃料的内燃机相继面世，为交通工具提供了动力源。19世纪80年代开始，内燃机被运用于汽车、远洋轮船、飞机等，促进了相应行业的迅速发展。第二次工业革命中，随着以煤气和汽油为燃料的内燃机以及柴油机的出现，石油开采业也得到了发展，石油化工工业也由此产生。在这些基础之上，电力和石油取代了煤炭的能源地位，一跃成为人类社会的主要能源。

两次世界大战期间，石油取代煤炭的核心地位，为美元取代英镑的国际货币地位创造了有利条件。在国际能源市场上，能源贸易及其所占比重的增长速度均较快。1913—1937年，燃料的出口量增长了0.71%，出口额更是翻倍，增长速度远远高于其他初级产品和矿产品以及制成品。截至1929年，石油贸易额已高达11.7亿美元。从产品结构看，煤炭渐渐被石油取代。

在这一时期，美国和委内瑞拉是国际石油的主要供应国，西欧等国则是国际石油的需求国，苏联的石油产业也快速恢复和发展起来。到20世纪30年代末，美国和苏联是国际石油的主要供应国。石油贸易推动了国际能源贸易的快速增长，其在国际能源贸易中的地位越来越高，动摇了煤炭在国际能源贸易以及国际能源市场中的地位。

石油和煤炭在国际能源贸易结构中的占比出现了巨大的变化，石油取代煤炭成为国际能源市场的主体，使得国际能源贸易开启了新的时代。其中，美国成为全球的主要产油国，掌握了全球原油产量的2/3。20世纪70年代，美国与沙特阿拉伯成功签订"不可动摇协议"。按照这个协议，只有美元才能成为沙特阿拉伯石油出口的计价货币。而且，欧佩克一揽子平均价所监督的7种原油也将美元确立为计价货币。美元与石油的绑定成为世界各国的共识，想要从事石油贸易的国家必须储备美元。此外，美元作为计价货币几乎覆盖了全球最重要的石油现货交易市场，如芝加哥石油交易所、伦敦国际石油交易所。这些做法为美国获得石油的国际定价权提供了强有力的保障。尽管后来出现了一些不利的重要事件，如美元贬值、伊朗改用欧元计价、俄罗斯成立卢布计价的石油交易所等，但是它们对全球石油贸易的影响微乎其微。凭借第二次世界大战期间大量向同盟国出口石油，强力控制中东原油，以及控制国际石油期货市场的定价权，美元得以长期垄断大宗石油贸易的计价货币地位，确保了美国运用美元对石油大宗商品的国际定价权在国际货币格局中建立起美元本位制。

美元与石油绑定，成为其交易的支付结算货币，是美元成为国际货币的重要因素之一，但并不是唯一因素。美元国际化给美国带来了额外的国际经济利益和特殊的国际政治权力，因此美国始终在国家金融层面把维持美元的国际地位作为坚守的目标。纵观美元的国际化历程，它也至少经历了实体经济的牢固支撑、布雷顿森林体系、马歇尔计划、牙买加体系以及石油贸易与美元绑定等几个关键节点。这几个节点的具体背景及内容在第一章的案例分析中有所提及，在这里笔者进行简要的概述分析。

（1）实体经济的牢固支撑。两次世界大战期间，随着工业革命的影响从欧洲转向美洲，全球经济、贸易与资本的主导力量也逐渐从英国转移到了美国，英镑和美元在国际货币竞争中的强弱对比也发生了变化。其显著特征是：美元兴起成为国际货币，与英镑展开了竞争；纽约兴起成为金融中心，与伦敦展开了竞争。而美国的实体经济是这两者的牢固支撑。

（2）布雷顿森林体系。1944年7月在美国新罕布什尔州召开的布雷顿森林会议，构建了第二次世界大战后的国际金融体系，尤其是国际货币体系。其基本内容包括：美元与黄金挂钩，即美国政府宣布美元的含金量，1盎司黄金兑换35美元；其他国家货币与美元挂钩，即其他国家的货币以固定汇率钉住美元；各国货币自由兑换，即成员国不得对国际收支经常项目的支付或清算加以限制；美元与黄金处于同等地位，即允许外国政府用美元向美联储兑换黄金，美元成为各国外汇储备中最主要的国际储备货币。

（3）马歇尔计划。该计划由美国于1947年7月启动，1951年终止，其主要影响包括：美国为欧洲国家提供的美元援助和信贷几乎成为欧洲各国外汇储备的唯一来源；该计划给美国带来了大规模的商品和资本输出，极大地提升了美国在国际贸易中的市场份额和美元在国际贸易中作为交易媒介的地位；在欧洲建立多边支付体系、将汇兑结算与马歇尔计划的"有条件援助"相结合的政策，使美元得以全面介入欧洲的国际结算环节。因此可以说，美元对欧洲国家的输出，形成了庞大规模的"欧洲美元"，加强了美元在国际结算、外汇储备等方面的国际地位。

（4）牙买加体系。为解决布雷顿森林体系崩溃之后国际金融关系中出现的种种问题，国际货币基金组织于1976年1月8日临时达成《牙买加协定》，该协定于同年4月由理事会通过。《牙买加协定》塑造了国际货币关系的新格局——牙买加体系。其具体内容包括以下三点。其一，强调汇率体系的灵活性，使浮动汇率制合法化。成员国可以自行选择汇率制度，但各国的汇率政策应受国际货币基金组织的管理和监督。其二，实行"黄金非货币化"。黄金不再作为各国货币定值的标准，不再成为各国货币汇价的基础；废除黄金官价，成员国可在市场上自由进行黄金交易；取消成员国和国际货币基金组织之间以及成员国之间的黄金支付；国际货币基金组织将以出售和归还的方式处理一部分黄金储备。其三，加强特别提款权的作用，即扩大特别提款权的使用范围，应以特别提款权作为主要的国际储备资产，使其最后取代黄金的储备货币地位。由《牙买加协定》开始，任何货币不再和黄金挂钩，黄金不再在国际货币体系内扮演重要角色，而美元则依然扮演着全球储备货币的角色。

（5）石油贸易与美元绑定。石油能源贸易与美元绑定，以美元支付结算，可谓美国崛起和美元充当国际货币的助推剂。美元取代英镑成为关键货币，也是受益于两次世界大战期间石油取代煤炭引起的核心能源更迭。19世纪后半叶，内燃机革命使石油成为工业革命新高潮的"血液"。20世纪20年代，内燃机普及，石油需求及其贸易迅速扩大；第二次世界大战期间，美国成为同盟国的主要能源（石油）供应者；第二次世界大战后，美国几乎掌握了世界原油产量的2/3；在高盛公司编制的大宗商品指数中，能源的美元权重达64.51%。

1974年，美国选择阿拉伯国家中最大的石油产出国沙特阿拉伯作为盟友，与之达成"不可动摇协议"，将美元确立为石油的唯一计价货币，并得到了其他欧佩克成员国的同意。由此，美国在国际石油贸易计价中获得了垄断地位。在石油贸易绑定权的基础上，美国在其他大宗商品交易中也逐渐获得了垄断地位，强势美元国际化得到进一步稳固。现在，世界上几乎最主要的大宗商品现货交易市场都以美元作为支付结算货币，世界主要的两大石油期货市场——纽约商业交易所和伦敦国际石油交易所也都以美元作为计价、结算、支付货币。

纵观全局，美元在国际货币体系中的崛起是由多种因素决定的。但不可否认，美元与国际大宗商品贸易，尤其是与石油能源贸易计价、支付、结算权的绑定，的确是美元国际化的强力助推剂。因此，在国家金融层面，"煤炭-英镑"和"石油-美元"展示了一条简单明晰的国际货币崛起之路，为发展中国家推动本国货币的国际化进程提供了重要的参考。

三、"碳交易-人民币结算"

1997年12月，《京都议定书》由《联合国气候变化框架公约》参加国在日本京都制定。该公约于2005年2月16日开始强制生效，到2024年，一共有192个国家缔结了该公约。《京都议定书》制定了世界无形商品——碳商品的贸易体系的形成，促进了碳排放权交易（以下简称碳交易）市场的发展，使之成为全球贸易中的新亮点。《京都议定书》的目标是"将大气中的温室气体含量稳定在一个适当的水平，进而防止剧烈的气候改变对人类造成伤害"。值得注意的是，美国虽然在《京都议定书》上签字但并未核准，之后又首先退出了《京都议定书》，加拿大于2011年12月也宣布退出。

《京都议定书》允许采取以下四种减排方式：

第一，两个发达国家之间可以进行排放额度买卖的"排放权交易"，即难以完成削减任务的国家可以花钱从超额完成任务的国家买进超出的额度；

第二，以"净排放量"计算温室气体排放量，净排放量即本国实际排放量扣除通过自然或人工方式所吸收的温室气体量；

第三，可以采用绿色开发机制，促使发达国家和发展中国家共同减排温室气体；

第四，可以采用"集团方式"，即欧盟内部的许多国家可视为一个整体，采取有的国家削减、有的国家增加的方法，在总体上完成减排任务。

同时，《京都议定书》建立了旨在减排的三个灵活合作机制——国际排放交易机制、联合履行机制和清洁发展机制，这些机制允许发达国家通过碳交易市场等灵活完成减排任务，而发展中国家可以获得相关技术和资金。

国际排放交易机制的核心是允许缔约方相互交易碳排放额度。《京都议定书》的缔约方可以以成本有效的方式，通过交易或者境外合作方式获得温室气体排放权。这样，就能够在不影响全球环境完整性的同时，降低温室气体减排活动对经济的负面影响，实现全球减排的效益最优。这一机制主要作用于发达国家。

联合履行机制是缔约方之间以项目为基础的一种作用机制，目的是帮助国家以较低的成本实现其量化的温室气体减排承诺。减排成本较高的国家可通过该机制在减排成本较低的国家实施温室气体的减排项目，投资国可以获得项目活动产生的减排单位，从而履行其温室气体的减排承诺，而东道国可以通过项目获得一定的资金或益于环境的先进技术，从而促进本国的发展。它的特点是项目合作主要发生在经济转型国家和发达国家之间。

清洁发展机制的核心是允许承担温室气体减排任务的缔约方在非缔约国投资温室气体减排项目，获得核证减排量，并以此抵消其依据《京都议定书》所应承担的部分温室气体排减任务。这一机制主要作用于发达国家与发展中国家之间。

清洁发展机制是现存唯一得到国际公认的碳交易机制，基本适用于世界各地的减排计划。随着减排已经成为一种国际趋势，各种区域性和自愿性减排计划涌现，该交易市场的发展前景比较乐观，碳交易工具正在增加。作为《京都议定书》主要参与方的中国，其清洁发展机制项目跟随国际形势，有着广阔的发展前景。

随着《京都议定书》的实施，一方面，缔约国对通过几种碳交易机制实现碳减排达成了共识；另一方面，承担实际减排责任的企业有碳交易的需求。碳排放权客观上变成了可供交易的国际无形商品。发达国家已经形成了以碳配额交易、直接投融资、银行贷款、碳互换等一系列金融工具为支撑的碳金融体系，碳远期、碳期货及碳期权等碳交易的衍生产品也不断涌现。目前，碳排放权已经发展为以排放配额交易为基础的具有投资价值和流动性的系列碳商品。这也意味着碳交易这一新兴的贸易领域为一国金融的"弯道超车"提供了新机遇。因此，有必要了解碳交易的系列衍生产品以及碳市场。

碳交易的系列衍生产品包括碳远期交易、碳期货、碳期权、碳基金等。

碳远期交易是双方约定在将来某个确定的时间以某个确定的价格购买或者出售一定数量的碳额度或碳单位，它是为规避现货交易风险而产生的。清洁发展机制项目产生的核证减排量通常采用碳远期的形式进行交易。项目启动之前，交易双方就签订合约，规定碳额度或碳单位的未来交易价格、交易数量及交易时间。该合约为非标准化合约，通过场外交易市场对产品的价格、交易时间及地点进行商讨。由于监管结构较松散，这类合约容易面临项目违约风险。

碳期货也是为了应对市场风险而衍生的，它与现货相对应，在未来进行交收或交割，其标的物是二氧化碳排放量。与碳远期交易相比，碳期货属于标准化交易工具，由期货交易场所统一制定合约，其中规定了数量、交货时间等内容，价格随市场波动，可以买卖合约，并根据交易量交纳一定的保证金，交割方式可以是实物、现金或者对冲平仓。它具备规避风险和发现碳价格的双重功能。碳期货交易是公开进行的远期交割二氧化碳的一种合约交易，因此它实际上综合反映了供求双方对未来某个时间二氧化碳的供求关系和价格的预期。这种价格信息具有连续性、公开性和可预期性的特点，有利于增加市场透明度，提高资源配置效率。

碳期权是在碳期货基础上产生的一种碳金融衍生品，是指交易双方在未来某特定时间以特定价格买入或卖出一定数量的碳标的的权利，其本质是一种选择权，碳期权的持有者可以在规定的时间内选择买或不买、卖或不卖的权利，可以实施该权利，也可以放弃该权利。与碳期货一样，碳期权可以帮助买方规避碳价波动所带来的不利风险，具备一定的套期保值功能。期权的购买者能够通过区别购买看涨期权或者看跌期权锁定收益水平。此外，还可以通过对不同期限、不同执行价格的看涨期权和看跌期权的组合买卖来达到锁定利润、规避确定风险的目的。

碳基金即各国采取私募、公募或众筹等方式专项筹措的，用于投资、控制或干预碳交易以支持节能减排项目的资金。从世界各国发展情况来看，目前国际上购买核证减排量的碳基金和其他的采购机构约有50家，其主要的设立和管理方式包括：全部由政府设立和管理；由国际组织和政府合作设立、由国际组织管理；由政府设立、采用企业化模式运作；由政府和企业合作建立、采用商业化模式管理；由企业出资并采取企业方式管理。各类碳基金的设立目标、资金来源、筹资规模、运营期限、运行模式不一，对各国节能减排和清洁能源发展产生的推动作用、有效性和影响力不一，但从众多国家碳基金的实际效果与作用来看，它们都在不同程度上为各国应对气候变化和节能减排作出了贡献。

碳市场即由人为规定而形成的国际碳交易市场。碳市场的供给方包括项目开发商、减排成本较低的排放实体、国际金融组织、碳基金、各大银行等金融机构、咨询机构、技术开发转让商等。需求方有履约买家和自愿买家。金融机构进入碳市场后，也担当了中介的角色，其中包括经纪商、交易所和交易平台、银行、保险公司、对冲基金等。

根据碳市场建立的法律基础，可以将其分为强制碳市场和自愿碳市场。如果一个国家或地区政府的法律明确规定了温室气体排放总量，并据此确立了被纳入减排规划中的各企业的具体排放量，那么这种为了达到法律强制减排要求而产生的企业间或政府间的碳市场就是强制碳市场。而基于社会责任品牌建设、对未来环保政策变动等的考虑，一些企业通过内部协议，以配额交易调节余缺而建立的碳市场，就是自愿碳市场。

根据交易对象，可以将碳市场分为配额碳市场和项目碳市场两大类。前者进行的交易是总量管制下所产生的减排单位的交易，其交易对象主要是政策制定者分配给企业的初始配额，如《京都议定书》中的配额、欧盟碳交易体系使用的欧盟配额，交易方式通常是现货交易。后者进行的交易是因实施减排项目所产生的减排单位的交易，其交易对象主要是通过实施项目削减温室气体而获得的减排凭证，如由清洁发展机制产生的核证减排量和由联合履行机制产生的减排削减量，它们通常以期货方式预先买卖。

根据组织形式，可以将碳市场分为场内碳市场和场外碳市场。碳交易开始主要在场外碳市场进行，随着交易的发展，逐渐建立了场内交易市场。目前，全球已建立了

20多个碳交易平台，遍布欧洲、北美洲、南美洲和亚洲市场。欧洲的场内碳市场最多，主要有欧洲气候交易所、欧洲环境交易所等。

根据交易市场层级划分，碳市场可分为碳配额初始分配市场、碳配额现货交易市场和碳期货及其他碳金融衍生品交易市场。

因此，碳商品和碳市场的特点可以概括为三点。

第一，碳排放权本质上是政府创设的环境政策工具。履行强制碳减排责任的国家根据《京都议定书》为其设定的减排目标，确定减排期内本国可排放的温室气体总量上限，并以排放许可权的形式分配配额给控排企业，允许企业将未用完的排放权许可证或配额出售给超额排放温室气体的企业，这就是"总量—限额"交易的基本形式。碳市场及其运行机制由政府主导建设。碳市场的整体运营，包括碳资产的产生、权属转移、履约等，要依靠政府制定强有力的法律法规进行保护。

第二，碳商品具有全球公共物品的属性和同质化、准金融等特点。温室气体具有流动性强和续存期长等特点，这决定了基于碳减排的碳商品具有全球公共物品的属性，即很难通过个别国家的努力达到缓解全球变暖的目的。碳商品是一种或有商品、无形商品，即双方买卖的对象是碳排放权；碳商品价格主要取决于当前碳市场需求与供给的稀缺程度。此外，全球碳排放权、碳商品具有同质化特性，进而具备准货币化特质，能够实现远期清缴交割、电子化登记、无库存成本等。这些特质决定了碳现货交易与期货交易联系紧密，因此完整的碳市场体系是现货与期货的对接统一。

第三，碳商品市场天然具有区域统一性和期现货对接统一性。目前，世界主要的碳交易市场包括欧盟排放交易体系、英国排放交易体系、美国芝加哥气候交易所等。另外，亚洲一些国家，尤其是中国，也已建立或着手建立碳交易市场。

【欧盟碳市场】

2001年美国宣布退出《京都议定书》后，欧盟成为国际气候行动的领导者，碳交易很快成为欧盟应对气候变化不可或缺的重要政策工具和各成员国履行减排承诺的最主要手段。欧盟通过以下措施着力打造其在全球碳市场体系中的核心竞争力：一是在欧盟内部建立统一的碳市场，以增强欧盟内部减排配额的流动性；二是通过清洁发展机制打通与发展中国家碳交易的兼容系统，以降低自身的减排成本。

2005年1月，欧盟碳排放交易体系正式运行，成为目前世界上最大的碳市场。2005—2012年，欧盟碳市场年交易额从100亿美元直线上升至1500亿美元，年均增长率达47%，2012年欧盟碳交易金额占全球配额交易市场的99%，并掌握着国际碳市场的主要定价权。欧盟碳排放交易体系分为三个实施阶段，现已进入第三阶段（2013—2020年），减排范围进一步扩大到石油、化工等行业。按照该体系设定的目标，欧盟的碳排放总量必须保证每年以不低于1%的速度下降，以确保2020年温室气体排放比2000年至少减少20%，在此阶段中的50%以上配额采取拍卖方式分配，到2027年实现全部配额的有偿拍卖分配。

目前，欧洲气候交易所上市交易的现货品种主要有欧盟碳排放配额和核证减排量，衍生品种主要有核证减排量期货合约、欧盟碳排放配额期货合约、核证减排量期权合约和欧盟碳排放配额期权合约。可见，从政策措施到发展阶段，从现货交易到期货品种交易，欧盟碳排放交易市场均走在世界前列。与此同时，欧洲的碳排放交易市场促进了欧洲碳金融产业的发展。二氧化碳排放权商品属性的加强和市场的不断成熟，吸引了投资银行、对冲基金、私募基金及证券公司等金融机构甚至私人投资者竞相加入，碳排放管理已成为欧洲金融服务行业中成长最迅速的业务之一。这些金融机构和私人投资者的加入使得碳市场的容量不断扩大，流动性进一步加强，市场也愈加透明，同时又吸引了更多的实体企业、金融机构参与其中，提高了欧洲金融产业的竞争力。

【美国碳市场】

虽然美国退出了《京都议定书》，但它在全球碳市场中仍然表现活跃，目前美国的碳交易体系主要有区域性温室气体减排行动、芝加哥气候交易所的自愿交易等。

区域性温室气体减排行动是美国首个以市场为基础的强制性温室气体减排计划，现参与成员州有康涅狄格州、特拉华州、缅因州、新罕布什尔州、新泽西州、纽约州、佛蒙特州、马萨诸塞州、罗得岛州和马里兰州。2007年，各成员州授权成立了非营利性的区域性温室气体减排行动法人机构，其职责包括：记录、监督排放气体总量，跟踪二氧化碳排放配额；维护一级市场和二级市场上的碳交易；为各成员州申请抵消项目和评估项目利益提供技术支持。该减排计划覆盖的温室气体仅限于二氧化碳，规制对象是该区域内2005年后装机容量等于或者超过25 MW的化石燃料发电厂。近几年来，该减排计划在环境保护方面作出了巨大贡献。

芝加哥气候交易所成立于2003年，是全球第一个具有法律约束力，基于国际规则的温室气体排放的登记、减排和交易平台。该交易所的成员分别来自航空、汽车、电力、环境等数十个不同行业，它们必须作出自愿但具有法律约束力的减排承诺。成员分两类：一类是来自企业、城市和其他排放温室气体的实体单位，它们必须遵守其承诺的减排目标；另一类是该交易所的关联参与者。该交易所开展的减排交易项目涉及二氧化碳、氧化亚氮、甲烷、氢氟碳化物、全氟碳化物及六氟化硫六种温室气体，并一度主导着全球具有法律约束力的自愿碳交易的定价权。

加利福尼亚州的碳交易体系于2013年1月启动，并一跃成为当时世界第二大碳市场（控制排放的总量）。2014年1月，加利福尼亚州碳交易体系与加拿大魁北克省碳交易体系正式连接，成为美洲第一个跨国连接的碳交易体系。加利福尼亚州除允许控排企业将在美国境内投资的减排项目所产生的碳信用用于履约外，还与墨西哥城、魁北克等地政府签订备忘录，方便加利福尼亚州控排企业在墨西哥城、魁北克投资的减排项目所产生的碳信用在本州碳市场上履约。

【日本碳市场】

日本是亚洲第一个建立碳市场的国家，其碳市场先后经历了两个重要发展事件：一是2005年建立了自愿性排放交易体系，主要针对日本国内自愿参与减排的企业，采用总量配额交易的运作模式；二是2010年启动了日本东京都碳排放总量控制与交易体系，这是世界上第一个控制城市减排总量的交易体系，覆盖了工业、商业领域约1400个排放源。

【印度碳市场】

印度是第一个建立国内碳市场的发展中国家,它于2008年开始碳交易,并在2012年正式建立了印度节能证书交易计划。该交易市场主要对印度国内的水泥、钢铁等行业实施强制性减排交易。同时,印度还推出了欧盟减排许可期货和五种核证减排额期货。

【韩国碳市场】

韩国是居全球前列的碳排放大国,其90%以上的能源依赖进口,因此从2012年韩国开始逐步建立全面的减排目标管理体制。韩国碳交易体系在2015年启动,涉及大型电力生产、制造和运输等行业,该体系设定了排放总量上限,通过排放配额交易来强制减排。

中国是全球第一大温室气体排放国,被许多国家看作最具潜力的减排市场。中国碳论坛和ICF国际咨询公司联合开展的《2015中国碳价调查》认为,中国碳排放峰值将出现在2030年。同时,随着时间的推移,未来碳价将逐步告别低位。2011年,中国国家发展和改革委员会(简称发改委)确定在北京、天津、上海、广东、深圳、湖北、重庆开展碳交易试点。2013年6月18日,深圳率先启动了碳交易市场,随后上海、北京、广东、天津、湖北、重庆也陆续启动。

目前,中国已有越来越多的企业积极参与碳交易,中国也在加快建立全国碳市场,这个进程大致可分为三个阶段:第一阶段是2014年到2016年,为前期准备阶段,这一阶段是中国碳市场建设的关键时期;第二阶段是2017年到2019年,即中国碳市场的正式启动阶段,这一阶段中国全面启动与全部碳市场要素相关的工作,检验碳市场这个"机器"的运转情况;2017年末,中国已搭建起全国性的碳交易体系框架。第三阶段是2019年以后,碳市场启动"高速运转模式",承担起温室气体减排最核心的作用。

中国已正式启动碳现货交易。从试点的碳现货交易市场情况看,中国试点的碳市场均为强制碳市场,即基于"总量控制与交易"体制下的配额交易市场。碳分配方面,配额总量大都采用历史排放法、行业基准法和历史强度法来核定,但配额发放方式有所不同:北京、上海为免费发放;广东、天津、深圳采取"免费为主,有偿为辅"的方式,以平抑二级市场的价格波动。现货市场上,各试点参与交易的主体均以控排企业为主,机构投资者为辅,广东、天津和深圳允许符合条件的个人投资者入市交易。前文中曾提到一国货币与大宗商品、能源贸易的计价结算绑定在一起,往往成为该国崛起、该国货币晋升国际关键货币的助推剂,而碳交易作为全球贸易中的新亮点,为一国金融的"弯道超车"提供了新的机遇。中国作为全球第一大温室气体排放国和最具潜力的减排市场,笔者认为,或许可以通过仿照美国"石油-美元"的路径来探索一条用"碳交易"捆绑"人民币结算"的新路径,以期在国际金融体系中实现人民币国际化的"弯道超车"。而这一切的前提都在于能否尽早建立一个既包括碳现货交易市场又包括碳期货交易市场的健全的碳市场体系——能够形成具有威慑力的倒逼机制,督促企业加快绿色转型的进度，从而全面提升中国企业在世界产业链中的地位，使中国外贸完成绿色升级。具体来说，建设好碳市场对中国具有一系列意义。

首先，碳交易是优化中国产业区域配置的一种制度创新。

国内外实践表明，相比碳税政策和单纯的行政强制减排，碳交易是在市场经济框架下解决气候、能源等综合性问题最有效率的方式之一。碳交易的本质是通过市场机制来解决碳排放的负外部性，将外部成本内化为排放主体的内在成本，进而实现减排，并在全球范围内优化配置碳资源的一种制度安排。碳交易能通过市场手段促进减排成本向碳收益转化，引导金融资源更好地向低碳经济领域倾斜，从而使社会整体减排成本最小化，这有利于加快国家产业结构的转型升级和经济发展方式的转变。

中国地域辽阔，区域经济发展不平衡，一些地方政府存在片面追求区域国内生产总值增长的发展导向。由于自然环境的限制和生态保护的需要，不少中西部欠发达地区不适合发展高强度制造业。加快碳市场体系建设，能够鼓励欠发达地区通过保护生态环境、开展森林碳汇等方式实现碳减排，同时促使高耗能的经济发达地区通过购买碳减排量的方式扶持欠发达地区发展，这能够将现有的不平衡发展模式转化为市场化的生态与经济协调发展的格局，从而促进区域协调发展，优化产业区域配置。

其次，标准化的碳市场体系建设是中国 21 世纪海上丝绸之路金融战略的重要切入点。

目前，亚洲地区仅日本、印度等国开展了规模较小的碳交易活动，东盟十国在碳交易领域尚无探索，可以说，基于强制减排机制的碳市场在亚洲地区刚刚起步。加快推进中国的碳市场体系建设，形成覆盖东南亚等国家和地区的区域性碳交易体系，是中国构建 21 世纪海上丝绸之路金融战略的重要切入点，有利于展现中国与周边国家和地区"共享机遇、共迎挑战、共同发展、共同繁荣"的诚意和决心，有利于在中国与东南亚国家和地区之间建立服务于低碳经济发展的金融体系，有利于增强中国金融市场的辐射力和影响力。

最后，"碳交易-人民币结算"可开辟人民币国际化"弯道超车"的新路径。

2001 年开始，美国著名国际金融学家、诺贝尔经济学奖获得者罗伯特·蒙代尔在多个场合提出"货币稳定三岛"的大胆构想。蒙代尔认为：应维持欧元兑美元汇率的稳定，将其固定在一定区间内；随着人民币逐步可兑换，将人民币纳入美元、欧元的固定汇率机制中，创建美元、欧元、人民币三位一体的"货币区"；其他各国货币与此货币区形成浮动汇率；这既有利于稳定的国际货币体系的形成，又能使各国贸易的结算、支付关系能够灵活发展。蒙代尔的构想侧面反映出，在现有的国际货币金字塔中，一方面，现行的"美元本位"的国际货币体系亟待改革；另一方面，以人民币为代表的他国货币如何"弯道超车"、晋升国际货币甚至关键货币，成为国内外探索的一个重要课题。

在这方面，笔者认为，"碳交易-人民币结算"提供了一条货币地位演化的可能路径。首先，随着清洁能源技术的新突破、新利用和新组合，低碳经济将成为各国经济的发展方向，以低碳为特征的新能源的利用及贸易——碳信用、碳商品、碳交易等将蓬勃发展。2020 年，全球碳交易量现货为 10 亿吨，期货为 71 亿吨，碳市场超过石油成为世界第一大交易市场。其次，中国是全球第一大温室气体排放国，也被认为是最具潜力的排放市场，中国正有越来越多的企业参与碳交易。在国际货币先后经历了"煤炭-英镑""石油-美元"体系之后，如果中国能够抢占先机以"碳交易-人民币结算"为载体，建立相应的金融体系，服务于中国与东南亚等国家和地区的低碳经济发展，则可助力人民币在能源贸易中崛起，实现在国际金融体系中的"弯道超车"。因此现阶段需要加快中国碳市场建设发展。

为此，首先应建立健全碳市场体系。

不同于欧盟"自上而下"和"期货现货同步"的跨成员国统一碳市场体系建设路径，中国在碳市场体系建设方面，选择了"自下而上"，即"先试点后推广、先区域后全国、先现货后期货"的传统方式来稳步推进。目前，中国国家发改委正在牵头开展国家碳交易注册登记系统建设及全国统一的温室气体排放统计核算和报告体系建设等相关工作，并将碳交易从局部试点逐步推向全国。但是，中国碳市场体系建设仍然存在三个主要问题。

第一，缺乏碳交易的统一平台，市场分割明显，流动性不足，价格发现机制尚未形成。首先，中国目前的碳市场尚处于初级发展阶段，缺乏全国性的碳交易场所。各试点省市的核心制度设计，包括碳排放监测、报告和核证、配额注册登记系统、交易规则等方面存在较大差异，未能形成统一标准。其次，各地试点初期覆盖的控排企业数量不多，企业交易意愿不强，金融机构和非控排企业参与度不高。试点市场普遍存在参与度较低、交易量有限、流动性不足等问题。再次，个别试点地区的业务主管部门一味强调配额的分配及通过履约达到强制减排的目的，而忽视了现货交易市场的发展。最后，中国碳市场至今缺乏为企业提供风险对冲和价格管理的期货、期权等碳衍生品种，碳市场的功能未得到正常发挥。

第二，金融机构参与度不高，碳金融专业人才缺乏。碳交易的规模要变大、流动性要增强，要真正成为全国性乃至国际性的交易类型，并衍生出其他交易品种，都必然需要金融的支持。但目前中国有关碳金融业务的组织机构和专业人才仍然短缺，国家对碳金融工具、碳产品项目等投入不足，该领域缺乏系统、规范的国家碳金融政策文件作为指导，更缺乏碳基金、碳期货、碳期权等各种金融衍生工具及风险分担、利益补偿机制。

第三，中国在全球碳市场尚无话语权，本国碳交易的国际化程度不高。为掌握在未来碳市场中的制度主导权、话语权和定价权，欧盟碳排放交易体系、美国区域性温室气体减排行动、美国加利福尼亚州碳交易体系、加拿大魁北克省碳交易体系等均通过外部连接机制，与其他减排市场，尤其是新兴市场国家的减排市场进行单向或双向连接。而中国当前七省市试点的碳交易体系基本没有与外部市场连接的机制设置。此外，在《京都议定书》的清洁发展机制中，中国也缺乏话语权。由于不熟悉碳金融产品的交易规则、操作模式等，中国企业现在卖出的清洁发展机制项目，主要是由国际碳金融机构承接运作，定价权被其掌握，计价结算货币主要是欧元等，人民币不是主要结算货币。这使得中国尽管是清洁发展机制项目市场的最大卖方，却处于该市场产业链最低端的被动地位。

其次，应创建碳期货交易所。

中国碳市场体系建设的目标应是：国际自愿和国内强制减排相结合，将碳交易强制纳入全国统一的交易市场，建立健全的包含现货和期货在内的碳市场体系；构建国家级和世界级交易平台，加强与国际碳市场的交流合作，争取在国际碳市场尤其是亚洲碳市场的定价权或能源话语权。碳市场本身的特性和碳市场发展的国际经验均提示我们，碳市场体系建设的有效路径是统一交易，现货、期货市场同步对接。因此，中国应在现有各省市碳现货市场试点的基础上做到以下几点：要全面提速，建立统一的国内碳现货市场；要同步创设碳期货交易所；要建立健全多元化的碳金融组织服务体系。

再次，是以标准化建设为抓手，抢占亚洲碳期货市场话语权，其包括如下要点。

完善碳排放标准及基础交易机制，主要内容包括：控制排放总量，以碳排放强度（碳排放量除以国内生产总值总量）为基础规范总量控制目标；规范初始排放权配额分配机制；规范排放许可机制；规范排放和交易登记机制；规范监控与核证机制。

合理设计碳期货交易标准及交易机制，主要内容包括：合约标的（标的是以二氧化碳当量为换算标准的碳排放权，合约是以二氧化碳当量排放空间为标的物的标准化期货合约）；交易单位及报价单位；最小变动价位；涨跌停板幅度和交易保证金；交割事项；合约月份；交易机制。其中，交易机制的合理设置尤为重要，这是因为碳期货交易市场的有效运行需要完善的交易机制、结算机制及风险管理机制。

应建立完善的交易和结算机制，包括市场参与主体、交割规则、价格形成制度等。其中，碳期货交易所的设立及规范运作是一个系统工程，不论是硬件设施的准备，还是软件程序及合格人员的配置均可借鉴现有期货交易所的做法。

同时，应建立有效的风险管理机制，包括行之有效的保证金制度、涨跌停板制度、持仓限额制度、大户持仓报告制度、强行平仓制度、强制减仓制度、结算担保金制度、风险警示制度等。其中，风险警示制度应包括对风险实时监控的计算机风险预警系统，以确保如下基本功能：第一，通过对资金、持仓和价格等单项指标非正常情况的实时反映和对各单项指标的综合分析，来界定期货市场的风险程度；跟踪、监控期货市场的运转，及时发现市场风险隐患，达到事先防范和控制风险的目的；第二，通过查询系统和使用相关工具，能够迅速查找风险根源，找出问题的关键，为采取有效的风险防范措施打下基础；第三，该系统应具备多合约综合处理能力，在市场中多个合约联动或反向运动的情况下，系统能对参与多个合约交易的会员的情况进行综合处理。

最后应加强法治建设，将碳期货交易与人民币国际结算相捆绑，提升人民币的国际地位。其具体内容包括：制定健全的全国碳资产财产权保护法（制定强有力的保护碳资产财产权的上位法、制定与健全全国统一的方法学、制定并健全碳期货交易相关法律法规）；制定碳期货市场的国家或国际监管准则。

在前文所述举措的基础上，中国应吸纳亚太国家和地区参与中国碳期货交易，促使人民币成为该市场的主要计价结算货币。目前，亚太地区基于强制减排机制运行的碳市场刚刚起步，尚未涉足碳期货交易。

另外，虽然目前全球碳交易市场暂时形成了以欧元为主的计价方式，但尚未构成牢固的捆绑体系。因此，中国应加快建设碳期货交易所，广泛吸纳亚太国家和地区参与，助力人民币成为碳期货交易的主要结算货币，这将有利于建立相应的碳金融体系，服务中国与东南亚国家和地区的低碳经济发展，进而加快人民币国际化"弯道超车"的步伐，进一步提升中国在国际金融体系中的地位，从而构成"碳交易—人民币结算"。

第三节 点评与思考讨论题

点评

点评1：应分析、了解和把握一国货币在国际支付结算货币→储备货币→锚货币进程中应具备的基本前提和基础条件。

点评2：在当今国际货币体系中，中心国倡导"浮动汇率"，外围国出现"惧怕浮动"，背后实质是中心国与外围国之间国家金融利益行为导向不同。

点评3：一国货币成为国际货币，往往都与大宗商品，尤其是大宗能源商品交易支付结算相关联；中国按总量是第一大碳排放量国家，或许可以把负担变成机遇，通过健全碳现货与期货市场，制定碳排放与交易标准，确立碳资产财产权保护法，完善碳市场国家（国际）监管准则，从而推动"碳交易"捆绑"人民币结算"，加速人民币国际化进程。

思考讨论题

1. 一国货币成为国际货币的基本路径是什么？
2. 国际货币体系的演进历程？
3. 一国货币成为国际货币的利弊？
4. 英镑、美元国际化崛起经历的关键节点？
5. "碳交易"捆绑"人民币结算"能否成为人民币国际化"弯道超车"的新路径？为什么？

第八章

国家金融风险

在金融学上,"金融风险"经常与"金融脆弱性""金融危机"联系在一起。

金融脆弱性在狭义上主要指高负债经营的行业特点决定了金融业具有容易失败的特性;在广义上则泛指一切融资领域(包括金融机构融资和金融市场融资)中的风险积聚,进一步说,指一种风险积聚所形成的"状态",与稳定、坚固、不易受到破坏和摧毁相对应的状态。

金融风险则指潜在的损失可能性,它既存在于微观领域,也存在于宏观领域。

金融危机主要是指宏观领域的金融风险,即系统性、区域性的金融风险。防范金融危机的目标,就是守住不发生系统性和区域性金融风险的底线。

一般的金融脆弱性假说分为三个角度:企业角度,即企业存在内在的财务风险;银行角度,即银行存在超越安全边界的信用风险;监管角度,即监管缺失导致的投机风险。因此,金融脆弱性分为"企业金融脆弱性""市场金融脆弱性""监管金融脆弱性"三类。

金融脆弱性与金融自由化存在关联。当一国处于金融压抑时期,金融行为的主要表现为金融资产单一、机构形式单一、管制过多、金融效率低下等;而金融自由化时期的关键词则是放松——放松管制、放松限制、放松审批等。因此,金融自由化作为变量与金融危机之间存在正相关关系,尤其是当一国由金融压抑状态向金融自由化状态转变时,金融脆弱性问题会更加突出。

第一节 五大金融危机

《新帕尔格雷夫经济学大辞典》(2008年版)将金融危机定义为"全部或大部分金融指标——短期利率、资产(证券、房地产、土地)价格、商业破产数和金融机构倒闭数——的急剧、短暂和超周期的恶化",即金融体系出现严重困难乃至崩溃,表现为绝大部分金融指标急剧恶化,各种金融资产价格暴跌,金融机构陷入困境并破产,同时对实物经济的运行产生极其不利的影响。《疯狂、惊恐和崩溃:金融危机史》(第五版)一书则将金融危机定义为所有金融指标或某一组金融指标(短期利率、股票、不动产等)都产生了不同寻常的、急剧的变化,以及金融机构倒闭。

20世纪70年代中期开始,很多发展中国家陆续开始推行结构性的经济自由化改革和宏观经济稳定化计划,以图打破传统体制的僵化,并保持国内通货的稳定。但所有这些尝试都未曾在短期内达到预期效果,反而引起了一系列的宏观经济问题。这些国家的宏观经济绩效、国际收支状况与外部经济环境之间表现出日趋复杂的关系,特别是金融危机开始频繁爆发——最开始表现为固定汇率的瓦解(被称为货币危机),而后则出现外汇市场、银行、房地产市场、股票市场同时崩溃的复杂症状。由此,金融危机理论应运而生,其研究的主要范例包括 20 世纪 80 年代拉美的债务危机、1994 年到 1995 年的墨西哥金融危机、1997 年到 1999 年的亚洲金融危机、2007 年到 2008 年的美国次贷危机和紧随其后的欧盟债务危机。

根据国际货币基金组织 1998 年发布的《世界经济展望》,金融危机大致可以分为银行危机、货币危机、债务危机和全面金融危机。

一、银行危机

学术界对银行危机的讨论可以追溯至马克思在《资本论》中所提及的"信用危机"。Sundararajan 等(1991)在国际货币基金组织出版的专著中对银行危机进行了全方位的解读,其研究结果表明,银行危机的根源在于金融市场上大量机构的负债规模显著高于其资产的市场价值,银行被迫进行投资组合的转变,同时遭受储户的集体挤兑,最终产生金融机构倒闭与政府介入的现象。在此情况下,不良贷款比重增加,同时由于外汇敞口、利率期限错配、或有负债增加,投资价值减少,金融体系流动性短缺等情况发生,金融机构普遍出现偿付能力问题并发生兼并重组。银行危机引发的负面效应对实体经济产生冲击,使得产出减少,并降低了经济增长速度。

Kaminsky 和 Reinhart(1998)提出当发生银行危机时,若政府不对特定银行或者系统性重要银行进行大规模救援,遭受严重挤兑的银行会被迫关闭,或被兼并、收购、接管。

监管机构、世界金融机构也曾对银行危机的概念进行讨论。比如,国际货币基金组织定义银行危机为:现实存在或将要发生的银行挤兑与银行破产,使得银行歇业以还清负债;另一种情况是,为了防止此类困境的发生,政府不得不出手援助,注入大规模的资金。

简而言之,银行危机是指实际或潜在的银行运转受挫或违约,导致银行暂停自身的正常的资金运作与负债转换职能,最终迫使政治当局介入干预,以阻止该进程的进一步恶化。

从一系列研究结论可以看出,银行危机的爆发过程是:一家银行的困境发展到一定程度并波及其他银行,最终引起整个银行业系统的危机。其中,银行破产或倒闭的范围,大多仅指单一银行或者小范围内的多家银行。银行危机则是指,大范围的银行倒闭引起金融体系崩溃,其结果是降低了社会福利,使得经济发展环境恶化,严重摧毁了公众对于金融体系的信心,以至于需要政府、央行采取一系列措施,如接管注资、注入流动性等对其进行救助。这个定义显然将几个重要现象作为银行危机的判断依据,即银行的破产倒闭是否引发储户的集体挤兑行为;同时,当银行被迫停止支付时,为了应对困境,政府当局是否介入干预。该依据表明,银行危机是否爆发,必须在事后才能得到确认。

不过，当大范围的银行出现倒闭、破产并成为问题银行时，银行危机就初现端倪了。

银行危机在发展初期都表现出某些共同点，来自国际货币基金组织的经济学家昆特和德特阿荷的基于20世纪80年代至90年代涌现的关于全球银行业脆弱性与银行危机的学术成果，归纳整理出四条银行危机的触发条件，为判断是否出现潜在的银行危机提供了依据：银行业的逾期贷款、呆滞贷款和呆账贷款的总和占总资产的比重大于10%；救援破产倒闭银行的各项支出总和占国内生产总值的比值超过2%；政府接管、注资使得问题银行大量转变为国有银行；储蓄者集体对银行进行挤兑，逼迫政府限制存款账户的使用、对存款进行担保以及让银行歇业来阻止危机的进程。

昆特和德特阿荷认为一旦发生以上四条中的任意一种情形，即发生了银行危机。此外，陈选娟和柳永明（2014）从传统与现代银行危机的角度探讨了危机发生的条件。他们指出，传统银行危机大多发源于单一银行的挤兑，即短期内大量储户同时要求提现存款，当银行出现无法兑现的征兆时，恐慌情绪便在储户之间蔓延开来，大范围的银行挤兑随即产生，并恶化发展为系统性银行危机。银行挤兑的直接诱因是储户对特定银行或银行业整体的偿付能力丧失信心。挤兑带来的负面影响在于为了满足储户的提现要求，银行必须出售它的资产。由于银行持有的大部分资产相对来说期限较长，其抛售价格往往要低于正常时期的价格，加之银行业往往持有共同的资产组合头寸，短时间内的大量抛售会造成资产价格的螺旋式下跌，使得持有相同资产的银行也陷入破产与倒闭。

随着时代发展，影子银行业务的占比逐渐上升，现代意义上的银行危机还包括影子银行部门发生的挤兑，其表现形式为对资产的抛售与流动性的耗竭。在美国次贷危机中，住房抵押贷款的违约导致作为抵押品的住房抵押贷款支持证券价值暴跌，市场的压力要求金融机构承受一个更大的抵押品价值折扣，这使得从回购市场上借款的金融机构更难借到钱了。为了筹集资金，金融机构需要及时将非流动资产变现，但抛售将加剧资产价格的下跌，并影响抵押品的价值，最终导致资金状况的恶化。发生在影子银行体系的这种流动性枯竭，与传统的储户挤兑是极为相似的。

要认识乃至解决银行危机，就必须对银行危机的类型及其表现形式进行区分，宋清华（2000）依据不同的判断标准，将银行危机进行分类：按危机的性质，可分为银行体系危机和单个银行危机；按危机的起因，可分为内生性银行危机和外生性银行危机；按危机的程度，可分为以流动性紧张为特征的银行危机和以丧失清偿力为特征的银行危机。

按照危机的性质，本书将银行危机分为全局、整体性银行危机和局部、个体性银行危机。前者往往指的是系统性银行危机，即银行体系遭受全局性冲击而陷入危机的泥沼，效率低下乃至运行停滞不前；后者通常仅由具有局部影响的事件引发，使得单一特定银行的运转逐渐失灵，而不会大范围波及其他银行，也不会引起连锁反应，也被称作非系统性的银行危机。银行危机的诱发因素通常分为宏观因素和微观因素两类，可能分别引起系统性和非系统性银行危机。显而易见的是，宏观经济因素往往凭借压倒性的全局影响，对整个银行体系施加倾覆性冲击，没有银行能够幸免；而微观因素具有针对性和个体特殊性，因此仅有特定类别的银行会受到冲击。此外，银行体系危机又有周期性银行危机和结构性银行危机之分。周期性银行危机是由周期性经济危机引起的；而结构性银行危机往往源自经济结构转轨、经济制度变迁、政治体制改革、武装冲突的爆发或自然灾害的冲击。

银行危机的触发因素可以分为内生性和外生性两种，对应引发的银行危机可以分为内生性和外生性银行危机。前者源自银行体系内部固有的"脆弱性"，主要表现为：银行凭借公众对银行体系的信任，吸收公众储蓄存款，将期限较短的资金汇集起来；同时，依托贷款申请人良好的信誉和信用条件，向其发放贷款，这类资金的运作期限相对储户的存款期限较长，在此背景下，银行只留存少量资金用于储备，而通过吸收短期存款、运营长期负债来实现高杠杆经营，即用少量资本金撬动规模庞大的资产进行运作。而外生性银行危机的直接触发条件往往是外部事件冲击，它泛指各类造成银行损失的事件。由于银行是在一定的环境下进行经营的，外在的许多因素都会对银行造成影响，轻则使银行面临困难，重则使银行陷入危机。内部因素是银行危机的根本源头，外部因素则是银行危机的重要触发条件，因此，银行危机爆发的深层次原因主要是其固有的内生性因素。

根据危机的破坏力程度，银行危机可分为银行经营危机和银行支付危机。前者指的是由于银行呆账贷款、呆滞贷款以及逾期贷款的数量上升，银行营业额下降乃至入不敷出并发生亏折，资本风险资产率不能达到行业监管标准，导致银行资产流动性降低，信誉评级下降。在此情景下的银行仍能维持正常营业，可以按时偿还到期的债务。但是若储户无法按时行使到期债权，则会引发恐慌和集体性挤兑，产生银行支付危机，这是银行业陷入危机的预兆。如果银行自身不能及时采取自救措施，或者政府不能在紧急关头给予援助，银行极有可能破产倒闭。通常来说，若银行经营危机持续发酵，则有可能进一步发展为银行支付危机。一些负面信息例如关于银行经营不善将要倒闭的谣言，往往会在此过程中推波助澜，误导储户集体从银行提取现金，引发银行支付危机。

贫困国家的银行危机通常是国内政府违约所导致的。这些国家的政府往往强制要求居民将钱存入银行，并设定极低的利率上限，强制规定银行支付的利率不能超过该水平；同时通过法定存款准备金和其他工具让银行购买国债，或者为了以较低的成本获得资金，强制命令银行向其提供低息贷款，为公共债务筹措资金；政府还制造高水平的通货膨胀，放大金融抑制的税收效果。更有甚者，政府为了增加收入，停止偿还银行债务，即政府违约，进而迫使银行无法满足存款人的提现需求，造成银行违约，引发银行危机。新兴市场和发达国家的银行危机大多源于资产抛售引发的资产缩水与挤兑。其中的主要原因是储户一般将自己的零散资金作为短期储蓄，或可以随时支取的长期存款放入银行中；与此同时，银行的贷款期限较长，既会直接向企业放贷，也会投放至证券市场，购买期限较长或者风险较高的证券。在银行体系运转稳定的时期，银行资金链条通畅，因此它们在面对储户的提款需求时，有充足的流动性资产予以补给。然而，当银行体系陷入紊乱时，储蓄者不再对银行抱有十足的信心，会要求将存款从银行中取出。随着单个存款者的行为演化成许多存款者的集体性行为，银行不得不将手头的资产进行变现，那些正常时期流动性较高的资产也就可能无法再满足银行的流动性需求。在此情况下，银行被迫接二连三地抛售手头的资产，该行为使得资产价格呈螺旋式下跌。此情景下，资产缩水便加剧了银行挤兑。银行资产下跌甚至坠入历史低谷，这反过来又进一步降低银行偿付债务的能力。

而关于造成银行危机的原因，存在以下几种不同的理论。

弗里德曼的货币政策失误理论认为，因为货币需求函数的相对稳定性，货币供求失衡的根本原因在于货币政策的失误。并且，这种失误（如突然的通货紧缩）可以使一些轻微的、局部的金融问题，通过加剧银行恐慌，演变为剧烈的、全面的金融动荡。

明斯基对金融的内在脆弱性进行了系统分析，提出了"金融脆弱性假说"。他将市场上的借款者分为三类：第一类是"套期保值型"借款者，这类借款者的预期收入不仅在总量上超过债务额，而且在每一时期内，其现金流入都大于到期债务本息；第二类是"投机型"借款者，这类借款者的预期收入在总量上超过债务额，但在借款后的前一段时期内，其现金流入小于到期债务本息，而在这段时期后的每一时期内，其现金流入大于到期债务本息；第三类是"蓬齐型"借款者，这类借款者在每一时期内，其现金流入都小于到期债务本息，只在最后一期，其收入才足以偿还所有债务本息，因而他们不断地借新债还旧债，把"后加入者的入伙费充作先来者的投资收益"，以致债务累计越来越多，潜伏的危机越来越大。在一个经济周期开始时，大多数借款者属于"套期保值型"借款者；当经济从扩张转向收缩时，借款者的盈利能力下降，逐渐转变成"投机型"借款者和"蓬齐型"借款者，金融风险增大。因而明斯基认为，金融体系具有内在的不稳定性，经济发展周期和经济危机不是由外来冲击或是失败的宏观经济政策导致的，而是经济自身发展的必经之路。

托宾于1981年提出的银行体系关键论，其核心思想是银行体系在金融危机中起着关键作用。在企业过度负债的经济状态下，经济尤其是金融扩张中积累起来的风险会增大并显露出来，银行可能遭受损失，所以银行为了控制风险，必然提高利率、减少贷款。银行的这种行为会使企业投资减少或引起企业破产，从而直接影响经济发展。同时，银行也可能迫使企业出售资产以清偿债务，造成资产价格急剧下降，这种状况会引起极大的连锁反应，震动也极强烈，使本来已经脆弱的金融体系崩溃更快。托宾认为，在债务—通货紧缩的条件下，"债务人财富的边际支出倾向往往高于负债人"，因为在通货紧缩—货币升值的状况下，不仅债务人出售的资产贬值，而且其拥有的资产也贬值。在债务人预期物价继续走低的情况下，变卖资产还债的情况必然提前到来。

戴蒙德和荻伯威格认为，银行体系的脆弱性主要源于存款者对流动性要求的不确定性与银行的资产较之负债缺乏流动性之间的矛盾。他们在1983年提出了银行挤兑理论（又称D-D模型），其基本思想是：银行的重要功能是将存款人不具流动性的资产转化为流动性资产，以借短贷长，实现资产增值。在正常情况下，依据大数定律，所有存款者不会在同一时间取款。但当经济中发生某些突发事件（如银行破产或经济丑闻），就会发生银行挤兑。查里和贾甘纳坦进一步指出，一些原本不打算取款的人一旦发现取款队伍变长，也会加入挤兑的行列，从而发生金融恐慌。这也就是"金融恐慌"理论。

还有就是"道德风险"理论。麦金农认为，存款保险制度的存在，以及政府和金融监管部门在关键时刻扮演"最后贷款人"的角色，既会使银行产生道德风险，进行风险更高的投资，增加了存款人受损害的可能性，又会导致金融监管部门也不对银行实施监督。世界银行和国际货币基金组织对 65 个国家在 1981—1994 年发生的银行危机作的计量测试也表明，在设有存款保险制度的国家，发生危机的概率要高于没有该制度的国家。

那么要如何防范与处置银行危机？世界频繁发生银行危机，而银行危机具有多米诺骨牌效应。因为资产配置是商业银行等金融机构的主要经营业务，各金融机构之间因资产配置而形成复杂的债权债务联系，使得资产配置风险具有很强的传染性。一旦某个金融机构资产配置失误，不能保证正常的流动性头寸，则单个或局部的金融困难就会演变成全局性的金融动荡。引发银行危机的往往是商业银行的支付困难，即资产流动性缺乏，而不是资不抵债。只要银行能够保持充分的资产流动性，就可能在资不抵债、技术上处于破产而实际上并未破产的状态下维持其存续和运营。

更具体来说，通过建立单元银行与大银行制度（单一银行制、总分行制、单一银行制度的其他衍生制度）可以在一定程度上防范传统银行风险。另外，建立存款保险制度可以维护金融秩序稳定，避免或化解金融危机，保护存款人的利益，营造公平竞争的环境，加强对投保银行的监管。而建立中央银行制度可以提供资本充足性监管、流动性监管，限制业务范围，控制业务风险并对准备金进行管理。这三种措施均对防范和处置银行危机有着积极的作用。

二、货币危机

货币危机的定义有广义与狭义之分。广义的货币危机，是指一国货币的汇率在短时间内出现一定程度的剧烈变动；狭义的货币危机则与限制汇率波动的经济体相关，主要指市场对一国维护其汇率水平的能力产生怀疑，并大量抛售其货币，最终使得该国限制汇率波动的制度出现崩溃，外汇市场出现剧烈波动。由于货币危机往往与经济体长期的国际收支赤字相关，因此也被称为"国际收支危机"。

关于达到多大程度的货币贬值幅度才可定义为货币危机，不同学者给出了各自的标准。Frankel 和 Rose（1996）将货币危机定义为一国货币在当年内出现超过 25%的贬值，且贬值幅度与上一年相比高出 10%；Esquivel 和 Larrain（1998）则基于更小的时间跨度对货币危机的标准进行阐述，一国的实际汇率在 3 个月内累计贬值幅度超过 15%即存在货币危机；也有学者从汇率、利率及外汇储备等多个角度综合评判货币危机的发生与否，其中，Eichengreen 等（1996）构建了汇率、利率和外汇储备的加权组合，并认为当其均值水平超过两倍标准差时，经济体中存在货币危机。Glick 和 Hutchison（2001）等同样对货币危机的标准进行了阐述。

货币危机的触发条件主要为大规模的投机性攻击，这一类攻击可能由经济条件变化所导致，也可能纯粹由心理预期变动而引发。

第一代货币危机模型表明，固定汇率制下，政府持续性的信贷扩张是引发投机性攻击的主要原因。若政府尝试通过信贷扩张的手段弥补财政赤字，国内居民将部分持有的现金转换为国内外的其他金融资产；而国内居民提供的大量本国货币，将成为促使货币贬值的压力。为维持固定汇率制，政府将被迫出售部分外汇储备以维持币值稳定。在此背景下，政府持续性的信贷扩张政策将逐步消耗政府所持有的外汇储备。一旦外汇储备消耗完毕，政府将无法通过释放外汇储备缓解本币贬值压力，此时外汇市场中的大量本国货币供给，将引发固定汇率制的崩溃以及本币的贬值。而预期到这一结果的投机者将会迅速做出反应，并在固定汇率制崩溃前大量购买外汇以避免持有资产出现贬值。市场中大量投机者共同出售本币购入外汇的行为将形成对固定汇率制的冲击，使得政府的外汇储备在短时间内迅速下降至零，引发固定汇率制的崩溃。这一类投机攻击的成功与否，主要取决于政府的信贷扩张规模以及外汇储备量。

除经济条件因素变化外，市场心理预期变动同样可能引发针对本国货币的投机性攻击，这将导致外汇储备充裕且未采用扩张性政策的国家同样可能面临货币危机的威胁。当市场普遍存在本币贬值预期时，认为本币价值被高估的投机者将借入本币兑换外币，从而造成对本币的贬值压力，并在本币出现贬值后买入本币归还。大量投机者同时进行这一操作将形成对于本币汇率的投机攻击，从而引发金融恐慌以及资本外逃，使得政府所持有的外汇储备被迅速消耗。在受到攻击的过程中，政府可通过提高本币利率的手段提升对本币的需求，与投机攻击进行对抗。然而，当政府认为维持固定汇率制的成本高于放弃固定汇率制时，政府将顺应市场预期，允许本币汇价的自由浮动。这一类投机攻击的成功与否，主要取决于投机者的资本规模、市场情绪的脆弱程度以及政府的对抗是否坚决等因素。

货币危机的冲击往往会直接导致一国的货币面临较高的贬值压力，从而使得该国的固定汇率制崩溃或外汇汇率急剧上升。在承受货币贬值压力的同时，受货币危机冲击的国家往往采取提升利率或降低货币供给等手段维护汇率稳定，这可能使得该国的利率水平在短期内飙升。本币的贬值还将使得以本币计价的外债规模显著扩大，给该国的企业与金融机构造成沉重的负担，并引发大规模的企业倒闭。

关于货币危机的原因，时至现在共有四种模型对其进行解释。

第一代货币危机模型显示：扩张性的宏观经济政策导致了巨额财政赤字，为了弥补财政赤字，政府只好增加货币供给量，同时为了维持汇率稳定而不断抛出外汇储备。一旦外汇储备减少到某一临界点，投机者便会对该国货币发起冲击，在短期内将该国外汇储备消耗殆尽。政府要么让汇率浮动，要么让本币贬值，最后，固定汇率制度崩溃，货币危机发生。

第二代货币危机模型显示：一国政府在制定经济政策时存在多重目标，经济政策的多重目标导致了多重均衡。因而政府既有捍卫汇率稳定的动机，也有放弃汇率稳定的动机。在外汇市场上有中央银行和广大的市场投资者，双方根据对方的行为和掌握的对方的信息，不断修正自己的行为选择，这种修正又影响着对方的下一次修正，形成了一种自我促成。当公众的预期和信心的偏差不断累积，使得维持稳定汇率的成本大于放弃稳定汇率的成本时，中央银行就会选择放弃，从而导致货币危机的发生。

第三代货币危机模型强调了第一、二代模型所忽视的一个重要现象：在发展中国家，普遍存在着道德风险问题，即政府对企业和金融机构进行隐性担保，与这些企业和机构存在裙带关系。这导致了经济发展过程中的投资膨胀和不谨慎，大量资金流向股票和房地产市场，形成了金融过度，导致了经济泡沫。泡沫破裂或行将破裂所致的资金外逃，将引发货币危机。

第四代货币危机模型认为：本国企业部门的外债水平越高，"资产负债表效应"越大,经济出现危机的可能性就越大。其理论逻辑是:企业持有大量外债会导致国外债权人悲观地看待该国经济,减少对该国企业的贷款,这使该国本币贬值,企业财富缩水,进而企业能申请到的贷款减少,全社会的投资规模变小,最终经济陷入萧条。

根据多次国际货币危机的经验教训,得出防范货币危机的措施主要有:第一,适时调整汇率,建立与本国经济发展状况相适应的汇率制度;第二,储备规模适度,即根据一国的进口、外债及干预市场等支付需要,确定适度的外汇储备规模;第三,健全金融体制;第四,谨慎开放市场;第五,有效控制和利用外资;第六,对举借外债进行控制;第七,建立稳健的财政体制,因为庞大的财政赤字具有极大的危害性;第八,保持区域金融稳定;第九,建立风险转移机制,比如建立存款保险制度和不良债权的担保抵押机构等;第十,夯实经济基础和政治基础。

由于国情尤其是国内政治、经济情况和外部环境的不同,各国应对危机的方法与手段存在较大差异。但在经济全球化时代,货币危机的爆发有着明显的共性,突出的表现就是"传染性",因此对一国有效的一些危机应对措施对他国也有重要的借鉴意义,有效的危机应对措施主要包括:第一,实行本币管制;第二,控制资本外流;第三,进行强力的金融监管;第四,进行有效的币值调整;第五,防止银行连锁倒闭;第六,实施一篮子货币政策与财政政策;第七,加强区域合作机制,如加强央行间货币互换协议磋商等。

三、债务危机

债务危机是指发生大规模的债务违约,债务人难以按照借款合约按期还本付息,进而引发的金融动荡。按照债务发行对象,债务危机可以分为国内债务危机与外债危机。其中,国内债务危机由本国管辖范围内的债务违约引发。外债危机是指对国际债务的违约引发的危机。按照借款主体的不同,债务危机还可以分为政府债务危机、企业债务危机、个人债务危机等形式。其中,政府债务危机的规模及影响范围相对较大,对宏观经济与金融市场的稳定能够形成巨大的破坏力,受到了学术界的广泛关注。

政府债务是指一国政府对国内或国外债权人负有偿还义务的债务,"政府"具体包括中央政府、州政府与各级地方政府、政府提供贷款担保的其他公共机构。从资金来源的角度看,政府债务总额一般由国内债务和外债组成。其中,国内债务是指政府在本国管辖区域内发行的所有债务,可以用本币或外币计价。外债的债权人可能是来自境外的公共部门、企业、个人等私人经济部门,外债条款一般适用于债权人所在国家(地区)的法律。当存在来自多个国家的债权人时,该债务合约将适用于国际法。

根据世界银行的定义,政府债务可以从两个维度的标准进行分类。第一,将政府债务按照偿还义务履行的确定性来划分,可分为直接负债和或有负债两类。其中,直接负债是指受法律保护且在一切情况下均存在的债务,或有负债则可能由某些特殊事项触发偿还义务,因而公共部门的债务偿具有一定的不确定性。例如,由于银行体系和国有企业债务的发行通常由政府提供担保,因此,在特定条件下,银行债务与国有企业债务也可能引发政府的连带偿还责任,对财政风险水平存在显著影响。第二,政府债务还可分为显性债务和隐性债务两种形式。其中，显性债务是指根据法律或合同条款明确的公共负债，而隐性债务则包括受社会压力影响，政府负有道义责任而引致的潜在债务。

传统的财政管理体系下，政府债务仅包括直接负债与显性负债。然而，或有负债与隐性负债在特定的条件下也可能构成政府支出。当各类政府债务叠加，财政当局难以履行偿还义务时，就会爆发政府债务危机。政府债务危机主要有外债危机与国内债务危机两种类型。其中，外债危机由一国公共部门对来自境外的债权人出现债务违约的情况引发，即一国在另一国的法律管辖权下发行债务而不能履行偿付义务，这里所指的债务通常为外币借款。在发生外债违约后，一般会进行债务重组或债务条款修改，大多数情况下重组后债权人的权益会遭受损失。国内债务危机由对本国管辖权范围内发行的债务的违约引发，实践中，大部分国内债务是以本币计价并由本国公民持有的。由于国内债务往往不涉及强大的国际债权人，因此相关研究与数据记录均较为有限。根据巴罗的李嘉图债务模型，国内政府债务并不会对经济产生实质性的影响，发行债务时民众会通过增加储蓄来应对未来债务偿还引致的税收增加。然而，这一理论忽视了政府国内债务导致的代际利益分配以及债务违约的可能性。由于政府掌握着货币的发行权，当政府出现偿付困难时，可以通过增发货币来偿还本币债务，而货币过度增发又可能引发通货膨胀、本币贬值等现象。事实上，各种类型的政府债务及其偿付均可能对宏观经济产生深刻的影响。

在财政状况极度恶化的背景下，政府还可能发生连续违约。连续违约是指政府在 5 年到 50 年期间发生多次债务违约，连续违约可能涉及全部违约或部分违约。在大多数情况下，政府债务的偿还主要取决于一国财政当局的偿还意愿。根据 Reinhart 和 Rogoff（2010）的测算，超过一半的新兴市场国家在发生债务违约时，外债负担率（外债占国内生产总值比重）均不超过 60%，财政风险和债务负担似乎并未处于较高水平。究其原因是在政府债务危机或国家破产背景下，债权人的权利是较为有限的。即使一国政府具备偿还债务本息的经济能力，违约国家仍可能出于国家利益的考虑，在综合政治、经济多重因素后进行复杂的成本-收益分析，以做出是否偿还主权债务的决策。除政府债务外，企业和个人的大规模债务违约，也可能对宏观经济造成显著的负面冲击。

总的来看，政府债务与私人经济部门的大规模债务违约均可能导致债务危机，对金融稳定与经济增长形成负面影响。值得注意的是，相较于私人部门债务，政府债务的利率定价、资金透明度及监管制度相对滞后。世界多国的历史经验也表明，政府债务危机与系统性金融风险间存在显著关联。与此相对应的是，企业和个人债务违约普遍具有较为成熟的处置机制，其债务违约规模及破坏性相对有限。

20 世纪 90 年代初，欧洲共同体确立了统一的财政纪律框架，这一标准也被当作债务风险的重要警戒指标。1993 年正式生效的欧盟《马斯特里赫特条约》规定，成员国年度财政赤字占同年度国内生产总值比重也就是赤字率不得高于 3%，公共债务总额占同年度国内生产总值比例即债务负担率不得突破 60%。为了保证单一货币与共同货币政策的有效实施，欧盟对成员国的财政政策进行严密监督，要求各成员国在一定年限内达到预算基本平衡的政策目标。而即将加入欧盟的观察国，也需要在特定时间段内遵守财政纪律。当个别成员国的赤字率可能或已经超过 3%时，欧盟将向其发出警告。如果该成员国难以完成整改要求，欧盟可能会实施超额赤字惩罚程序。若某一成员国的赤字率连续 3 年突破 3%，将承担其国内生产总值总额 0.2%～0.5%的罚款。在 1997 年开始执行《稳定与增长公约》后，欧盟明确了成员国突破财政纪律警戒线的豁免条款。此后，欧盟在 3%与 60%的财政红线框架内，多次调整了财政规则及其处罚机制。

2005 年 3 月，欧盟财长特别理事会对欧盟财政纪律达成初步修改协议，保持了两大财政警戒标准。同时进一步规定，当成员国发生违规时，需考虑多种因素进行具体分析后再做出惩罚裁决。此外，由于两德统一可能加剧政府的财政负担，而法国的科研和国防开支占比较高，欧盟暂时放宽了德国、法国的赤字率限额标准。这一差别化的财政规则遭到了部分国家的强烈反对，它们认为此举将动摇民众对于欧元与欧盟经济的信心。

事实上，欧盟提出的财政规则是基于服务于货币单一化的要求，而不是出于维护经济稳定与控制财政风险的考虑。欧盟通过建立欧元区实现了区域货币一体化，为了保证欧元的币值稳定，必然要求各成员国统一协调财政政策，约束其政府开支与债务规模。但各成员国所处的经济周期、国际贸易结构与收支规模均存在系统性的差异，各国应对经济衰退、处置金融风险的能力大相径庭。因此，虽然欧盟的财政规则在制订初期执行效果较好，但此后也出现了个别成员国反复突破警戒线的现象。此外，3%的赤字率和 60%的债务负担率是各国政府基于经济现实和政治博弈而产生的财政风险标准，并非经过科学分析设置的危机临界指标。然而，不可否认的是，这一警戒标准仍然对世界各国的财政管理实践产生了重要的影响，3%和 60%的赤字与债务红线被视为防范债务危机的重要制度要求。

从全球债务违约的危机史来看，在不同时期各国债务危机的触发条件也是截然不同的。根据《世界经济展望》统计，2000 年以来，美国和日本的公共债务负担率远远高于 60%的欧盟警戒线，甚至一度突破 100%，但两国政府均未发生债务违约。然而，1982 年墨西哥债务危机爆发时，债务负担率仅达到 47%；2001 年阿根廷发生债务违约时，债务率仅略高于 50%。为了考察不同国家的债务危机触发条件，美国学者卡门·M.莱因哈特和肯尼斯·S.罗格夫建立了全球 800 年政府债务数据库，并在其著作《这次不一样：八百年金融危机史》中统计了各国发生外债重组或违约时的外债负担率：1970—2008 年间，有超过 50%的发展中国家在外债负担率低于 60%的条件下发生了外债违约；有约 20%的外债违约发生于外债负担率还未超过 40%的情况下。这意味着发展中国家的资本流入可能具有高度的顺周期特征，在经济萧条、财政收入锐减的阶段，跨境贷款资金的流入较为有限，这将显著加剧发展中国家财政状况的脆弱性。由于信用体系相对滞后，新兴市场国家更容易在较低的债务负担率下出现兑付危机，发生债务违约。不可否认的是，受制于数据可得性与新兴经济体较低的财政透明度，对发展中国家的债务负担率的计算大多忽略了国内政府债务与或有政府债务部分。事实上，对于大部分陷入危机的发展中国家来说，其财政风险已经处于较高水平。

除债务负担率指标外，信用评级也是重要的债务危机预警标准。其中，机构投资者评级是影响力较大的主权评级体系，该体系主要通过在全球大型银行与证券公司中开展调查，对各国的信用状况进行打分。得分范围为 0 分到 100 分，分数越高，表明政府债务违约的可能性越小。从主权债务信用评级得分与债务负担率的变化来看，世界各国两类指标的趋势基本保持一致。

当一国政府对其债权人发生债务违约时，该国家（地区）将爆发债务危机。美国学者卡门·M.莱因哈特和肯尼斯·S.罗格夫搜集了全球 66 个国家（地区）超过 200 年的政府债务数据，发现 1800—2008 年间全球的外债违约往往是集聚发生的，历史上共有 5 次外债危机潮。其中，第一次债务违约潮由拿破仑战争驱动，1803—1815 年，法国、奥地利、普鲁士、西班牙、英国等多个国家间爆发了大规模战争。为了支付高昂的军事开支，应对国内的资产阶级革命，欧洲国家普遍发行了大量政府债务，多个国家出现了外债违约。第二次和第三次债务危机潮分别发生于 19 世纪 30 年代至 40 年代以及 80 年代。第四次外债违约峰值出现在 20 世纪 30 年代，并一直延续到 50 年代，这次债务危机的爆发伴随着蔓延欧美的大萧条与二战。到 1947 年，国内生产总值占全球 40%的国家（地区）都发生了债务危机。20 世纪 80 年代至 90 年代，新兴市场国家的外债违约又构成了一次危机。其中，亚洲国家（地区）虽然发生了较多次债务违约，但持续时间较短，且大部分都通过债务重组得到了迅速解决；而拉丁美洲国家（地区）的债务违约规模较大，对世界主要经济体的金融稳定形成了显著的冲击。

除外债危机以外，国内政府债务违约也会对宏观经济的稳定造成重大威胁。根据联合国的统计，21 世纪以来世界各国国内政府债务在公共债务总额中的平均占比超过了 50%。虽然大部分情况下，政府可以通过增发货币来偿还本币债务，但恶性通货膨胀导致的经济动荡对政府形成了一定的约束。世界范围内，国内政府债务违约仍时有发生，主要违约形式有暂停偿还、强制调低票面利率、削减本金、债券展期等。在近代，中国也曾发生过大规模的债务危机，政府曾在 20 世纪 30 年代实施了以延期偿还、调低利率为主要形式的公债整理计划。

从各国的金融市场表现来看，债务危机与银行危机、通货膨胀间往往存在相关性。一方面，当储户挤兑或资产价格波动引发多家银行或金融机构破产时，政府为防控系统性金融风险会投入大量资金来接管或救助相关机构，进而导致财政风险上升。此外，在银行危机的背景下，信贷收缩将拖累经济增长，财政收入萎缩会使得债务偿付更加困难。同时，银行危机还具有高度传染性，投资者的避险情绪将导致政府债券市场的收缩，这将增加世界各国的借款成本，使得主权债务展期的难度上升。另一方面，由于政府可能通过增发货币来解决本币债务的偿付危机，因此债务危机还将与通货膨胀存在正向联动关系。但在债务规模较小、期限较短的情况下，通货膨胀带来的经济损失可能远远高于债务违约，此时，政府将放弃以通货膨胀来解决债务偿付的手段。

爆发债务危机前后，债务违约国一般会经历投资规模锐减的过程。为了筹措还本付息的资金，债务国将不得不动用大量外汇储备，或压缩进口以实现国际贸易的盈余。在违约后，债务国的资信等级会出现显著下降，将很难再从国际借贷市场中获得资金。同时，海外投资者对该国的经济前景更可能持悲观预期，将撤回或缩减投资，这不仅抑制了社会投资，也加重了政府的债务负担。投资萎缩将对产出水平形成负面影响，甚至引发经济停滞或倒退。因偿债而实施的财政紧缩，还可能导致基础设施建设、社会福利水平的下降。此外，外债危机还可能引发国际金融体系的混乱，信用风险可能沿跨境借贷渠道传导。对于将贷款集中于少数债务违约国的银行来说，债权人的利益将面临巨大损失，因此，债务违约还可能引发金融机构的破产。

关于债务危机的原因，比较典型的有费雪的"债务—通货紧缩"理论和苏特的"综合性国际债务"两种理论。

费雪的"债务—通货紧缩"理论的核心思想是：企业在经济上升时期为追逐利润"过度负债"，当经济陷入衰退时，企业盈利能力减弱，逐渐丧失清偿能力，引起连锁反应，导致货币紧缩，形成恶性循环，金融危机就此爆发。其传导机制是：企业为清偿债务廉价销售商品→企业存款减少、货币流通速度降低→总体物价水平下降→企业净值减少、债务负担加重、盈利能力下降→企业破产、工人失业→人们丧失信心、悲观情绪弥漫→人们追求更多的货币储藏、积蓄→名义利率下降、实际利率上升→资金盈余者不愿贷出、资金短缺者不愿借入→通货紧缩。

苏特从经济周期角度提出了"综合性国际债务"理论。该理论认为：随着经济的繁荣，国际借贷规模日益扩张，中心国家的资本为追求更高回报，流向资本不足的边缘国家，边缘国家的投资外债增多；债务的大量积累导致负债国偿债负担加重，当经济周期进入低谷时，边缘国家赖以还债的初级产品出口的收入下降，导致其逐渐丧失偿债能力，最终爆发债务危机。

严重的国家债务危机无论对于债务国，还是对于发达国家的债权银行，乃至整个国际社会，都会造成巨大的压力。国际金融组织的有关各方为解决债务危机提出了许多设想和建议，包括债务重新安排、债务资本化及证券化等。广大发展中国家也通过调整国内经济政策、加强相互合作与协调，来缓和危机。另外，要防范与处置债务危机，还有三项因素至关重要：一是有利的国际经济环境，包括增加国际贸易制度的开放程度、降低发展中国家的实际筹资成本；二是债务国做出有力而持续的调整努力，包括维护国内宏观经济的稳定、促进经济结构合理化，并从根本上提高外债的使用效率；三是提供充足的外部资金流量，即扭转债务国资金向债权国倒流的趋势，这就要求发掘新的融资渠道，促进直接投资和证券投资形式的发展。

四、股市危机

股市危机又称证券市场危机。一般而言，股市危机可按如下方式进行定义：当一国股票指数在10个交易日内下跌幅度超过20%，就可定义为股市危机爆发。纵览全球历史上多次股票市场危机的爆发，可以发现信贷的过度扩张往往是股市危机触发的潜在条件。当一个国家或地区的经济处于快速发展阶段时，人们的乐观预期将直接导致各类信贷资产的规模迅速扩张，并且，随着人们对未来经济发展乐观预期的形成，股票、房地产等资产的价格也会快速上升。这时，一方面，房地产按揭贷款的存在将必然导致房地产资产存在较高的杠杆水平；而另一方面，当股票市场处于快速上涨阶段时，资本市场的逐利者也会企图通过加杠杆的方式来提升他们的短期收益。而随着房地产市场与股票市场中杠杆水平的不断提升，信贷资产必然出现过度扩张的趋势，两者相互结合之下将成为引发股市危机爆发乃至于全面金融危机爆发的潜在隐患。此时，一旦经济发展稍有停滞，信贷规模的扩张就无法支撑起资产价格的持续上涨，市场中投资者的信心也将随之减弱；而证券资产价格的泡沫化就很有可能成为股市危机的导火索。

除了信贷资产的过度扩张以外，经济体中货币的过度投放也可能是造成股市危机的重要原因。为了刺激经济的发展，各国政府热衷于使用扩张性的货币政策。事实上，货币数量的过度投放往往也表现为信贷资产规模的过度扩张。纵观历史上发生过股市危机的经济体，信贷的扩张都是股市危机的重要触发原因之一。在经济向好时，人们对未来经济的发展充满着乐观的预期，这种乐观的预期将直接促使该国固定资产价格呈现不断上涨的趋势。

此外，股票作为一种流动性更佳的资产，在经济向好时其价格也会迅速上涨。此时，股票价格的上涨一方面得益于在经济上行阶段企业基本面的改善，另一方面则源自股市投资者预期的逐渐提升。更进一步地，由于房地产中抵押贷款的普遍存在，房价的上涨将导致抵押品价格进一步提升，从而创造出更高的流动性。在房地产抵押贷款所创造的流动性增量的驱使下，股票市场价格的泡沫化将会不断显现，一旦资产的升值幅度不足以对冲增量资金的成本，持续推动股票市场上涨的动能便将逐渐失去。在失去足够的上涨动能后，处于高杠杆中的股票市场便将面临多空力量不均的危险情形，股市危机随时都有可能爆发。

股市危机有众多的表现形式，但是在本质上，股市危机其实是一种货币现象，或者说是一种由信贷过度扩张而导致的资本严重过剩现象。股市危机往往与恶性通货膨胀相伴而生，股市危机常常直接导致恶性通货膨胀的出现，而恶性通货膨胀也必将影响证券市场的正常秩序。因此，想要防控股市危机的爆发则必须控制证券市场的杠杆率。仅依靠顺周期的危机防控机制并不利于股市危机的防范，更好地实施逆周期的杠杆调整机制才是抑制市场泡沫乃至危机的必要条件。在存在高杠杆的股票市场中，股市危机的表现形式往往就是短期内的迅速暴跌，广大股市投资者损失惨重，严重时甚至会影响一国经济的发展。

关于股市危机的形成原因，一般认为，股市脱离经济的基本面，长时间出现非理性的趋势性暴涨，往往是酿成股市危机的重要原因。具体来说，关于股市危机形成原因的理论主要有泡沫经济理论、信息不对称理论、噪声理论、循环周期理论。

泡沫经济理论的产生主要源自对泡沫经济的定义："一个或一系列资产在一个连续过程中陡然涨价，开始的价格上升会使人们产生还要涨价的预期，于是又吸引了新的买主——这些人一般只是想通过买卖谋取利润，而对这些资产本身的使用和产生盈利的能力是不感兴趣的。伴随涨价常常会发生预期的逆转，接着就发生价格暴跌，最后'以金融危机'或'繁荣的逐渐消退'告终。"简要地说，泡沫经济指主要由投机性导致的资产价格严重偏离基础价值的过度上升，随后迅速回落的过程，以及由此带来的经济虚假繁荣和衰退的典型市场失灵现象。泡沫经济常见的载体是债券、股票、房地产等。

信息不对称理论认为证券市场上的信息不对称也将导致逆向选择和道德风险问题，最终导向股市危机。上市公司股票的定价，一般只能根据投资者对所有上市公司预期收益的主观期望来确定。对于绩优公司而言，由预期收益得出的预期价格往往低于其实际价值，它们由此会觉得上市发行股票不是一种最优融资决策，因而会避开证券市场这一直接融资渠道。而对于绩差公司则正好相反，它们往往有动力利用多占信息的优势，通过包装上市融资。结果是，市场上充斥着绩差公司。一段时间后，投资者会调低对上市公司的预期收益的主观期望，市场上留下的是经营业绩更差的公司，如此循环往复，最终由于严重的信息不对称，直接融资市场将萎缩甚至消失。这不仅不利于金融市场的资源优化配置，而且还将在萎缩过程中助长金融泡沫的形成。更有甚者，有的公司一旦经包装上市获取资金后，便改变初衷将资金投向更为冒险的项目，产生道德风险问题，使投资者高估金融资产价格，进一步增加金融泡沫化程度。而一旦市场逆转，泡沫破灭，股市危机就不可避免。

噪声理论中的噪声指的是与金融资产基础价值变动无关但却可能影响该资产价格的失真信息，将噪声视为真实信息进行交易即为噪声交易。信息不对称必然产生噪声交易，因为噪声交易者选择资产组合时所依据的理论模型不正确，或者对来自技术分析师、股票经纪人、经济顾问等人的虚假信息信以为真，导致对未来价格走向的判断过分主观。因此，信息不对称的金融市场上必然长期存在着噪声交易者，他们与理性交易者（理性套利者）进行博弈，博弈的结果通常是噪声交易者占据市场绝对优势。这将导致市场有效性大为降低，并使资产价格偏离其基础价格，从而形成金融泡沫。随后，噪声交易者所能获得的高额利润又驱使部分理性交易者蜕变为噪声交易者，进一步加剧市场上的噪声交易行为，使价格更加偏离其基础价格，由此加速金融泡沫的膨胀。

索罗斯的循环周期理论认为金融资产的价格按理应取决于该资产的未来盈利能力。但其未来盈利能力又取决于未来的实体经济。而影响未来的实体经济及金融资产价格的因素并不能为股票持有人所尽知。因此，他们只能根据资产市场的运行趋势，通过心理预期对金融资产价格作出评价。因此，世界上不存在由资产内在价值决定的均衡价格。资产交易行为与资产价格通过市场心理这一桥梁而相互决定，由此产生"市场决定市场的自我循环"。这种资产价格的自我循环运作必然造成资产价格的过度波动。市场参与者大多按照市场运行趋势作出买卖决定，以致不断强化市场趋势本身，直至这种单方面的市场能量释放完毕，才开始反向的运行趋势。

总而言之，泡沫经济理论侧重于从宏观层面解释股市危机，后三种理论则均从微观层面研究——信息不对称理论将信息经济学原理运用于证券市场，揭示了证券市场的内在脆弱性；噪声理论从信息不对称理论中衍生出来，更形象地描述了金融资产暴涨暴跌的过程；循环周期理论实质上是危机自我实现理论。

对以股市危机为先导的金融危机，治理的重点应放在稳定资本市场、恢复市场信心方面，具体措施包括：限制过度投机和杀跌行为以稳定股市价格；通过停市、停牌、设立涨跌幅限制等来限制股价的过度波动和急剧下跌；通过救助个别企业或机构来稳定市场信心；通过回购上市公司股票提升投资者信心；通过调节货币供应量来稳定股票市场；政府直接介入资本市场来稳定股票市场，从而抑制股市危机的扩展和蔓延。

五、并发性危机

并发性危机，也被称为全面金融危机或系统性金融危机。根据国际货币基金组织、金融稳定理事会和国际清算银行 2009 年发布的《系统重要性金融机构、市场和工具的评估指引》，系统性金融风险是指由于金融体系整体或局部受到破坏，导致金融服务中断，对实体经济具有潜在负面影响的风险。并发性金融危机则是指主要的金融领域都出现严重混乱，如货币危机、银行业危机、外债危机、股市危机同时或相继发生。它往往发生在金融经济、金融系统、金融资产比较繁荣的市场化国家和地区，以及赤字和外债较为严重的国家，对世界经济的发展具有巨大的破坏作用。这种系统性金融危机就是我们所说的并发性危机或全面金融危机。

并发性金融危机的成因主要包括：顺周期行为加剧了风险恶性循环；系统重要性金融机构起了关键作用；金融市场一体化加快了危机传导；金融创新增加了危机传递链条；金融体系与实体经济的相互作用更加密切，等等。

其中，金融脆弱性演化为并发性金融危机的触发点往往来自"支付危机"，其大致分四个步骤：第一，金融机构资产负债表恶化，引起挤兑；第二，为满足支付，金融机构急于获取现金，不得不出售资产；第三，金融机构急于出售资产，导致资产价格暴跌；第四，资产价格暴跌，进一步恶化金融机构的资产负债表，最终引发并发性金融危机。并发性金融危机又进一步引发信贷紧缩，导致经济滑坡、破产增加、信心失落，损害实体经济，形成恶性循环。这时，央行不得不成为"最后贷款人"，且随着风险的处置进程，央行成为危机处置的主要参与者，但又不是唯一的主要参与者。

金融全球化也加剧了并发性金融危机的国际传播，原因主要有二：一是贸易联系使国际收支恶化相互影响；二是金融联系使直接投资变化和借贷收紧相互影响。因此，金融全球化也直接或间接地加剧或扩散了各国的并发性金融危机。

并发性金融危机具有严重的危害性，主要包括：使金融机构陷入经营困境；各国财政负担加重，财政部门不得不出面救助；货币政策效率下降；债务紧缩效应导致投资紧缩和总体经济水平低迷；严重影响经济增长。

简单来说，处置并发性金融危机大致可分为三个阶段：第一，危机阶段，处置重点是制止动荡和稳定金融体系；第二，稳定阶段，处置重点是重组金融体系；第三，恢复阶段，处置重点是规范金融体系。这里存在一个处置并发性金融危机的成本及其分摊的问题。不同国家在国家金融层面选择不同的处置策略、步骤及具体措施所需的处置成本与产生的效果都很不一样。

第二节　案例分析

一、1929—1933 年大萧条

1929—1933 年的世界经济大萧条是一个常说常新的反面教材。所谓大萧条，是指经济活动远远低于正常水平，企业和消费者有严重悲观情绪且持续时间很长的一个时期。

20 世纪 20 年代，美国经济发展势如破竹，股票市场一片欣欣向荣，甚至有过热之势。在此背景下，刚成立的美国联邦储备系统便遭遇两难选择：是调高利率、减少货

币发放来给股市降温,还是降低利率来刺激实体经济。最终美联储选择了前者——1928年年初,美联储就准备降低货币供给量,来限制人们对于投机的过热需求,同时美联储下达命令,全国银行禁止发放用于资本市场投机的贷款,而只能为社会生产性活动提供贷款。此外,美联储还提高了利率水平。这种货币紧缩的经济局势,一直持续到1929年的前三个季度,然而,这些举措并没有消除愈渐膨胀的股市泡沫。

1929年,道琼斯工业平均指数飙升到有史以来的最高点——381点。与此同时,提高利率的措施严重挫伤了美国工业发展的积极性,美国工业产值在1929年夏天触顶,随即急转直下。1929年9月,英国的金融诈骗犯克拉伦斯·哈特里东窗事发,被捕入狱。该消息犹如巨石投湖,一石激起千层浪,引爆美国股市的抛售浪潮——同年10月28日,史称"黑色星期一",纽交所股票价格指数猛然大幅度震荡,股民们和机构投资者开始疯狂抛售手中的股票。根据统计数据显示,当天纽交所的全部股票平均下降50点,50支首要股票的平均价格遭受重创,贬值幅度将近一半。接着,道琼斯工业平均指数在接连两个月内跌幅近半,截至11月13日跌至198点的低位;美国股票市场萎靡不振的局势一直持续到1933年初期,根据相关股票指数的统计,1929年10月之后的28个月间,道琼斯工业平均指数追踪的30种工业股票的价格缩水约92.3%;20种与铁路交通运输相关的股票价格由平均180美元缩水至28美元。截至1933年7月,美国股票市场的总市值规模还不及1929年9月的1/5。

1929年10月,纽约股市的股票指数呈断崖式下跌,标志着美国大萧条的开始。1930年10月,超过1000家位于美国中西部州的银行爆发危机并倒闭。同年12月,美国范围内一共有300多家银行倒闭。其中,12月11日的美国银行倒闭事件,更是让市场一片哗然,因为该银行是美国第二十八大银行,拥有超过2亿美元存款,它的破产成为当时美国最大的银行破产事件。不幸的是,第二次银行危机在1931年2月接踵而至,大量银行遭受储户的挤兑,倒闭的厄运在芝加哥、克利夫兰和费城传开,银行存款总规模在7个月内减少到27亿美元的低位,不到危机前总规模的1/10。

与此同时,美国境外压力因素也在持续发酵。1931年9月,英国放弃了以黄金为本位币的货币制度,向市场释放出美元将会急速贬值的信号,投资者恐慌地在市场上抛美元兑黄金。美联储为了遏制该趋势,挽救美元,紧急采取提高再贴现率等一系列应急措施,减少流通中的美元数量来稳住美元。总体来看,这些举措虽然阻碍了同期国内经济的发展,却也在较短时间内成功遏制住了黄金的外流。

1932年底,第三次银行危机还是不期而至。美国内华达州、艾奥瓦州、路易斯安那州和密歇根州的放贷机构接二连三地倒闭,这迫使银行机构动用银行间存款。然而,银行间存款仍然填补不了危机银行的流动性资金缺口。在此背景下,银行转而求助于美联储。然而,美联储不愿承担"最终贷款人"的责任,拒绝向它们发放贷款,这使美国银行系统彻底陷入瘫痪状态。随即,美国至少有25个州宣布已经通过银监机构批准,临时停止营业。

1933年3月4日,小罗斯福总统上台,宣布全国银行歇业。在此期间,美国的金融监管机构对银行的整体经营状况进行了评估,针对不同经营状况的银行提出了不同的营业建议:账面资产状况良好的银行可以恢复营业,没有偿还能力的银行则被关闭,对于介于二者之间的银行,则由政府帮助它们渡过难关。

1933 年，罗斯福新政开始启动，美国政府进入了危机处置阶段。其主要举措包括：整顿财政金融；颁布《全国工业复兴法》，调整工业生产；调节农业生产；实行社会救济，以工代赈。在新政的推动下，美国的社会生产力开始逐渐恢复，社会矛盾得到缓和。同时，美国乃至世界经济也进入了政府大规模干预的时代。

大量银行倒闭是此次银行危机历程最显著的特征。1922 年，美国的银行数目达到 31000 多家，为历史最高值；1929 年中期，美国有 25000 家银行营业；到 1930 年，美国有超过 6000 家银行倒闭；1932 年又有超过 1000 家银行倒闭。到 1933 年年初，银行总规模数量相比 1929 年已下降了接近一半。截至银行歇业结束，仅有 12000 多家银行处于正常营业状态。

值得注意的是，银行危机给美国经济造成了极其惨痛的重创，特别是对实体经济领域造成的负面影响更是不容小觑。从 1929 年伊始，在此后的 24 个月里，美国的货币供应量减少了约 1/3。到 1932 年，美国的工业生产总值下滑近一半，与危机前的繁荣时期相比缩减了约 56%。危机期间，受同期 13 万家企业的破产潮影响，美国社会的失业状况较为严峻，经济局势不容乐观，失业率攀升了 10 倍，从 2.5%飙升至 25%，1000 多万人失去了工作机会，占美国劳动力人口的 1/4，实际工资也出现明显缩水的趋势。此外，这场金融危机的阴霾还迅速笼罩了其他国家与地区，使得当时资本主义世界整体的工业生产总值倒退至 10 年前的水平。以上的经济事实表明，这次区域性危机已经显著恶化，并发展成为一次规模空前的世界性危机。

20 世纪 30 年代的银行危机给予了美联储沉痛的经验和教训，让他们深知自身在防范银行风险、阻断银行危机等方面还有许多的短板。在大萧条结束以后，美国政府痛定思痛，总结经验教训，并针对美国银行业的现行规章制度，进行了一系列大刀阔斧的改革，对后来银行业态发展产生了深远的影响，其主要包括两个层面。

第一，颁布《格拉斯-斯蒂格尔法案》，终结了银行自由经营的时代，要求银行创建的申请者需要提前向财政部递交申请；将商业银行与投资银行的业务分离开来，并根据不同的机构主体及其业务范围进行有区别的分类监管；将银行普通贷款业务与股票市场运作业务分离；设定了利率的浮动范围；规定活期存款将不能在储蓄期间从银行获得利息；加强了监管当局的监管权力。

第二，设立了联邦存款保险公司，规定联邦储备系统的全部成员必须参加保险，其储户最高可获得来自联邦政府发放的 2500 美元的存款保障，从而杜绝了银行挤兑的发生。

二、1997 年亚洲金融危机

亚洲金融危机指发生于 1997 年的一次世界性金融风波，是由国际收支平衡引起的危机。1997 年 7 月 2 日，亚洲金融危机席卷泰国。不久，这场危机波及马来西亚、新加坡、日本、韩国、中国等地。泰国、印度尼西亚、韩国等国的货币大幅贬值，同时造成亚洲大部分主要股市的大幅下跌；这场危机冲击亚洲各国外贸企业，造成亚洲许多大型企业的倒闭、工人失业、社会经济萧条，减缓了亚洲经济急速发展的势头。亚洲一些经济大国的经济开始萧条，一些国家的政局开始混乱。泰国、印度尼西亚和韩国是受此金融危机波及最严重的国家。新加坡、马来西亚、菲律宾等地也被波及，中国大陆和中国台湾地区则几乎不受影响。可以说，亚洲金融危机始于外汇市场的超常波动以及由此引起的货币危机，再发展到货币市场和证券市场的动荡，并最终影响了实体经济的正常运行。

亚洲金融危机可以分为四个阶段。

在亚洲金融危机的第一阶段，位于东南亚的泰国受到攻击。1997年5月，泰铢受到货币投机者攻击，1997年7月2日，泰国宣布放弃固定汇率制，实行浮动汇率制，泰铢当日贬值17%。1997年10月，国际炒家转移至国际金融中心中国香港地区，矛头直指中国香港地区联系汇率制；中国台湾地区突然弃守新台币汇率，新台币一天贬值3.46%。1997年10月23日，香港恒生指数大跌1211.47点；28日，下跌1621.80点，破9000点大关。

到了亚洲金融危机的第二阶段，韩国、日本也被卷入。1997年11月中旬，韩国也爆发了金融危机：11月17日，韩元对美元的汇率跌至创纪录的1008∶1；12月13日，韩元对美元的汇率又降至1737.60∶1。1997年下半年，日本的一系列银行和证券公司相继破产。

亚洲金融危机的第三阶段是危机不断深化的阶段。1998年年初，印度尼西亚金融危机再起。1998年2月16日，印度尼西亚卢比对美元的汇率跌破10000∶1，新加坡元、马来西亚林吉特、泰铢、菲律宾比索等纷纷下跌。日元对美元汇率从1997年6月底的115∶1跌至1998年4月初的133∶1，1998年5、6月间，日元汇率一路下跌，一度接近150∶1的关口。

亚洲金融危机的第四阶段是结束阶段。1998年8月，国际炒家对中国香港地区发动新一轮进攻，香港恒生指数跌至6600多点。香港特区政府予以回击，动用外汇基金进入股市和期货市场，吸纳国际炒家抛售的港币，稳定汇市。1998年9月2日，卢布贬值70%，这致使俄罗斯股市、汇市受重创，引发金融危机乃至经济、政治危机。1999年，金融危机结束。

亚洲金融危机给亚太地区各国造成了严重的负面冲击，而这一影响在资本市场、宏观经济、社会治安及政策实施等各个层面均有所显现。这一危机使得亚洲各国的货币大幅贬值，并带动股票市场的暴跌，致使大量财富蒸发。而货币贬值进一步加剧了各国的外债负担，东南亚高负债国家与地区所承担的以美元、欧元和日元等国际货币进行计价的外债负担明显加重。这也引发了国际对东南亚经济前景的担忧。危机发生后，东南亚国家普遍面临国际信用评级下降、国际融资渠道受阻等问题，这也进一步导致其国内市场出现利率上升、信贷缩水等现象，大量企业与机构破产倒闭：泰国关闭了56家金融机构，印度尼西亚关闭了17家金融机构，韩国排名前列的20家企业破产。

除金融层面外，东南亚市场的生产活动也出现明显萎缩。东南亚的生产严重依赖进口原材料，货币贬值使进口的成本显著上升，造成原材料短缺，对其制造业造成严重影响。与此同时，国内居民的财富缩水和收入下降进一步抑制了国内的需求水平，供需端的叠加冲击加剧了工厂的减产与停工，东南亚各国的产出与就业均遭受明显的冲击。其中，印度尼西亚在 1998 年的失业率达 9%，总失业人数达 2000 万，当年的国内生产总值增长率达-15%，而亚洲范围内发展较好的日本等经济体的失业率同样一度达到了 3.5% 以上。

亚洲各国经济的倒退引起社会的剧烈动荡。金融危机期间失业率高企、物价上涨等问题凸显，印度尼西亚在 1998 年的通货膨胀率甚至达到 77.6%，居民日常生活受到严重影响。这也使得泰国、印度尼西亚与韩国均出现了大规模的游行示威活动，其中印度尼西亚甚至爆发了大规模的暴乱，其社会稳定遭遇严重冲击。此外，受害国的经济政策主权往往受到干预。国际货币基金组织与国际社会对于东南亚国家的援助通常存在附加条件，如开放国内市场、提高市场化程度等，这可能对各国相对不发达的民族工业形成巨大压力。

尽管亚洲金融危机已在 1998 年年初开始有所减缓，东南亚各国经济逐步复苏，但这一区域性危机仍然给世界经济的增长造成了显著的负面冲击。当时，世界银行、国际货币基金组织和经济合作与发展组织均估计，1998 年内全球的国内生产总值增长率与 1997 年相比将出现下滑。数据显示，亚洲地区在 1998 年的国内生产总值增长率与 1997 年相比下降 2.3%，仅为 4.4%，其中东盟各国受影响更为严重，1998 年的国内生产总值增速为 1.7%。

这一危机同样导致了世界贸易增速的急剧放缓。1997 年，世界贸易增速达 9.4%，1998 年与 1999 年分别为 6.4% 与 6.1%，世界贸易增速出现明显下滑。

在亚洲金融危机中，中国香港市场所受影响十分显著。1998 年内，香港的失业率一度达 3.5%，当年的国内生产总值增速仅为 0.9%。香港股市同样在危机中遭遇重挫，其主要股票指数一度跌破万点，致使大量财富蒸发。尽管中国内地市场未受到金融危机的直接冲击，但中国内地与亚洲经济的高度关联同样使得金融危机对中国内地的经济形势产生影响。与 1997 年相比，1998 年内中国的国内生产总值增长率、出口规模出现显著下滑，消费疲软、失业率上升等现象也随之而来。

亚洲金融危机发生的原因可从直接触发因素、内在基础性因素和世界经济因素三个角度考虑。

（1）直接触发因素主要是国际金融市场上游资的冲击（国际投机基金的炒作），加之当事国汇率政策僵硬。后者主要指：一些亚洲国家外汇政策不当，一方面保持固定汇率，另一方面又扩大金融自由化；为维持固定汇率，长期用外汇储备来弥补逆差，导致外债增加；外债结构不合理。

而国际资本的冲击之所以能够成功，原因在于当时的亚洲市场存在显著的过度失衡问题。这一问题主要体现在国际收支失衡、货币供求失衡、资金借贷失衡及投入产出失衡四个方面。

在 20 世纪末，亚洲经济快速发展，吸引大量外资流入。与此同时，经济的高涨也导致亚洲各国的经常项目收支出现明显恶化。亚洲经济的**繁荣**一方面使得各国进口额明显上升，而另一方面也导致亚洲国家的出口增长规模出现大幅缩减。当时亚洲国家大多采用钉住美元的浮动汇率制，汇率的自由浮动受到明显限制。尽管经济繁荣带动了亚洲各国工资及物价的普遍上涨，但各国的汇率仍十分平稳，本币的价值被显著高估。这在促进亚洲各国进口产业发展的同时，也对各国的出口造成负面影响。此外，亚洲国家产品竞争力不强、生产成本上升过快等因素同样限制了其出口规模，从而进一步加剧了亚洲国家经常项目的失衡。从国际收支的角度看，亚洲经济增长所带来的大量外资流入及经常账户失衡问题导致亚洲各国的国际收支出现严重失衡。被高估的本币价值及庞大的外债规模，为国际资本提供了一个合适的攻击目标。

除国际收支失衡外，亚洲市场同样存在货币供求失衡的问题，这导致亚洲经济出现大量泡沫。货币供求失衡的问题在日本尤为突出。日本在20世纪80年代内的低利率及放松银根的政策使得日本的货币供应量持续飙升，带动了房地产及股票等资产价格出现同步上涨。在日本股市处于最高位的1989年，日本股市的资本总额达日本当年国内生产总值的2.24倍，更多的资本由长期投资向短期投机流动，经济体中的泡沫进一步加剧。除日本外，泰国、印度尼西亚及马来西亚等经济体同样面临这一问题。在1990年至1994年，以上国家股市市值与国内生产总值的比值均出现超过140%的增幅，其中马来西亚1994年的股市市值甚至达到当年国内生产总值的2.75倍。这也为危机时泡沫破灭、大量资本外逃、货币贬值埋下了严重的隐患。

资金借贷失衡方面，在亚洲经济快速发展的背景下，各国纷纷放宽贷款限制，这引发了过度借贷现象，使得风险迅速积聚。与此同时，各国政府的过度担保也进一步加剧了金融机构的道德风险问题：在亚洲各经济体中，国有银行均与政府有着密切联系，这使得政府愿意为濒临破产的银行提供援助；在政府的担保下，银行可能进行过度借贷，亚洲各银行的道德风险问题由此产生。与此同时，亚洲国家的金融监管效率相对较低，难以对各金融机构的过度借贷进行有效监督，这进一步加剧了银行业的道德风险问题，使得亚洲银行的不良贷款率高企，金融风险不断积聚。

除国内银行外，国际银行同样在资金借贷层面发挥着重要作用。在经济较为繁荣的时段内，国际银行过度提供贷款，加剧了金融系统中的泡沫。而当经济体处于危急状态时，国际银行将撤回资金，导致危机进一步加剧。在经济高速增长的时段内，亚洲各国均持有大量短期外债。一旦危机爆发，大量外资撤回，亚洲企业将遭遇重挫，致使各国的不良贷款率进一步上升。

在投入产出失衡方面，20世纪90年代末东盟各国的年均国内生产总值增长率均接近于8%；然而不少经济学家指出，该时段内亚洲的全要素生产率未出现显著提升，这一增长主要源于劳动力与资本的增长，这也与亚洲各国新增资本产出比率的增长逐渐下滑的现象相一致。亚洲基于高储蓄的增长方式，无法长久地维持每年8%的国内生产总值增速，一旦增速放缓，高储蓄伴随的过度投资及泡沫化等问题将逐渐暴露，导致金融系统遭遇危机。

（2）内在基础性因素主要有三点：一是当事国透支型经济高增长和不良资产的膨胀导致房地产泡沫破裂，银行呆账、坏账严重；二是市场体制发育不成熟，如政府过多干预资源配置；金融体制特别是监管体制不完善，如在条件不成熟的情况下过早开放资本市场等；三是"出口替代型"模式遭遇出口大幅下降、贸易收支连年逆差、赤字逐年上升的困境。

（3）世界经济因素主要有两点：一是经济全球化时代，金融危机具有"感染"效应；二是不合理的国际分工、贸易和货币体制对发展中国家不利。

面对亚洲金融危机，各当事国政府采取的应对措施主要有四点：一是积极争取国际货币基金组织的援助；二是主动实行紧缩的财政政策，压缩财政开支，降低发展速度；三是重新制定产业发展政策，主要是将短期的国家科研计划转向以改善贸易收支、增强国际竞争力、开发产品的高附加值为目标，重点开发替代进口产品和战略性出口产品的技术；四是更加重视产业技术开发，制定产业技术支持政策以强化技术创新，重点提高产品附加值、刺激出口、增加就业，这类政策将重点扶持中小企业和风险企业。

中国政府也采取了积极的政策与措施，主要包括：第一，成功推动了宏观经济体制改革；第二，有力抑制了经济泡沫；第三，加强了对各金融机构的风险管理。其中特别值得一提的是中国香港地区的"金融保卫战"。1997年香港回归伊始，亚洲金融危机爆发，1997年7月中旬至1998年8月，国际炒家三度狙击港元，在汇市、股市和期指市场同时采取行动。他们利用金融期货手段，用3个月或6个月的港元期货合约买入港元，然后迅速抛空，致使港币利率急升、香港恒生指数暴跌，从中获取暴利。面对国际炒家的猖狂进攻，香港特区政府决定予以反击。1998年8月，香港金融管理局动用外汇基金，在股票和期货市场投入庞大资金，准备与国际炒家一决雌雄。1998年8月28日是香港股市8月份恒生期货指数的结算日，香港特区政府与国际炒家爆发了大决战。香港特区政府顶住了国际炒家空前的抛售压力，毅然全数买进，独立支撑托盘，最终挽救了股市，有力地捍卫了港元与美元挂钩的联系汇率制度，保障了中国香港地区经济安全与稳定。中国香港地区的"金融保卫战"是经济实力的较量。在"金融保卫战"爆发前夕，中国香港地区不仅自身拥有820亿美元的外汇储备，而且身后还有中央政府1280亿美元的外汇储备，两者相加超过日本的2080亿美元外汇储备，居当年世界第一位。截至1997年12月底，中国香港地区的外汇储备为928亿美元，位列全球第三，仅次于日本和中国内地。

亚洲金融危机暴露出亚洲金融也存在着众多问题，这也给世界各国的货币危机防控带来了诸多启示。

首先，应当加强对于金融机构的监管。在货币危机的防控中，政府应当对银行的借贷规模予以监控，通过强化银行的内控体系建设，设定恰当的资本充足率与不良贷款率的要求，来防止金融机构过度借贷现象的出现。与此同时，当局还应当对信贷的流向进行监管，避免过量资金向证券业与房地产业集聚，通过形成大规模的资产泡沫影响金融体系的稳定性。

其次，应根据经济形势逐步推进资本市场开放，避免自由化进程过快加剧经济体的风险。在政府推进资本项目开放时应当循序渐进，在保证境外资本流入规模不会对国内金融系统造成剧烈冲击的前提下逐步推行自由化，避免资本市场的自由化程度与国家的经济实力不相匹配，导致国内市场的动荡。

再次，政府应当强调对于外资的合理运用，避免过度依赖外资而加剧金融系统的脆弱性。各国在引进外资的同时应当对外资的运用进行监管，从控制外债规模、调整外债偿付结构及合理引导外资流向等层面入手，有效降低外资的高流动性对本国金融稳定的影响。

最后，货币危机治理中有效调控市场情绪是非常重要的：在进行危机干预时，应当充分认识到公众预期对危机的潜在影响，并及时出台防范危机和稳定公众信心的救援政策，包括持有充足的外汇储备，出台保护存款人利益的相关法律法规，及时筹集救助资金对危机中经营不善的企业进行救助；通过以上措施，可以稳定市场预期，避免市场悲观情绪加剧危机对本国的冲击。

三、2008年国际金融危机

2008年国际金融危机，又称世界金融危机、次贷危机、信用危机，是一场全球金融资产、金融机构、金融市场的危机，其首先产生于美国的次贷危机。而美国次贷危机的直接诱因则是美国利率的上升和住房市场的持续降温。

在次贷危机爆发之前，美国金融市场的脆弱性已经经历了长达数年的酝酿积聚。早在20世纪末21世纪初，美国宏观经济基本面就出现了恶化的前兆。随着第三次科技革命所带来的经济上行长周期进入尾声，美国等发达经济体的产业空心化问题日趋严重，实体经济的投资回报率大不如前，资金"脱实向虚"倾向更趋严重。在实体经济回报率下跌的压力下，美国国内的供应链、产业链不得不大规模迁出国外，致使美国失业率在2000年后持续上涨，当时初次申请失业金人数在2001年9月29日达到51.7万人的历史高位。在制造产业持续萎缩和IT产业、金融产业逆势增长的双重因素影响下，美国不同阶层人民收入分配不均衡的现象愈发严重，社会贫富差距逐渐扩大。2000年，美国前5%的最富裕家庭收入占全社会收入的22.1%，比1967年高出4.9个百分点。对于美国普通居民而言，家庭收入增长的逐渐放缓和自由主义经济学所鼓励的扩大消费之间的矛盾凸显，广大民众通过借贷实现超前消费的动机也显著增强，为居民部门逐渐扩大的债务违约风险敞口埋下严重隐患。

与此同时，美国在危机爆发前曾长时间处于货币供给与金融监管双宽松的环境之下，这进一步加剧了金融系统的不稳定性。随着1999年《格拉斯-斯蒂格尔法案》的废除和《格雷姆-里奇-比利雷法案》的颁布，美国金融机构开始被允许从事混业经营。然而，美国金融监管体系长期存在错位与滞后等问题，难以跟上金融混业经营的发展步伐。

同时，在2001年互联网泡沫破裂之后，美联储在2001年至2004年间采取宽松货币政策以达到刺激经济复苏的目的，联邦基金目标利率经过13次连续降息后下探至1%的历史低位，释放出巨量流动性。因此，在流动性趋于泛滥、监管长期缺位的背景下，以资产证券化为代表的金融衍生产品创新活动空前活跃，金融机构通过将住房抵押贷款和其他类型资产作为基础资产，以其未来现金流为支撑进行再证券化包装，大量推出按揭支持证券、资产支持证券、担保债务凭证等结构化金融产品。而这些资产证券化产品在增加金融市场资产流动性的同时，也带来了风险传递链条复杂化、抬升资产价值评估难度、催生资产价格泡沫、加剧顺周期性效应的问题，在一定程度上助长了金融机构的风险积聚。同时，在宽松的货币金融环境下，大量资金进入房地产市场追逐有限的商品，导致房地产市场加速膨胀，资产泡沫不断堆叠。据美国联邦住房企业监管办公室披露显示，美国房屋价格指数在 2003—2006 年呈现急剧攀升的态势，增幅达到 35% 以上，2005 年第二季度，该指数当季同比增幅更是达到 11.93%。

因此在这期间，美国房地产抵押价值持续上涨，相应的次级抵押住房贷款（简称次级贷款）投放量也随之剧增，进一步助长了房地产市场泡沫。此外，在超前消费风潮和超低利率政策等因素影响下，美国社会宏观杠杆水平不断攀升。据国际清算银行披露的数据显示，自 2003 年起，美国居民部门和非金融企业部门杠杆率在 7 年内分别上涨了 13.8 个百分点和 8.2 个百分点，达到 98.5% 和 69.9% 的历史高位，美国总体债务敞口在危机前运行至顶峰水平。

伴随着 2004 年之后美联储的多次加息动作，2006 年 7 月，联邦基金利率大幅升至 5.25%，致使市场流动性骤然收紧，房地产市场价格逐渐回落，次级贷款违约率有所上扬。由于次级贷款产品是在对底层资产进行分割打包的基础上进行售卖，再加上评级机构对结构化金融产品的评估失准等问题，在该类产品形式下，正常资产与问题资产往往难以得到准确区分和合理定价，因此，当次级贷款出现大规模违约时，相应的证券市场就陷入了资产定价机制失灵的窘境。在这种情况下，持有这些资产的金融机构不得不在偿付压力和资本监管要求下对资产进行折价出售，从而导致资产进一步贬值，市场形成资产价格下跌的螺旋机制。与此同时，由于市场中大量多层嵌套结构化金融产品的存在，部分资产的价格暴跌冲击随即传导至其他类型的资产上，致使更多金融机构的资产负债表受到贬值传染，被迫加入抛售资产的行列。在这种情况下，随着金融市场信息不对称程度和对手方风险的加剧，市场信贷规模急剧收缩，致使整体流动性空前紧张，债务违约风险在短时间内激增，美国次级贷款的不良率在 2006 年第四季度超过 13%。在流动性风险和信用风险的冲击下，大量金融机构面临流动性短缺、资本金不足等难题，继而接连发生挤兑与倒闭事件，从而导致了次贷危机。

总而言之，次贷危机的发展过程大致可分为六波。

第一波发生在 2007 年 4 月到 2007 年 9 月。2007 年 4 月，美国第二大次贷机构——新世纪金融公司破产，标志着次贷危机开始。随后，欧美日许多银行宣布卷入美国次级债，产生巨额损失。2007 年 9 月，美国、英国、欧盟、日本的中央银行向市场注入了总计超过 3000 多亿美元的巨额资本救市。

第二波发生在 2007 年年末到 2008 年年初，主要金融机构出现严重亏损。2007 年 12 月 12 日，美国、加拿大、欧盟、英国、瑞士五大央行联手救市，美联储连续降息。2008 年 2 月 9 日，西方七国的财长和央行行长召开会议，讨论如何应对美国次贷危机引发的金融市场动荡问题，以及督促金融机构迅速公布与次贷危机相关的损失情况。然而次贷危机的影响仍在不断扩大。

第三波发生在 2008 年 3 月。2008 年 3 月 7 日，美联储宣布将在本月向金融市场注入 2000 亿美元。3 月 17 日，华尔街第五大投行贝尔斯登面临破产，在美国政府组织下，被摩根大通以 2 美元一股收购。

第四波发生在 2008 年 7 月到 9 月。2008 年 7 月，房利美和房地美两大房贷公司因严重亏损陷入困境。9月7日，美国政府宣布接管房利美和房地美，同意为每家注入1000亿美元资金。

第五波发生在2008年9月。2008年9月15日，拥有158年历史的华尔街第四大投行雷曼兄弟公司宣布破产。同日，美国银行宣布以接近500亿美元的总价廉价收购了美国第三大投行美林。这些冲击引发当日全球股市暴跌，时任美联储主席格林斯潘也声称这次危机是"百年一遇的金融危机"。9月16日，美联储宣布将向美国国际集团注入850亿美元资金。9月20日，美国政府提出7000亿美元的一揽子救援计划，几经波折后终于在10月初获国会通过。9月21日，高盛、摩根士丹利宣布将改制为常规存贷银行，华尔街独立投行时代宣告结束。

第六波发生在2008年10月。标志性事件是冰岛的"国家破产"。冰岛人口仅30多万，过去仅靠渔业支撑，但是在20世纪90年代，冰岛的银行体系迅速扩张，在全球各地成立分行，发放大量贷款，金融业在经济中的比重远超其他产业。截至2008年6月30日，冰岛三大银行资产总规模达14.4万亿冰岛克朗，约合1280亿美元。而2007年冰岛国内生产总值约为115.6亿美元。金融业迅速发展使冰岛尝到了甜头，它的人均国内生产总值当时已排在世界第九位。但次贷危机袭来时，冰岛才发现原来自己正是巴菲特所说的"裸泳者"。2008年10月6日，冰岛总理哈尔德承认，由于冰岛银行产业几乎完全暴露在全球金融业震荡波中，冰岛面临"国家破产"。在冲击之下，冰岛最大的三家银行破产，股市暴跌，货币冰岛克朗大幅贬值；当时冰岛金融业外债已超过1383亿美元，但国内生产总值仅为180.7亿美元。可以说，因为冰岛在金融领域的做法更像是私人投资基金而非政府，所以次贷危机来临后，它成为最脆弱的国家。

次贷危机对美国的影响是巨大的。美国道琼斯工业平均指数从2008年1月2日的13043.96点，下跌至2009年3月9日的6547.05点，跌幅高达50%。美国房屋价格指数也出现了较大幅度的下跌。美国的实体经济也深受冲击，如美国的三大汽车公司——克莱斯勒、通用、福特均陷入困境。2009年，克莱斯勒被意大利菲亚特汽车公司收购。2009年5月12日，美国通用汽车的股价已经从2006年的每股30美元下跌到每股1.09美元，创历史最低，通用汽车的股票不仅被踢出道琼斯工业平均指数成分股，还被美国证券分析师列为"垃圾"股。

由次贷危机引发的2008年国际金融危机对全球经济也造成很大冲击，直接的影响包括：首先，与美国金融体系关联紧密的各国金融体系的亏损和坏账不可避免；其次，美国金融危机极大地打击了投资者的信心，人们对银行信誉和现行金融体系都产生了质疑，全球范围内的流动资金骤然紧缩，直接影响了实体经济的增长速度；最后，美国是全球最大的消费型国家，一旦其消费需求出现大规模萎缩，那些对美国消费依存度强的经济体将失去发展动力。

比较2008年国际金融危机与以往的金融危机，本次危机的不同之处在于：影响到世界各著名金融机构，对世界金融市场的冲击前所未有；影响到美国居民的消费和储蓄，以及美国民众对金融机构、美元和美国政府的信任度，美国人开始把存款转到国外；受影响最大的是有一些钱的人——中产阶级，很多中产人士投资的之前被认为比股票风险小的债券，在此次危机中可能损失更大；造成全球金融机构的账面损失，美元资产贬值，全球股市大跌；欧美金融企业纷纷抛售海外资产以自保，撤离新兴经济市场，造成汇率下降，游资急剧回流；美元作为世界主要结算货币，是各国外汇储备中的第一币种，因此，在相当长时间内，美国的经济危机要由全世界持有美元和美国债券的国家来共同承担。

从深层次剖析造成2008年国际金融危机的原因，可将其分为技术和制度两个层面。技术层面的原因主要包括：次级贷款泛滥、贷款标准恶意降低；衍生金融交易过度发展、缺乏监管；信用评级机构给投资者极大的误导；金融机构杠杆比例过高。制度层面的原因主要包括：以美元为中心的国际货币体系导致全球流动性泛滥，使得全球为美国的错误承担风险，为美国买单；许多国家不顾本国需要和监管能力，实施金融开放及资本流动自由化政策，给国际投机资金冲击本国金融体系造成可乘之机；美联储错误的货币政策直接导致资产价格泡沫化。

再深入挖掘的话，最底层的原因在于：首先，20世纪80年代以来，西方国家经济管理的基本思路就是自由化，包括私有化、减少管制、减税等；其次，实体经济与虚拟经济严重背离，全球虚拟经济规模是实体经济的几十倍。作为全球经济的底色，这些因素均给金融体系的稳定性、安全性带来巨大挑战。

面对这场前所未有的金融危机，世界各主要国家和国际金融机构做出了诸多努力。除了前述的一些应对外，2008年10月8日，美国、加拿大、欧盟、英国、瑞士和日本的六大央行以及中国央行均宣布降息。六大央行在声明中说，在对当前的金融危机进行了持续和密切的磋商后，决定采取联合行动，将基准利率降低0.5个百分点，以应对危机、恢复市场信心。2008年10月16日，欧盟27国一致作出联合应对、整体应对本次金融危机的决定，主要举措包括对濒临破产的银行实行国有化，并对银行间的借贷提供政府担保。具体来说，一方面政府以购买优先股的方式向金融机构直接注资，另一方面由各国政府为金融机构新发行的中期债务提供担保。当时有多个成员国根据这份行动计划出台了本国的大规模救市方案，出资总额接近2万亿欧元，相当于美国7000亿美元救市基金的4倍。同时，七国集团、二十国集团等多个国际组织陆续召开会议商讨对策。2009年4月2日，二十国集团伦敦金融峰会达成多项共识：将国际货币基金组织的可用资金提高两倍，至7500亿美元；支持2500亿美元的最新特别提款权配额；为区域性的多边发展银行提供至少1000亿美元的额外贷款；确保为贸易融资提供2500亿美元的支持；国际货币基金组织通过出售黄金储备，为最贫穷国家提供优惠融资。这些协议共同组成了一项1.1万亿美元的扶持计划，旨在恢复全球信贷和就业市场及经济增长。以此为基石，二十国集团在伦敦金融峰会作出六项承诺：第一，恢复经济信心和经济增长，复苏就业市场；第二，修复金融系统以复苏贷款市场；第三，加强金融监管以重建信任；第四，融资和改革国际金融机构，以克服当前危机和避免未来危机；第五，促进全球贸易和投资，摒弃贸易保护主义，巩固经济繁荣的基础；第六，增进全面的、绿色的和可持续的经济复苏。

从2008年的国际金融危机的爆发与演变过程来看，美国政府对危机的干预态度和手段经历了较大的转变。2001年互联网泡沫危机之后，美联储所采取的是宽松货币政策和宽松金融监管环境。美国政府对危机的应对态度逐渐由被动、暂时性的干预转向主动的、积极的、提前性的处置与防范，并从货币政策、财政政策、监管政策等主要政策手段以及经济振兴计划来发力来处置金融危机、稳定金融市场。

在货币政策方面，美联储采取的是传统货币政策工具与非常规货币政策相结合的手段来化解金融市场风险。具体而言，在 2007 年下半年，即危机爆发的前期，美联储主要通过实施公开市场操作、调整基准利率与贴现率等方式，为受次贷影响最为直接且严重的银行系统提供大量流动性支持，以缓解市场流动性的紧张程度。截至 2008 年 12 月，联邦基金目标利率已由最初的 5.25% 连续降至 0.25%，接近于零。随着 2007 年年底金融市场基本面的持续恶化，美联储又推出了一级交易商信贷便利、定期拍卖工具和定期证券借贷工具等创新性的流动性工具，进一步扩大对金融市场的流动性支持。同时，美联储还与英国央行、欧洲央行等多国中央银行合作，建立货币掉期合作制度，从而保障各国货币市场的资金需求，提高短期流动性。此外，美联储还采用紧急贷款等方式为陷入财务困境的系统重要性金融机构提供救助支持，从而防止因大型金融机构倒闭而带来的不可逆的风险外溢冲击，并在一定程度上缓解了市场恐慌情绪。在金融危机尾声，美联储于 2008 年 11 月推出量化宽松政策，通过购买按揭抵押债券和机构债来引导中长期利率进入下行周期，从而向信贷市场注入巨量流动性，进一步稳定金融市场预期，提振企业投资与经济增长。

在财政政策方面，在联邦政府财政部的牵头带动下，美国在危机爆发之后启动多项金融救助与经济刺激方案，以达到救助大型金融机构、提供流动性支持、促进消费与投资、刺激经济增长等目的。在危机爆发前期，美国政府主要针对房地产市场以及相对应的次级抵押贷款采取干预措施：2007 年 12 月，联邦政府出台《抵押贷款债务减免的税收豁免法案》，通过减免购房者的住房抵押贷款、实施税收豁免等方式来降低这一群体的债务违约概率；2008 年 2 月，联邦政府推出"生命线工程"，允许每月房贷逾期超过 90 天的购房者申请获得额外的还款缓冲期；2008 年 7 月，时任美国总统的布什签署《2008 年住房与经济复苏法案》，为购房者提供贷款、担保和税收方面的支持；2008 年 9 月，美国财政部宣布向房利美和房地美进行注资，同时由住房金融局将接管以上两家机构，以实施直接干预与救助，等等。随着危机逐渐向整个金融系统和宏观经济部门蔓延，同年 10 月，美国国会通过《2008 年经济稳定紧急法案》，开始实施规模高达 7000 亿美元的不良资产处置计划，为金融机构提供问题资产收购与处置支持。与此同时，美国财政部也通过发行国库券等方式来帮助美联储解决资金支持问题，从而实现货币政策与财政政策在处理金融危机上的相互配合。例如，2008 年 9 月，美国财政部推出"补充融资计划"，卖出短期政府债券为美联储补充必要流动性，使后者得以继续对金融机构进行救助，从而提升金融市场信心，稳定总体经济。

监管政策作为对货币政策和财政政策的辅助。美国监管当局先后通过颁布临时交易规则、设立新的金融监管机构、强化金融压力测试、出台金融监管改革法案等一系列措施，来加强金融市场风险隔离，稳定整体市场信心。在危机期间，美国监管当局根据金融市场动向进行及时预判和灵活调整，先后颁布多条关于限制卖空的紧急交易规则：2008 年 7 月，在房利美宣布 700 亿美元巨额亏损等事件的冲击下，美国证券交易委员会颁布临时命令，禁止投资者对"两房"机构等 19 家重要金融机构进行裸卖空；9月，在雷曼兄弟公司宣布破产之后，美国证券交易委员会将限制卖空股票的临时命令覆盖范围扩大到所有金融机构，以求缓解"黑天鹅"事件对证券市场交易的负面冲击，避免市场恐慌情绪的持续扩散。同时，美国政府还设立多家新的金融监管机构，以完善监管体系：2008年7月，美国设立联邦住房金融局，强化对房地美、房利美和联邦住房贷款银行系统的监管力度；2010年，美国国会批准成立金融稳定监督委员会，并赋予其监管系统重要性金融机构、金融活动和整个金融市场的职责。此外，在危机中后期，美国监管当局还辅以宏观压力测试等手段来评估金融系统风险：2009年2月，美国财政部等多个机构对资产规模超过1000亿美元的大型银行提出强制性的压力测试要求，以对其在极端压力情境下的损失情况和资金需求作出前瞻性评估，这在为下一阶段危机处置措施调整提供更多参考的同时，也起到了消除银行业恐慌情绪、提振金融市场信心的作用。最后，随着2010年7月《多德-弗兰克华尔街改革和消费者保护法案》的出台和沃尔克规则的提出，金融危机期间的监管成果得到进一步巩固。根据该法案内容，金融监管机构将强化对"太大而不能倒"系统性金融风险的防范与化解，并成立消费者金融保护局以保护消费者权益。同时，银行自营交易及高风险的衍生品交易受到严格限制，场外衍生品交易等以往的监管真空地带也被纳入政府监管视野，从而达到强化金融市场监管力度和保护消费者权益的目的。

除了通过货币政策、财政政策和监管政策来维护金融市场稳定以外，美国联邦政府还出台了一系列经济振兴计划，以期刺激实体经济增长，对金融市场的平稳恢复形成有效支撑。2008年2月，布什政府出台价值约为1680亿美元的一揽子经济刺激法案，通过两阶段的退税减税方案来达到刺激居民消费、企业投资的目的。2009年2月，美国国会通过总价值为7870亿美元的经济刺激法案，进一步加大退税减税力度，并通过扩大公共基础设施建设支出来达到提振经济增长的效果。同月，奥巴马签署《2009年美国复苏和再投资法案》，该法案内容包括改善就业状况、增加失业救济、提供税收优惠等措施，同时也加大了对教育、医疗、新能源等产业以及相应基础设施建设的投资力度，以充分发挥财政政策的积极作用，释放社会消费与投资潜能，培育新的经济增长点。在此背景下，联邦政府支出与赤字规模连年扩大，2009年，联邦政府支出总额达到3.52万亿美元，较2008年增长了17.94%，赤字规模则由2008年的0.46万亿美元急剧攀升到1.41万亿美元，扩张性财政政策与扩张性货币政策相辅相成，共同起到刺激居民消费与企业投资、提振经济增长的作用。

第三节　点评与思考讨论题

点评

点评1：应有"大金融"的理念、视野和举措，来布局、推动或处置相关的国家金融问题。

点评2：美国处置2008年国际金融危机时，采取了货币政策、财政政策、监管政策、法治政策和产业政策同时并举、全面应对的应对策略，这值得我们去思考研究。

点评 3：应了解和把握五大金融危机的基本内涵与相互关系，清晰地认识到防范系统性金融风险是一个国家的最根本基点。

点评 4：世界各国应把国家金融建立在稳定发展的磐石上，在规则下促竞争，在稳定中求发展。在国家金融层面，尤其要明确金融市场自身的定位，加强以法治为基础的监管制度建设。

思考讨论题

1. 什么是金融的脆弱性？
2. 传统金融危机如何分类？
3. 并发性金融危机的产生原因与特点是什么？
4. 分别阐述 1929—1933 年大萧条、1997 年亚洲金融危机和 2008 年国际金融危机的产生原因、特征与教训。
5. 美国处置 2008 年国际金融危机的方式有哪些特点？

第九章

国际金融参与

一方面，为了实现国家金融体系在国内的有效运行与实践，我们需要在理论上创设国家金融学，并弄清楚它的基本原理与金融学、公司金融学的联系与区别；另一方面，为了实现国家金融体系在国际金融体系中的有序参与，我们应在理论上弄清楚国家金融学与国际金融学的联系与区别，并掌握国际金融体系的运行情况与未来发展方向，以便在实践中不断推动其改革、创新与发展。此外，世界各国若想在国际金融体系中占有一席之地，拥有话语权，也需要在国家金融层面进行规划和推动。

在本章，笔者将从现行的国际金融体系的形成过程着手（尤其是第二次世界大战后形成的国际金融机构体系、国际金融基础设施和国际金融监管协调体系）来分析国际金融体系的现状。

第一节 国际金融体系现状

一、国际金融机构体系

金融机构主要分为商业机构、监管机构、政策机构三类。提到国际金融机构，我们更多的是指业务机构或业务协调机构。

全球性的国际金融机构主要包括国际货币基金组织、世界银行和国际清算银行，其基本概况如下。

（1）国际货币基金组织。该组织是根据1944年7月在布雷顿森林会议签订的《国际货币基金协定》，于1945年12月27日在华盛顿成立的。其职责是监察货币汇率和各国的贸易情况，提供技术和资金协助，确保全球金融制度正常运作。其总部设在美国首都华盛顿。

国际货币基金组织的宗旨包括：通过一个常设机构来促进国际货币合作，为国际货币问题的磋商和协作提供方法；通过国际贸易的扩大和平衡发展，把促进和保持成员方的就业、生产资源的发展、实际收入的高水平，作为经济政策的首要目标；稳定国际汇率，在成员之间保持有秩序的汇价安排，避免竞争性的汇价贬值，等等。

国际货币基金组织的主要职能包括：制定成员之间的汇率政策和经常项目的支付以及货币兑换性方面的规则，并进行监督；在必要时对发生国际收支困难的成员方提供紧急资金，避免其他国家受其影响；为成员方提供会议场所，讨论国际货币合作与协商等议题；促进国际金融尤其是货币领域的合作；加快国际经济一体化的步伐；维护国际汇率秩序；协助成员方建立经常性多边支付体系，等等。

国际货币基金组织的组织架构是：该组织有190个成员，其最高权力机构为理事会，由各成员方派正、副理事各一名组成，一般由各成员方的财政部部长或中央银行行长担任。该组织每年9月举行一次会议，各理事单独行使本国的投票权（各成员投票权的大小由其所缴基金份额的多少决定）。

国际货币基金组织的资金来源于各成员的认缴。1969年，国际货币基金组织创设了特别提款权作为原有的普通提款权以外的一种补充。它是国际货币基金组织创设的一种储备资产和记账单位，也称"纸黄金"。它是该组织分配给成员方的一种使用资金的权利，即成员方在发生国际收支逆差时，可用它向该组织指定的其他成员方换取外汇，以偿付国际收支逆差或偿还该组织的贷款。它还可与黄金、自由兑换货币一样充当国际储备。但它只是一种记账单位，不是真正的货币，使用时必须先兑换成其他货币，不能直接用于贸易或非贸易的支付。

近些年，中国积极参与国际货币基金组织的相关工作，在其中发挥着日益重要的作用。2022年5月11日，国际货币基金组织执董会完成了五年一次的特别提款权定值审查，维持现有特别提款权篮子货币构成，即仍由美元、欧元、人民币、日元和英镑构成，但各国货币在其中的权重调整为：美元占43.38%，欧元占29.31%，人民币占12.28%，日元占7.59%，英镑占7.44%。相较于2015年11月30日国际货币基金组织将人民币纳入特别提款权货币篮子（决议于2016年10月1日生效）时，人民币的权重占比有所增加（原为10.92%）。

国际货币基金组织在发挥积极作用的同时，也存在制度缺陷：一是其组织机构主要由美国及欧盟控制；二是其基金份额和投票权分配失衡，美国对该组织的重大决策拥有一票否决权；三是该组织竭力维护美元作为主要国际储备货币的地位；四是该组织调节国际收支平衡能力不足，造成全球国际收支严重失衡。

（2）世界银行。它是世界银行集团的简称，由国际复兴开发银行、国际金融公司、国际开发协会、多边投资担保机构和国际投资争端解决中心五个成员机构组成。世界银行集团成立于1945年，1946年6月开始营业，总部设在美国首都华盛顿，在世界各地设有120多个办事处。按惯例，世界银行集团最高领导人由美国人担任，每届任期五年。

其中，国际复兴开发银行1944年成立，负责向中等收入国家政府和信誉良好的低收入国家政府提供贷款。国际金融公司1956年成立，是专注于私营部门的全球最大的发展机构。它通过投融资、动员国际金融市场资金以及为企业和政府提供咨询服务，帮助发展中国家实现可持续增长。国际开发协会1960年成立，负责向最贫困国家的政府提供无息贷款和赠款。多边投资担保机构1988年成立，通过向投资者和贷款方提供政治风险担保，拉动发展中国家的外国直接投资，以促进经济增长、减少贫困和改善人民生活。国际投资争端解决中心于1966年成立，提供针对国际投资争端的调解和仲裁服务。通常情况下，人们提到世界银行，指的是狭义上的世界银行，即国际复兴开发银行和国际开发协会。

世界银行的宗旨包括：通过对生产事业的投资，协助成员方实现经济复兴、推动经济建设，鼓励不发达国家对资源的开发；通过担保或参加私人贷款及其他私人投资的方式，促进私人对外投资，当成员方不能在合理条件下获得私人资本时，可运用该行自有资本或筹集的资金来补充私人投资的不足；鼓励国际投资，协助成员方提高生产能力，促进成员方国际贸易的平衡发展和国际收支状况的改善；在提供贷款保证时，与其他方面的国际贷款配合。

世界银行的主要业务包括：提供金融产品与服务、创新型知识分享、贷款、非贷援助、多方合作、协调立场等。

世界银行的主要资金来源包括：各成员方缴纳的股金、向国际金融市场借款、发行债券和收取贷款利息。

世界银行按股份公司的原则建立。成立初期，世界银行法定资本为100亿美元，全部资本为10万股，每股10万美元。凡是成员方均要认购银行的股份，认购额由申请国与世界银行协商并经世界银行董事会批准确认。一般来说，一国认购股份的多少是根据该国的经济实力，同时参照该国在国际货币基金组织缴纳的份额大小而定。

世界银行的重要事项由成员方投票决定，投票权的大小与成员方认购的股本成正比。世界银行的每一成员方拥有250票基本投票权，每认购10万美元的股本即增加一票。美国认购的股份最多，有226178票基本投票权，占总投票数的17%，在世界银行事务与重要贷款项目上有重要的话语权。2010年，世界银行第二阶段投票权改革完成后，国际复兴开发银行前六大股东国分别为美国（15.85%）、日本（6.84%）、中国（4.42%）、德国（4.00%）、法国（3.75%）和英国（3.75%）。

世界银行与国际货币基金组织的关系是：世界银行的成员方必须是国际货币基金组织的成员方，但国际货币基金组织的成员方不一定都加入了世界银行。两个机构相互配合，国际货币基金组织主要负责国际货币事务，主要任务是向成员方提供短期外汇资金，以消除外汇管制，解决其国际收支的暂时不平衡，促进汇率稳定，扩大国际贸易规模。世界银行则主要负责向各成员方提供发展经济的中长期贷款等，以促进经济的复兴和发展。世界银行的不足之处主要是它受到一些国家（尤其是美国）的影响，制定的政策往往更有利于这些国家。

（3）国际清算银行。该银行是英国、法国、德国、意大利、比利时、日本等国的中央银行与代表美国银行界利益的摩根银行、纽约和芝加哥的花旗银行组成的银团，于1930年5月共同组建的，总部设在瑞士巴塞尔。

国际清算银行最初创办的目的是处理第一次世界大战后德国的赔偿支付及与其有关的清算等业务问题。第二次世界大战后，它成为经济合作与发展组织成员国之间的结算机构，该银行的宗旨也逐渐转变为促进各国中央银行之间的合作，为国际金融业务提供便利，并接受委托或作为代理人办理国际清算业务等。国际清算银行不是政府之间的金融决策机构，亦非发展援助机构，它实际上是各国中央银行的银行。

国际清算银行的资金来源主要有三个方面：一是成员国缴纳的股金。国际清算银行建立时，法定资本为5亿金法郎，1969年增至15亿金法郎，以后几度增资。国际清算银行股份的80%为各国中央银行持有，其余20%为私人持有；二是借款，国际清算银行可向各成员国中央银行借款，补充其自有资金的不足；三是吸收存款，国际清算银行可接受各国中央银行的黄金存款和商业银行的存款。

国际清算银行的业务范围主要包括三方面：一是处理国际清算事务；二是办理或代理有关银行业务；三是定期举办中央银行行长会议，会议包括商讨国际金融合作问题、研究货币和金融问题、为各国央行提供各种金融服务、为执行各种国际金融协定提供便利等内容。

此外，还有一些非全球性的国际金融机构也非常重要，如美洲开发银行、亚洲开发银行、非洲开发银行、亚洲基础设施投资银行、金砖国家新开发银行等，其基本情况如下。

（1）美洲开发银行。美洲开发银行成立于1959年12月30日，是世界上成立最早的和最大的区域性多边开发银行，总行设在华盛顿。其宗旨是"集中各成员国的力量，对拉丁美洲国家的经济、社会发展计划提供资金和技术援助"，并协助它们"单独地和集体地为加速经济发展和社会进步作出贡献"。美洲开发银行是美洲国家组织的专门机构，其他地区的国家也可加入，但非拉美国家不能利用美洲开发银行的资金，只可参加美洲开发银行组织的项目投标。

（2）亚洲开发银行，简称亚行。亚行创建于1966年11月24日，总部设在菲律宾首都马尼拉。其宗旨是通过援助亚太地区的发展中成员，帮助其消除贫困，促进亚太地区的经济和社会发展。亚行主要通过开展政策对话，提供贷款、担保、技术援助和赠款等方式，支持其成员在基础设施、能源、环保、教育和卫生等领域的发展，其终极目标是创建"没有贫困的亚太地区"。

（3）非洲开发银行。非洲开发银行成立于1964年，总部设在科特迪瓦的经济中心阿比让，是非洲最大的地区性政府间开发金融机构，其宗旨是促进非洲地区成员国的经济发展和社会进步。

（4）亚洲基础设施投资银行，简称亚投行。亚投行是一个政府间的亚洲区域多边开发机构，其宗旨是通过重点支持基础设施建设，促进亚洲区域建设互联互通和经济一体化进程，并且加强中国与其他亚洲国家和地区的合作。这是首个由中国倡议设立的多边金融机构，总部设在北京，法定资本为1000亿美元。2015年12月25日，亚投行正式成立。2016年1月16日至18日，亚投行开业仪式暨理事会和董事会成立大会在北京举行。

亚投行创立的背景如下。

首先，中国经济已进入"新常态"。中国已成为世界第二大对外投资国，2018年中国对外直接投资达到1430亿美元。而且，经过30多年的发展和积累，中国在基础设施装备制造方面已经形成完整的产业链，同时在公路、桥梁、隧道、铁路等方面的工程建造能力在世界上也已经是首屈一指。中国基础设施建设的相关产业期望更快地走向国际。但亚洲经济体之间难以利用各自所具备的高额资本存量优势，缺乏有效的多边合作机制，缺乏把资本转化为基础设施建设的投资机构。

其次，在区域层面，亚洲的基础设施仍处于落后状态。亚洲经济占全球经济总量的1/3，是当今世界最具经济活力和增长潜力的地区，拥有全球六成人口。但因建设资金有限，一些国家的铁路、公路、桥梁、港口、机场和通信等基础设施建设严重不足，这在一定程度上限制了区域的经济发展。

最后，在全球层面，新兴大国异军突起。21世纪，国际金融危机的冲击使发达国家的经济长期陷入低迷，以新兴大国为代表的发展中国家则率先摆脱危机影响，不仅成为全球经济的新引擎，而且成为全球治理的重要主体。为了更好地发挥新兴大国在世界经济和全球金融治理中的作用，改革不合理的国际金融机制是大势所趋。

亚投行的主要职能包括：推动区域内发展领域的公共和私营资本投资，尤其是基础设施和其他生产性领域的发展；利用其可支配资金为本区域发展事业提供融资支持，尤其支持能促进本区域整体经济和谐发展的项目和规划，并特别关注本区域欠发达成员的需求；鼓励私营资本参与投资有利于区域经济发展的项目、企业和活动（尤其是在基础设施和其他生产性领域），并在无法以合理条件获取私营资本融资时，对私营投资进行补充；为强化以上这些职能开展其他活动和提供其他服务。

亚投行的治理结构是：理事会、董事会、管理层三层结构。理事会是最高决策机构，每个成员在亚投行有正、副理事各一名。董事会有12名董事，其中域内董事9名，域外董事3名。管理层由行长和5位副行长组成。

（5）金砖国家新开发银行。该银行成立于2015年7月21日，总部设在中国上海。金砖国家新开发银行创立的背景是：2008年国际金融危机以来，美国金融政策变动导致国际金融市场资金波动，对新兴市场国家的币值稳定造成很大影响。中国货币波动较小，但是印度、俄罗斯、巴西等国都遭遇了货币巨幅贬值和由此引起的通货膨胀，国际货币基金组织又存在救助不及时、力度不够的问题。为了避免在下一轮金融危机中遭遇同样的困境，金砖国家（中国、巴西、俄罗斯、印度、南非）计划构筑一个共同的金融安全网，一旦出现货币不稳定，可以借助这个资金池兑换一部分外汇来应急，具体举措包括建立金砖国家新开发银行和应急储备基金。其中，金砖国家新开发银行的初始资本为1000亿美元，由五个创始成员国平均出资。应急储备基金则是在中国的倡议下建立的，主要是为了解决金砖国家的短期金融危机，该基金属于一种救助机制，而非营利机制。储备基金为1000亿美元，用于金砖国家应对金融突发事件，其中中国提供410亿美元，俄罗斯、巴西和印度分别提供180亿美元，南非提供其余的50亿美元。

金砖国家新开发银行设立的宗旨是：主要资助金砖国家及其他发展中国家的基础设施建设。巴西、南非、俄罗斯、印度的基础设施缺口很大，在国家财政力所不逮时，该银行就能提供资金上的合作机会。金砖国家新开发银行不只面向五个金砖国家，而是面向全体发展中国家，金砖成员国则享有优先贷款权。可以说，金砖国家新开发银行拓展了中国和其他金砖国家的合作空间，同时，它也代表着金砖国家在国际金融合作方面迈开了新的步伐。

综上可见，现有国际金融机构体系基本上还传承着第二次世界大战之后确立的架构（除了欧洲复兴开发银行成立于1991年，亚投行和金砖国家新开发银行成立于2015年外，其他国际金融机构基本上属于第二次世界大战后的产物），美国在其中起着重要的主导作用。当然，国际金融机构体系也是利弊并存：一方面，这些国际金融机构在世界经济和区域经济发展中持续发挥着积极作用，另一方面，这些国际金融机构始终被少数国家掌控，使大多数发展中国家的经济需求、建议与呼声得不到应有的重视与回应。在世界范围内，改革、完善国际金融机构体系的呼声日益高涨。

二、国际金融基础设施

国际金融基础设施既是国际金融体系有效运行的必要条件，又是实现国际金融安全交易、风险对冲和信息获取的关键因素。国际金融市场交易分为场内交易和场外交易两种，且无论哪种交易完成后相关交易流程都会被传递到交易后端（Post-Trade）基础设施，即金融市场基础设施上。

狭义的国际金融基础设施主要指以各国中央银行为主体的支付清算体系；广义的国际金融基础设施还包括确保国际金融市场有序运行的法律程序、会计与审计体系、信用评级及相应的金融标准、交易规则等。其中最主要的是支付清算体系、托管体系、中央交易对手和交易信息库等。

支付清算体系也称支付系统，是由提供支付清算服务的中介机构和实现支付指令传递及货币资金清算的专业技术手段共同组成的，用以实现债权债务清偿及资金转移的一种金融安排，其与场内交易有关。国际支付清算体系有五方面的基本要素：付款人、付款人的开户行、票据交换所、收款人的开户行、收款人。

国际清算或货币跨国支付的总原则是：跨国流动票据（包括付进口国货币、付出口国货币、付第三国货币）的出票人和收款人可以是全球任何地方的个人或企业，但是票据的付款人或担当付款人必须是所付货币清算中心的银行。将外币账户开设在该币种的发行和清算中心，就能够顺利地完成跨国货币收付。

按经营者的身份，现实中的国际支付清算体系可划分为三类：第一类是中央银行拥有并经营的支付系统，第二类是私营清算机构拥有并经营的支付系统，第三类是各银行拥有并运行的行内支付系统。按支付系统的服务对象及单笔业务支付金额，该体系可划分为两类：大额支付系统与小额支付系统。按支付系统服务的区域范围，该体系可划分为两类：境内支付系统和国际性支付系统。

到目前为止，美元仍是国际金融体系中最主要的货币支付结算单位，因此有必要先介绍一下美国的支付清算体系。

（1）联邦储备通信系统，归美联储所有。它是美国境内的美元收付系统，既包括一个实时的、全额的、贷记的资金转账系统，还包括一个独立的、电子化簿记式的政府证券转账系统。在该系统中，资金转账主要用于银行之间的隔夜拆借和结算业务，以及公司之间的付款及证券交易结算等。支付信息通过连接联邦储备银行的跨区通信网络和当地通信网络（用于连接联邦储备银行辖区内的联储银行和其他金融机构），被传送到当地联储银行的主机系统上进行处理。在该系统内，70%以上的用户（占业务量的99%）以电子方式与联储银行相连接。

（2）清算所银行同业支付系统，于1970年由纽约清算所协会建立，现由清算所支付公司拥有并运行，是全球最大的私营支付清算系统之一。它主要负责跨国美元交易的清算，全球95%左右的国际美元交易均由其处理。该系统每天平均交易量超过34万笔，金额约达1.9万亿美元。该系统目前共有清算用户19个，这些用户在联邦储备银行设有储备账户，能直接使用该系统实现资金转移。另外，它也服务非清算用户，只是非清算用户不能直接利用该系统进行清算，必须以某个清算用户为代理行，在该行建立账户，实现资金清算。加入该系统的单位可以是纽约的商业银行、国际条例公司、投资公司和外国银行在纽约的分支机构。加入者须向清算所支付公司董事会提交财务情况相关文件，接受清算所支付公司的信用评估。作为最大的私营支付清算系统，按照美联储的要求，它必须处理支付清算风险问题，包括信用风险（到期一方不能履行承诺的支付义务）、操作风险（给资金接收方的支付指令可能被颠倒）、流动性风险（由于缺乏流动性，到期支付指令不能执行）等。

除了美国的支付清算体系外，还有必要了解一下主要的国际支付清算系统。

（1）欧洲跨国大批量自动实时快速清算系统。该系统是欧元诞生后欧洲支付系统一体化的体现，于1999年1月1日正式启用。该系统连接各成员国中央银行的大批量实时清算系统，按法兰克福时间每日运行11个小时（早7点至晚6点）。当然，除了该系统，欧元区内各商业银行至少还有五个其他清算渠道与区内及全球各往来银行处理资金的支付清算。

（2）中国人民币跨境支付系统，于2015年10月8日正式启用。中国的人民币已成为全球第四大支付货币和第二大贸易融资货币，建设独立的人民币跨境支付系统，完善人民币全球清算服务体系是大势所趋。在此背景下，人民币跨境支付系统的构建，整合了现有人民币跨境支付结算渠道和资源，提高了跨境清算效率和交易的安全性，满足了各主要时区的人民币业务发展需要。该系统分两期建设：一期主要采用实时全额结算方式，为跨境贸易、跨境投融资和其他跨境人民币业务提供清算、结算服务；二期采用更为节约流动性的混合结算方式，提高人民币跨境和离岸资金的清算、结算效率。该系统的目标是安全、稳定、高效地支持各个方面的人民币跨境使用需求，包括人民币跨境贸易和投资的清算、境内金融市场的跨境货币资金清算以及人民币与其他币种的同步收付业务。首批参与者共有19家银行机构，同步上线的间接参与者还包括位于亚洲、欧洲、大洋洲、非洲等地区的38家境内银行和138家境外银行。

（3）瑞士跨行清算系统。该系统负责对存放在瑞士国民银行的资金每日24小时执行最终的、不可取消的、以瑞士法郎为单位的跨行支付。它是瑞士唯一的以电子方式执行银行间支付的系统，是一个所有支付都逐笔在参与者账户上进行结算的全额系统，也是一个没有金额限制的支付清算系统。该系统于1987年开始启动运行。

（4）英镑清算系统，该系统供英国11家清算银行及英格兰银行集中进行票据交换，其他商业银行则通过其往来的交换银行交换票据。非交换银行必须在交换银行开立账户，以便划拨差额，而交换银行之间交换的最后差额，则通过它们在英格兰银行的账户划拨。该系统不设中央管理机构，各交换银行必须按一致通过的协议办事；各交换银行在规定的营业时间内必须保证通道畅通，付款电传一旦发生并经通道认收后，即使马上被证实这一付款指令是错误的，发报行也要在当天向对方交换银行付款。

（5）日本银行金融网络系统，于1988年10月开始运行，是一个用于金融机构（包括日本银行）间电子资金转账的联机系统。该系统由日本银行负责管理。金融机构要想成为日本银行金融网络系统资金转账服务的直接使用者，就必须在日本银行开设账户。系统的参与者包括银行、证券公司和代办短期贷款的经纪人，以及在日本的外国银行和证券公司等。该系统负责处理金融机构之间涉及银行间资金市场和证券的资金转账、同一金融机构内的资金转账、由私营清算系统产生的头寸结算和金融机构与日本银行之间的资金转账（包括国库资金转账）。

（6）中国香港的自动支付清算系统，该系统的成员包括中银集团等13家银行，该系统主要用于快捷方便地调拨港币。

中央交易对手相当于为场外金融衍生产品建立了一个集中清算机制——中央对于方清算机制（Central Counterparty Clearing System），包括双边清算体系和中央交易对手体系，与场外交易有关。交易信息库，也称交易数据库，负责为监管者、市场参与者和公众提供信息，据此提高场外衍生产品市场的透明度。

目前，此类国际性机构主要有环球银行金融电信协会和国际支付和市场基础设施委员会。

（1）环球银行金融电信协会。该协会是一个国际银行间的非营利合作组织，1973年成立。其总部设在比利时的布鲁塞尔，还先后在荷兰阿姆斯特丹、美国纽约和中国香港设立交换中心（Swifting Center），并为各参加国开设集线中心（National Concentration）。

目前全球大多数国家的银行已使用SWIFT系统。该系统给银行的结算提供了安全、可靠、快捷、标准化、自动化的通信服务，具体包括接入服务、金融信息传递服务、交易处理服务（即通过SWIFTNet向外汇交易所、货币市场和金融衍生工具认证机构提供交易处理服务）、分析服务和提供分析工具等，大大提高了银行的结算速度。1987年开始，非银行的金融机构，包括经纪人、投资公司、证券公司和证券交易所等也开始使用该系统。到2010年，该系统网络已遍布全球206个国家和地区的8000多家金融机构，提供金融行业安全报文传输服务与相关接口软件，支援80多个国家和地区的实时支付清算系统。该系统在促进世界贸易发展、加速全球范围内的货币流通和国际金融结算、促进国际金融业务的现代化和规范化方面发挥了积极的作用。

（2）国际支付和市场基础设施委员会。它是2014年9月由国际支付结算体系委员会更名而来，秘书处设在国际清算银行。该委员会为成员中央银行提供交流的平台，使各中央银行共同研究和探讨其国内的支付、清算、结算系统及跨境多币种结算机制的发展问题。该委员会还致力于支付结算体系的发展与改革工作，推动建立稳健、高效的支付结算系统，以完善全球金融市场基础设施。

国际支付和市场基础设施委员会不定期发布专业研究报告，内容涉及大额资金转账系统、证券结算系统、外汇交易结算安排、衍生产品清算安排和零售支付工具等，并先后出版了《重要支付系统核心原则》《证券结算系统建议》《中央交易对手建议》《中央银行对支付结算系统的监督》《国家支付体系发展指南》等纲领性文件，受到各国中央银行和监管当局的高度重视，在支付结算系统和证券交易结算系统监管领域发挥了重要作用，推动了全球众多国家和地区支付结算体系的发展进程。目前，该委员会正在集中研究场外市场尤其是将中央交易对手机制引入衍生金融工具交易市场，以及建立集中清算和数据保存、处理、监测机制等工作，这将对未来国际支付结算体系的走向产生重要影响。

需要指出的是，在2008年国际金融危机前，中央交易对手和交易信息库制度普遍被忽视，特别是金融衍生产品交易的信息披露十分不充分。金融危机后，国际社会开始高度重视场外衍生品市场、中央交易对手和交易数据库的规则、制度建设，以及新的支付系统服务（比如贷银对付）的重建等问题。二十国集团金融稳定理事会于2010年4月开始着手建立场外衍生品交易信息库和中央交易对手机制，要求国际支付结算体系委员会和国际证监会组织联合设立金融市场基础设施标准评审指导委员会，专门指导、研究有关金融市场基础设施的国际标准，包括推动跨境交易的替代合规、扩大集中清算和强制报告的范围、提高中央交易对手的抗风险能力和增强交易数据的可利用性等。2012年4月16日，国际支付结算体系委员会和国际证监会组织正式发布了《金融市场基础设施原则》报告、为新标准制定的《评估方法》咨询报告和《披露框架》咨询报告等三个文件，其重点是对重要支付系统、中央证券存管与证券结算系统、中央交易对手机制和交易数据库这五类金融市场基础设施的国际标准提出了原则性要求和新的规定。与此同时，欧美等主要发达经济体也针对场外衍生品市场的中央交易对手机制和交易数据库等基础设施制定或调整了国内的法律和监管规则。可以说，这些金融市场基础设施的设计和运作方式，对金融稳定产生了重要影响。

除此之外，三大信用评级机构、四大会计师事务所、金融业标准也是国际金融基础设施的重要组成部分。

信用评级机构是依法设立的、从事信用评级业务的、金融市场上重要的服务性社会中介机构，它由专门的经济、法律专家组成，对证券发行人和证券信用（也包括国际债券和地方债券等）进行等级评定。国际上公认的最具权威性的专业信用评级机构只有三家，分别是惠誉国际、标准普尔、穆迪。

（1）惠誉国际。惠誉国际是唯一的欧资国际评级机构，规模较其他两家稍小，总部设在美国纽约和英国伦敦，在全球拥有50多家分支机构和合资公司，拥有2000多名专业评级人员，为超过80个国家和地区的客户提供服务。惠誉国际业务范围包括金融机构、实业公司、国家、地方政府评级和结构融资评级。

惠誉国际的信用评级分长、短期两种：长期评级用以衡量一个主体偿付外币或本币债务的能力，分为投资级和投机级，其中投资级评级包括AAA、AA、A和BBB，投机级评级则包括BB、B、CCC、CC、C、RD和D——信用级别由高到低排列，AAA等级最高，表示最低的信贷风险；D为最低级别，表明一个实体或国家主权已对所有金融债务违约。短期评级大多针对到期日在13个月以内的债务，强调的是发债方定期偿付债务所需的流动性。短期信用评级从高到低分为F1、F2、F3、B、C、RD和D。此外，惠誉国际采用"+"或"-"用于主要等级内的微调，但这在长期评级中仅适用于AA至CCC这6个等级，而在短期评级中只有F1一个等级适用。惠誉国际还对信用评级给予展望，展望分为"正面"（评级可能被调高）、"稳定"（评级不变）和"负面"（评级可能被下调），用来表明某一评级在一两年内可能变动的方向。

（2）标准普尔。该公司总部位于美国纽约，在100多个国家为大约32万亿美元的债务证券提供评级，在世界范围内提供79个主要的指数系列服务。标准普尔全球1200指数涉及31个市场的证券，约涵盖了全球资本市场份额的70%。目前标准普尔在23个国家拥有约8500名雇员，主营业务包括提供信用评级、指数服务、投资研究、风险评估和数据服务等。

标准普尔的长期评级主要分为投资级和投机级两大类。投资级的评级具有信誉高和投资价值高的特点；投机级的评级则信用程度较低，违约风险逐级加大。投资级评级包括 AAA、AA、A 和 BBB，投机级评级则分为 BB、B、CCC、CC、C 和 D。信用级别由高到低排列：AAA 级具有最高信用等级；D 级最低，视为对条款的违约。从 AA 至 CCC 级，每个级别都可通过添加 "+" 或 "−" 来显示信用高低程度。此外，标准普尔还对信用评级给予展望，包括 "正面"（评级可能被上调）、"负面"（评级可能被下调）、"稳定"（评级不变）、"观望"（评级可能被下调或上调）和 "无意义"。标准普尔的短期评级共设 6 个级别，依次为 A-1、A-2、A-3、B、C 和 D。其中 A-1 表示发债方偿债能力较强，此评级可另加 "+" 表示偿债能力极强。标准普尔还会发布信用观察以显示其对评级短期走向的判断。信用观察分为 "正面"（评级可能被上调）、"负面"（评级可能被下调）和 "观察"（评级可能被上调或下调）。

（3）穆迪。该公司总部位于美国纽约，在全球有 800 多名分析专家、1700 多名助理分析员，在 26 个国家和地区设有分支机构，员工约有 4500 人。穆迪的业务范围主要涉及国家主权信用、美国公共金融信用、银行业信用、公司金融信用、保险业信用、基金及结构性金融工具信用评级等。穆迪的业务与评级规则和标准普尔大同小异。穆迪的长期评级针对一年期以上的债务，评估发债方的偿债能力，预测其发生违约的可能性及财产损失概率，共分 9 个级别：Aaa、Aa、A、Baa、Ba、B、Caa、Ca 和 C。其中 Aaa 级债务的信用质量最高，信用风险最低；C 级债务为最低债券等级，收回本金及利息的机会微乎其微。在 Aa 到 Caa 的 6 个级别中，还可以添加数字 1、2 或 3 进一步显示各类债务在同类评级中的排位，1 为最高，3 则最低。通常认为，从 Aaa 级到 Baa3 级属于投资级，从 Ba1 级以下则为投机级。穆迪的短期评级一般针对一年期以下的债务，依据发债方的短期债务偿付能力从高到低分为 P-1、P-2、P-3 和 NP 这 4 个等级。对于短期内评级可能发生变动的被评级对象，穆迪将其列入信用观察名单。被审查对象的评级确定后，将被从名单中删除。此外，穆迪还对信用评级给予展望评价，以显示其对有关评级的中期走势看法。展望分为 "正面"（评级可能被上调）、"负面"（评级可能被下调）、"稳定"（评级不变）以及 "发展中"（评级随着事件的变化而变化）。

国际四大会计师事务所即普华永道、毕马威、德勤和安永。

（1）普华永道。其总部位于英国伦敦，业务范围主要包括审计、企业咨询、商业程序外包、财务咨询、人力资源咨询、管理咨询等。

（2）毕马威。其总部位于荷兰阿姆斯特丹，业务范围主要包括审计、税务和咨询等，主要国际客户有美国通用电气公司、辉瑞制药公司等。

（3）德勤。其总部位于美国纽约，主要业务集中在审计、税务规划、咨询和财务顾问四个领域，主要国际客户有微软公司、美国通用汽车公司、沃达丰公司、克莱斯勒公司等。

（4）安永。其总部位于英国伦敦，主要业务包括审计（包含财务审计）、税务、交易及咨询服务等，主要国际客户有 3i 集团、英华杰、怡安、荷兰国际集团等。

金融业标准，即国际金融行业必须共同遵守的统一规范和通用语言，能对金融业务活动作出明确界定，是衡量相关金融行为的参照系，包括会计准则、《巴塞尔协议Ⅲ》、风险管理标准、统计标准等。

金融业标准目前主要集中在"金融部门评估规划"中，该规划由国际货币基金组织和世界银行于1999年5月联合推出，涵盖了金融业的五个主要准则：巴塞尔银行监管委员会发布的《有效银行监管核心原则》、国际证监会组织发布的《证券监管目标与原则》、国际保险监管官联合会发布的《保险监管核心原则与方法》、国际支付结算体系委员会发布的《重要支付系统核心原则》、国际支付结算体系委员会和国际证监会组织联合发布的《证券清算体系建议》。

综上，金融基础设施既包括了以各国央行为主体的场内支付清算体系，也包括了以中央交易对手机制和交易信息库为主的场外衍生品交易市场支付清算体系，还包括了与之相连的公司治理、信用准则、会计审计、法律环境、投资者保护、金融监管、反洗钱等配套安排，它们共同组成了金融基础设施，对一国乃至全球的经济发展、社会稳定、金融安全发挥着重要作用。世界金融领域的诸多正反面案例表明，金融基础设施的健全、完善与国家经济发展、技术进步和金融体系发展息息相关。金融基础设施越健全，越能促进产业资本和金融资本的高效融合、积累和大规模的集聚、流动，也越能促进一国经济的稳定、协调增长；反之，金融基础设施的缺乏则提供了孕育金融危机的土壤。

三、国际金融监管协调

在介绍并分析了当前国际金融机构体系和国际金融基础设施现状之后，我们再来介绍现行国际金融监管协调的概况。一方面，金融国际化的发展日益强劲；另一方面，金融国际化发展也给国际金融监管带来了挑战：一是金融商业机构和金融业务的国际化与金融监管的国别化存在矛盾，而矛盾的日益加深容易造成金融监管真空；二是由于金融基础设施不足，监管者与被监管机构信息不对称，有效监管难度增大；三是国际金融业务的创新，如金融衍生产品的涌现，不断突破监管框架，监管者需要应对新的监管对象产生的新问题；四是金融机构的跨国界、集团化的趋势，金融业务的跨行业、综合化的趋势，与国际金融监管分散化的现状之间的矛盾日益加深；等等。

为应对金融国际化发展与金融监管国别化的矛盾，各国的金融监管均需要变革，但这一过程中可能出现两类问题：一是监管竞争，即各国为吸引金融资源而进行放松管制的竞争；二是监管套利，即被监管的金融机构利用各国监管制度之间的差异获取利益。这两类问题都直接影响着国际金融监管的有效性。国际金融发展与国际金融风险并存，因此国际社会有必要加强国际金融监管协调。下面从国际金融监管协调的组织、形式、内容和展望四个方面来具体论述。

根据对成员国是否具有法律约束力，国际金融监管协调组织可分为两大类。

第一类是对成员国没有法律约束力的国际监管组织，重要的有巴塞尔银行监管委员会、国际证监会组织和国际保险监管官联合会。

巴塞尔银行监管委员会，简称巴塞尔委员会，原名为银行法规与监管事务委员会，是由美国、英国、法国、德国、意大利、日本、荷兰、加拿大、比利时、瑞典十大工业国的中央银行于1974年年底共同成立的，作为国际清算银行的一个正式机构，委员会成员包括各国中央银行官员和银行监管机构的代表，总部设在瑞士的巴塞尔。该委员会每年召开三至四次会议，其下设的近 30 个技术机构负责执行会议所定目标或计划。

巴塞尔委员会制定了一些协议、监管标准与指导原则，如《关于统一国际银行资本衡量和资本标准的协议》《有效银行监管核心原则》等，统称为《巴塞尔协议》。其宗旨是弥补单个国家商业银行监管体制的不足，降低银行倒闭的风险，减小其代价。它是国际社会联合监管国际商业银行的最主要形式，对稳定国际金融秩序起到了积极作用。但是，巴塞尔委员会本身不具有跨国监管的法定权力，其所做结论、所制定的监管标准与指导原则在法律上也没有强制效力，仅供参考。因此，在"国外银行业务无法避免监管"与"适当监管"的原则下，消弭世界各国监管范围差异是巴塞尔委员会所追求的目标。

国际证监会组织，也称证券委员会国际组织。它是国际上各证券暨期货管理机构所组成的国际合作组织，总部设在西班牙马德里，正式成立于 1983 年，其前身是成立于 1974 年的美洲国家证监会协会。现有 226 个会员机构，其中包括 129 个正式会员、30 个联系会员和 67 个附属会员。

国际证监会组织的宗旨是：通过交流信息，促进全球证券市场的健康发展；各成员组织协同制定共同的准则，建立国际证券业的有效监管机制，以保证证券市场的公正有效；共同遏止跨国不法交易，促进交易安全。该组织每年召开一次大会，以协调并推动相关准则的有效实施，促进全球证券市场稳健发展。

国际保险监督官协会是保险业监管的重要国际组织，它成立于 1994 年，其秘书处原设在华盛顿，1998 年迁往国际清算银行所在地巴塞尔，现有成员包括 180 个国家的保险监管组织。

国际保险监督官协会负责更新国际保险准则、提供保险培训、支持保险监管、为监管人员安排联会等。该协会每年举办会议，与会的监管人员、企业代表与其他专家们共同探讨保险业发展的相关议题，具体包括研究制定偿付能力评估与会计核算的标准、加强监管信息交流、推动并监控国际保险监管规则的执行、加强与其他国际金融和监管机构的联系和交流等。

这三个组织是世界公认的三大国际金融监管协调组织，对国际金融秩序稳定发展起到了积极作用。另外值得注意的是，它们对成员国没有法律约束力，其作用的发挥主要依靠"君子协议"。

第二类是以国际法或区域法为基础，对成员国具有法律约束力的监管组织，重要的有欧盟金融监管体系和金融稳定理事会。

欧盟金融监管体系是全球首个带有超国家性质的金融监管体系。在每个成员国承认其他成员国的法律、规定和标准的前提下，欧盟制定的金融监管法规是各成员国必须遵守的最低标准。欧盟金融监管体系的重要变革发生在 2012 年，根据《欧盟运行条约》，其被正式分为宏观审慎监管与微观审慎监管两部分。由此，欧盟的金融监管由各国的混业监管走上了统一协调、分业监管之路。它对欧盟各国具有法律约束力。目前，负责为欧盟制定金融监管指令的机构有：欧盟中央银行，欧盟银行管理局，欧盟证券及市场局，欧盟保险和职业养老金管理局。该体系以区域法律为基础，推动着欧盟的跨国金融监管不断发展。

金融稳定理事会的前身为金融稳定论坛，是七国集团为促进金融体系稳定而成立的合作组织。在全球经济增长与金融稳定发展日益重要的背景下，2009年4月2日，在伦敦举行的二十国集团金融峰会决定，将金融稳定论坛成员扩展至包括中国在内的所有二十国集团成员国，并将其更名为金融稳定理事会。到目前为止，金融稳定理事会成员包括二十国集团所有成员国和西班牙、欧盟委员会、国际清算银行、欧盟中央银行、国际货币基金组织、经济合作与发展组织、世界银行、巴塞尔银行监管委员会、国际会计准则理事会、国际证监会组织、国际保险监管官联合会、全球金融系统委员会、国际支付和市场基础设施委员会和欧盟单一银行监管机制等。金融稳定理事会秘书处设在国际清算银行所在地巴塞尔。

金融稳定理事会的任务是制定和实施促进国际金融稳定的监管政策和其他政策，主要包括：首先，关于金融监管，金融稳定理事会设计了一套机制，确保各国或国际组织不会因监管竞争而竞相放松标准；其次，关于银行资本充足性，巴塞尔银行监管委员会于2009年底提出了一整套强化银行资本充足性和流动性的规定，金融稳定理事会推动该项规定于2010年下半年生效；最后，关于证券化，国际证监会组织于2009年9月公布了证券化与信用违约互换产品监督方法的最终稿，并促成其实施。除上述最重要的三个方面，金融稳定理事会还负责调整金融机构治理结构、薪酬与资本，信息披露和系统重要性金融机构监管等事宜。该理事会为解决全球金融系统脆弱性问题、推动国际金融改革、加强国际金融监管与协调作出了积极努力，是国际金融监管改革的重要推动者。

根据国际金融发展的实际进程来看，现阶段国际金融监管协调主要存在四种形式。

第一种形式，双边谅解备忘录，即两国就金融监管某一领域的问题进行探讨，取得共识，通过签订协议来明确双方在这一领域的责任和义务。目前，两国之间的监管协调绝大部分是通过此种形式来实现的。

第二种形式，多边论坛，即就某一监管问题进行会谈，签署监管声明或文件。这些文件一般不具有法律效力。

第三种形式，以统一监管标准为基础的协调，比如《巴塞尔协议》，就是各国或国际监管组织通过彼此交流、协调，制定的统一监管标准，为各成员国遵照执行。

第四种形式，统一监管，即由一个统一的监管机构负责跨国金融监管。目前，国际金融监管体系中还没有产生此类型的监管模式，欧盟金融监管体系只是在某些方面具备了统一监管的雏形。

同时，国际金融监管协调内容主要包括以下六方面。

（1）建立监管信息共享机制。目前，国际上的金融信息交流机制主要还是双边和多边合作交流两种形式。金融稳定理事会正尝试将此机制向纵深发展。

（2）加强跨国金融机构监管。这方面最典型的是巴塞尔银行监管委员会制定的《巴塞尔协议》。从1975年开始，该委员会就提出了商业银行驻国外机构的监管原则；1996年，又进一步提出了跨境银行监管等原则，加强了跨国金融机构的监管。

（3）实施跨国金融机构并表监管。这方面的典型仍然是巴塞尔银行监管委员会，它于1979年3月就提出并表监管，即母银行和母国监管当局对银行在各地所从事的总体经营业务进行监管。这一并表监管不仅包含会计并表，它所关注的信息其实远远超出了会计报表的范围。这一监管方式已成为国际监管协调机制的一部分。

（4）建立统一的国际监管标准。这方面的典型是三大国际金融监管协调组织在各自领域制定的监管标准，即巴塞尔银行监管委员会发布的《有效银行监管核心原则》、国际证监会组织发布的《证券监管目标与原则》和国际保险监管官联合会发布的《保险监管核心原则与方法》。此外，统一的国际监管标准也包括国际支付结算体系委员会发布的《重要支付系统核心原则》等。这些标准作为金融行业共同遵守的统一规范和通用语言，对金融业务活动作出了明确界定和规范。其中尤为成功的是巴塞尔银行监管委员会发布的资本标准。

（5）强化金融集团监管。这主要针对的是金融业混业经营的问题，以及由此引申出的系统重要性金融机构监管问题——尤其是那些以金融集团化的方式组织和发展起来的机构。为了在国际金融领域实施混业监管，有效强化金融集团监管，巴塞尔银行监管委员会、国际证监会组织、国际保险监督官协会三大组织早在1993年就成立了一个"三方小组"，开始着手解决"多元化金融集团监管"的问题。

（6）促进区域性金融监管一体化。这方面的典型是欧盟金融监管体系，欧盟在2008年国际金融危机后，全力推动金融宏观审慎监管与微观审慎监管的有效结合，尝试区域金融监管一体化。这也为金融稳定理事会下一步推动国际金融监管深化发展作出了示范。

在本节的最后，我们对国际金融监管协调进行展望。

一方面，国际金融监管协调确实存在不少障碍，正如上述分析所示：其一，双边监管协调缺乏稳定的保障机制，谅解备忘录要么流于形式，要么只是零散信息的交流；其二，多边论坛往往流于理念探讨，没有法律约束力；其三，国际三大金融监管协调组织制定的监管标准难以适应发展水平不一的不同国家的需要，因为各国既存在发展差异、理念差异、利益差异，还存在法治差异、监管差异和标准差异，这都给国际金融统一监管制造了障碍；其四，欧盟虽然部分实施了统一监管，但实质的监管权力仍然分散在各国监管当局手中。

另一方面，正如金融稳定理事会发挥越来越大的作用一样，国际金融监管协调也在不断发展。这是因为金融国际化、一体化发展的客观现实推动了金融活动"游戏规则"、市场参与者、金融工具、金融市场的全球一体化，也助推了交易币种的多样化、利率的趋同化和金融风险的全球化等。在这一背景下，国际金融市场中信息技术、机构体系、标准规则统一化的趋势也在不断加强，这种技术、组织、制度的统一化趋势客观上对国际金融监管协调提出了要求，即在监管主体、法规制度、危机处置等方面要有统一安排，既不能空白，又不能失效。因此，在继续推进金融国际化、一体化的进程中，各国需要共同探讨国际金融稳定性和国际金融监管有效性的问题，寻求改革创新的完善方案。在此共识之下，现代金融体系及其领域实施统一的国际监管协调的趋势越来越明显。

第二节 案例分析

一、BIS

BIS（Bank for International Settlements，国际清算银行）。最初为处理第一次世界大战后德国战争赔款问题而设立，后演变为一家各国中央银行合作的国际金融机构，是世界上历史最悠久的国际金融组织，其现阶段的宗旨是促进各国中央银行之间的合作且为国际金融业务提供便利，并作为国际清算的受让人或代理人。其职能包括办理各种国际清算业务、为各国中央银行提供服务、定期举办中央银行行长会议、进行国际货币与金融问题的研究。

第一次世界大战后，凡尔赛协议中关于德国战争赔款事宜原来是由一个特殊的赔款委员会执行，按照当时的道维斯计划，从1924年起，德国第一年赔付10亿金马克，以后逐年增加，一直赔付58年。至1928年，德国战争赔款增至25亿金马克，德国声称国内发生经济危机，无力赔付，要求减少。美国同意了德国的要求，又由欧文·扬策划制订了杨格计划。协约国为执行杨格计划决定建立BIS取代原来的赔款委员会，执行对德赔款的分配和监督德国财政。

1930年1月20日，以摩根银行为首的一些美国银行（另外还有纽约花旗银行、芝加哥花旗银行）和英国、法国、意大利、德国、比利时、日本等国的中央银行在荷兰海牙会议上签订国际协议，成立BIS。英、法、比、德、意、日六国政府与瑞士政府达成协议，由瑞士政府承诺向BIS颁发建行特许证，特许证规定：BIS具有国际法人资格，免税，瑞士政府不得征用、扣押和没收该行财产，准许该行进出口黄金和外汇，享有外交特权和豁免权。

第二次世界大战后，BIS成为经济合作与发展组织成员之间的结算机构，该行的宗旨也逐渐转变为促进各国中央银行之间的合作，为国际金融业务提供便利，并接受委托或作为代理人办理国际清算业务等。BIS不是政府间的金融决策机构，亦非发展援助机构，实际上是西方中央银行的银行。

国际清算银行是以股份公司的形式建立的，主要决策和管理机构包括股东大会、董事会、管理委员会。

股东大会是BIS的最高权力机关，股东大会每年在巴塞尔召开一次，只有各成员国中央银行的代表参加表决。选票按有关银行认购的股份比例分配，不考虑在选举的当时掌握多少股票。每年的股东大会进行年度决算、资产负债表和损益计算书、利润分配办法和接纳新成员国等重大事项的决议。在决定个性化银行章程、增加或减少银行资本、解散银行等事项时，应召开特别股东大会。除各成员国中央银行行长或代表作为有表决权的股东参加股东大会外，所有与该行建立业务关系的中央银行代表均会被邀请列席。

董事会是国际清算银行的经营管理机构，由13名董事组成。比利时、德国、法国、英国、意大利和美国的中央银行行长是董事会的董事，这 6 个国家可以各自任命 1 名本国工商和金融界的代表作为董事，此外董事会可以 2/3 的多数票选举出其他董事，但最多不超过 9 人。董事会设主席 1 名，副主席若干名，每月召开一次例会，审议银行日常业务工作，决议以简单多数票作出，票数相等时由主持会议的主席投决定票。董事会主席和银行行长由 1 人担任。董事会根据主席建议任命 1 名总经理和 1 名副总经理，就银行的业务经营向银行负责。

而国际清算银行具有三种组织业务。

（1）处理国际清算事务。二战后，BIS 先后成为欧洲经济合作组织（经济合作与发展组织）各成员国中央银行汇兑担保的代理人、欧洲支付同盟和欧洲煤钢共同体的受托人、欧洲共同体成员国建立的欧洲货币合作基金的代理人，承担着大量的国际结算业务。

（2）办理或代理有关银行业务。二战后，BIS 业务不断拓展，可从事的业务主要有：接受成员国中央银行的黄金或货币存款，买卖黄金和货币，买卖可供上市的证券，向成员国中央银行贷款或存款，也可与商业银行和国际机构进行类似业务，但不得向政府提供贷款或以其名义开设往来账户。世界上很多中央银行在 BIS 存有黄金和硬通货，并获取相应的利息。

（3）定期举办中央银行行长会议。BIS 于每月的第一个周末在巴塞尔举行西方主要国家中央银行的行长会议，商讨有关国际金融问题，协调有关国家的金融政策，促进各国中央银行的合作。

二、IMF

IMF（International Monetary Fund，国际货币基金组织）。IMF 是根据 1944 年 7 月在布雷顿森林会议签订的《国际货币基金组织协定》，于 1945 年 12 月 27 日在华盛顿成立的。其创立宗旨是监察货币汇率、协调国际收支失衡的问题，确保全球金融制度正常运作。其职能包括制定汇率政策及货币兑换规则及监督、援助国际收支困难国、提供货币合作与协商场所、促进国际金融合作、加快国际经济一体化、维护国际汇率秩序、建立多边支付体系。

1980 年 4 月 17 日，中国恢复在 IMF 的代表权。2016 年 1 月 27 日，IMF 宣布 IMF 2010 年份额和治理改革方案已正式生效，这意味着中国正式成为 IMF 第三大股东，中国份额占比将从 3.996% 升至 6.394%，排名从第六位跃居第三位，仅次于美国和日本。2016 年 3 月 4 日，IMF 表示，将从 2016 年 10 月 1 日起在其官方外汇储备数据库中单独列出人民币资产，以反映 IMF 成员人民币计价储备的持有情况。

IMF 的最高权力机构为理事会，由各成员方派正、副理事各一名组成，一般由各国的财政部部长或中央银行行长担任。每年 9 月举行一次会议，各理事会单独行使本国的投票权（各国投票权的大小由其所缴基金份额的多少决定）；执行董事会负责日常工作，行使理事会委托的一切权力，由 24 名执行董事组成，其中 8 名由基金份额最大的 5 个国家（美、日、德、法、英）和另外 3 个国家（中、俄、沙）任命。

其余 16 名执行董事从由其他成员方分别组成的 16 个选区中选举产生。执行董事每两年选举一次；总裁由执行董事会推选，负责基金组织的业务工作，任期5年可连任，另外还有4名副总裁。

IMF宗旨是通过一个常设机构来促进国际货币合作，为国际货币问题的磋商和协作提供方法；通过国际贸易的扩大和平衡发展，把促进和保持成员方的就业、生产资源的发展、实际收入的高低水平，作为经济政策的首要目标；稳定国际汇率，在成员之间保持有秩序的汇价安排，避免竞争性的汇价贬值；协助成员方建立经常性交易的多边支付制度，消除妨碍世界贸易的外汇管制；在有适当保证的条件下，基金组织向成员方临时提供普通资金，使其有信心利用此机会纠正国际收支的失调，而不采取危害本国或国际繁荣的措施；按照以上目的，缩短成员方国际收支不平衡的时间，减轻不平衡的程度等。

IMF的主要职能包括：制定成员之间的汇率政策和经常项目的支付以及货币兑换性方面的规则，并进行监督；对发生国际收支困难的成员方在必要时提供紧急资金融通，避免其他国家受其影响；为成员方提供有关国际货币合作与协商等会议场所；促进国际的金融与货币领域的合作；促进国际经济一体化的步伐；维护国际的汇率秩序；协助成员之间建立经常性多边支付体系等。

三、WB

WB（World Bank，世界银行），成立于1945年，由国际复兴开发银行、国际开发协会、国际金融公司、多边投资担保机构和国际投资争端解决中心五个成员机构组成。其创立宗旨在于负责经济的复兴和发展，向成员方提供发展经济的中长期贷款。其职能包括提供金融产品和服务、创新性知识的分享、贷款、非贷援助、多方合作、协调立场。

1945年12月27日，WB在布雷顿森林会议后正式宣告成立。1946年6月25日，WB开始运行，1947年5月9日它批准了第一批贷款，向法国贷款2.5亿美元。1947年11月，WB成为联合国的专门机构。WB一开始的目的是帮助欧洲国家和日本在二战后的重建，此外它还会辅助非洲、亚洲和拉丁美洲国家的经济发展。最初，WB的贷款主要集中于大规模的基础建设如高速公路、飞机场和发电厂等。日本和西欧国家达到一定的人均收入水平后，WB完全集中于发展中国家，从20世纪90年代初开始，WB也开始向东欧国家贷款。1980年5月15日，中国恢复在WB的代表权以及成员国地位，次年接受了WB的第一笔贷款。

按照《国际复兴开发银行协定条款》的规定，世界银行的宗旨是：通过对生产事业的投资，协助成员方经济的复兴与建设，鼓励不发达国家对资源的开发；通过担保或参加私人贷款及其他私人投资的方式，促进私人对外投资。当成员方不能在合理条件下获得私人资本时，可运用该行自有资本或筹集的资金来补充私人投资的不足；鼓励国际投资，协助成员方提高生产能力，促进成员方国际贸易的平衡发展和国际收支状况的改善；在提供贷款保证时，应与其他方面的国际贷款配合。

WB按股份公司的原则建立。成立初期，WB法定资本为100亿美元，全部资本为10万股，每股10万美元。凡是成员方均要认购银行的股份，认购额由申请方与WB

协商并经 WB 董事会批准确认。一般来说，一国认购股份的多少根据该国的经济实力，同时参照该国在国际货币基金组织缴纳的份额大小而定。成员方认购股份的缴纳有两种方法：成员方认购的股份，先缴 20%。其中 2%要用黄金或美元缴纳，18%用成员方本国的货币缴纳；其余 80%的股份，当 WB 催交时，用黄金、美元或 WB 需要的货币缴付。

WB 和 IMF 采用加权投票制。《国际复兴开发银行协议条款》规定，WB 成员方资格面向 IMF 的所有成员方开放。申请加入 IMF 的国家须提供其经济数据以供 IMF 与其他经济规模类似的成员方的数据进行比较，然后获得一个相当于向 IMF 认缴额度的配额，该配额决定该国家在 IMF 的投票权重。每个 WB 新成员方获得 250 票，加上在 WB 股本中所持股份，每股为一票。IMF 给予的配额用于确定配给每个 WB 新成员的股份数量。

WB 第二阶段投票权改革完成后，国家复兴开发银行执行董事会由 25 名执行董事组成，其中 6 名由掌握股份最多的国家即美国、日本、中国、德国、法国、英国直接派任，不用进行选举。其余 19 名执行董事从由其他成员方的理事按地区组成 19 个选区中选举而出，每两年选举一次，其中沙特阿拉伯、俄罗斯为单独选区。WB 集团各机构的投票权重分布各不相同。

四、AIIB

AIIB（Asian Infrastructure Investment Bank，亚洲基础设施投资银行，以下简称亚投行）。AIIB 是一个政府间性质的亚洲区域多边开发机构，重点支持基础设施建设，成立宗旨是为了促进亚洲区域的建设互联互通化和经济一体化的进程，并且加强中国及其他亚洲国家和地区的合作，是首个由中国倡议设立的多边金融机构，总部设在北京，法定资本 1000 亿美元。截至 2021 年 10 月，亚投行有 104 个成员。

在全球层面上，AIIB 建立的主要背景是新兴大国的异军突起。

21 世纪以来，世界各国基本延续了 1991 年以来的发展趋势，即在全球化深入发展的推动下实现了不同程度的发展，但各国的发展速度极不均衡。总体而言，发展中国家普遍实现了较快增长，新兴国家日益成为经济新秀，而发达国家的发展速度相对缓慢。在国际金融危机的打击下，发达国家的经济长期陷入低迷，以新兴国家为代表的发展中国家则率先摆脱危机影响，不仅成为全球经济的新引擎，还是全球治理的重要主体。为了更好地发挥新兴国家在世界经济和全球金融治理中的作用，将改革原有的国际金融制度顺理成章地提上日程。虽然世行与国际货币基金组织通过了相应的股权比重和投票权比重改革决定，但因美国国会反对而受阻，不合理的国际金融机制并未改观。

在区域层面上，AIIB 建立的主要背景是亚洲基础设施落后。

亚洲经济占全球经济总量的 1/3，是当今世界最具经济活力和增长潜力的地区，拥有全球六成人口。但因建设资金有限，一些国家铁路、公路、桥梁、港口、机场和通信等基础建设严重不足，这在一定程度上限制了该区域的经济发展。

各国要想维持现有经济增长水平，内部基础设施投资至少需要 8 万亿美元，平均每年需投资8000亿美元。8000亿美元中，68%用于新增基础设施的投资，32%是维护或维修现有基础设施所需资金。现有的多边机构并不能提供如此巨额的资金，亚洲开发银行和世界银行也仅有2230亿美元，两家银行每年能够提供给亚洲国家的资金只有200亿美元，都无法满足这个资金的需求。由于基础设施投资的资金需求量大、实施的周期很长、收入流不确定等的因素，私募资金大量投资于基础设施的项目是有难度的。

在国家层面上，AIIB建立的主要背景是中国进入"新常态"。

中国已成为世界第三大对外投资国，经过40多年的发展和积累，中国在基础设施装备制造方面已经形成完整的产业链，同时在公路、桥梁、隧道、铁路等方面的工程建造能力在世界上也已经是首屈一指。中国基础设施建设的相关产业期望更快地走向国际。但亚洲经济体之间难以利用各自所具备的高额资本存量优势，缺乏有效的多边合作机制，缺乏把资本转化为基础设施建设的投资。

AIIB具备以下职能：推动区域内发展领域的公共和私营资本投资，尤其是基础设施和其他生产性领域的发展；利用其可支配资金为本区域发展事业提供融资支持，包括能最有效支持本区域整体经济和谐发展的项目和规划，并特别关注本区域欠发达成员的需求；鼓励私营资本参与投资有利于区域经济发展，尤其是基础设施和其他生产性领域发展的项目、企业和活动，并在无法以合理条件获取私营资本融资时，对私营投资进行补充；为强化这些职能开展的其他活动和提供的其他服务。

五、NDB

NDB（New Development Bank，金砖国家新开发银行）。NDB的设想是2012年提出的，目的是金砖国家为避免在下一轮金融危机中受到货币不稳定的影响，计划构筑的一个共同的金融安全网，可以借助这个资金池兑换一部分外汇用来应急。

金融危机以来，美国金融政策变动导致国际金融市场资金的波动，对新兴市场国家的币值稳定造成很大影响。中国货币波动较小，但是印度、俄罗斯、巴西、南非等国都经历了货币巨幅贬值，导致通货膨胀。而靠IMF救助存在不及时和力度不够的问题，金砖国家为避免在下一轮金融危机中受到货币不稳定的影响，计划构筑一个共同的金融安全网，一旦出现货币不稳定，可以借助这个资金池兑换一部分外汇来应急。

应急储备基金是由中国提出的倡议，主要是为了解决金砖国家短期金融危机，是一种救助机制，不是盈利机制。应急储备基金的象征性意义更大一些。中国和印度的经济仍具有很强的动力。

金砖国家新开发银行的储备基金为1000亿美元，用于金砖国家应对金融突发事件，其中中国提供410亿美元，俄罗斯、巴西和印度分别提供180亿美元，南非提供其余的50亿美元。

六、FedWire

FedWire（Federal Reserve Communication System，联邦储备通信系统），是美国的第一个支付网络。这个通信系统是属于美国联邦储备体系拥有并管理的。

1913 年，美国颁布了《联邦储备法》，建立了联邦储备体系——美国的中央银行体系。它将全国划分为 12 个联邦储备区，在各区设立联邦储备银行，并在 25 个其他城市设立分行，该体系建立的重要任务之一是为美国银行系统创建统一的收付清算系统。

1918 年，联邦储备银行开始利用其集中的存款准备金，第一次提供了跨区票据托收服务，为了适应票据清算的需要，联邦储备银行建立了 FedWire，从此终止了异地运输黄金和纸币以清算票据托收款项的传统做法。FedWire 已成为美国大额美元的电子支付系统。目前 FedWire 成员银行共计 11000 多家，与 FedWire 联机收付的机构约有 700 家，其中有联邦储备银行及其分行、美国财政部、主要政府代理机构及商业银行。它是美国国家级的支付系统，用于遍及全国 12 个储备区的 1 万多家成员银行之间的资金转账。它能实时处理美国国内大额资金的划拨业务，逐笔清算资金。每天平均处理的资金及传送证券的金额超过 10000 亿美元，平均每笔的金额为 330 万美元。

由于 FedWire 是一种政府管理的系统，管理该系统的规章是由联邦制定的法律。此外，每个地区的联邦储备银行还发布其自己的作业通告。这些通告大同小异，仅适用于它们自己管辖区内的 FedWire。当某一联邦储备银行向另一家储备银行发送一笔划拨业务时，它就按照自己的通告处理这笔业务。在该系统传输和处理的信息主要有：资金转账自由贸易账户；美国政府和联邦机构的各种证券特别处理；交易信息；联邦储备体系的管理信息和调查研究信息；自动清算所业务；批量数据传送。FedWire 的资金转账过程，是通过联邦储备成员的联邦储备账户实现的。因此，资金转账的结果将直接影响成员行持有的联邦储备账户的储备余额水平。这样，通过 FedWire 结算的资金立即有效并可用。这也使 FedWire 成为可用于美国任何资金的转账，包括那些来自其他支付网络的资金转账，成为最终结算的唯一网络系统。

FedWire 所有的储备余额的资金转账都是贷记转账。就是说，一个金融机构通过 FedWire，将资金划拨给另一个金融机构时，如果这两个金融机构在同一联邦储备银行保有余额，那么就在相应的储备余额上作借记和贷记。如果这两个金融机构在不同的联邦储备银行保有余额，则第一家联邦储备银行借记寄出资金银行的储备账户，并贷记接收资金银行所在地区的联邦储备银行账户；后一家联邦储备银行借记寄出资金的联邦储备银行账户，并贷记接收资金银行的储备账户；这两家联邦储备银行再用地区间的清算资金进行清算。

通过 FedWire 进行的资金清算是双向的，即联邦储备银行借记寄出方账户，并以相同信息贷记接收方账户。FedWire 允许日间透支。在转账时，如果寄出方在联邦储备账户中的资金不足，无法在其账户中对可用资金进行借记，即寄出方不能立即和联邦储备银行清算其资金余额，此时，FedWire 向其发出一笔贷款，并仍然贷记接收方储备账户。因此，不管寄出方能否同联邦储备银行清算其资金余额，对接收方来说，支付最终总会成功。

七、CHIPS

CHIPS（Clearing House Interbank Payment System，清算所银行同业支付系统）。它是全球最大的私营支付清算系统之一，主要进行跨国美元交易的清算。

1970年，纽约清算所协会建立CHIPS，代替原有纸质支付清算方式，为企业间和银行间的美元支付提供清算和结算服务。1998年，CHIPS归清算所交付公司所有并处于其管理之下。2001年，CHIPS采用新系统，开始向实时净额清算系统过渡。2007年，CHIPS成为全球最大的私营支付清算系统之一，主要进行跨国美元交易的清算。现在，CHIPS拥有安全、可靠、高效的支付系统，处理全球95%左右的国际美元交易，每天平均交易量超过34万笔，金额约1.9万亿美元。

该系统目前共有清算用户19个，这些用户在联邦储备银行设有储备账户，能直接使用该系统实现资金转移。另外，它也服务非清算用户，只是非清算用户不能直接利用该系统进行清算，必须以某个清算用户为代理行，在该行建立账户，实现资金清算。加入该系统的单位可以是纽约的商业银行、国际条例公司、投资公司和外国银行在纽约的分支机构。加入者需向CHIPCo公司董事会提交财务情况相关文件，接受CHIPCo公司的信用评估。作为最大的私营支付清算系统，按照美联储的要求，它必须处理支付清算风险问题，包括信用风险（到期一方不能履行承诺的支付义务）、操作风险（给资金接收方的支付指令可能被颠倒）、流动性风险（由于缺乏流动性，到期支付指令不能执行）等。

CHIPS的优势有：它是实时的、多边网络系统；支持全球处理时间；94%的支付可直接进行处理；排除了日间透支费用；拥有最大的流动性；它是联机的资金管理工具；支持汇兑信息提交。并且CHIPS具备允许事先存入付款指示、拥有完善的查询服务功能、自动化程度高、安全性好四个特点。

八、TARGET

TARGET（Trans-European Automated Real-time Gross settlement Express Transfer system，欧洲跨国大批量自动实时快速清算系统），也被称为泛欧实时全额自动清算系统，其能为欧盟国家提供实时全额清算服务。TARGET始建于1995年，1999年1月1日正式启用。TARGET由16个国家的实时全额结算系统、欧洲中央银行的支付机构和相互间连接系统（Interlinking System）构成。相互间连接系统将各国的实时全额结算系统与欧洲中央银行的支付机构相连，这样支付指令就能从一个系统传递到另一个系统。

TARGET具有如下特点：采用实时全额结算系统模式，系统在整个营业日内连续、逐笔地处理支付指令，所有支付指令均是最终的和不可撤销的，从而大大降低了支付系统风险，但这对参加清算银行的资金流动性具有较大的要求；由于资金可以实时、全额地从欧盟一国银行划拨到另一国银行，不必经过原有的货币汇兑程序，从而减少了资金的占用,提高了清算效率和安全系数,有助于欧洲中央银行货币政策的实施;欧洲中央银行对系统用户采取收费政策,用户业务量越大,收费标准越低,这一收费规则似乎对规模大的银行更加有利;此外系统用户需在欧洲中央银行存有充足的资金或备有等值抵押品,资金规模要求较高,加之各国中央银行对利用该系统的本国用户不予补贴,故 TARGET 的清算成本高于其他传统清算系统。

九、CIPS

CIPS(Cross-border Interbank Payment System,中国人民币跨境支付系统),于 2015 年 10 月 8 日正式启用。中国的人民币已成为全球第四大支付货币和第二大贸易融资货币,建设独立的人民币跨境支付系统,完善人民币全球清算服务体系是大势所趋。在此背景下,人民币跨境支付系统的构建,整合了现有人民币跨境支付结算渠道和资源,提高了跨境清算效率和交易的安全性,满足了各主要时区的人民币业务发展需要。该系统分两期建设:一期主要采用实时全额结算方式,为跨境贸易、跨境投融资和其他跨境人民币业务提供清算、结算服务;二期采用更为节约、流动性的混合结算方式,提高人民币跨境和离岸资金的清算、结算效率。2018 年 3 月 26 日,CIPS(二期)成功投产试运行,实现对全球各时区金融市场的全覆盖,支持全球的支付与金融市场业务,满足全球用户的人民币业务需求。

该系统的目标是安全、稳定、高效地支持各方面的人民币跨境使用需求,包括人民币跨境贸易和投资的清算、境内金融市场的跨境货币资金清算以及人民币与其他币种的同步收付业务。首批参与者共有 19 家银行机构,同步上线的间接参与者还包括位于亚洲、欧洲、大洋洲、非洲等地区的 38 家境内银行和 138 家境外银行。

十、CHATS

CHATS(Clearing House Automated Transfer System,中国香港的自动支付清算系统),也被称为香港的即时支付结算系统,成员包括中银集团等 13 家银行,该系统主要用于快捷方便地调拨港币。其可以分为港元实时全额结算系统、美元实时全额结算系统、欧元实时全额结算系统、人民币实时全额结算系统四部分。

港元实时全额结算系统于 1996 年推出,其使港元银行同业支付交易能够以安全及高效率的方式交收。这种银行同业支付交易在香港金融管理局(以下简称金管局)所设的账册上以持续方式逐笔交收,而不是净额处理。除交收银行之间的大额支付项目外,该系统亦处理批量结算及交收,涉及的项目包括支票、股票相关支付项目及其他小额批量电子支付项目,如"易办事"、自动记账与扣账交易,以及自动柜员机转账。除提供银行同业支付服务外,港元实时全额结算系统亦处理金管局的货币操作涉及的支付程序。港元实时全额结算系统采取单层式成员制。根据《外汇基金条例》,香港持牌银行必须加入港元实时全额结算系统,并于金管局开设港元交收户口。香港有限制牌照银行亦可向金管局申请使用该系统。

美元实时全额结算系统在 2000 年 8 月推出，结算机构为香港上海汇丰银行有限公司。美元实时全额结算系统不仅以即时支付结算的方式处理美元银行同业支付交易，亦处理美元支票及股票相关支付的批量结算及交收。香港银行有权使用该系统，并可向结算机构申请成为直接成员，亦可通过由直接成员交收其支付项目的方式申请成为间接成员。其他金融机构若拟参与，须经金管局及结算机构审批。

欧元实时全额结算系统于 2003 年 4 月推出，由渣打银行（香港）有限公司担任结算机构。

人民币实时全额结算系统于 2007 年 6 月通过提升人民币交收系统的功能创建，由中国银行（香港）有限公司担任清算行。清算行在中国人民银行设有交收账户，并为中国国家现代化支付系统的成员。因此从技术层面而言香港的人民币实时全额结算系统可视为中国国家现代化支付系统的延伸，但受香港法规监管。香港的银行及境外银行均可于清算行开设人民币交收户口，以直接加入该系统。境外银行及金融机构亦可选择通过香港的直接成员交收其支付项目，以此间接加入该系统。香港银行可向清算行申请直接加入该系统，其他金融机构若拟参与则需经金管局及清算行审批。

十一、SWIFT

SWIFT（Society for Worldwide Interbank Financial Telecommunications，环球银行金融电信协会）。由于国际银行业之间经济活动日益频繁，财务往来与日俱增，传统的手工处理手段无法满足客户的要求，为了适应瞬息万变的市场发展，客户要求在一个国家内，甚至世界范围内的转账结算与资金清算能迅速完成。所以，从 20 世纪 60 年代末 70 年代初起，欧洲七家银行就酝酿建立一个国际通信系统以提供国际上金融数据及其他信息的快速传递服务，并开始对通用的国际金融电文交换处理程序进行可行性研究。研究结果表明，应该建立一个国际化的金融处理系统，该系统要能正确、安全、低成本和快速地传递标准的国际资金调拨信息。1973 年 5 月，来自美国、加拿大和欧洲的 15 个国家的 239 家银行宣布正式成立 SWIFT，其总部设在比利时的布鲁塞尔，它是为了解决各国金融通信不能适应国际上支付清算的快速增长的问题而设立的非营利性组织，负责设计、建立和管理 SWIFT 国际网络，以便在该组织成员间进行国际金融信息的传输和确定路由。SWIFT 从 1974 年开始设计计算机网络系统，于 1977 年夏完成了 SWIFT 网络系统的各项建设和开发工作，并正式投入运营。

该组织创立之后，其成员银行数逐年增加。从 1987 年开始，非银行的金融机构，包括经纪人、投资公司、证券公司和证券交易所等，开始使用 SWIFT 网络系统，该网络系统提供金融行业安全报文传输服务与相关接口软件，支援 80 多个国家和地区的实时支付清算系统。我国的中国银行于 1983 年加入 SWIFT，是 SWIFT 组织的第 1034 家成员行，并于 1985 年 5 月正式开通使用 SWIFT 网络系统，这成为中国与国际金融标准接轨的重要里程碑。之后，中国的各国有商业银行及上海和深圳的证券交易所，也先后加入 SWIFT。进入 20 世纪 90 年代后，除国有商业银行外，中国所有可以办理国际银行业务的外资和侨资银行以及地方性银行纷纷加入 SWIFT。SWIFT 网络系统的使用也从总行逐步扩展到分行。

目前全球大多数国家的银行已使用 SWIFT 网络系统。该网络统给银行的结算提供了安全、可靠、快捷、标准化、自动化的通信服务，具体包括接入服务、金融信息传递服务、交易处理服务（即通过 SWIFTNet 向外汇交易所、货币市场和金融衍生工具认证机构提供交易处理服务）、分析服务和提供分析工具等，大大提高了银行的结算速度。目前，该网络系统已遍布全球 206 个国家和地区的 8000 多家金融机构，提供金融行业安全报文传输服务与相关接口软件，支援 80 多个国家和地区的实时支付清算系统。该系统在促进世界贸易发展、加速全球范围内的货币流通和国际金融结算、促进国际金融业务的现代化和规范化方面发挥了积极的作用。

十二、CPMI

CPMI（Committee on Payments and Market Infrastructures，国际支付和市场基础设施委员会）。它是 2014 年 9 月由国际支付结算体系委员会（Committee on Payment and Settlement Systems，CPSS）更名而来，秘书处设在国际清算银行。该委员会为成员中央银行提供交流的平台，使各中央银行共同研究和探讨其国内的支付、清算、结算系统及跨境多币种结算机制的发展问题。该委员会还致力于支付结算体系的发展与改革工作，推动建立稳健、高效的支付结算系统，以完善全球金融市场基础设施。

十国集团中央银行于 1980 年成立支付系统专家组，并在 1990 年正式设立 CPSS。CPSS 一直致力于支付结算体系的发展与改革工作，推动稳健、高效的支付结算体系的建立，以加强全球金融市场基础设施。2014 年 9 月 1 日，为使 CPSS 的名称及其纲领与其实际活动结合得更加紧密，CPSS 正式更名为 CPMI，并通过了新的纲领。CPMI 秘书处设在瑞士巴塞尔的国际清算银行，每年组织召开 3 次例行会议。

国际支付和市场基础设施委员会不定期发布专业研究报告，内容涉及大额资金转账系统、证券结算系统、外汇交易结算安排、衍生产品清算安排和零售支付工具等，并先后出版了《重要支付系统核心原则》《证券结算系统建议》《中央交易对手建议》《中央银行对支付结算系统的监督》《国家支付体系发展指南》等文件，受到各国中央银行和监管当局的高度重视，在支付结算系统和证券交易结算系统监管领域发挥了重要作用，推动了全球众多国家和地区支付结算体系的发展进程。目前，该委员会正在集中研究场外市场尤其是将中央交易对手机制引入衍生金融工具交易市场，以及建立集中清算和数据保存、处理、监测机制等工作，这将对未来国际支付结算体系的走向产生重要影响。

CPMI 提高了支付、清算、结算和相关安排的安全性和有效性，由此支持了金融稳定和经济发展。CPMI 是金融领域的全球标准制定者，旨在对全球范围内的相关安排加强监管、强化政策和实践。它也是中央银行在监督管理、政策、运行事务（包括提供中央银行服务）等方面开展合作的论坛。CPMI 通过以下活动实施其授权职责：监测和分析发展情况，以识别与其授权范围内诸多安排的安全性和有效性相关的风险，以及对全球金融体系带来的风险；分享与其授权范围内诸多安排、监督管理职责和提供中央银行服务相关的经验，以提升共识；制定政策建议或中央银行的公共政策；对其授权范围内的监督、管理和实践，建立并推动形成全球标准和建议，包括为标准和建议的解释和实施提供指导；为确保及时、一致和有效的实施，监测 CPMI 标准和建议的实施情况；支持合作监督和跨境信息分享，其中包括跨境危机管理的应急通信和应急预案；与非 CPMI 成员的中央银行保持联系，以便分享经验和观点，并在 CPMI 成员之外的司法管辖内直接或通过适当地支持区域组织来推动 CPMI 标准和建议的实施；与其他金融部门标准制定者、中央银行和国际金融机构开展合作。

十三、FSB

FSB（Financial Stability Board，金融稳定理事会），其前身为金融稳定论坛，是七国集团为促进金融体系稳定而成立的合作组织。在全球经济增长与金融稳定发展日益重要的背景下，2009 年 4 月 2 日，在伦敦举行的二十国集团金融峰会决定将金融稳定论坛会员扩展至包括中国在内的所有二十国集团成员，并将其更名为金融稳定理事会。到目前为止，FSB 成员包括二十国集团所有成员和西班牙、欧盟委员会、国际清算银行、欧盟中央银行、国际货币基金组织、经济合作与发展组织、世界银行、巴塞尔银行监管委员会、国际会计准则理事会、国际证监会组织、国际保险监管官联合会、全球金融系统委员会、国际支付和市场基础设施委员会和欧盟单一银行监管机制等。秘书处设在国际清算银行所在地巴塞尔。

金融稳定理事会的任务是制定和实施促进国际金融稳定的监管政策和其他政策，主要包括：关于金融监管，金融稳定理事会设计了一套机制，确保各国或国际组织不会因监管竞争而竞相放松标准。关于银行资本充足性，巴塞尔银行监管委员会于 2009 年底提出了一整套强化银行资本充足性和流动性的规定。金融稳定理事会推动该项规定于 2010 年下半年生效。关于证券化，国际证监会组织于 2009 年 9 月公布了证券化与信用违约互换产品监督方法的最终稿，并促成其实施。除上述最重要的三方面，金融稳定理事会还兼及金融机构治理结构、薪酬与资本、信息披露和系统重要性金融机构监管等事宜。该理事会为解决全球金融系统脆弱性问题、推动国际金融改革、加强国际金融监管与协调作出了积极努力，成为国际金融监管改革的重要推动者。

未来，应不断推进金融稳定理事会的改革创新、组织职能的完善、法律约束力的强化，这将有助于健全国际金融监管规则和标准，使国际金融体系更加健康、稳健地成长。

十四、BCBS

BCBS（Basel Committee on Banking Supervision，巴塞尔银行监管委员会，简称巴塞尔委员会）。它是 1974 年成立于国际清算银行下的常设监督机构。BCBS 由银行监管机构的高级代表以及比利时、德国、加拿大、日本、法国、意大利、卢森堡、荷兰、瑞典、瑞士、英国和美国的中央银行组成,通常在巴塞尔的国际清算银行召开会议。每年三次例会,其工作主要致力于以下几个方面:提高对国际银行监管的效能;提出任何影响从事国际银行业务的问题,为了改善全世界银行业监管的工作,与世界各监管机构交换信息和意见。

BCBS本身不具有法定跨国监管的权力,所作结论或监管标准与指导原则在法律上也没有强制效力,仅供参考。但因该委员会成员来自世界主要发达国家,影响大,一般各国仍将会采取立法规定或其他措施,并结合各国实际情况,逐步实施其所订监管标准与指导原则,或实务处理相关建议事项。在"国外银行业务无法避免监管"与"适当监管"原则下,消弭世界各国监管范围差异是BCBS运作追求的目标。

巴塞尔委员会制定了一些协议、监管标准与指导原则,如《关于统一国际银行资本衡量和资本标准的协议》《有效银行监管核心原则》等。这些协议、监管标准与指导原则统称为巴塞尔协议。这些协议的实质是为了完善与补充单个国家对商业银行监管体制的不足,减轻银行倒闭的风险与代价,是对国际商业银行联合监管的最主要形式。这些文件的制定与推广,对稳定国际金融秩序起到了积极作用。

除核心原则外,委员会还制定了评估各项原则达标情况的详细指导文件,即《核心原则评价方法》。该文件于1999年第一次发布,并在这本次审议中进行了修订。从1979年开始,由BCBS牵头举办国际银行监督官大会,该大会作为多边银行监管论坛,每两年举行一次,旨在促进各国(地区)银行监管当局的交流和合作。

十五、IOSCO

IOSCO(International Organization of Securities Commissions,国际证监会组织,也称证券委员会国际组织),是国际上各证券暨期货管理机构所组成的国际合作组织。总部设在西班牙马德里市,正式成立于1983年,其前身是成立于1974年的证监会美洲协会。

IOSCO成立于1983年,当时北美和南美的11个证券监管机构同意将原先的证监会美洲协会建立为国际合作组织。一年后,来自法国、印度尼西亚、韩国和英国的证券监管机构成为第一个加入该新组织的非美洲机构。1986年7月,IOSCO在巴黎举行了年度会议,这是它在美洲以外的第一次年会,其成员同意建立一个常设总秘书处。1987年,魁北克政府根据魁北克国民议会的批准,通过一项法案,协助IOSCO成为非营利性法人组织。同年,IOSCO在蒙特利尔建立了第一个秘书处,该秘书处直到1999年才迁移至马德里。

1998年,IOSCO通过了一套全面的《证券监管目标和原则》(IOSCO原则),现已被公认为所有证券市场的国际监管基准。该组织于2003年批准了一种综合方法(IOSCO原则评估方法)。IOSCO采用这种方法对会员所在辖区IOSCO原则的执行水平进行客观评估,并帮助制订切实可行的行动计划以纠正已发现的缺陷。

2002年,IOSCO通过了《关于磋商与合作和信息交流的多边谅解备忘录》(IOSCO MMoU),旨在促进国际证券监管机构之间的跨境执法和信息交流。

2005 年，IOSCO 批准了 IOSCO MMoU 作为证券监管机构之间国际合作的基准，并制定了明确的战略和目标，以在 2010 年之前扩大 IOSCO MMoU 签署方的网络。IOSCO 的首要任务是确保其成员有效执行 IOSCO 原则和 IOSCO MMoU，从而促进跨境合作，减轻全球系统性风险，保护投资者并确保公平有效的证券市场。

IOSCO 的目标是：在制定、实施和促进遵守国际公认且一致的法规，以及监督和执行标准方面，与其他组织进行合作，以保护投资者，维持公平、高效和透明的市场，并寻求应对系统性风险的路径；通过加强信息交流与合作，加强对不当行为的执法力度以及对市场和市场中介机构的监督，增强对投资者的保护，提升投资者对证券市场诚信的信心；在全球和区域层面交流各自的经验信息，以促进市场发展，完善市场基础设施并实施适当的监管。

十六、IAIS

IAIS（International Association of Insurance Supervisors）是指国际保险监督官协会，又称国际保险监管者协会，是保险业监管的重要国际组织，成立于 1994 年，现有成员包括 180 个国家的保险监管组织。

IAIS 的宗旨：通过合作来改善一国国内乃至国际层次上的保险监管，以此来促进保险市场的效率、公平、安全和稳定，并最终保护投保人的利益；统一各方努力，制定供各成员方选择遵守的监管标准。

IAIS 的工作内容：推动保险监管主体之间的合作；建立保险监管的国际标准；为成员方提供培训；同其他部门的监管者和国际金融组织合作。

IAIS 由会员大会、执行委员会和秘书处组成。会员大会由执行委员会负责召集，执行委员会下设四个委员会——技术委员会、新兴市场委员会、预算委员会和教育委员会。每个委员会还可分设次级委员会、工作小组来完成日常工作。

第三节 点评与思考讨论题

点评

点评 1：现代国际金融体系的功能作用已远远滞后于现代金融体系六大功能作用的客观要求；现代金融体系包括金融市场要素、金融市场组织、金融市场法治、金融市场监管、金融市场环境和金融基础设施六大功能作用，它们是一个完整的有机系统。

点评 2：现代国际金融体系和国际货币体系需要改革、创新与完善；它不仅要求现代金融体系六大功能作用保持健全，并且需要有一个完善的国际金融治理组织机制在有效运行，二十国集团的 FSB 功能作用的完善与提升应该是该方向的一条路径。

点评 3：对现代国际金融体系和国际货币体系来说，是实施改革、创新、完善还是推倒重来，是一个尖锐的话题；应了解和把握国际金融体系、国际货币体系的发展进程，结合世界经济一体化、金融发展国际化的客观事实，探讨国际金融稳定与发展的有效性，寻求实施现代金融体系国际监管协调的趋势和方向。

思考讨论题

1．国际清算银行、国际货币基金组织及世界银行的功能和作用有哪些？
2．亚投行、金砖国家新开发银行的功能和作用有哪些？
3．各国国际金融基础设施的分类与运作方式是怎样的？
4．国际金融监管协调组织的分类是怎样的？
5．如何看待二十国集团金融稳定理事会的作用与前景？

参 考 文 献

[1] 巴曙松. 加强对影子银行系统的监管[J]. 中国金融, 2009(14): 24-25.
[2] 巴曙松. 转型让金融功能回归[J]. 中国报道, 2012(11): 50-53.
[3] 巴曙松. 服务实体促进转型是金融改革方向[N]. 中国经济导报, 2013-03-02(A2).
[4] 巴曙松. 中国金融科技发展的现状与趋势[N]. 21世纪经济报道, 2017-01-20(4).
[5] 巴曙松, 胡靓, 朱元倩. 澳大利亚监管科技: 现状及经验[J]. 经济社会体制比较, 2020(4): 21-29.
[6] 巴曙松, 王凤娇, 孔颜. 系统性金融风险的测度方法比较[J]. 湖北经济学院学报, 2011, 9(1): 32-39.
[7] 白当伟, 汪天都, 李潇潇, 等. 普惠金融与金融稳定: 传导机理及实证研究[J]. 上海金融, 2018(8): 25-35.
[8] 贝多广. 金融发展的次序: 从宏观金融、资本市场到普惠金融[M]. 北京: 中国金融出版社, 2017: 15-18.
[9] 彼得·博芬格. 货币政策: 目标、机构、策略和工具[M]. 黄燕芬, 等译. 北京: 中国人民大学出版社, 2013.
[10] 边晓娟, 张跃军. 澳大利亚碳排放交易经验及其对中国的启示[J]. 中国能源, 2014, 36(8): 29-33.
[11] 曹玉瑾, 于晓莉. 分报告三: 主要货币国际化的历史经验[J]. 经济研究参考, 2014(9): 43-59.
[12] 曹远征. 论深圳经验的特殊性和普适性——经济特区建立40周年回顾与展望[J]. 开放导报, 2020(4): 19-26.
[13] 陈彪如. 国际货币体系[M]. 上海: 华东师范大学出版社, 1990.
[14] 陈共. 财政学[M]. 10版. 北京: 中国人民大学出版社, 2020.
[15] 陈洁民. 新西兰碳排放交易体系的特点及启示[J]. 经济纵横, 2013(1): 113-117.
[16] 陈青. 人民币利率传导机制研究[D]. 南昌: 南昌大学, 2012.
[17] 陈雨露, 王芳, 杨明. 作为国家竞争战略的货币国际化: 美元的经验证据——兼论人民币的国际化问题[J]. 经济研究, 2005, 40(2): 35-44.
[18] 陈云贤. 证券投资论[M]. 北京: 北京大学出版社, 1992.
[19] 陈云贤. 投资银行论: 兼谈证券业与银行业分业管理的模式选择[M]. 北京: 北京大学出版社, 1995.
[20] 陈云贤. 风险收益对应论: 《投资银行论》续[M]. 北京: 北京大学出版社, 1998.
[21] 陈云贤. 财政金融理论与实践探索[M]. 北京: 中国金融出版社, 1999.
[22] 陈云贤. 风险收益论: 投资银行的管理轴心[J]. 证券市场导报, 2001(4): 10-18.
[23] 陈云贤, 孔维成, 王烜. 证券业资本监管研究[M]. 北京: 中国金融出版社, 2011.
[24] 陈云贤, 何荣天, 潘峰. 投资银行风险收益对应运营论: 雷曼兄弟经营失败案例分析[M]. 北京: 中国金融出版社, 2012.
[25] 陈云贤, 孔维成, 郑涛. 证券公司风险管理与经济资本计量研究[M]. 北京: 中国金融出版社, 2013.
[26] 陈云贤. 国家金融学500问[M]. 北京: 北京大学出版社, 2022.
[27] 崔毅安, 熊熊, 等. 金融科技视角下的计算实验金融建模[J] 系统工程理论与实践, 2020, 40(2): 373-381.
[28] 邓婧. 电子货币发展及对中央银行货币政策影响实证研究[D]. 北京: 北京交通大学, 2009.
[29] 董化杰, 王毅. 财政收支与货币政策操作[J]. 中国金融, 2011(12): 26-28.
[30] 董洁. 金融科技与金融监管[J]. 中国商论, 2020(4): 60-61.

[31] 董君. 国际货币体系演进中的货币霸权转移[J]. 当代经济管理, 2010, 32(10): 63-67.
[32] 董雅娜. 从能源危机到美元霸权: 石油—美元机制研究[D]. 南京: 南京大学, 2019.
[33] 董直庆, 王林辉. 我国证券市场与宏观经济波动关联性: 基于小波变换和互谱分析的对比检验[J]. 金融研究, 2008(8): 39-52.
[34] 范可媛. 1694—1914年伦敦金融城的发展和演变[D]. 天津: 天津师范大学, 2021.
[35] 高洪民. 关于香港离岸人民币存款变动影响因素的理论和实证研究[J]. 世界经济研究, 2017(9): 25-37+135.
[36] 高鸿业. 西方经济学[M]. 7版. 北京: 中国人民大学出版社, 2018.
[37] 龚强, 张一林, 林毅夫. 产业结构、风险特性与最优金融结构[J]. 经济研究, 2014, 49(4): 4-16.
[38] 苟天昱. 欧元区金融中心法兰克福[J]. 中国金融, 2015(18): 26-27.
[39] 谷军健, 赵玉林. 金融发展如何影响全球价值链分工地位?——基于与科技创新协同的视角[J]. 国际金融研究, 2020(7): 35-44.
[40] 郭长林. 被遗忘的总供给: 财政政策扩张一定会导致通货膨胀吗?[J]. 经济研究, 2016, 51(2): 30-41.
[41] 国务院发展研究中心"新时期我国财政、货币政策面临的挑战与对策"课题组, 余斌, 张俊伟. 新时期我国财政、货币政策面临的挑战与对策[J]. 管理世界, 2014(6): 9-18.
[42] 何广文. 德国金融制度研究[M]. 北京: 中国劳动社会保障出版社, 2000.
[43] 何艳玲. 发达国家发展低碳经济的基本做法[J]. 政策瞭望, 2011(3): 48-50.
[44] 黄达, 张杰. 金融学[M]. 4版. 北京: 中国人民大学出版社, 2017.
[45] 黄宪, 刘岩, 童韵洁. 金融发展对经济增长的促进作用及其持续性研究: 基于英美、德国、法国法系的比较视角[J]. 金融研究, 2019(12): 147-168.
[46] 贾俊生, 伦晓波, 林树. 金融发展、微观企业创新产出与经济增长——基于上市公司专利视角的实证分析[J]. 金融研究, 2017(1): 99-113.
[47] 李宏明. 金融深化新论[M]. 北京: 中国金融出版社, 2007: 61-63.
[48] 李力行, 申广军. 金融发展与城市规模: 理论和来自中国城市的证据[J]. 经济学(季刊), 2019, 18(3): 855-876.
[49] 历军. 中国超算产业发展现状分析[J]. 中国科学院院刊, 2019, 34(6): 617-624.
[50] 厉以宁. 论"中等收入陷阱"[J]. 经济学动态, 2012(12): 4-6.
[51] 林毅夫, 孙希芳, 姜烨. 经济发展中的最优金融结构理论初探[J]. 经济研究, 2009, 44(8): 4-17.
[52] 林毅夫, 孙希芳. 银行业结构与经济增长[J]. 经济研究, 2008, 43(9): 31-45.
[53] 刘彩艳. 近现代上海金融中心的发展演变及其历史启示[J]. 西北成人教育学报, 2012(3): 35-36+31.
[54] 鲁迪格·多恩布什, 斯坦利·费希尔, 理查德·斯塔兹. 宏观经济学[M]. 12版. 王志伟, 译. 北京: 中国人民大学出版社, 2017.
[55] 米尔顿·弗里德曼. 货币经济学[M]. 任力, 译. 北京: 中国人民大学出版社, 2020.
[56] 倪权生. 东京国际金融中心地位的崛起和衰退及其启示[D]. 上海: 上海交通大学, 2009.
[57] 张鸿义. 深圳金融中心建设的总结、评价与展望[J]. 开放导报, 2015(2): 37-44.
[58] 阎丽鸿. 香港国际金融中心的特征与结构[J]. 金融科学, 2001(3): 105-108.
[59] 杨沐, 张秀琼. 新加坡是怎样建成一个国际金融中心的[J]. 城市观察, 2011(1): 42-55.
[60] 曾宝华. 金融体系的功能与核心能力的分析[J]. 海南金融, 2005(12): 28-31.
[61] 曾铮. 亚洲国家和地区经济发展方式转变研究: 基于"中等收入陷阱"视角的分析[J]. 经济学家, 2011(6): 48-55.
[62] 解维敏, 方红星. 金融发展、融资约束与企业研发投入[J]. 金融研究, 2011(5): 171-183.
[63] 胡奕明, 王雪婷, 张瑾. 金融资产配置动机: "蓄水池"或"替代"?——来自中国上市公司的证据[J]. 经济研究, 2017, 52(1): 181-194.

[64] 吉松涛. 铸币税、货币化与中国经济增长研究[D]. 成都: 西南财经大学, 2006.

[65] 若迪·加利. 货币政策、通货膨胀与经济周期: 新凯恩斯主义分析框架引论[M]. 杨斌, 于泽, 译. 北京: 中国人民大学出版社, 2013.

[66] 白津夫, 白兮. 货币竞争新格局与央行数字货币[J]. 金融理论探索, 2020(3): 3-9.

[67] 鲍忠铁. 数字货币的利与弊[J]. 金融博览, 2016(3): 11-12.

[68] 陈道富, 王刚. 比特币的发展现状、风险特征和监管建议[J]. 学习与探索, 2014（4）: 88-92+2..

[69] 陈明端. 监管科技发展模式探索与实践——基于国际做法的经验借鉴[J]. 北方金融, 2017(10): 71-75.

[70] 储雨知, 智能合约编写之 Solidity 运行原理[EB/OL]. (2020-04-20)[2022-03-15]. https://blog.csdn.net/FISCO_BCOS/article/details/105625701.

[71] 创业邦研究中心. 2018-2019 中国金融科技白皮书[R/OL]. (2019-04-02)[2020-07-18]. https://oss.cyzone.cn/2019/0402/1382923a6a7e1b6c875f323f1c3a7b80.pdf.

[72] 崔毅安, 熊熊, 韦立坚, 等. 金融科技视角下的计算实验金融建模[J]. 系统工程理论与实践, 2020, 40(2): 373-381.

[73] 戴润静. 金融科技监管的国际经验[J]. 清华金融评论, 2017(10): 97-99.

[74] 范捷, 易乐天, 舒继武. 拜占庭系统技术研究综述[J]. 软件学报, 2013, 24(6): 1346-1360.

[75] 范云朋, 赵璇. 澳大利亚金融科技"监管沙盒"的经验与启示[J]. 财会月刊, 2020(1): 131-138.

[76] 葛文双, 郑和芳, 刘天龙, 等. 面向数据的云计算研究及应用综述[J]. 电子技术应用, 2020, 46(8): 46-53.

[77] 工程师之余. 大数据的四大特点与六大行业领域应用[EB/OL]. (2018-10-11)[2020-6-20]. http://www.elecfans.com/rengongzhineng/796132.html.

[78] 谷来丰, 赵国玉, 邓伦胜. 智能金融: 人工智能在金融科技领域的 13 大应用场景[M]. 北京: 电子工业出版社, 2019: 144-160.

[79] 国务院. 国务院关于印发推进普惠金融发展规划(2016—2020 年)的通知[R/OL]. (2016-01-15)[2020-08-13]. https://www.gov.cn/zhengce/content/2016-01/15/content_10602.htm.

[80] 韩双林, 马秀岩. 证券投资大辞典[M]. 哈尔滨: 黑龙江人民出版社, 1993.

[81] 洪伟. 区块链技术在供应链金融中的应用研究[D]. 广州: 中山大学, 2020: 29-33.

[82] 黄昌文. 论区块链技术在证券市场的应用及法律监管[J]. 中国经贸导刊(中文版), 2020(2): 131-132.

[83] 黄国平. 区块链发展及其在金融领域的应用[N]. 金融时报, 2019-12-23(11).

[84] 李爱君. 金融创新法律评论[M]. 北京: 法律出版社, 2016: 180-197.

[85] 李恒超, 林鸿飞, 等. 一种用于构建用户画像的二级融合算法框架[J]. 计算机科学, 2018, 45(1): 157-161.

[86] 历军. 中国超算产业发展现状分析[J]. 中国科学院院刊, 2019, 34(6): 617-624.

[87] 李永宁, 郑润祥, 黄明皓. 超主权货币、多元货币体系、人民币国际化和中国核心利益[J]. 国际金融研究, 2010(7): 30-42.

[88] 林春. 法定数字货币发行与中国货币政策有效性[J]. 深圳大学学报(人文社会科学版), 2019, 36(5): 77-86.

[89] 刘昌用. 货币的形态: 从实物货币到密码货币[J]. 重庆工商大学学报(社会科学版), 2020, 37(2): 9-22.

[90] 刘罡. 云计算关键技术及其应用[J]. 信息与电脑(理论版), 2016(18): 68-69.

[91] 刘景华. 英国崛起进程中的区域和城市[M]. 北京: 人民出版社, 2019: 110-112.

[92] 罗纳德·I.麦金农. 经济发展中的货币与资本[M]. 卢聪, 译.上海: 上海三联书店, 1973.

[93] 孟小峰, 慈祥. 大数据管理: 概念、技术与挑战[J]. 计算机研究与发展, 2013, 50(1): 146-169.

[94] 聂跃光. 物联网关键技术与应用研究[J]. 计算机产品与流通, 2020(9): 142.

[95] 蒲成毅. 数字现金对货币供应与货币流通速度的影响[J]. 金融研究, 2002(5): 81-89.

[96] 乔桂明. 国际金融学[M]. 3版. 苏州: 苏州大学出版社, 2016.

[97] 单科举. Ripple 与 SWIFT 比较研究分析[J]. 金融理论与实践, 2016(10): 105-107.

[98] 伍旭川. 人工智能发展趋势、挑战及对金融安全的影响[J]. 财经智库, 2018, 3(6): 26-43+141-142.

[99] 艾蔚. 国际金融[M]. 上海: 上海交通大学出版社, 2014.

[100] 巴曙松, 王璟怡, 杜婧. 从微观审慎到宏观审慎: 危机下的银行监管启示[J]. 国际金融研究, 2010(5): 83-89.

[101] 董小君. 金融风险预警机制研究[M]. 北京: 经济管理出版社, 2004.

[102] 杜金向. 新型农村金融机构可持续发展研究[M]. 北京: 经济日报出版社, 2014.

[103] 黄金老. 论金融脆弱性[J]. 金融研究, 2001(3): 41-49.

[104] 查尔斯·P. 金德尔伯格, 阿利伯. 疯狂、惊恐和崩溃: 金融危机史（第六版）[M]. 朱隽, 叶翔, 李伟杰, 译. 北京: 中国金融出版社, 2014.

[105] 金洪飞. 新兴市场货币危机机理研究[M]. 上海: 上海财经大学出版社, 2004.

[106] 卡门·M. 莱因哈特, 肯尼斯·S. 罗格夫. 这次不一样: 八百年金融危机史[M]. 綦相, 刘晓锋, 刘丽娜, 译. 北京: 机械工业出版社, 2012.

[107] 郎晓龙. 货币危机与资本管制[M]. 北京: 中国经济出版社, 2007.

[108] 雷家骕. 国家经济安全导论[M]. 西安: 陕西人民出版社, 2000.

[109] 刘安国, 李仁贵. 当代货币危机理论的演进与保罗·克鲁格曼的贡献[J]. 经济评论, 2016(3): 135-147.

[110] 刘莉亚, 任若恩. 浅析现代货币危机理论[J]. 现代国际关系, 2002(3): 57-61.

[111] 刘莉亚. 新兴市场国家(地区)金融危机理论研究[M]. 上海: 上海财经大学出版社, 2004.

[112] 刘志强. 金融危机预警指标体系研究[J]. 世界经济, 1999(4): 17-23.

[113] 缪延亮. 欧债危机救助的经验与反思[J]. 金融研究, 2018(6): 40-46.

[114] 托马斯·皮凯蒂. 21世纪资本论[M]. 巴曙松, 陈剑, 余江, 等译. 北京: 中信出版集团, 2014.

[115] 石自强. 历次金融危机解密[M]. 北京: 科学出版社, 2011.

[116] 单建军. 宏观审慎压力测试及实施框架[J]. 对外经贸, 2019(6): 73-75.

[117] 宋清华. 银行危机论[M]. 北京: 经济科学出版社, 2000.

[118] 吴晓求, 等. 金融危机启示录[M]. 北京: 中国人民大学出版社, 2009.

[119] 卢晓平. 吴晓求: 上万亿交易量让人感到恐惧[EB/OL]. (2015-3-20)[2020-6-20]. https://news.cnstock.com/news,bwkx-201503-3374922.htm

[120] 杨子晖, 陈雨恬, 陈里璇. 极端金融风险的有效测度与非线性传染[J]. 经济研究, 2019, 54(5): 63-80.

[121] 杨子晖, 陈雨恬, 张平森. 重大突发公共事件下的宏观经济冲击、金融风险传导与治理应对[J]. 管理世界, 2020, 36(5): 13-35+7.

[122] 杨子晖, 周颖刚, 全球系统性金融风险溢出与外部冲击[J]. 中国社会科学, 2018(12): 69-90+200-201.

[123] 张志前, 喇绍华. 欧债危机[M]. 北京: 社会科学文献出版社, 2012.

[124] 富兰克林·艾伦, 道格拉斯·盖尔. 比较金融系统[M]. 王晋斌, 朱春燕, 丁新娅, 等译. 北京: 中国人民大学出版社, 2002.

[125] 白钦先, 刘刚, 郭翠荣. 各国金融体制比较[M]. 2版. 北京: 中国金融出版社, 2008.

[126] 胡海峰. 现代投资银行学[M]. 2版. 北京: 北京首都经济贸易大学出版社, 2022.

[127] 黄飞鸣. 商业银行管理学[M]. 上海: 复旦大学出版社, 2017.

[128] 赖溟溟. 金融结构变迁与持续的经济增长: 基于银行主导型和市场主导型金融体系视角的分析[M]. 北京: 中国金融出版社, 2011.

[129] 李量. 现代金融结构导论[M]. 北京: 经济科学出版社, 2001.
[130] 李木祥, 钟子明, 冯宗茂. 中国金融结构与经济发展[M]. 北京: 中国金融出版社, 2004.
[131] 李志辉. 商业银行管理学[M]. 3版. 北京: 中国金融出版社, 2015.
[132] 马庆泉, 吴清, 刘钊. 中国证券史·第一卷(1978—1998年)[M]. 北京: 中国金融出版社, 2009.
[133] 马庆泉, 吴清, 刘钊. 中国证券史·第二卷(1999—2007年)[M]. 北京: 中国金融出版社, 2009.
[134] 王志军. 欧美金融发展史[M]. 天津: 南开大学出版社, 2013.
[135] 吴晓求. 变革与崛起: 探寻中国金融崛起之路[M]. 北京: 中国金融出版社, 2011.
[136] 吴晓求. 梦想之路: 吴晓求资本市场研究文集[M]. 北京: 中国金融出版社, 2007.
[137] 谢清河. 金融结构与金融效率[M]. 北京: 经济管理出版社, 2008.
[138] 中国证券监督管理委员会. 中国资本市场发展报告[M]. 北京: 中国金融出版社, 2008.
[139] 肖华, 吴湘宁. 商业智能的功能及发展[J]. 电脑知识与技术, 2019, 5(15): 4010-4011.
[140] 徐义国, 王增武. 从远东中心到全球中心: 上海国际金融中心的演进与跃迁——发展标金市场的历史智慧与现实选择[J]. 河北经贸大学学报, 2021, 42(1): 101-108.
[141] 徐忠, 孙国峰, 姚前. 金融科技: 发展趋势与监管[M]. 北京: 中国金融出版社, 2017.
[142] 王彩萍, 张龙文. 国家金融体系结构[M]. 广州: 中山大学出版社, 2021.
[143] 赵慧敏, 等. 国家金融体系定位[M]. 广州: 中山大学出版社, 2021.
[144] 黄新飞, 邓贵川. 国家金融政策组合[M]. 广州: 中山大学出版社, 2021.
[145] 李广众, 等. 国家金融监管协调[M]. 广州: 中山大学出版社, 2021.
[146] 周天芸, 魏守道. 国家金融弯道超车[M]. 广州: 中山大学出版社, 2021.
[147] 韦力坚. 国家金融科技创新[M]. 广州: 中山大学出版社, 2021.
[148] 杨子晖, 王姝黛. 国家金融风险防范[M]. 广州: 中山大学出版社, 2021.
[149] 王伟, 张一林. 国家金融国际参与[M]. 广州: 中山大学出版社, 2021.
[150] 王章辉. 英国经济史[M]. 北京: 中国社会科学出版社, 2013.
[151] 阎照祥. 英国史[M]. 北京: 人民出版社, 2003.
[152] 张维, 熊熊, 张永杰. 计算实验金融研究[M]. 北京: 科学出版社, 2010.
[153] 周伟, 张健, 梁国忠. 金融科技: 重构未来金融生态[M]. 北京: 中信出版集团, 2017.
[154] 朱庭光. 外国历史名人传(近代部分 上册)[M]. 北京; 重庆: 中国社会科学出版社; 重庆出版社, 1981: 422-430.
[155] 陈选娟、柳永明, 等. 金融机构与风险管理[M]. 上海: 上海人民出版社, 2014,.
[156] 宋清华. 银行危机: 中国必须正视的现实[J]. 中南财经大学学报, 2000(06): 76-80+124.
[157] ADRIAN T, BRUNNERMEIER M K. CoVaR[J]. American Economic Review, 2016, 106(7): 1705-1741.
[158] ADRIAN T, SHIN H S. Liquidity and leverage[J]. Journal of Financial Intermediation, 2010, 19(3): 418-437.
[159] ADRIAN T, SHIN H S. The changing nature of financial intermediation and the financial crisis of 2007—2009[J]. Annual Review of Economics, 2010, 2: 603-618.
[160] ALLEN F, GALE D. Financial contagion[J]. Journal of Political Economy, 2000, 108(1): 1-33.
[161] ALLEN F, GALE D. Comparative financial systems[M]. Cambridge: The MIT Press, 2001.
[162] ASONGU S A, ANYANWU J C, TCHAMYOU V S. Technology-driven information sharing and conditional financial development in Africa[J]. Information Technology for Development, 2019, 25(4): 630-659.
[163] BAE K H, BAILEY W, KANG J. Why is stock market concentration bad for the economy?[J]. Journal of Financial Economics, 2021, 140(2): 436-459.
[164] BAGEHOT W. Lombard Street: a description of the money market[M]. Homewood, US: Richard D. Irwin, Inc, 1962.

[165] BATUO M, MLAMBO K, ASONGU S. Linkages between financial development, financial instability, financial liberalisation and economic growth in Africa[J]. Research in International Business and Finance, 2018, 45: 168-179.

[166] BECK T. Financial dependence and international trade[J]. Review of International Economics, 2003, 11(2): 296-316.

[167] BENCIVENGA V R, SMITH B D. Financial intermediation and endogenous growth[J]. Review of Economic Studies, 1991, 58(2): 195-209.

[168] BENHABIB J, WANG P. Financial constraints, endogenous markups, and self-fulfilling equilibria[J]. Journal of Monetary Economics, 2013, 60(7): 789-805.

[169] BENOIT S, COLLIARD J E, HURLIN C, et al. Where the risks lie: a survey on systemic risk[J]. Review of Finance, 2017, 21(1): 109-152.

[170] BILLIO M, GETMANSKY M, LO A W, et al. Econometric measures of connectedness and systemic risk in the finance and insurance sectors[J]. Journal of Financial Economics, 2012, 104(3): 535-559.

[171] BORIO C. Towards a macroprudential framework for financial supervision and regulation?[J]. CESifo Economic Studies, 2003, 49(2): 181-215.

[172] HASHMALL A M. After the fall: A new framework to regulate "too big to fail" non-bank financial institutions[J]. New York University Law Review, 2010, 85: 829-866.

[173] KELLY C, KARMEL R S. The hardening of soft law in securities regulation[J]. Brooklyn Journal of International Law, 2009, 34(3): 883-950.

[174] KESSLER O. Is risk changing the politics of legal argumentation?[J]. Leiden Journal of International Law, 2008, 21(4): 863-884.

[175] KRUGMAN P R, OBSTFELD M, MELITZ M. International economics: theory and policy[M]. 10th ed. London: Pearson education LTD., 2014.

[176] LASTRA R M. The role of the IMF as a global financial authority[M]// HERRMANN C, TERHECHTE J P. European yearbook of international economic law 2011. Berlin: Springer-Verlag GmbH, 2011: 121-136.

[177] LA PASTA R, LOPEZ-DE-SILANES F, SHLEIFER A, et al. Legal determinants of external finance[J]. The Journal of Finance, 1997, 52(3): 1131-1150.

[178] LA PASTA R, LOPEZ-DE-SILANES F, SHLEIFER A, et al. Law and finance[J]. Journal of Political Economy, 1998, 106(6): 1113-1155.

[179] LOMBARDI D, WOODS N. The politics of influence: an analysis of IMF surveillance[J]. Review of International Political Economy, 2008, 15(5): 711-739.

[180] MACNEIL I. The trajectory of regulatory reform in the UK in the wake of the financial crisis[J]. European Business Organization Law Review, 2010, 11: 483-526.

[181] MIGLIONICO A. The governance of credit rating agencies: regulatory regimes and liability issues[M]. Cheltenham: Edward Elgar Publishing, 2019.

[182] NOVEMBRE V. The bargaining process as a variable to explain implementation choices of international soft-law agreements: the Basel case study[J]. Journal of banking regulation, 2009, 10 (2): 128-152.

[183] ALBULESCU C T, GOYEAU D. Assessing and forecasting Romanian financial system's stability using an aggregate index[EB/OL]. (2014-05-31)[2020-07-18]. https://www.researchgate.net/publication/228360426_Assessing_and_Forecasting_Romanian_Financial_System's_Stability_Using_an_Aggregate_Index#figures.

[184] ALBUQUERQUE R, CABRAL L, GUEDES J. Incentive pay and systemic risk[J]. The Review of Financial Studies, 2019, 32(11): 4304-4342.

[185] ALLEN F, GALE D. Optimal financial crises[J]. The Journal of Finance, 1998, 53(4): 1245-1284.

[186] ALLEN F, GALE D. Bubbles and crises[J]. The Economic Journal, 2000, 110(460): 236-255.

[187] ALLEN F, GALE D. Financial contagion[J]. Journal of Political Economy, 2000, 108(1): 1-33.

[188] ALLEN F, GALE D. Financial fragility, liquidity, and asset prices[J]. Journal of the European Economic Association, 2004, 2(6): 1015-1048.

[189] ALLEN L, BALI T G, TANG Y. Does systemic risk in the financial sector predict future economic downturns?[J]. The Review of Financial Studies, 2012, 25(10): 3000-3036.

[190] ALLEN W A, WOOD G. Defining and achieving financial stability[J]. Journal of Financial Stability, 2006, 2(2): 152-172.

[191] AGÉNOR P R, BHANDARI J S, FLOOD R P. Speculative attacks and models of balance of payments crises [J]. Staff papers, 1992, 39(2): 357-394.

[192] AGRAWAL A, JAFFE J F, MANDELKER G N. The post-merger performance of acquiring firms: a re-examination of an anomaly[J]. The Journal of Finance, 1992, 47(4): 1605-1621.

[193] ASQUITH P. Merger bids, uncertainty, and stockholder returns[J]. Journal of Financial Economics, 1983, 11(1-4): 51-83.

[194] BALL R, BROWN P. An empirical evaluation of accounting income numbers[J]. Journal of Accounting Research, 1968, 6(2): 159-178.

[195] BANERJEE A V. A simple model of herd behavior[J]. The Quarterly Journal of Economics, 1992, 107(3): 797-817.

[196] BROEDERS D, PRENIO J. Innovative technology in financial supervision(suptech): the experience of early users[R]. Basel: BIS, 2018: 15-16.

[197] FCA. Feedback statement on call for input: supporting the development and adopters of regtech[EB/OL]. (2016-07-20)[2020-05-15]. https://www.fca.org.uk/publications/feedback-statements/fs16-4-feedback-statement-call-input-supporting-development-and.

[198] HOLLAND J H. Adaptation in natural and artificial systems: anintroductory analysis with applications to biology, control, and artificial intelligence [M]. Cambridge: The MIT Press, 1992.

[199] IIF. Regtech in financial services: solutions for compliance and reporting[EB/OL]. (2016-03-22)[2021-06-10]. https://www.iif.com/Publications/ID/1686/Regtech-in-Financial-Services- Solutions-for-Compliance-and-Reporting.

[200] KPMG, H2 Ventures. 2019 Fintech100: leading global finTech innovators[EB/OL]. (2019-11-01)[2020-02-16]. https://assets.kpmg.com/content/dam/kpmg/pe/pdf/Publicaciones/TL/2019Fintech100. pdf.

[201] NAKAMOTO S. Bitcoin: a peer-to-peer electronic cash system[EB/OL]. (2008-12-31) [2020-02-16]. https://bitcoin.org/bitcoin.pdf.

[202] UK Government Office for Science. Fintech futures: the UK as a world leader in financial technologies[EB/OL]. (2015-03-18)[2020-05-10]. https://assets.publishing.service.gov.uk/government/uploads/system/uploads/attachment_data/file/413095/gs-15-3-fintech-futures. pdf.

[203] WEI L J, ZHANG W, XIONG X, et al. Position limit for the CSI 300 stock index futures market[J]. Economic Systems, 2015, 39(3): 369-389.

[204] SUNDARARAJAN V, BALINO T J T. 1 Issues in Recent Banking Crises[M]//Banking Crises. International Monetary Fund, 1990.

[205] KAMINSKY G L, REINHART C M. The twin crises: the causes of banking and balance-of-payments problems[J]. American economic review, 1999, 89(3): 473-500.

[206] FRANKEL J A, ROSE A K. Currency crashes in emerging markets: empirical indicators[J]. 1996.

[207] ESQIUVEL G, LARRAIN F. Explaining currency crises[J]. John F. Kennedy Faculty Research WP Series R98-07, 1998.

[208] EICHENGREEN B, ROSE A K, WYPLOSZ C. Contagious currency crises[J]. 1996.

[209] GLINCK R, HUTCHISON M. Banking and currency crises: how common are twins?[J]. Financial crises in emerging markets, 2001, 467.

[210] REINHART C M, ROGOFF K S. Growth in a Time of Debt[J]. American economic review, 2010, 100(2): 573-578.

后　　记

　　近年来，国家金融学学科建设大幅推进。2016 年，陈云贤教授在为中山大学的博士研究生授课时，开创了国家金融学；2018 年，《国家金融学》（第一版）正式出版；2021 年，《国家金融学》（第二版）正式出版；与此同时，北京大学、复旦大学、浙江大学、中山大学、西南财经大学等十多所高校主要面向硕、博研究生，相继制定和开设了"国家金融学"课程；2021 年至今，中山大学已连续举办四届《国家金融学》全国师资培训班，在学界反响热烈。在此背景下，本书以初级教材为定位，以面向各高校金融专业与非本专业的本科生学习和教研为主线，重点梳理国家金融学的名词概念，并有针对性地在全球范围内选择案例，将国家金融学的系统知识与世界各国政府的国家金融行为属性联系起来，深化初学者对国家金融学理论的理解和认识。本书内容从国家金融行为、国家金融中心、国家金融政策、国家金融监管、国家金融发展、国家金融科技、国家金融"超车"、国家金融风险和国际金融参与等九大课题入手，围绕两大主线展开：一是基础概念和基本理论，本书在阐释国家金融学创设逻辑和框架的同时，突出核心概念和理论要点，帮助初学者从广阔的视野去学习和研究国家金融学；二是世界发展案例，国家金融学理论提炼于对世界金融发展历史中的各类国家金融行为属性和取向的案例分析，为国内外金融学理论和金融学学科建设填补了空白。

　　本书的最终成稿离不开多方的努力。陈云贤、黄新飞确定了全书的框架、目录、主要案例选定和对案例的点评、思考讨论题以及对全书最后的审定工作；顾浩东是全书的主要撰写者，头尾跨度三年时间。衷心感谢北京大学出版社王显超编辑和翟源编辑的辛勤努力，衷心感谢北大、复旦、浙大、中大、中国政法大学、西南财大、暨大等高校的学科建设与推动，衷心感谢全国师资培训班的各位老师、同学们的共同探讨。衷心祝愿国家金融学的创设与完善，能够助推中国经济金融学理论走向世界，为世界经济金融学体系的创新与发展贡献力量。

2024 年 8 月
羊城·中国